Calculatrice Casio fx-92 Spéciale Collège

Prévue pour les quatre années du collège, cette calcu
– d'effectuer les quatre opérations ❶
– d'écrire une fraction ❷
– de simplifier une fraction ❸
– de passer de l'écriture fractionnaire à l'écriture dé
– de calculer le quotient et le reste d'une division euclidienne ❺
– d'obtenir l'opposé d'un nombre ❻
– d'obtenir l'inverse d'un nombre ❼
– de calculer le carré ou la racine carrée d'un nombre ❽
– de calculer une puissance d'un nombre ❾
– de calculer le sinus, le cosinus ou la tangente d'un angle (et réciproquement) ❿
– de calculer le PGCD de deux entiers naturels ⓫

La touche ⬤ (sous l'écran à droite)
permet d'allumer la calculatrice.

La touche ⬤ (sous l'écran à gauche)
permet d'accéder aux fonctions écrites en couleur (au-dessus de certaines touches).

La touche AC permet d'annuler le dernier calcul mais aussi d'éteindre la calculatrice avec la touche « seconde ».

La touche EXE permet d'obtenir le résultat d'un calcul ou de valider une commande ou un choix de mode.

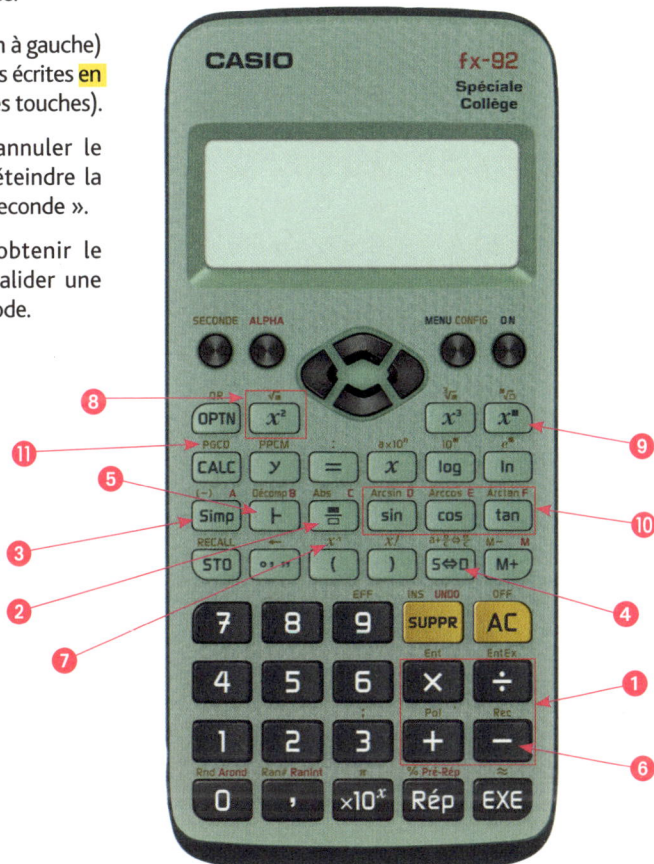

bien d'autres possibilités que l'on découvrira
au fur et à mesure que le besoin s'en fera sentir.

Le Bled Collège

Collège

6e à 3e

Maths

NOUVEAUX PROGRAMMES

Josyane Curel
Professeur agrégé

Paul Fauvergue
Inspecteur général honoraire

André Sarnette
Professeur agrégé

hachette
ÉDUCATION

Mode d'emploi

Le BLED Collège est l'ouvrage de référence qui vous accompagnera tout au long de votre scolarité.

L'ensemble des nouveaux programmes de mathématiques de la 6e à la 3e est traité à travers 136 leçons claires et structurées.

En page de gauche, **le cours** expliqué simplement

108 Trigonométrie : calculs d'angles

Cosinus d'un angle aigu d'un triangle rectangle

▶ Le **cosinus** d'un angle $\widehat{A}$ se note **cos** $\widehat{A}$.
Dans un triangle ABC rectangle en B, on a :
$$\cos \widehat{A} = \frac{\text{côté adjacent pour } \widehat{A}}{\text{hypoténuse}}$$

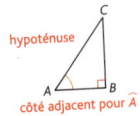
hypoténuse
côté adjacent pour $\widehat{A}$

ABC est tel que $\widehat{B} = 90°$; $AB = 13$ mm et $AC = 22$ mm.
On a :
$$\cos \widehat{A} = \frac{\text{côté adjacent pour } \widehat{A}}{\text{hypoténuse}} = \frac{AB}{AC} = \frac{13}{22}$$
La séquence 13 ÷ 22 = cos⁻¹ donne $\widehat{A} = 54°$.

En savoir plus
• Le cosinus d'un angle aigu est un nombre compris entre 0 et 1.
• Le sinus d'un angle aigu est un nombre compris entre 0 et 1.

De nombreux **exemples** pour bien comprendre

Sinus d'un angle aigu d'un triangle rectangle

▶ Le **sinus** d'un angle $\widehat{A}$ se note **sin** $\widehat{A}$.
Dans un triangle ABC rectangle en B, on a :
$$\sin \widehat{A} = \frac{\text{côté opposé pour } \widehat{A}}{\text{hypoténuse}}$$

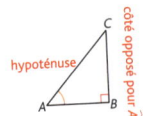
hypoténuse
côté opposé pour $\widehat{A}$

ABC est tel que $\widehat{B} = 90°$; $BC = 18$ mm et $AC = 24$ mm.
On a : $\sin \widehat{A} = \dfrac{\text{côté opposé pour } \widehat{A}}{\text{hypoténuse}} = \dfrac{BC}{AC} = \dfrac{18}{24}$.
La séquence 18 ÷ 24 = sin⁻¹ donne $\widehat{A} = 49°$.

Tangente d'un angle aigu d'un triangle rectangle

▶ La **tangente** d'un angle $\widehat{A}$ se note **tan** $\widehat{A}$.
Dans un triangle ABC rectangle en B, on a :
$$\tan \widehat{A} = \frac{\text{côté opposé pour } \widehat{A}}{\text{côté adjacent pour } \widehat{A}}$$

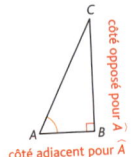
côté opposé pour $\widehat{A}$
côté adjacent pour $\widehat{A}$

ABC est tel que $\widehat{B} = 90°$; $BC = 2,8$ cm et $AB = 1,4$ cm.
On a :
$$\tan \widehat{A} = \frac{\text{côté opposé pour } \widehat{A}}{\text{côté adjacent pour } \widehat{A}} = \frac{BC}{AB} = \frac{2,8}{1,4} = 2.$$
La séquence 2,8 ÷ 1,4 = tan⁻¹ donne $\widehat{A} = 63°$.

À savoir
• $\tan \widehat{A} = \dfrac{\sin \widehat{A}}{\cos \widehat{A}}$.
• $(\sin \widehat{A})^2 + (\cos \widehat{A})^2 = 1$.

Des **encadrés** qui attirent l'attention sur une difficulté ou un point de cours

224

Couverture et maquette intérieure : Mélissa Chalot
Illustrations : Dominique Fages
Mise en pages : Lasergraphie - PCA

ISBN : 978-2-01-708240-8

© Hachette Livre, 2019.
58 rue Jean Bleuzen CS 70007 92178 Vanves Cedex
Tous droits de traduction, de reproduction et d'adaptation réservés pour tous pays.
www.hachette-education.com

Des exercices d'application, pour valider la maîtrise des points de cours fondamentaux

Des onglets de couleurs différentes pour repérer chaque partie

Exercices d'application

...C est un triangle rectangle en A.
...culer l'angle $\widehat{B}$ avec :
- ...10 mm et BC = 20 mm ;
- ...12 mm et BC = 24 mm ;
- ...14 mm et AB = 28 mm.

⚠ Il est conseillé de faire une figure pour chaque cas.

...connaît le côté opposé à l'angle $\widehat{B}$ et l'hypoténuse ; sin $\widehat{B} = \dfrac{10}{20} = 0,5$.
...culatrice donne $\widehat{B}$ = 30°.
...connaît le côté adjacent à l'angle $\widehat{B}$ et l'hypoténuse ; cos $\widehat{B} = \dfrac{12}{24} = 0,5$.
...culatrice donne $\widehat{B}$ = 60°.
...connaît le côté opposé à $\widehat{B}$ et le côté adjacent à $\widehat{B}$; tan $\widehat{B} = \dfrac{14}{28} = 0,5$.
...culatrice donne $\widehat{B}$ = 27°.

...MNP est un triangle tel que MP = 3 cm,
...N = 1,8 cm et NM = 2,4 cm.
...ouver que MNP est un triangle rectangle.
...alculer les angles de ce triangle.

3 cm — 1,8 cm — 2,4 cm

⚠ On sait que, dans un triangle rectangle, $\widehat{M} + \widehat{P} = 90°$. Cela permet de calculer $\widehat{P}$ à partir de $\widehat{M}$.

Les corrigés des exercices

...MP est le plus grand côté ; $MP^2 = 3^2 = 9$.
...$+ MN^2 = 1,8^2 + 2,4^2 = 9$.
...en déduit : $MP^2 = PN^2 + MN^2$.
...MP est rectangle en N.
...On connaît les trois côtés, on a le choix de
...ormule :
$\widehat{M} = \dfrac{1,8}{3} = 0,6$; $\widehat{M} \approx 37°$; $\widehat{P} \approx 53°$ car 90° – 37° = 53°.

On appelle a, b et c les longueurs respectives des côtés BC, CA et AB exprimées avec la même unité.
Calculer cos $\widehat{A}$ et sin $\widehat{C}$; sin $\widehat{A}$ et cos $\widehat{C}$.

...cos $\widehat{A} = \dfrac{c}{b}$ et sin $\widehat{C} = \dfrac{c}{b}$; sin $\widehat{A} = \dfrac{a}{b}$ et cos $\widehat{C} = \dfrac{a}{b}$.

Cela est général : pour deux angles aigus complémentaires, le cosinus de l'un est
égal au sinus de l'autre.

Voir aussi fiches 105, 106 et 107

Espace et géométrie

Sommaire

• *Le CYCLE 3 comprend les classes de CM1, CM2 et 6e.*
La mention **6e** *signifie que la notion, souvent déjà abordée au cours moyen, doit être acquise en fin de 6e et sera utilisée dans les classes suivantes.*

• *Le CYCLE 4 comprend les classes de 5e, 4e et 3e.*
La mention **5e** *signifie que la notion devra être abordée à partir de la classe de 5e et sera consolidée ensuite.*

La mention **4e** *signifie que la notion devra être abordée à partir de la classe de 4e et sera consolidée ensuite.*

La mention **3e** *signifie que la notion devra être abordée à partir de la classe de 3e et devrait être acquise en fin de cycle 4.*

La mention Pour aller plus loin *, qui ne concerne que quelques leçons, signifie que ces leçons ne figurent pas dans le programme du cycle 4 mais auront une place importante dans la poursuite des études après le collège.*

Notations – Unités.. 8

NOMBRES ET CALCULS

▬ Nombres arithmétiques

1 Numération décimale **6e** 10

2 Multiplier ou diviser par 10 ; 100... ; 0,1 ; 0,01... **6e** 12

3 Écritures décimales – Écritures fractionnaires **6e** 14

4 Écritures avec puissances de 10 **4e** 16

5 Comparaison des décimaux **6e** 18

6 Approximations décimales **6e** 20

7 Arrondis **6e** 22

8 Opérations (+, –, ×) en écriture décimale **6e** 24

9 Opérations (+, –, ×) avec des fractions décimales **6e** 26

10 Division euclidienne **6e** 28

11 Division d'un décimal **6e** 30

12 Division et problèmes **6e** 32

13 Multiples et diviseurs **6e** 34

14 Nombres premiers **5e** et **3e** 36

15 Fraction irréductible **3e** 38

16 Comparaison des quotients **5e** 40

17 Addition et soustraction des quotients **5e** 42

18 Multiplication et division des quotients **4e** 44

19 Règles et priorités de calcul **5e** 46

20 Distributivité **6e** 48

21 Usage de la calculatrice **6e** 50

22 Usage d'un tableur **5e** 52

23 Racines carrées **4e** 54

24 Calculs avec radicaux **3e** 56

▬ Nombres relatifs

25 Nombres relatifs – Droite graduée **5e** 58

26 Repérage dans le plan **5e** 60

27 Comparaison et inégalités **5e** 62

28 Addition et soustraction des nombres relatifs **5e** 64

29 Multiplication des nombres relatifs **4e** 66

30 Puissances **3e** 68

31 Quotients de nombres relatifs **4e** ... 70

32 Parenthèses et priorités **4e** 72

Calcul littéral

33 Sommes algébriques **4e** 74

34 Addition et soustraction
des sommes algébriques **4e** 76

35 Multiplication des sommes
algébriques **4e** et **3e** 78

36 Identités remarquables **3e** 80

37 Développer **3e** 82

38 Factoriser **3e** 84

39 Programmes et algorithmes **5e** 86

Équations – Inéquations – Problèmes

40 Équations élémentaires **5e** 88

41 Équations à une inconnue **4e** 90

42 On se ramène
au premier degré **3e** 92

43 On se ramène
à une inconnue **3e** 94

44 Inéquations élémentaires
Pour aller plus loin 96

45 Inéquations à une inconnue
Pour aller plus loin 98

46 Problèmes à une inconnue **4e** 100

47 Problèmes se ramenant
à une inconnue **3e** 102

ORGANISATION ET GESTION DE DONNÉES, FONCTIONS

Proportionnalité

48 Multiplier par $\frac{a}{b}$ **6e** 104

49 Appliquer un pourcentage **6e** 106

50 Tableau de proportionnalité **6e** 108

51 Reconnaître
la proportionnalité **6e** 110

52 Graphiques
et proportionnalité **4e** 112

53 Échelle d'un plan **5e** 114

54 Pourcentage **5e** 116

55 Pourcentages : calculs
et comparaisons **5e** 118

Fonctions

56 Représentation graphique **4e** 120

57 Fonction linéaire **3e** 122

58 Fonction linéaire :
représentation graphique **3e** 124

59 Fonction affine **3e** 126

60 Fonction affine :
représentation graphique **3e** 128

61 Fonctions :
image et antécédent **3e** 130

62 Utilisation d'une représentation
graphique **3e** 132

Statistiques et probabilités

63 Diagrammes en bâtons
et histogrammes **6e** et **3e** 134

64 Diagrammes circulaires **5e** 136

65 Fréquence **5e** 138

66 Moyenne **5e** 140

67 Médiane et étendue **4e** et **3e** 142

68 Fréquence et probabilité **5e** 144

69 Probabilité d'un événement **4e** 146

GRANDEURS ET MESURES

70 Vitesse moyenne (4e) 148

71 Grandeurs composées (4e) 150

72 Périmètre et aire du disque (6e) 152

73 Aires : triangle
et parallélogramme (5e) 154

74 Volumes :
pavé et prisme (6e) et (5e) 156

75 Aire et volume du cylindre (5e) 158

76 Volumes : pyramide et cône (4e) 160

77 Volume de la boule et aire
de la sphère (3e) 162

ESPACE ET GÉOMÉTRIE

▬ Droite, cercle et angle

78 Règle graduée - Longueur (6e) 164

79 Compas, cercle et disque (6e) 166

80 Perpendiculaires
et parallèles (6e) 168

81 Tangentes à un cercle (4e) 170

82 Les angles (6e) 172

83 Le rapporteur (6e) 174

84 Paires d'angles particulières (5e) ... 176

85 Parallèles, sécantes et angles (5e) .. 178

86 Parallélisme et angles (5e) 180

87 Bissectrice d'un angle (6e) 182

88 Médiatrice d'un segment (6e) 184

89 Inégalité triangulaire (5e) 186

90 Rédiger une démonstration (5e) 188

▬ Les triangles

91 Triangles : vocabulaire (6e) 190

92 Triangle isocèle (6e) 192

93 Triangle équilatéral (6e) 194

94 Somme des angles
d'un triangle (5e) 196

95 Constructions de triangles (5e) 198

96 Cas d'égalité des triangles (4e) 200

97 Triangles et cercles (5e) 202

98 Hauteurs du triangle (5e) 204

99 Médianes du triangle Pour aller plus loin 206

100 Droite des milieux (4e) 208

101 Théorème de Thalès (4e) et (3e) 210

102 Triangles à côtés
proportionnels (4e) et (3e) 212

103 Réciproque de Thalès (4e) et (3e) 214

104 Triangles semblables (3e) 216

105 Triangle rectangle (4e) 218

106 Théorème de Pythagore (4e) 220

107 Prouver qu'un triangle
est rectangle (4e) 222

108 Trigonométrie :
calculs d'angles (4e) et (3e) 224

109 Trigonométrie :
calculs de longueurs (4e) et (3e) ... 226

▬ Les quadrilatères

110 Quadrilatère : vocabulaire (6e) 228

111 Rectangle (6e) 230

112 Losange (6e) 232

113 Carré (6e) 234

114 Parallélogramme :
propriétés (5e) 236

115 Parallélogramme :
caractérisation (5e) 238

116	Reconnaître un rectangle 5e	240
117	Reconnaître un losange 5e	242
118	Reconnaître un carré 5e	244
119	Parallélogramme : synthèse 5e	246

Symétries – Translation – Rotation

120	Axe de symétrie 6e	248
121	Symétrie axiale 6e	250
122	Symétrie centrale 5e	252
123	Centre de symétrie 5e	254
124	Translation 4e	256
125	Rotation 3e	258

Les solides

126	Parallélépipède rectangle 6e	260
127	Prisme droit 5e	262
128	Cylindre de révolution 5e	264
129	Sections : pavé et cylindre 5e	266
130	Cône de révolution 4e	268
131	Sections planes des cônes 4e	270
132	Pyramide 4e	272
133	Sections planes des pyramides 4e	274
134	Boule et sphère 3e	276
135	La sphère terrestre 3e	278
136	Droites et plans dans l'espace 3e	280

| Index | 282 |

Notations – Unités

Notations utilisées

Pour désigner	nous avons noté	ce qui se lit
▶ Une droite	Δ, D ou d	grand delta, grand d, petit d
	d' ou d_1	petit d prime, petit d indice 1
	(AB)	droite passant par A et B
▶ Une demi-droite	$[Ax$	demi-droite Ax d'origine A
	$[AB)$	demi-droite d'origine A contenant le point B
▶ Un segment	$[AB]$	segment d'extrémités A et B
▶ Une longueur	AB, L ou l	longueur du segment $[AB]$, grand L ou petit l
▶ Un angle	$\widehat{xOy}$	angle xOy (sommet O ; $[Ox$ et $[Oy$ sont les côtés)
	$\widehat{AOB}$	angle AOB (sommet O ; $[OA)$ et $[OB)$ sont les côtés)
	$\widehat{O}$	angle de sommet O
▶ Un arc	$\overset{\frown}{AB}$	arc AB
▶ L'égalité de deux longueurs sur les figures	$/$, $\times$, ou $//$	(cela ne se lit pas)
▶ L'égalité de deux angles sur les figures		(cela ne se lit pas)
▶ L'orthogonalité	$\perp$	est perpendiculaire à (entre deux droites)
▶ Le parallélisme	$//$	est parallèle à (entre deux droites)
▶ L'égalité (en général)	$=$	« est égal à », « est égale à » ou « égale »

Écriture des symboles d'unités

(Conventions adoptées par l'Association française de normalisation : AFNOR.)

▶ Le symbole fixé pour une unité ne doit jamais être modifié, notamment en substituant une lettre majuscule à une lettre minuscule.

Écrivez :   m   km   min   s   **(et non :** ~~M~~   ~~Km~~   ~~mn~~   ~~sec~~**)**.

▶ Un symbole d'unité ne prend jamais la marque du pluriel et il ne peut être suivi d'un point que s'il s'agit du « point final » d'une phrase.

Écrivez :   48 cm   27 min   13 kg   **(et non :** 48 ~~cms~~   27 ~~min.~~   13 ~~kgs~~**)**.

▶ Dans le système décimal, il faut placer le symbole de l'unité immédiatement après le nombre, complètement écrit, et sur la même ligne que lui.

Écrivez :   48,5 mm   21,7 s   **(et non :** ~~48 mm,5~~   ~~21 s,7~~**)**.

8

Longueurs

L'unité est le **mètre** (symbole : m).

▶ **Multiples**

kilomètre	km	;	1 km = 1 000 m
hectomètre	hm	;	1 hm = 100 m
décamètre	dam	;	1 dam = 10 m

▶ **Sous-multiples**

décimètre	dm	;	1 dm = 0,1 m
centimètre	cm	;	1 cm = 0,01 m
millimètre	mm	;	1 mm = 0,001 m

Les unités de longueur « vont » de 10 en 10.

Aires

L'unité est le **mètre carré** (symbole : m^2).

▶ **Multiples**

kilomètre carré	km^2
hectomètre carré	hm^2
décamètre carré	dam^2

▶ **Sous-multiples**

décimètre carré	dm^2
centimètre carré	cm^2
millimètre carré	mm^2

Les unités d'aire « vont » de 100 en 100.

▶ **Mesures agraires**

hectare	ha	;	1 ha = 100 a = 10 000 m^2
are	a	;	1 a = 100 m^2
centiare	ca	;	1 ca = 0,01 a = 1 m^2

Volumes

L'unité est le **mètre cube** (symbole : m^3).

▶ **Multiples**

kilomètre cube	km^3
hectomètre cube	hm^3
décamètre cube	dam^3

▶ **Sous-multiples**

décimètre cube	dm^3
centimètre cube	cm^3
millimètre cube	mm^3

Les unités de volume « vont » de 1 000 en 1 000.

Capacités

L'unité est le **litre** (symbole : L).

1 L = 1 dm^3.

▶ **Multiples**

hectolitre	hL	;	1 hL = 100 L = 0,1 m^3
décalitre	daL	;	1 daL = 10 L

▶ **Sous-multiples**

décilitre	dL	;	1 dL = 0,1 L
centilitre	cL	;	1 cL = 0,01 L
millilitre	mL	;	1 mL = 0,001 L = 1 cm^3

Les unités de capacité « vont » de 10 en 10.

Masses

L'unité est le **gramme** (symbole : g).

▶ **Multiples**

tonne	t	;	1 t = 1 000 kg
quintal	q	;	1 q = 100 kg
kilogramme	kg	;	1 kg = 1 000 g
hectogramme	hg	;	1 hg = 100 g
décagramme	dag	;	1 dag = 10 g

▶ **Sous-multiples**

décigramme	dg	;	1 dg = 0,1 g
centigramme	cg	;	1 cg = 0,01 g
milligramme	mg	;	1 mg = 0,001 g

Les unités de masse « vont » de 10 en 10.

Durées

L'unité est la **seconde** (symbole : s).

▶ **Multiples**

minute	min	;	1 min = 60 s
heure	h	;	1 h = 60 min = 3 600 s
jour	j	;	1 j = 24 h = 86 400 s

▶ **Sous-multiples**

le dixième de seconde ou 0,1 s

le centième de seconde ou 0,01 s

On utilise aussi les divisions décimales de l'heure.

Exemple : 3,3 h = 3 h 18 min.

Angles

L'unité est le **degré d'angle** ou **degré** (symbole : °).

▶ **Multiples**

Le degré d'angle est la quatre-vingt-dixième partie de l'angle droit.

Un angle droit vaut 90°.

Un angle plat vaut 180°.

Un angle plein vaut 360°.

▶ **Sous-multiples**

le dixième de degré ou 0,1°

le centième de degré ou 0,01°

la minute d'angle ; 1° = 60′

la seconde d'angle ; 1° = 3 600″

1 Numération décimale

Tableau de la numération décimale

Virgule

	Partie entière					Partie décimale			
dizaines de mille	unités de mille	centaines	dizaines	unités		dixièmes	centièmes	millièmes	dix-millièmes
5	2	0	1	7	,	4	0	8	9

Ce nombre s'écrit 52 017,408 9.

> ⚠ Dans les colonnes où il n'y a pas de chiffre, on peut, selon les besoins, y mettre des zéros.

▶ Une unité d'une colonne quelconque vaut 10 unités de la colonne située immédiatement à sa droite :
1 centaine vaut 10 dizaines ;
1 dizaine vaut 10 unités ;
1 unité vaut 10 dixièmes ;
1 dixième vaut 10 centièmes.

> **À savoir**
>
> Mille est invariable : 2 000 s'écrit « deux mille ».
> Million et milliard s'accordent : 2 000 000 s'écrit « deux millions » et 2 000 000 000 s'écrit « deux milliards ».

Comment lire un décimal ?

Il existe deux façons de lire un décimal.

▶ 1re méthode :
– lire la partie entière et faire suivre du mot « unité » ;
– lire la partie décimale comme si elle était entière et faire suivre du nom de la colonne dans laquelle se trouve le dernier chiffre.

5,4 se lit « cinq unités quatre dixièmes ».
42,63 se lit « quarante-deux unités soixante-trois centièmes ».
3,021 se lit « trois unités vingt et un millièmes ».
0,0034 se lit « zéro unité trente-quatre dix-millièmes ».

▶ 2de méthode :
– lire la partie entière ;
– dire le mot « virgule » ;
– et, dans le cas où le chiffre après la virgule n'est pas zéro, lire la partie décimale comme si elle était entière.

5,4 se lit « cinq virgule quatre ».
42,63 se lit « quarante-deux virgule soixante-trois ».
3,021 se lit « trois virgule zéro vingt et un ».
0,0034 se lit « zéro virgule zéro zéro trente-quatre ».

Exercices d'application

1 Voici des nombres décimaux : 312,475 ; 42,7 ; 2,89 ; 432.
Quel est, pour chacun d'eux, le chiffre des dizaines, celui des dixièmes, celui des centaines et celui des centièmes ?

Voici les réponses dans un tableau :

nombre	312,475	42,7	2,89	432
chiffre des dizaines	1	4	0	3
chiffre des dixièmes	4	7	8	0
chiffre des centaines	3	0	0	4
chiffre des centièmes	7	0	9	0

⚠ 432 est un nombre décimal particulier : sa partie décimale est composée de zéros ; c'est un nombre entier naturel.

2 Lire de deux manières : 53,9 ; 53,09 ; 53,009.

Première façon :
– cinquante-trois unités neuf dixièmes ;
– cinquante-trois unités neuf centièmes ;
– cinquante-trois unités neuf millièmes.
Seconde façon :
– cinquante-trois virgule neuf ;
– cinquante-trois virgule zéro neuf ;
– cinquante-trois virgule zéro zéro neuf.

3 Dans les décimaux suivants, le chiffre 0 est parfois inutile.
Écrire les nombres concernés sans les zéros inutiles :
035,074 ; 305,740 ; 30,057 4 ; 3,005 740.

035,074 s'écrit **35,074** ;
305,740 s'écrit **305,74** ;
dans **30,057 4** tous les zéros sont utiles ;
3,005 740 s'écrit **3,005 74**.

4 Avec sa calculatrice, Jean a oublié de mettre la virgule. La calculatrice affiche [32471].
a. Placer la virgule sachant que 7 est le chiffre des unités.
b. Placer la virgule sachant que 7 est le chiffre des centièmes.

a. On obtient : **3 247,1**.
b. On obtient : **32,471**.

Voir aussi fiche 78

2 Multiplier ou diviser par 10 ; 100… ; et par 0,1 ; 0,01…

Comment multiplier par 10 ; 100 ; 1 000… ?

▶ Pour multiplier un décimal par 10 ; 100 ; 1 000…, il faut repérer la virgule (ou l'imaginer si le nombre est entier) et la déplacer, **vers la droite**, d'un rang (× 10), de deux rangs (× 100), de trois rangs (× 1 000), etc., en faisant apparaître éventuellement des zéros.

> **À savoir**
> Les nombres tels que 10 ; 100 ; 1 000… sont des puissances de dix.
> $100 = 10 \times 10 = 10^2$.
> $1\ 000 = 10 \times 10 \times 10 = 10^3$.

$6,12 \times 10 = 61,2$; $6,12 \times 100 = 612$; $6,12 \times 1\ 000 = 6\ 120$.
$3,1 \times 10 = 31$; $3,1 \times 100 = 310$; $3,1 \times 1\ 000 = 3\ 100$.
$52 \times 10 = 520$; $52 \times 100 = 5\ 200$; $52 \times 1\ 000 = 52\ 000$.

Comment diviser par 10 ; 100 ; 1 000… ?

▶ Pour diviser un décimal par 10 ; 100 ; 1 000…, il faut repérer la virgule (ou l'imaginer si le nombre est entier) et la déplacer, **vers la gauche**, d'un rang (÷ 10), de deux rangs (÷ 100), de trois rangs (÷ 1 000), etc., en faisant apparaître éventuellement des zéros.

$4,2 \div 10 = 0,42$; $4,2 \div 100 = 0,042$; $4,2 \div 1\ 000 = 0,004\ 2$.
$61,8 \div 10 = 6,18$; $61,8 \div 100 = 0,618$; $61,8 \div 1\ 000 = 0,061\ 8$.
$593 \div 10 = 59,3$; $593 \div 100 = 5,93$; $593 \div 1\ 000 = 0,593$.

Comment multiplier par 0,1 ; 0,01 ; 0,001… ?

▶ Multiplier par 0,1, c'est diviser par 10.
$25,7 \times 0,1 = 25,7 \div 10 = 2,57$.
▶ Multiplier par 0,01, c'est diviser par 100.
$84,9 \times 0,01 = 84,9 \div 100 = 0,849$.
▶ Multiplier par 0,001, c'est diviser par 1 000.
$2\ 657 \times 0,001 = 2\ 657 \div 1\ 000 = 2,657$.

> ⚠ 0,1 se lit « zéro virgule un » ou « un dixième ».
> 0,01 se lit « zéro virgule zéro un » ou « un centième ».
> 0,001 se lit « zéro virgule zéro zéro un » ou « un millième ».

Comment diviser par 0,1 ; 0,01 ; 0,001… ?

▶ Diviser par 0,1, c'est multiplier par 10.
$35,7 \div 0,1 = 35,7 \times 10 = 357$.
▶ Diviser par 0,01, c'est multiplier par 100.
$48,9 \div 0,01 = 48,9 \times 100 = 4\ 890$.
▶ Diviser par 0,001, c'est multiplier par 1 000.
$26 \div 0,001 = 26 \times 1\ 000 = 26\ 000$.

Exercices d'application

1 Effectuer : 35 × 10 ; 35 × 100 ; 35 × 1 000 ; 35 × 10 000 ; 2,7 × 10 ; 2,7 × 100 ; 2,7 × 1 000 ; 2,7 × 10 000.

Dans l'ordre, les réponses sont les suivantes :
**350 ; 3 500 ; 35 000 ; 350 000 ;
27 ; 270 ; 2 700 ; 27 000.**

2 Effectuer : 47 ÷ 10 ; 47 ÷ 100 ; 47 ÷ 1 000 ; 47 ÷ 10 000 ; 12,3 ÷ 10 ; 12,3 ÷ 100 ; 12,3 ÷ 1 000 ; 12,3 ÷ 10 000.

Dans l'ordre, les réponses sont les suivantes :
**4,7 ; 0,47 ; 0,047 ; 0,004 7 ;
1,23 ; 0,123 ; 0,012 3 ; 0,001 23.**

3 Effectuer : 257 × 0,1 ; 257 × 0,01 ; 257 × 0,001 ; 37,1 × 0,1 ; 37,1 × 0,01 ; 37,1 × 0,001.

257 × 0,1 = 257 ÷ 10 = 25,7.
Dans l'ordre, les réponses sont les suivantes :
25,7 ; 2,57 ; 0,257 ; 3,71 ; 0,371 ; 0,037 1.

4 Effectuer : 78 ÷ 0,1 ; 78 ÷ 0,01 ; 78 ÷ 0,001 ; 4,19 ÷ 0,1 ; 4,19 ÷ 0,01 ; 4,19 ÷ 0,001.

78 ÷ 0,1 = 78 × 10 = 780.
Dans l'ordre, les réponses sont les suivantes :
780 ; 7 800 ; 78 000 ; 41,9 ; 419 ; 4 190.

5 Compléter :
... × 10 = 321 ; ... × 100 = 45 ; ... × 1 000 = 1 235 ;
... ÷ 10 = 321 ; ... ÷ 100 = 45 ; ... ÷ 1 000 = 1 235.

On obtient :
32,1 × 10 = 321 ; **0,45** × 100 = 45 ; **1,235** × 1 000 = 1 235 ;
3 210 ÷ 10 = 321 ; **4 500** ÷ 100 = 45 ; **1 235 000** ÷ 1 000 = 1 235.

Voir aussi fiches 1 et 78

3 Écritures décimales Écritures fractionnaires

Qu'est-ce qu'une fraction décimale ?

▶ Quand on divise 756 par 100, le quotient se note 756 ÷ 100.
Il se note aussi 7,56 (écriture décimale).

Il se note également $\dfrac{756}{100}$ (écriture fractionnaire).

▶ $\dfrac{756}{100}$ est une **fraction décimale**.

756 ← numérateur
trait de fraction
100 ← dénominateur

Cette fraction se lit « 756 sur 100 » ou « 756 centièmes ».

Comment passer de l'écriture fractionnaire à l'écriture décimale ?

▶ On effectue la division du numérateur par le dénominateur.

$\dfrac{72}{10} = 72 \div 10 = 7{,}2$;

$\dfrac{453}{100} = 453 \div 100 = 4{,}53$;

$\dfrac{9}{1\,000} = 9 \div 1\,000 = 0{,}009.$

Comment passer de l'écriture décimale à l'écriture fractionnaire ?

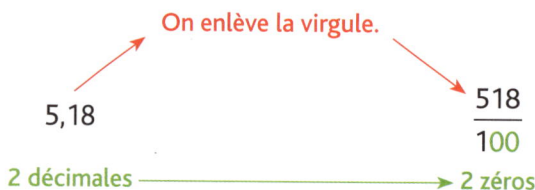

On enlève la virgule.

5,18 → $\dfrac{518}{100}$

2 décimales ──────────→ 2 zéros

⚠ Dans 5,18 :
5 est la partie entière ;
18 est la partie décimale.

On dit qu'il y a deux décimales.

5,18 se lit « cinq unités dix-huit centièmes », mais aussi « cinq cent dix-huit centièmes » (car une unité vaut 100 centièmes).

Comment obtenir des fractions décimales égales ?

▶ À partir d'une fraction décimale, on en obtient d'autres qui lui sont égales en multipliant ou en divisant (quand cela est possible) le numérateur et le dénominateur par une même puissance de dix (10 ; 100 ; 1 000 ; etc.).

$\dfrac{35}{10} = \dfrac{350}{100} = \dfrac{3\,500}{1\,000}$ (trois écritures du décimal 3,5).

$\dfrac{2\,800}{10\,000} = \dfrac{280}{1\,000} = \dfrac{28}{100}$ (on dit que l'on simplifie la fraction).

Exercices d'application

1 Voici six nombres en écriture décimale :
25,2 ; 3,28 ; 0,459 ; 75,456 ; 0,15 ; 1,9.
En donner une écriture fractionnaire.

Dans l'ordre, les réponses sont :
$$\frac{252}{10} \; ; \; \frac{328}{100} \; ; \; \frac{459}{1000} \; ; \; \frac{75\,456}{1000} \; ; \; \frac{15}{100} \; ; \; \frac{19}{10}.$$

2 Voici six nombres en écriture fractionnaire :
$$\frac{35}{10} \; ; \; \frac{152}{100} \; ; \; \frac{3\,564}{1000} \; ; \; \frac{625}{1000} \; ; \; \frac{7}{100} \; ; \; \frac{2}{10}.$$
En donner une écriture décimale.

Dans l'ordre, les réponses sont :
3,5 ; 1,52 ; 3,564 ; 0,625 ; 0,07 ; 0,2.

3 Écrire avec le dénominateur 10 les nombres suivants :
$$17 \; ; \; 3,5 \; ; \; 0,7 \; ; \; \frac{320}{100} \; ; \; \frac{200}{1000}.$$

Dans l'ordre, les réponses sont :
$$\frac{170}{10} \; ; \; \frac{35}{10} \; ; \; \frac{7}{10} \; ; \; \frac{32}{10} \; ; \; \frac{2}{10}.$$

4 Écrire avec le dénominateur 100 les nombres
suivants : $\frac{35}{10} \; ; \; \frac{42}{10} \; ; \; \frac{510}{1000} \; ; \; 2,43 \; ; \; 3,5.$

Dans l'ordre, les réponses sont :
$$\frac{350}{100} \; ; \; \frac{420}{100} \; ; \; \frac{51}{100} \; ; \; \frac{243}{100} \; ; \; \frac{350}{100}.$$

5 Écrire avec le dénominateur 1 000 les nombres suivants :
$$\frac{8}{10} \; ; \; \frac{89}{100} \; ; \; \frac{7}{100} \; ; \; 0,327 \; ; \; 2,43.$$

Dans l'ordre, les réponses sont :
$$\frac{800}{1000} \; ; \; \frac{890}{1000} \; ; \; \frac{70}{1000} \; ; \; \frac{327}{1000} \; ; \; \frac{2\,430}{1000}.$$

Voir aussi fiches 1, 2 et 4

4 Écritures avec puissances de 10

Écriture des puissances de dix

▶ Avec un exposant entier positif :

$10^0 = 1$; $10^1 = 10$; $10^2 = 100$; $10^3 = 1\,000$; $10^4 = 10\,000$...

Lorsque $n \geqslant 2$, on a : $10^n = 10 \times ... \times 10$ (n facteurs).

▶ Avec un exposant entier négatif :

$10^{-1} = \dfrac{1}{10^1} = 0,1$; $10^{-2} = \dfrac{1}{10^2} = 0,01$; $10^{-3} = \dfrac{1}{10^3} = 0,001$...

De manière générale, 10^{-n} est l'inverse de 10^n.

$10^{-4} = 0,0001$ (4 zéros ; 4 décimales).

▶ k et p étant des entiers relatifs, on a :

$10^k \times 10^p = 10^{k+p}$ (on additionne les exposants).

$(10^k)^p = 10^{kp}$ (on multiplie les exposants).

$10^2 \times 10^3 = 10^5$; $10^{-2} \times 10^{-3} = 10^{-5}$; $10^{-2} \times 10^3 = 10^1$.

$(10^2)^3 = 10^6$; $(10^{-2})^{-3} = 10^6$; $(10^{-2})^3 = 10^{-6}$.

> **À savoir**
>
> $10^3 = 1\,\underbrace{000}_{\text{3 zéros}}$
>
> $10^6 = 1\,\underbrace{000\,000}_{\text{6 zéros}}$
>
> $10^9 = 1\,\underbrace{000\,000\,000}_{\text{9 zéros}}$

Notation scientifique

▶ En utilisant des puissances de 10, on peut écrire un nombre décimal de différentes façons.

$7\,000\,000 = 7\,000 \times 10^3 = 7 \times 10^6$.

7×10^6 est la notation scientifique du nombre $7\,000\,000$.

$0,000\,025 = 25 \times 10^{-6} = 2,5 \times 10^{-5}$.

$2,5 \times 10^{-5}$ est la notation scientifique du nombre $0,000\,025$.

▶ La **notation scientifique** d'un nombre positif est un produit de la forme $m \times 10^n$ avec $1 \leqslant m < 10$ et n entier relatif.

▶ On sait calculer avec des nombres en notation scientifique :

– on sait multiplier des nombres en notation scientifique ;

$(3 \times 10^2) \times (1,5 \times 10^4) = (3 \times 1,5) \times (10^2 \times 10^4)$
$= 4,5 \times 10^6$.

$(3,5 \times 10^{-3}) \times (3 \times 10^5) = (3,5 \times 3) \times (10^{-3} \times 10^5)$
$= 10,5 \times 10^2 = 1,05 \times 10^3$.

> ⚠ Dès que la capacité d'écran est dépassée, la calculatrice affiche le résultat en notation scientifique.
>
> $15\,000\,000 \times 30\,000$ donne à l'écran $\boxed{4,5 \times 10^{11}}$ qui est la notation scientifique de $450\,000\,000\,000$.

– on sait élever à une puissance un nombre en notation scientifique.

$(3 \times 10^2)^2 = 3^2 \times (10^2)^2 = 9 \times 10^4$.

$(2,5 \times 10^{-3})^2 = 2,5^2 \times (10^{-3})^2 = 6,25 \times 10^{-6}$.

Exercices d'application

1 **Écrire sous forme décimale les nombres suivants :**
10^2 ; 10^5 ; 10^8 ; 10^{-3} ; 10^{-6} ; 10^{-9}.

Dans l'ordre, les réponses sont :
100 ; 100 000 ; 100 000 000 ; 0,001 ; 0,000 001 ; 0,000 000 001.

2 **Écrire sous forme d'une puissance de dix les nombres suivants :**
1 000 ; 10 000 ; 1 000 000 ; 0,01 ; 0,000 01 ; 0,1.

Dans l'ordre, les réponses sont :
10^3 ; 10^4 ; 10^6 ; 10^{-2} ; 10^{-5} ; 10^{-1}.

3 **Effectuer (résultat sous forme d'une puissance de 10) :**
$10^3 \times 10^4$; $10^{-3} \times 10^{-2}$; $10^{-4} \times 10^1$; $10^4 \times 10^{-1}$; $(10^4)^2$; $(10^{-2})^3$;
$(10^4)^2 \times (10^{-2})^3$.

Dans l'ordre, les réponses sont :
10^7 ; 10^{-5} ; 10^{-3} ; 10^3 ; 10^8 ; 10^{-6} ;
$10^8 \times 10^{-6} = 10^2$.

4 **Donner la notation scientifique des nombres suivants :**
4 000 ; 24 000 ; 7 500 000 ; 0,008 ;
0,000 25 ; 0,000 037.

Dans l'ordre, les réponses sont :
4×10^3 ; $2,4 \times 10^4$; $7,5 \times 10^6$; 8×10^{-3} ;
$2,5 \times 10^{-4}$; $3,7 \times 10^{-5}$.

5 **La lumière parcourt 300 000 km en une seconde.**
a. Exprimer cette distance en notation scientifique.
b. Calculer la distance parcourue en 1 heure (3 600 s).

a. $300\ 000 = 3 \times 10^5$.
La lumière parcourt **3×10^5 km** en une seconde.
b. **En 3 600 s, elle parcourt $1,08 \times 10^9$ km**
car $300\ 000 \times 3\ 600 = 1\ 080\ 000\ 000 = 1,08 \times 10^9$.
En notation scientifique, on a :
$3 \times 10^5 \times 3,6 \times 10^3 = 10,8 \times 10^8$ et $10,8 \times 10^8 = 1,08 \times 10^9$.

En cas de difficulté, on peut vérifier avec la calculatrice.

Voir aussi fiches 2 et 30

5 Comparaison des décimaux

Comment comparer des décimaux ?

Il s'agit de savoir dire quel est « le plus grand des deux » et de savoir le noter.

▶ Lorsque **les parties entières sont différentes**, le plus grand nombre décimal est celui qui a la plus grande partie entière.

12,3 > 11,825 car 12 > 11.

4,235 < 5,01 car 4 < 5.

> ⚠️ 12,3 > 11,825 se lit :
> « 12,3 **est strictement supérieur à** 11,825 ».
> 4,235 < 5,01 se lit :
> « 4,235 **est strictement inférieur à** 5,01 ».

▶ Lorsque **les parties entières sont les mêmes**, on compare les chiffres des dixièmes : le plus grand nombre est celui qui a le plus de dixièmes ; s'il y a égalité, on compare les chiffres des centièmes, etc.

32,4 > 32,1 car 4 > 1 (chiffre des dixièmes).

On a aussi $\dfrac{324}{10} > \dfrac{321}{10}$ car 324 > 321.

32,48 < 32,49 car 8 < 9 (chiffre des centièmes).

On a aussi $\dfrac{3\,248}{100} < \dfrac{3\,249}{100}$ car 3 248 < 3 249.

> **À savoir**
> Pour comparer des fractions décimales, il faut les écrire avec le **même** dénominateur.

Comment ranger des décimaux ?

▶ On peut ranger des décimaux par **ordre croissant** (du « plus petit » au « plus grand »).

2 < 2,1 < 2,2 < 2,3 < 2,4 < 2,5 < 2,6 < 2,7.

1,2 < 3,21 < 4,215 < 5,215 3 < 7 < 9,01.

▶ On peut ranger des décimaux par **ordre décroissant** (du « plus grand » au « plus petit »).

3,4 > 3,39 > 3,38 > 3,37 > 3,36 > 3,35.

7,9 > 6,89 > 3,88 > 3 > 2,999 > 1,02.

Que peut-on intercaler entre deux décimaux ?

▶ Entre deux décimaux, on peut toujours intercaler une infinité de décimaux.

Entre 7 et 8 on a :
7,0 < 7,1 < 7,2 < 7,3 < ... < 7,8 < 7,9 < 8,0.

Entre 7,1 et 7,2 on a :
7,10 < 7,11 < 7,12 < 7,13 < ... < 7,20.

Entre 7,14 et 7,15 on a :
7,140 < 7,141 < 7,142 < ... < 7,150.

Entre 7,141 et 7,142 on peut encore en intercaler.

> **En savoir plus**
> Entre deux entiers, on ne peut intercaler qu'un nombre fini de nombres entiers.
> Entre 1 et 9, il y a sept nombres entiers : 2 ; 3 ; 4 ; 5 ; 6 ; 7 ; 8.

Exercices d'application

❶ Compléter avec le signe > ou le signe < :

a. 12,7 ... 13,8 ; 8,32 ... 9,1 ; 41,78 ... 35,4 ; 278,8 ... 295.
b. 12,7 ... 12,35 ; 9,26 ... 9,3 ; 45,375 ... 45,374 ; 235,8 ... 235.

a. 12,7 < 13,8 car 12 < 13 ; 8,32 < 9,1 car 8 < 9 ;
41,78 > 35,4 car 41 > 35 ; 278,8 < 295 car 278 < 295.
b. 12,7 > 12,35 car 7 > 3 ; 9,26 < 9,3 car 2 < 3 ;
45,375 > 45,374 car 5 > 4 ; 235,8 > 235 car 8 > 0.

❷ Ranger par ordre croissant :

a. 3 ; 3,14 ; 3,2 ; 3,1 ; 3,15 ; 3,141 ; 4 ; 3,142.

b. $\dfrac{32}{10}$; $\dfrac{27}{10}$; $\dfrac{15}{100}$; $\dfrac{142}{100}$; $\dfrac{8}{10}$.

a. **3 < 3,1 < 3,14 < 3,141 < 3,142 < 3,15 < 3,2 < 4**.

b. On écrit les fractions avec le même dénominateur 100.

$\dfrac{32}{10} = \dfrac{320}{100}$; $\dfrac{27}{10} = \dfrac{270}{100}$; $\dfrac{8}{10} = \dfrac{80}{100}$.

$\dfrac{15}{100} < \dfrac{80}{100} < \dfrac{142}{100} < \dfrac{270}{100} < \dfrac{320}{100}$.

D'où : $\dfrac{15}{100} < \dfrac{8}{10} < \dfrac{142}{100} < \dfrac{27}{10} < \dfrac{32}{10}$.

⚠ On peut aussi remplacer les fractions décimales par des écritures décimales et ranger 3,2 ; 2,7 ; 0,15 ; 1,42 et 0,8.

❸ a. Citer neuf décimaux à une décimale entre 1 et 2.
b. Citer neuf décimaux à deux décimales entre 1,5 et 1,6.
c. Citer neuf décimaux à trois décimales entre 1,57 et 1,58.
d. Citer neuf décimaux à quatre décimales entre 1,572 et 1,573.

a. Entre 1 (qui s'écrit 1,0) et 2 (qui s'écrit 2,0), on a :
1,0 < **1,1 < 1,2 < 1,3 < 1,4 < 1,5 < 1,6 < 1,7 < 1,8 < 1,9** < 2,0.
b. Entre 1,5 (qui s'écrit 1,50) et 1,6 (qui s'écrit 1,60), on a :
1,50 < **1,51 < 1,52 < 1,53 < 1,54 < ... < 1,58 < 1,59** < 1,60.
c. Entre 1,57 (qui s'écrit 1,570) et 1,58 (qui s'écrit 1,580), on a :
1,570 < **1,571 < 1,572 < ... < 1,578 < 1,579** < 1,580.
d. Entre 1,572 (qui s'écrit 1,572 0) et 1,573 (qui s'écrit 1,573 0), on a :
1,572 0 < **1,572 1 < 1,572 2 < ... < 1,572 9** < 1,573 0.

Voir aussi fiches 1 et 3

6 Approximations décimales

Comment trouver des approximations décimales ?

Voici deux résultats obtenus avec une calculatrice :

$a = 42{,}537\ 241$ et $b = 59{,}292\ 549\ 12$.

La calculatrice fournit une partie décimale surabondante.
En pratique, on utilise des approximations décimales obtenues à partir des chiffres affichés.

▶ Approximations décimales **à une unité près par défaut**
On « coupe » après le chiffre des unités.

42 et 59 sont les approximations décimales à 1 près par défaut de a et de b.

▶ Approximations décimales **à une unité près par excès**
On ajoute 1 à l'approximation à 1 près par défaut.

43 et 60 sont les approximations décimales à 1 près par excès de a et de b.

On en déduit : $42 < a < 43$ et $59 < b < 60$.

▶ Approximations décimales **à un dixième près par défaut**
On « coupe » après le chiffre des dixièmes.

42,5 et 59,2 sont les approximations décimales à 0,1 près par défaut de a et de b.

▶ Approximations décimales **à un dixième près par excès**
On ajoute 0,1 à l'approximation à 0,1 près par défaut.

42,6 et 59,3 sont les approximations décimales à 0,1 près par excès de a et de b.

On en déduit : $42{,}5 < a < 42{,}6$ et $59{,}2 < b < 59{,}3$.

▶ Approximations décimales **à un centième près par défaut**
On « coupe » après le chiffre des centièmes.

42,53 et 59,29 sont les approximations décimales à 0,01 près par défaut de a et de b.

▶ Approximations décimales **à un centième près par excès**
On ajoute 0,01 à l'approximation à 0,01 près par défaut.

42,54 et 59,30 sont les approximations décimales à 0,01 près par excès de a et de b.

On en déduit : $42{,}53 < a < 42{,}54$ et $59{,}29 < b < 59{,}30$.

▶ Approximations décimales **à un millième près par défaut**
On « coupe » après le chiffre des millièmes.

42,537 et 59,292 sont les approximations décimales à 0,001 près par défaut de a et de b.

▶ Approximations décimales **à un millième près par excès**
On ajoute 0,001 à l'approximation à 0,001 près par défaut.

42,538 et 59,293 sont les approximations décimales à 0,001 près par excès de a et de b.

On en déduit : $42{,}537 < a < 42{,}538$ et $59{,}292 < b < 59{,}293$.

Exercices d'application

1 Donner les approximations décimales par défaut et par excès du nombre 123,456 à une unité près, puis à un dixième près et enfin à un centième près.

À une unité près par défaut : **123** (partie entière) ;
à une unité près par excès : **124** ;
à un dixième près par défaut : **123,4** ;
à un dixième près par excès : **123,5** ;
à un centième près par défaut : **123,45** ;
à un centième près par excès : **123,46**.

2 Encadrer chacun des nombres 7,82 ; 12,05 et 24,438 entre ses approximations décimales :
a. à une unité près par défaut et par excès ;
b. à un dixième près par défaut et par excès.

a. **7** < 7,82 < **8** ; **12** < 12,05 < **13** ; **24** < 24,438 < **25**.
b. **7,8** < 7,82 < **7,9** ; **12,0** < 12,05 < **12,1** ; **24,4** < 24,438 < **24,5**.

3 Encadrer chacun des nombres 9,451 et 32,415 2 entre ses approximations décimales à un centième près par défaut et par excès.

9,45 < 9,451 < **9,46** ; **32,41** < 32,415 2 < **32,42**.

4 Lorsqu'on effectue 355 ÷ 113 avec la calculatrice, on obtient à l'affichage :
| 3,14159292 |.
Donner les encadrements de ce quotient par des approximations décimales à 0,1 près, puis à 0,01 près et enfin à 0,001 près.

> **En savoir plus**
> $\dfrac{355}{113}$ est un nombre rationnel qui a les mêmes approximations que le nombre irrationnel π jusqu'au millième.

Les approximations à 0,1 près sont **3,1 et 3,2** ; d'où l'encadrement :
3,1 < 355 ÷ 113 < **3,2**.
Les approximations à 0,01 près sont **3,14 et 3,15** ; d'où l'encadrement :
3,14 < 355 ÷ 113 < **3,15**.
Les approximations à 0,001 près sont **3,141 et 3,142** ; d'où l'encadrement :
3,141 < 355 ÷ 113 < **3,142**.

Voir aussi fiches 1 et 7

7 Arrondis

Qu'est-ce qu'un ordre de grandeur ?

▶ Dans beaucoup de situations de la vie quotidienne, il est bon de calculer mentalement un **ordre de grandeur** du résultat.

Pour 3,1 kg de fruits à 2,14 € le kilo, il faut s'attendre à payer un peu plus de 6 € car $3 \times 2 = 6$ (le résultat exact est 6,634 soit, après arrondi au centime, 6,63 €).

▶ Pour éviter des erreurs en utilisant une calculatrice, il est bon d'évaluer un **ordre de grandeur** du résultat avant d'introduire la séquence.

Avant de calculer $3,14 \times 5,13$, il est utile de se dire que le résultat est proche de 15 car $3 \times 5 = 15$ (résultat affiché : $\boxed{16,1082}$).

Comment trouver l'arrondi d'un nombre ?

▶ Pour trouver l'arrondi à l'unité, on se sert du chiffre des dixièmes :
– si le chiffre des dixièmes est 0, 1, 2, 3 ou 4, on prend pour arrondi l'approximation à 1 près par défaut ;
– si le chiffre des dixièmes est 5, 6, 7, 8 ou 9, on prend pour arrondi l'approximation à 1 près par excès.

L'arrondi à l'unité de 6,634 est 7.
L'arrondi à l'unité de 16,108 2 est 16.

▶ Pour trouver l'arrondi au dixième, on se sert du chiffre des centièmes :
– si le chiffre des centièmes est 0, 1, 2, 3 ou 4, on prend pour arrondi l'approximation à 0,1 près par défaut.
– si le chiffre des centièmes est 5, 6, 7, 8 ou 9, on prend pour arrondi l'approximation à 0,1 près par excès.

L'arrondi au dixième de 6,634 est 6,6.
L'arrondi au dixième de 16,108 2 est 16,1.

▶ De même, pour trouver l'arrondi au centième, on se sert du chiffre des millièmes.
– si le chiffre des millièmes est 0, 1, 2, 3 ou 4, on prend pour arrondi l'approximation à 0,01 près par défaut.
– si le chiffre des millièmes est 5, 6, 7, 8 ou 9, on prend pour arrondi l'approximation à 0,01 près par excès.

L'arrondi au centième de 6,634 est 6,63.
L'arrondi au centième de 16,108 2 est 16,11.

La même règle permet, suivant la précision souhaitée, d'arrondir un résultat au millième, au dix-millième, etc.

Exercices d'application

1 **Sept amis déjeunent ensemble ; la dépense totale s'élève à 145 euros. L'un d'eux paie et les autres le remboursent.**
La calculatrice affiche $\boxed{20,714...}$ **pour le quotient de 145 par 7.**
Calculer ce que chacun doit payer :

a. s'ils décident d'arrondir à 1 euro près ;
b. s'ils décident d'arrondir à 0,01 euro près.

a. L'arrondi à l'unité est 21 ; chacun devra rembourser **21 €**.
b. L'arrondi au centième est 20,71 ; chacun devra rembourser **20,71 €**.

2 **On achète un gigot de 2,950 kg au prix de 21,99 € le kilo.**

a. Donner un ordre de grandeur de la dépense.
b. Donner l'arrondi à l'unité, l'arrondi au dixième, puis l'arrondi au centième du prix à payer sachant que a calculatrice affiche $\boxed{64,8705}$.

a. Environ 3 kg au prix d'environ 20 € le kilo, cela ferait **60 €**.
b. Arrondi à l'unité, le prix à payer est **65 €**.
Arrondi au dixième, le prix à payer est **64,9 €**.
Arrondi au centième, le prix à payer est **64,87 €**.

3 **Le « rond central » d'un terrain de football a 9,15 m de rayon. Pour connaître son périmètre, on multiplie le diamètre par π ; la calculatrice affiche :** $\boxed{57,491145...}$.

a. Quels sont les arrondis à 1 près, à 0,1 près et à 0,01 près de ce périmètre ?
b. Quelle est la distance parcourue par un joueur qui fait 10 fois le tour du rond central (résultat arrondi à 1 près) ?

a. Arrondi à 1 près : **57 m** ;
arrondi à 0,1 près : **57,5 m** ;
arrondi à 0,01 près : **57,49 m**.
b. 57,491 145 × 10 = 574,911 45.
Le joueur a parcouru environ **575 m**.

Si on multiplie par 10 l'arrondi à l'unité du périmètre, on obtient 570 m soit 5 m d'écart.

À savoir

Sur des calculatrices, la séparation entre la partie entière et la partie décimale est parfois indiquée par un point.

Voir aussi fiches 2 et 6

8 Opérations (+, −, ×) en écriture décimale

Quel est le vocabulaire relatif à ces trois opérations ?

▶ **Addition**

$$2,7 \quad + \quad 1,2 \quad = \quad 3,9$$

1er terme $\qquad$ 2e terme $\qquad$ Somme effectuée

Somme non effectuée

▶ **Soustraction**

$$2,7 \quad - \quad 1,2 \quad = \quad 1,5$$

1er terme $\qquad$ 2e terme $\qquad$ Différence effectuée

Différence non effectuée

▶ **Multiplication**

$$2,7 \quad \times \quad 1,2 \quad = \quad 3,24$$

1er facteur $\qquad$ 2e facteur $\qquad$ Produit effectué

Produit non effectué

> ⚠ Pour l'addition et la soustraction, imaginer les nombres dans un tableau et mettre les chiffres des différentes unités les uns sous les autres ; les virgules s'alignent verticalement.
>
> $$\begin{array}{r} 2,7 \\ +\,1,2 \\ \hline 3,9 \end{array} \qquad \begin{array}{r} 2,7 \\ -\,1,2 \\ \hline 1,5 \end{array}$$
>
> Pour la multiplication, il faut compter le nombre de décimales de chaque facteur et les additionner pour avoir le nombre de décimales du produit.
>
> $$\begin{array}{r} 2,7 \quad \leftarrow \text{1 décimale} \\ \times\,1,2 \quad \leftarrow \text{1 décimale} \\ \hline 5\,4 \\ 2\,7 \end{array} \quad \text{Décalage de 1 rang}$$
> $$\overline{3,2\,4} \quad \leftarrow \text{2 décimales}$$

Comment utiliser un tableur ?

▶ Un tableur permet d'ouvrir un tableau dans une **feuille de calcul**. Dans ce tableau, chaque intersection d'une ligne et d'une colonne est une **cellule**. Dans chaque cellule peut se trouver du **texte**, un **nombre**, une **formule**. L'**adresse** de chaque cellule est donnée par une lettre suivie d'un nombre.

Colonne A ↓

	A	B	C	D	E
1	a	b	a + b	a − b	a × b
2	2,7	1,2	3,9	1,5	3,24

← Ligne 1
← Ligne 2

Cellule C2 — Cellule D2 — Cellule E2

Dans la cellule C2, on a saisi la formule **=A2+B2**.
Dans la cellule D2, on a saisi la formule **=A2-B2**.
Dans la cellule E2, on a saisi la formule **=A2*B2**.
*Si on copie la formule =A2*B2 dans toutes les cellules de la colonne E, on obtient les produits des nombres qui ont été saisis dans les colonnes A et B.*

Exercices d'application

1 **a.** Vérifier que : 425 + 396 = 821.
En déduire les différences 821 − 425 et 821 − 396.
b. Calculer S tel que S = 12,7 + 23,4.
En déduire les différences S − 12,7 et S − 23,4.

a. L'addition est exacte :

```
   ①  ①
   4  2  5
+  3  9  6
─────────
   8  2  1
```

On en déduit : 821 − 425 = **396** et 821 − 396 = **425**.
b. S = 12,7 + 23,4 = **36,1**.
On en déduit : 36,1 − 12,7 = **23,4** et 36,1 − 23,4 = **12,7**.

2 **Effectuer le produit 32 × 24.**
Indiquer, sans nouveau calcul, les produits suivants :
3,2 × 2,4 ; 3,2 × 0,24 ; 0,32 × 0,24.

```
      3  2
×     2  4
──────────
   1  2  8
   6  4  .
──────────
   7  6  8
```

On en déduit : 3,2 × 2,4 = **7,68** (2 décimales en tout) ;
3,2 × 0,24 = **0,768** (3 décimales en tout) ;
0,32 × 0,24 = **0,076 8** (4 décimales en tout).

3 **Observer le tableau, puis indiquer quelles formules on doit saisir dans chacune des cellules C2, D2 et E2.**
Indiquer le résultat qui doit apparaître dans chacune de ces cellules.

	A	B	C	D	E
1	a	b	a + b	a − b	a × b
2	7,8	3,9			

À savoir

L'utilisation du tableur est intéressante lorsqu'on doit effectuer plusieurs lignes de calculs.

Cellule C2 : formule **=A2+B2** ; résultat **11,7**.
Cellule D2 : formule **=A2-B2** ; résultat **3,9**.
Cellule E2 : formule **=A2*B2** ; résultat **30,42**.

Voir aussi fiches 3 et 4

9 Opérations (+, −, ×) avec des fractions décimales

Comment calculer avec des fractions décimales ?

On sait ajouter, soustraire et multiplier des nombres décimaux écrits avec des fractions décimales.

▶ Addition

La somme de deux fractions décimales de même dénominateur est une fraction décimale de même dénominateur qui a **pour numérateur la somme des numérateurs**.

> **À savoir**
>
> Pour la somme et la différence, il est impératif d'avoir des fractions décimales de même dénominateur.

$$\frac{35}{10} + \frac{24}{10} = \frac{35+24}{10} = \frac{59}{10}.$$ ← On ajoute les numérateurs. ← On garde le dénominateur.

$$\frac{15}{10} + \frac{13}{100} = \frac{150}{100} + \frac{13}{100} = \frac{163}{100}.$$

▶ Soustraction

La différence de deux fractions décimales de même dénominateur est une fraction décimale de même dénominateur et ayant **pour numérateur la différence des numérateurs**.

$$\frac{35}{10} - \frac{24}{10} = \frac{35-24}{10} = \frac{11}{10}.$$ ← On retranche les numérateurs. ← On garde le dénominateur.

$$\frac{15}{10} - \frac{13}{100} = \frac{150}{100} - \frac{13}{100} = \frac{137}{100}.$$

▶ Multiplication

Le produit de deux fractions décimales est une fraction décimale ayant pour numérateur le produit des numérateurs et **pour dénominateur le produit des dénominateurs**.

> **À savoir**
>
> Dans le cas du produit, les fractions n'ont pas besoin d'avoir le même dénominateur.

$$\frac{35}{10} \times \frac{24}{10} = \frac{35\times24}{10\times10} = \frac{840}{100}.$$ ← On multiplie les numérateurs. ← On multiplie les dénominateurs.

$$\frac{15}{10} \times \frac{13}{100} = \frac{15\times13}{10\times100} = \frac{195}{1\,000}.$$

Écritures des décimaux avec des fractions décimales

▶ 3,14 peut s'écrire $\dfrac{314}{100}$ mais aussi $3 + \dfrac{14}{100}$ ou encore $3 + \dfrac{1}{10} + \dfrac{4}{100}$.

Exercices d'application

1 Calculer $a + b$, $a - b$ et $a \times b$ avec :

a. $a = \dfrac{147}{100}$ et $b = \dfrac{132}{100}$;

b. $a = \dfrac{12}{10}$ et $b = \dfrac{12}{100}$.

a. $a + b = \dfrac{147}{100} + \dfrac{132}{100} = \dfrac{\mathbf{279}}{\mathbf{100}}$ car $147 + 132 = 279$.

$a - b = \dfrac{147}{100} - \dfrac{132}{100} = \dfrac{\mathbf{15}}{\mathbf{100}}$ car $147 - 132 = 15$.

$a \times b = \dfrac{147}{100} \times \dfrac{132}{100} = \dfrac{\mathbf{19\,404}}{\mathbf{10\,000}}$

car $147 \times 132 = 19\,404$ et $100 \times 100 = 10\,000$.

b. $a + b = \dfrac{12}{10} + \dfrac{12}{100} = \dfrac{120}{100} + \dfrac{12}{100} = \dfrac{\mathbf{132}}{\mathbf{100}}$.

$a - b = \dfrac{12}{10} - \dfrac{12}{100} = \dfrac{120}{100} - \dfrac{12}{100} = \dfrac{\mathbf{108}}{\mathbf{100}}$.

$a \times b = \dfrac{12}{10} \times \dfrac{12}{100} = \dfrac{\mathbf{144}}{\mathbf{1\,000}}$ ($12 \times 12 = 144$ et $10 \times 100 = 1\,000$).

> **À savoir**
>
> Pour la somme et la différence, il est impératif d'avoir des fractions décimales de même dénominateur.

2 21,73 peut s'écrire de trois façons avec des fractions décimales :

$\dfrac{2\,173}{100}$; $21 + \dfrac{73}{100}$; $21 + \dfrac{7}{10} + \dfrac{3}{100}$.

Écrire de même avec des fractions décimales 8,9 ; 12,18 ; 84,152 et 0,103.

$8,9 = \dfrac{89}{10} = 8 + \dfrac{9}{10}$.

$12,18 = \dfrac{1218}{100} = 12 + \dfrac{18}{100} = 12 + \dfrac{1}{10} + \dfrac{8}{100}$.

$84,152 = \dfrac{84\,152}{1\,000} = 84 + \dfrac{152}{1\,000} = 84 + \dfrac{1}{10} + \dfrac{5}{100} + \dfrac{2}{1\,000}$.

$0,103 = \dfrac{103}{1\,000} = \dfrac{1}{10} + \dfrac{3}{1\,000}$.

Voir aussi fiches 3 et 8

10 Division euclidienne

Qu'est-ce qu'une division euclidienne ?

▸ Dans une **division euclidienne**, tous les nombres sont **entiers**.

```
Dividende ────▸  2  0  0 │ 7  ◂──── Diviseur
                 6  0  │ 28  ◂──── Quotient euclidien
Reste ────▸         4 │
```

$200 = 7 \times 28 + 4$ et $4 < 7$.

▸ Le **reste** est toujours strictement inférieur au diviseur.

▸ Le **quotient euclidien** permet d'encadrer le dividende entre deux multiples consécutifs du diviseur :
$7 \times 28 < 200 < 7 \times 29$.

Comment effectuer une division euclidienne ?

▸ Premier exemple : division euclidienne de 275 par 7.

```
  2  7  5 │ 7
− 2  1   │ 3 9
     6  5 │
   − 6  3 │
        2 │
```

⚠ Chaque reste intermédiaire ou final (ici 6, puis 2) est strictement inférieur au diviseur (ici 7). **Il doit toujours en être ainsi.**

1. On sépare à gauche du dividende autant de chiffres qu'il faut pour avoir le plus petit nombre qui soit supérieur ou égal au diviseur.
Ici, c'est 27 car 27 > 7.

2. On pose la question : « en 27 combien de fois 7 ? » ; réponse : 3 fois.
On écrit 3 au quotient et on multiplie 7 par 3 ; le produit (21) est écrit sous 27, puis on le retranche de 27 ; il reste 6.

3. On abaisse le 5 ; on pose la question « en 65 combien de fois 7 ? » ; réponse : 9 fois.
On écrit le 9 au quotient et on multiplie 7 par 9 ; le produit (63) est écrit sous 65, puis on le retranche de 65 ; il reste 2.

4. Dans la division de 275 par 7,
le quotient euclidien est 39 et le reste est 2.
On vérifie : $7 \times 39 + 2 = 275$ et $2 < 7$.
On en déduit un encadrement de 275 entre deux multiples consécutifs de 7.
$7 \times 39 < 275 < 7 \times 40$.

▶ **Second exemple** : division euclidienne de 618 par 12.

```
  6  1  8 │ 12
  7  2    │ 6̶ 5 1
−  6  0
      1  8
   −  1  2
         6
```

1. Il faut séparer deux chiffres à gauche du dividende pour avoir le plus petit nombre supérieur ou égal au diviseur (61 > 12).

2. « En 61 combien de fois 12 ? ou en 6 combien de fois 1 ? » : 6 fois. On écrit 6 au quotient et on multiplie 12 par 6 ; le produit (72) est supérieur à 61 ; on barre 72 et on barre 6, puis on essaie 5. On multiplie 12 par 5 ; le produit (60) est inférieur à 61 ; on écrit 5 au quotient ; on retranche le produit à 61 ; reste : 1.

3. On abaisse le 8. « En 18 combien de fois 12 ? ou en 1 combien de fois 1 ? » Réponse : 1 fois. On écrit 1 au quotient et on multiplie 12 par 1 ; on retranche le produit (12) de 18 ; le reste est 6.

4. Le quotient euclidien de 618 par 12 est 51 (reste 6).
On vérifie : 12 × 51 + 6 = 618 et 6 < 12.
On a aussi 12 × 51 < 618 < 12 × 52.

⚠ Avec de l'entraînement, on n'écrit plus les produits partiels.

On effectue les soustractions au fur et à mesure que l'on calcule les produits.

```
  6  1  8 │ 12
     1  8 │ 5 1
        6 │
```

Exercice d'application

① **Une personne doit payer 448 € avec des billets de 20 €.**

a. Combien doit-elle donner de billets si elle possède de la monnaie pour compléter ?

b. Combien doit-elle donner de billets si elle ne possède pas de monnaie ?

a. On effectue la division euclidienne de 448 par 20.

```
  4  4  8 │ 20
     4  8 │ 2 2
        8 │
```

On a : 448 = 20 × 22 + 8 et 8 < 20.

Elle devra donner 22 billets de 20 € et 8 € en monnaie.

b. On a 20 × 22 < 448 < 20 × 23.

Elle devra donner 23 billets de 20 €.

On lui rendra 12 € car (20 × 23) − 448 = 12.

Voir aussi fiches 5, 8 et 12

Division d'un décimal

Division avec un diviseur entier

▶ **Technique de la division**

La technique est la même que pour la division euclidienne (*cf.* fiche 10).

Quand on rencontre une virgule au **dividende**, on met une virgule au **quotient**.

Quand il n'y a plus de chiffre à abaisser au dividende, si on veut continuer, on abaisse un zéro (4 devient 40).

> **À savoir**
>
> Dans une division, la disposition est la suivante :
>
> | dividende | diviseur |
> |---|---|
> | | quotient |
> | reste | |

```
4 3 , 8 | 7
  1 8   | 6,25
    4 0 |
      5 |
```

▶ **Approximations décimales du quotient** (*cf.* fiche 6)

6 est l'approximation à 1 près par défaut du quotient.

6,2 est l'approximation à 0,1 près par défaut du quotient.

6,25 est l'approximation à 0,01 près par défaut du quotient.

On en déduit les approximations décimales par excès, respectivement : 7 ; 6,3 ; 6,26.

Division avec un diviseur non entier

▶ **On rend le diviseur entier** en appliquant la règle :

« Dans une division, si on multiplie le dividende et le diviseur par un même nombre, on ne change pas le quotient. »

```
14,3 | 0,8     devient     143 | 8     devient     143 | 8
                                                     63 | 17,8
                                                     70 |
                                                      6 |
```

On a multiplié le dividende et le diviseur par 10.

Le dividende 14,3 devient 143 et le diviseur 0,8 devient 8.

Le quotient et toutes les approximations décimales sont inchangés.

Division avec une calculatrice

▶ On utilise la touche (÷).

La séquence 14,3 (÷) 0,8 (=) amène 17,875 .

▶ Les approximations décimales par défaut sont 17 ; 17,8 ; 17,87.

▶ Les approximations décimales par excès sont 18 ; 17,9 ; 17,88.

Exercices d'application

1 Effectuer les divisions suivantes en s'arrêtant lorsqu'on a écrit une décimale au quotient :

a. $16,4 \div 3$; b. $32,1 \div 7$.

a.

```
1  6, 4 | 3
   1  4 | 5,4
      2 |
```

b.

```
3  2, 1 | 7
   4  1 | 4,5
      6 |
```

2 Effectuer les divisions suivantes en s'arrêtant lorsqu'on a écrit deux décimales au quotient :

a. $26,9 \div 6$; b. $352,6 \div 7$.

a.

```
2  6, 9   | 6
   2  9   | 4,48
      5 0 |
      2   |
```

b.

```
3  5  2, 6   | 7
   0  2       | 50,37
      2  6    |
         5 0  |
            1 |
```

3 Effectuer la division de 29,4 par 0,9 en s'arrêtant lorsqu'on a deux décimales au quotient. Vérifier avec la calculatrice.
Écrire les approximations décimales par défaut et par excès à 0,01 près et à 0,001 près de ce quotient.

On multiplie le dividende et le diviseur par 10 (on barre les virgules) et on divise 294 par 9.

```
2  9, 4 | 0,9      devient :    2  9 / 4   | 0 / 9
                                   2  4     | 32,66
                                      6 0   |
                                        6 0 |
                                          6 |
```

La calculatrice affiche $\boxed{32.66666667}$.
Approximations décimales :
– à 0,01 près par défaut : **32,66** ; par excès : **32,67** ;
– à 0,001 près par défaut : **32,666** ; par excès : **32,667**.

En savoir plus

Sans calculatrice, si on continuait la division de 294 par 9, on trouverait au quotient une succession de 6 car, à chaque étape, on divise 60 par 9 et le reste est 6.

Voir aussi fiches 6, 10 et 12 31

12 Division et problèmes

■ Quand faire une division ?

▶ On fait une division pour chercher le facteur inconnu dans un produit connu.

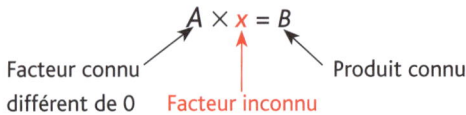

$$A \times x = B$$

Facteur connu
différent de 0   Facteur inconnu   Produit connu

On veut calculer x.
B devient le dividende et A le diviseur.
Le nombre x est le quotient de B par A.

Le quotient se note $B \div A$ ou B/A ou $\dfrac{B}{A}$.

Lorsque B et A sont entiers, $\dfrac{B}{A}$ est une fraction.

> **À savoir**
> Suivant le cas, on cherche un quotient euclidien (fiche 10) ou un quotient décimal (fiche 11) (exact ou approché).

▶ On fait une division dans des **situations de partage** :
– pour chercher la valeur d'une part ;
On partage de façon équitable 242 € entre 10 personnes. Quelle est la part de chacun ?
242 ÷ 10 = 24,2.
Chacun recevra 24,20 €.

> **À savoir**
> $10 \times x = 242$ est une **équation** ; x est l'inconnue.
> La solution est le quotient de 242 par 10 soit 24,2.

– pour chercher le nombre de parts ;
Des personnes se partagent 364 € de façon équitable et chacun reçoit 45,50 €.
Combien ont participé au partage ?
364 ÷ 45,5 = 8.
Il y a 8 personnes qui ont participé au partage.

– pour connaître un reste ou un manque.
On répartit des pommes dans des caisses contenant chacune 8 pommes.
Combien de pommes reste-t-il si on a 245 pommes ?
Combien manque-t-il de pommes pour remplir une caisse de plus ?
Le quotient euclidien de 245 par 8 donne :
$245 = 8 \times 30 + 5$ et $5 < 8$.
On peut encadrer 245 entre deux multiples de 8 :
$8 \times 30 < 245 < 8 \times 31$.
On remplit 30 caisses et il reste 5 pommes.
Pour remplir 31 caisses, il manque 3 pommes car $8 - 5 = 3$.

Exercices d'application

1 L'aire d'une feuille de papier est 623,7 cm². Une de ses dimensions est 21 cm.
Quelle est l'autre dimension ?

L'aire S est égale au produit de la longueur par la largeur.
$623,7 = 21 \times x$; $x = 623,7 \div 21$; $x = 29,7$.
L'autre dimension est 29,7 cm (c'est la longueur).

2 Un collège reçoit 200 tablettes à répartir équitablement entre 7 classes de sixième.
Combien chaque classe recevra-t-elle de tablettes ?

C'est une situation de partage.
On effectue la division euclidienne de 200 par 7.
$200 = 7 \times 28 + 4$ et $4 < 7$; $7 \times 28 < 200 < 7 \times 29$.
Chaque classe disposera de 28 tablettes.
Il restera 4 tablettes non distribuées.
Si on avait reçu 3 tablettes de plus, chaque classe aurait eu 29 tablettes.

```
2 0 0 | 7
  6 0 | 2 8
    4 |
```

3 Un pack de 6 bouteilles de jus de fruits bio coûte 7,50 €.
Quel est le prix d'une bouteille ?

Si on appelle x le prix d'une bouteille, on a : $6 \times x = 7,5$.
$7,5 \div 6 = 1,25$. **Le prix d'une bouteille est 1,25 €.**

4 On a 25 m³ de gravats à transporter avec un camion qui peut transporter 3,4 m³ à chaque voyage.
Combien de voyages sont nécessaires pour tout transporter ?

On divise 25 par 3,4 :

```
2 5 | 3,4      soit   2 5 0 | 3 4
    | ?                 1 2 | 7
```

La calculatrice affiche $\boxed{7,35294\ldots}$.
Avec 7 voyages, on transporterait 23,8 m³ car $3,4 \times 7 = 23,8$.
Il resterait 1,2 m³ de gravats car $25 - 23,8 = 1,2$.
Un voyage supplémentaire est nécessaire, soit 8 voyages en tout.

Voir aussi fiches 10 et 11

13 Multiples et diviseurs

Multiples et diviseurs d'un nombre entier

▶ Lorsqu'une division euclidienne a pour reste 0 (on dit qu'elle « tombe juste »), le nombre figurant au dividende est un multiple du nombre figurant au diviseur.

```
8 4 | 7
1 4 | 12
  0 |
```

On a : $84 = 7 \times 12$

$84 \div 7 = 12$

$84 \div 12 = 7.$

84 est un multiple de 7.
7 est un diviseur de 84.
84 est divisible par 7.

84 est un multiple de 12.
12 est un diviseur de 84.
84 est divisible par 12.

⚠ Dire que « **7 est un diviseur de 84** », c'est dire que « la division euclidienne de 84 par 7 a pour reste 0 ».

Critères de divisibilité

Ce sont des règles simples qui permettent de savoir si un nombre entier est divisible (ou non) par un autre.

▶ On regarde le chiffre des unités :
– si c'est 0, le nombre est **divisible par 10** ;
– si c'est 0 ou 5, le nombre est **divisible par 5** ;
– si c'est 0, 2, 4, 6, 8 (pair), le nombre est **divisible par 2**.

▶ On regarde la somme des chiffres :
– si c'est un multiple de 9, le nombre est **divisible par 9** ;
– si c'est un multiple de 3, le nombre est **divisible par 3**.

Comment simplifier une fraction ?

▶ Une méthode : avant de simplifier, écrire le numérateur et le dénominateur sous forme de produits en faisant apparaître un facteur commun (diviseur commun).

▶ Pour trouver un facteur commun, on utilise les tables de multiplication ou les critères de divisibilité.

En savoir plus

On essaie toujours d'écrire une fraction sous sa forme la plus simple.

Lorsqu'on ne peut plus la simplifier, on dit que la fraction est **irréductible**.

$\dfrac{45}{35} = \dfrac{5 \times 9}{5 \times 7} = \dfrac{9}{7}$ (« table de 5 »). $\dfrac{63}{56} = \dfrac{7 \times 9}{7 \times 8} = \dfrac{9}{8}$ (« table de 7 »).

$\dfrac{450}{1\,080} = \dfrac{10 \times 45}{10 \times 108} = \dfrac{45}{108}$ (critère de divisibilité par 10) ;

on remarque que $4 + 5 = 9$ et $1 + 0 + 8 = 9$ (multiple de 9) ;

on a donc : $\dfrac{45}{108} = \dfrac{9 \times 5}{9 \times 12} = \dfrac{5}{12}$; d'où : $\dfrac{450}{1\,080} = \dfrac{5}{12}$.

Exercices d'application

1 Pour chacun des nombres 4 572 et 35 610 dire s'il est divisible par 2, par 3, par 5, par 9 et préciser pourquoi.

Le nombre 4 572 :
– est **divisible par 2** mais **pas par 5** (chiffre des unités : 2) ;
– est **divisible par 3 et par 9** (somme des chiffres : 18).
Le nombre 35 610 :
– est **divisible par 2, par 5 et par 10** (chiffre des unités : 0) ;
– est **divisible par 3**, mais **pas par 9** (la somme des chiffres est 15 qui est un multiple de 3, mais pas de 9).

2 a. Vérifier que les nombres 72, 135 et 243 sont divisibles par 9.
b. Simplifier chacune des fractions $\dfrac{72}{135}$; $\dfrac{72}{243}$ et $\dfrac{135}{243}$.

a. Ces trois nombres sont divisibles par 9 car :
$7 + 2 = \mathbf{9}$; $1 + 3 + 5 = \mathbf{9}$; $2 + 4 + 3 = \mathbf{9}$.

b. $\dfrac{72}{135} = \dfrac{\mathbf{9} \times 8}{\mathbf{9} \times 15} = \dfrac{\mathbf{8}}{\mathbf{15}}$; $\dfrac{72}{243} = \dfrac{\mathbf{9} \times 8}{\mathbf{9} \times 27} = \dfrac{\mathbf{8}}{\mathbf{27}}$;

$\dfrac{135}{243} = \dfrac{\mathbf{9} \times 15}{\mathbf{9} \times 27} = \dfrac{15}{27}$; comme 15 et 27 sont divisibles par 3, on a :

$\dfrac{135}{243} = \dfrac{15}{27} = \dfrac{\mathbf{3} \times 5}{\mathbf{3} \times 9} = \dfrac{\mathbf{5}}{\mathbf{9}}$.

3 Simplifier le plus possible la fraction suivante : $\dfrac{90}{105}$.

On remarque que 90 et 105 sont divisibles par 5 (critère de divisibilité par 5).
$90 = 5 \times 18$ et $105 = 5 \times 21$;
d'où : $\dfrac{90}{105} = \dfrac{\mathbf{5} \times 18}{\mathbf{5} \times 21} = \dfrac{18}{21}$.
On remarque que 18 et 21 sont divisibles par 3 (table de 3).

$18 = 3 \times 6$ et $21 = 3 \times 7$; d'où : $\dfrac{18}{21} = \dfrac{\mathbf{3} \times 6}{\mathbf{3} \times 7} = \dfrac{6}{7}$.

Par suite : $\dfrac{90}{105} = \dfrac{\mathbf{6}}{\mathbf{7}}$ (fraction qui ne peut plus être simplifiée).

> ⚠ La connaissance des tables de multiplication permet de repérer facilement certaines simplifications :
> $\dfrac{18}{21} = \dfrac{6}{7}$ (table de 3) ;
> $\dfrac{32}{40} = \dfrac{4}{5}$ (table de 8).

Voir aussi fiches 10, 14 et 15

14 Nombres premiers

5e **Qu'est-ce qu'un nombre premier ?**

▶ Un nombre entier non nul, autre que 1, qui n'est divisible que par 1 et par lui-même est un **nombre premier**.

Début de la liste des nombres premiers :

2 ; 3 ; 5 ; 7 ; 11 ; 13 ; 17 ; 19 ; 23...

▶ Tout nombre non premier peut s'écrire de façon unique comme produit de facteurs premiers.

$4 = 2 \times 2 = 2^2$; $6 = 2 \times 3$; $8 = 2 \times 2 \times 2 = 2^3$; $9 = 3 \times 3 = 3^2$;

$10 = 2 \times 5$; $12 = 2 \times 2 \times 3 = 2^2 \times 3$; $14 = 2 \times 7$; $15 = 3 \times 5$;

$16 = 2^4$; $18 = 2 \times 3^2$; $20 = 2^2 \times 5$;

$120 = 12 \times 10 = (2^2 \times 3) \times (2 \times 5) = 2^3 \times 3 \times 5$;

$180 = 18 \times 10 = (2 \times 3^2) \times (2 \times 5) = 2^2 \times 3^2 \times 5$.

3e **Comment simplifier une fraction ?**

▶ Pour simplifier une fraction, on doit diviser le numérateur et le dénominateur par un diviseur commun. Si on divise par **le plus grand diviseur commun (PGCD)**, on obtient une **fraction irréductible**.

Les diviseurs de 18 sont 1 ; 2 ; 3 ; 6 ; 9 et 18.

Les diviseurs de 12 sont 1 ; 2 ; 3 ; 4 ; 6 et 12.

Les diviseurs 1 ; 2 ; 3 ; 6 sont communs aux deux listes ; le plus grand est 6 ; on écrit : PGCD (18 ; 12) = 6.

$\dfrac{12}{18} = \dfrac{6 \times 2}{6 \times 3} = \dfrac{2}{3}$ (fraction irréductible).

▶ On peut calculer le PGCD de deux entiers en décomposant en produits de facteurs premiers ces nombres. Le PGCD est le produit des facteurs premiers communs, chacun écrit avec le plus petit exposant.

Soit à simplifier $\dfrac{120}{180}$; $120 = 2^3 \times 3 \times 5$ et $180 = 2^2 \times 3^2 \times 5$.

Les facteurs premiers communs sont 2, 3 et 5.

PGCD (120 ; 180) = $2^2 \times 3 \times 5 = 60$.

$\dfrac{120}{180} = \dfrac{60 \times 2}{60 \times 3} = \dfrac{2}{3}$.

En savoir plus

Lorsque PGCD $(a ; b)$ est égal à 1, les nombres a et b sont dit « premiers entre eux » et la fraction $\dfrac{a}{b}$ est alors irréductible.

Exercices d'application

❶ Dire pourquoi les fractions $\dfrac{11}{19}$ et $\dfrac{15}{17}$ sont irréductibles.

11 est un nombre premier ; il n'est divisible que par 1 et 11.
19 est un nombre premier ; il n'est divisible que par 1 et 19.

> **À savoir**
> Le calcul du PGCD permet de prouver que la fraction obtenue est irréductible.

Le seul diviseur commun est 1 ; $\dfrac{11}{19}$ est donc irréductible.

17 est premier ; il n'est divisible que par 1 et 17. Parmi les diviseurs de 15, il n'y a pas 17.

Le seul diviseur commun est 1 ; $\dfrac{15}{17}$ est donc irréductible.

**❷ Décomposer en produits de facteurs premiers 150 et 140.
En déduire PGCD (150 ; 140), puis trouver la fraction irréductible égale à $\dfrac{150}{140}$.**

$150 = 15 \times 10 = (3 \times 5) \times (2 \times 5) = \mathbf{2 \times 3 \times 5^2}$.
$140 = 14 \times 10 = (2 \times 7) \times (2 \times 5) = \mathbf{2^2 \times 5 \times 7}$.
Les facteurs communs sont 2 et 5.
PGCD $(150 ; 140) = 2 \times 5 = \mathbf{10}$.

$$\dfrac{150}{140} = \dfrac{\mathbf{10} \times 15}{\mathbf{10} \times 14} = \dfrac{\mathbf{15}}{\mathbf{14}} \text{ (fraction irréductible).}$$

**❸ Soit a et b tels que $a = 2^3 \times 3^2 \times 5$ et $b = 2^2 \times 3^3 \times 7$.
Calculer PGCD $(a ; b)$.**

En déduire la fraction irréductible égale à $\dfrac{a}{b}$.

Le facteur 2 est commun aux deux décompositions (l'exposant de 2^2 est inférieur à celui de 2^3).
Le facteur 3 est commun aux deux décompositions (l'exposant de 3^2 est inférieur à celui de 3^3).
Par suite : **PGCD $(a ; b) = 2^2 \times 3^2 = \mathbf{36}$.**
D'où : $a = (2^2 \times 3^2) \times (2 \times 5)$ et $b = (2^2 \times 3^2) \times (3 \times 7)$;

$$\dfrac{a}{b} = \dfrac{\mathbf{(2^2 \times 3^2)} \times (2 \times 5)}{\mathbf{(2^2 \times 3^2)} \times (3 \times 7)} = \dfrac{2 \times 5}{3 \times 7} = \dfrac{\mathbf{10}}{\mathbf{21}} \text{ (fraction irréductible).}$$

Voir aussi fiches 13 et 30

15 ▸ Fraction irréductible

Comment calculer le PGCD de deux nombres ?

▶ Soit deux entiers a et b avec $a > b$. La division euclidienne de a par b donne un quotient q et un reste r.

On a : $a = b \times q + r$ avec $r < b$.

Si d est un diviseur commun à a et b, alors d divise a et bq ainsi que $a - bq$, c'est-à-dire r.

Donc : Si d divise a et b, il divise aussi b et r.

Ainsi de suite...

Ce qui justifie l'**algorithme d'Euclide** pour trouver le plus grand diviseur commun de a et b, qui se note PGCD $(a \, ; b)$.

Soit $a = 144$ et $b = 78$. Chacun de ces nombres a des diviseurs ; certains sont communs aux deux.

Quel est le plus grand d'entre eux ?

$144 = 78 \times 1 + 66.$ ← On divise le plus grand nombre par le plus petit.

$78 = 66 \times 1 + 12.$

$66 = 12 \times 5 + 6.$ ← On divise chaque fois le diviseur de la division précédente par le reste de cette division.

$12 = 6 \times 2 + 0.$

1 4 4	78		7 8	66
6 6	1		1 2	1

6 6	12		1 2	6
6	5		0	2

Lorsque le reste est 0, le diviseur de la dernière division est le plus grand diviseur commun aux deux nombres.

PGCD $(144 \, ; 78) = 6$.

À savoir

Il ne faut pas confondre le mot « diviseur » qui indique la place d'un nombre dans une division euclidienne et l'expression « est un diviseur d'un nombre ».

Comment rendre irréductible une fraction ?

▶ Une fraction est irréductible lorsque le plus grand diviseur commun (PGCD) du numérateur et du dénominateur est 1.

▶ Lorsqu'on divise le numérateur et le dénominateur d'une fraction par leur PGCD, on obtient une fraction irréductible.

On sait que PGCD $(144 \, ; 78) = 6$.

On a : $\dfrac{144}{78} = \dfrac{6 \times 24}{6 \times 13} = \dfrac{24}{13}$ (fraction irréductible).

Exercices d'application

1 Calculer PGCD (3 025 ; 385).

On utilise l'algorithme d'Euclide (succession de divisions euclidiennes) :

```
3  0  2  5 | 385        3  8  5 | 330        3  3  0 | 55
   3  3  0 | 7              5  5 | 1             0 | 6
```

3 025 = 385 × 7 + 330 et 330 < 385.
385 = 330 × 1 + 55 et 55 < 330.
330 = **55** × 6 + 0 (reste nul).
PGCD (3 025 ; 385) = 55.

2 Calculer PGCD (294 ; 378), puis écrire $\dfrac{294}{378}$ sous forme de fraction irréductible.

On utilise l'algorithme d'Euclide.
378 = 294 × 1 + 84 et 84 < 294.
294 = 84 × 3 + 42 et 42 < 84.
84 = **42** × 2 + 0 (reste nul).
PGCD (294 ; 378) = 42.

D'où : $\dfrac{294}{378} = \dfrac{42 \times 7}{42 \times 9} = \dfrac{7}{9}$ (irréductible).

> **À savoir**
>
> Que l'on effectue les divisions euclidiennes « à la main » ou avec une calculatrice, il est bon d'écrire le résultat sous la forme :
> $D = d \times q + r$ et $r < d$
> D = dividende ; d = diviseur
> q = quotient ; r = reste.

3 Prouver que $\dfrac{221}{210}$ est irréductible.

On calcule PGCD (221 ; 210) (algorithme d'Euclide).
221 = 210 × 1 + 11 et 11 < 210.
210 = 11 × 19 + 1 et 1 < 11.
11 = **1** × 11 + 0 (reste nul).
PGCD (221 ; 210) = 1.
221 et 210 sont des nombres
« premiers entre eux ».
La fraction $\dfrac{221}{210}$ **est irréductible**.

Voir aussi fiches 10, 13

39

Comparaison des quotients

Écriture fractionnaire du quotient de deux décimaux

▶ Le quotient du décimal a par le décimal b ($b \neq 0$) est le nombre q par lequel il faut multiplier b pour avoir a ; c'est-à-dire tel que $a = b \times q$.

Il se note $\quad a \div b \quad$ ou $\quad \dfrac{a}{b} \longleftarrow$ Numérateur
$\qquad\qquad\qquad\qquad\qquad\qquad \longleftarrow$ Dénominateur

$\qquad\qquad$ Dividende $\quad$ Diviseur

▶ $\dfrac{a}{b}$ est une **écriture fractionnaire** du quotient de a par b. Cette écriture peut se modifier en multipliant (ou en divisant) le numérateur et le dénominateur par un même nombre non nul.

$$\frac{a}{b} = \frac{a \times m}{b \times m} \quad \text{et} \quad \frac{a}{b} = \frac{a \div k}{b \div k} \quad (b \neq 0 \,;\, m \neq 0 \text{ et } k \neq 0).$$

Tout quotient de décimaux est aussi un quotient d'entiers (fraction).

$$\frac{6,7}{4,3} = \frac{6,7 \times 10}{4,3 \times 10} = \frac{67}{43} \,;\, \frac{7}{2,15} = \frac{7 \times 100}{2,15 \times 100} = \frac{700}{215} \,.$$

> **En savoir plus**
>
> Un quotient de deux décimaux est un **nombre rationnel**.
>
> 7 qui s'écrit aussi $\dfrac{7}{1}$,
>
> 1,9 qui s'écrit aussi $\dfrac{19}{10}$,
>
> $\dfrac{20}{30}$ qui s'écrit aussi $\dfrac{2}{3}$
>
> sont des rationnels.

Comment comparer des quotients ?

▶ Des quotients ayant le même dénominateur sont rangés comme leurs numérateurs.

$$\frac{5}{7} < \frac{6}{7} \text{ car } 5 < 6 \,;\, \frac{2,1}{3,4} > \frac{1,89}{3,4} \text{ car } 2,1 > 1,89.$$

▶ Lorsque les dénominateurs sont différents, on doit modifier l'écriture de l'un des deux ou des deux.

Pour comparer $\dfrac{12}{7}$ et $\dfrac{22}{14}$, on remplace $\dfrac{12}{7}$ par $\dfrac{12 \times 2}{7 \times 2}$ soit $\dfrac{24}{14}$.

On a $24 > 22$, d'où : $\dfrac{24}{14} > \dfrac{22}{14}$ et $\dfrac{12}{7} > \dfrac{22}{14}$.

Pour comparer $\dfrac{5}{6}$ et $\dfrac{7}{8}$, on cherche le plus petit nombre qui est commun aux deux tables de multiplication de 6 et de 8 ; c'est 24.

$$\frac{5}{6} = \frac{5 \times 4}{6 \times 4} = \frac{20}{24} \text{ et } \frac{7}{8} = \frac{7 \times 3}{8 \times 3} = \frac{21}{24} \,.$$

On a $20 < 21$; d'où : $\dfrac{20}{24} < \dfrac{21}{24}$ et $\dfrac{5}{6} < \dfrac{7}{8}$.

> **À savoir**
>
> Multiples non nuls de 6 :
> 6 ; 12 ; 18 ; 24 ; 30 ; 36 ; 42 ; 48 ; 54 ; 60...
> Multiples non nuls de 8 :
> 8 ; 16 ; 24 ; 32 ; 40 ; 48...
> Les multiples communs à 6 et à 8 sont 24, 48, etc.
> Le plus petit commun multiple de 6 et 8 est 24 : PPCM (6 ; 8) = 24.

Exercices d'application

❶ Écrire les quotients $\dfrac{6}{5}$; $\dfrac{9}{2}$ **et** $\dfrac{170}{100}$ **sous forme de fraction de dénominateur 10.**

$\dfrac{6}{5} = \dfrac{6 \times 2}{5 \times 2} = \dfrac{12}{10}$ (qui s'écrit aussi 1,2).

$\dfrac{9}{2} = \dfrac{9 \times 5}{2 \times 5} = \dfrac{45}{10}$ (qui s'écrit aussi 4,5).

$\dfrac{170}{100} = \dfrac{170 \div 10}{100 \div 10} = \dfrac{17}{10}$ (qui s'écrit aussi 1,7).

❷ Écrire les quotients $\dfrac{6,5}{1,2}$; $\dfrac{3,6}{7}$; $\dfrac{12}{3,18}$ **et** $\dfrac{2,54}{1,7}$ **sous forme de fraction.**

$\dfrac{6,5}{1,2} = \dfrac{6,5 \times 10}{1,2 \times 10} = \dfrac{65}{12}$; $\dfrac{3,6}{7} = \dfrac{3,6 \times 10}{7 \times 10} = \dfrac{36}{70}$;

$\dfrac{12}{3,18} = \dfrac{12 \times 100}{3,18 \times 100} = \dfrac{1\,200}{318}$; $\dfrac{2,54}{1,7} = \dfrac{2,54 \times 100}{1,7 \times 100} = \dfrac{254}{170}$.

❸ Comparer : $\dfrac{1,49}{2,3}$ **et** $\dfrac{2,1}{2,3}$; $\dfrac{0,9}{1,75}$ **et** $\dfrac{0,82}{1,75}$.

$\dfrac{1,49}{2,3} < \dfrac{2,1}{2,3}$ car 1,49 < 2,1 ; $\dfrac{0,9}{1,75} > \dfrac{0,82}{1,75}$ car 0,9 > 0,82.

❹ Comparer : $\dfrac{3}{7}$ **et** $\dfrac{8}{21}$; $\dfrac{3}{7}$ **et** $\dfrac{5}{6}$; $\dfrac{3}{4}$ **et** $\dfrac{5}{6}$.

On remplace $\dfrac{3}{7}$ par $\dfrac{9}{21}$; on a : 9 > 8 ; $\dfrac{9}{21} > \dfrac{8}{21}$ et $\dfrac{3}{7} > \dfrac{8}{21}$.

Pour $\dfrac{3}{7}$ et $\dfrac{5}{6}$, 42 est un dénominateur commun ;

$\dfrac{3}{7} = \dfrac{3 \times 6}{7 \times 6} = \dfrac{18}{42}$ et $\dfrac{5}{6} = \dfrac{5 \times 7}{6 \times 7} = \dfrac{35}{42}$; d'où : $\dfrac{3}{7} < \dfrac{5}{6}$.

Pour $\dfrac{3}{4}$ et $\dfrac{5}{6}$, 12 est un dénominateur commun ;

$\dfrac{3}{4} = \dfrac{3 \times 3}{4 \times 3} = \dfrac{9}{12}$ et $\dfrac{5}{6} = \dfrac{5 \times 2}{6 \times 2} = \dfrac{10}{12}$; d'où : $\dfrac{3}{4} < \dfrac{5}{6}$.

À savoir

12 est un des multiples communs à 4 et à 6.

Il y en a d'autres : 24, 36, 48, etc.

12 est le plus petit multiple commun : PPCM (4 ; 6) = 12.

Voir aussi fiches 2, 3, 5 et 13 à 15

17 Addition et soustraction des quotients

Comment ajouter deux quotients de décimaux ?

▶ Quels que soient les décimaux a, b et k ($k \neq 0$), on a :

$$\frac{a}{k} + \frac{b}{k} = \frac{a+b}{k}.$$

← Somme des numérateurs
← Même dénominateur

$$\frac{12}{13} + \frac{11}{13} = \frac{12+11}{13} = \frac{23}{13}.$$

$$\frac{5}{3,1} + \frac{0,8}{3,1} = \frac{5+0,8}{3,1} = \frac{5,8}{3,1}.$$

▶ Si les quotients n'ont pas le même dénominateur, il faut d'abord les écrire avec le **même dénominateur**.

$$\frac{1,7}{1,2} + \frac{5}{2,4} = \frac{17}{12} + \frac{50}{24} = \frac{17 \times 2}{12 \times 2} + \frac{50}{24}$$

$$= \frac{34}{24} + \frac{50}{24} = \frac{84}{24}.$$

$$\frac{84}{24} = \frac{84 \div 4}{24 \div 4} = \frac{21}{6} = \frac{21 \div 3}{6 \div 3} = \frac{7}{2}.$$

> **À savoir**
>
> Lorsqu'on cherche un dénominateur commun, il est conseillé de travailler sur des quotients d'entiers.
>
> Il est souhaitable de simplifier le résultat final.

Comment calculer la différence de deux quotients ?

▶ Quels que soient les décimaux a, b et k ($a > b$; $k \neq 0$), on a :

$$\frac{a}{k} - \frac{b}{k} = \frac{a-b}{k}.$$

← Différence des numérateurs
← Même dénominateur

$$\frac{14}{19} - \frac{11}{19} = \frac{14-11}{19} = \frac{3}{19}.$$

$$\frac{3,5}{1,7} - \frac{2,1}{1,7} = \frac{3,5-2,1}{1,7} = \frac{1,4}{1,7}.$$

> **À savoir**
>
> Tout ce qui est écrit pour des quotients de décimaux inclut le cas particulier des quotients d'entiers, c'est-à-dire des **fractions**.

▶ Si les quotients n'ont pas le même dénominateur, il faut d'abord les écrire avec le **même dénominateur**.

$$\frac{3,5}{0,6} - \frac{2,1}{0,8} = \frac{35}{6} - \frac{21}{8} \text{ ; table de 6 : 6, 12, 18, 24, 30... ;}$$

table de 8 : 8, 16, 24... ; dénominateur commun : 24 ;

$$\frac{35}{6} - \frac{21}{8} = \frac{35 \times 4}{6 \times 4} - \frac{21 \times 3}{8 \times 3} = \frac{140}{24} - \frac{63}{24} = \frac{140-63}{24} = \frac{77}{24}.$$

Exercices d'application

1 Effectuer (résultat le plus simple possible) :

$$\frac{13}{21} + \frac{17}{21} \; ; \; \frac{11}{18} - \frac{5}{18} \; ; \; \frac{3}{4} + \frac{4}{6} \; ; \; \frac{7}{8} - \frac{2}{3}.$$

$$\frac{13}{21} + \frac{17}{21} = \frac{13+17}{21} = \frac{30}{21} = \frac{30÷3}{21÷3} = \frac{10}{7}.$$

$$\frac{11}{18} - \frac{5}{18} = \frac{11-5}{18} = \frac{6}{18} = \frac{6÷6}{18÷6} = \frac{1}{3}.$$

$$\frac{3}{4} + \frac{4}{6} = \frac{3×3}{4×3} + \frac{4×2}{6×2} = \frac{9}{12} + \frac{8}{12} = \frac{9+8}{12} = \frac{17}{12}.$$

$$\frac{7}{8} - \frac{2}{3} = \frac{7×3}{8×3} - \frac{2×8}{3×8} = \frac{21}{24} - \frac{16}{24} = \frac{21-16}{24} = \frac{5}{24}.$$

> **À savoir**
>
> Lorsqu'on multiplie (ou divise) le numérateur et le dénominateur par un même nombre, on obtient un quotient égal.

2 Effectuer (résultat le plus simple possible) :

$$\frac{2,7}{3,4} + \frac{2,1}{3,4} \; ; \; \frac{2,7}{3,4} - \frac{2,1}{3,4} \; ; \; \frac{2,7}{1,4} + \frac{0,8}{0,7} \; ; \; \frac{2,7}{1,4} - \frac{0,8}{0,7}.$$

$$\frac{2,7}{3,4} + \frac{2,1}{3,4} = \frac{2,7+2,1}{3,4} = \frac{4,8}{3,4} = \frac{48}{34} = \frac{48÷2}{34÷2} = \frac{24}{17}.$$

$$\frac{2,7}{3,4} - \frac{2,1}{3,4} = \frac{2,7-2,1}{3,4} = \frac{0,6}{3,4} = \frac{6}{34} = \frac{6÷2}{34÷2} = \frac{3}{17}.$$

$$\frac{2,7}{1,4} + \frac{0,8}{0,7} = \frac{27}{14} + \frac{8}{7} = \frac{27}{14} + \frac{16}{14} = \frac{27+16}{14} = \frac{43}{14}.$$

$$\frac{2,7}{1,4} - \frac{0,8}{0,7} = \frac{27}{14} - \frac{8}{7} = \frac{27}{14} - \frac{16}{14} = \frac{27-16}{14} = \frac{11}{14}.$$

3 Calculer $a + b$ et $a - b$ avec $a = \frac{1,7}{1,2}$ et $b = 1$.

On a : $\frac{1,7}{1,2} = \frac{1,7×10}{1,2×10} = \frac{17}{12}$ et $1 = \frac{1}{1} = \frac{1×12}{1×12} = \frac{12}{12}$.

$$a + b = \frac{17}{12} + \frac{12}{12} = \frac{17+12}{12} = \frac{29}{12}.$$

$$a - b = \frac{17}{12} - \frac{12}{12} = \frac{17-12}{12} = \frac{5}{12}.$$

Voir aussi fiches 13 à 16 43

Multiplication et division des quotients

Comment multiplier deux quotients de décimaux ?

▶ Quels que soient les décimaux a, b, c et d ($b \neq 0$ et $d \neq 0$), on a :

$$\frac{a}{b} \times \frac{c}{d} = \frac{a \times c}{b \times d}.$$

⟵ Produit des numérateurs
⟵ Produit des dénominateurs

À savoir

Tout ce qui est écrit pour des quotients de décimaux inclut le cas particulier des quotients d'entiers, c'est-à-dire des **fractions**.

$$\frac{12}{13} \times \frac{11}{15} = \frac{12 \times 11}{13 \times 15} = \frac{132}{195}.$$

$$\frac{5}{3,1} \times \frac{0,8}{3} = \frac{5 \times 0,8}{3,1 \times 3} = \frac{4}{9,3} \text{ ou } \frac{40}{93} \text{ (fraction).}$$

$$\frac{6,4}{2,9} \times 3 = \frac{6,4}{2,9} \times \frac{3}{1} = \frac{6,4 \times 3}{2,9 \times 1} = \frac{19,2}{2,9} \text{ ou } \frac{192}{29} \text{ (fraction).}$$

$$2,8 \times \frac{0,2}{1,3} = \frac{2,8}{1} \times \frac{0,2}{1,3} = \frac{2,8 \times 0,2}{1 \times 1,3} = \frac{0,56}{1,3} \text{ ou } \frac{56}{130} \text{ ou } \frac{28}{65} \text{ (fraction simplifiée).}$$

Qu'est-ce que l'inverse d'un nombre ?

▶ Si le produit de deux nombres est égal à 1, chacun est l'inverse de l'autre ; on dit que ce sont des « **nombres inverses** ».

À savoir

L'inverse du nombre a se note $\frac{1}{a}$.

L'inverse de 2 se note $\frac{1}{2}$.

L'inverse de 0,2 (ou $\frac{2}{10}$) se note $\frac{1}{0,2}$ (ou $\frac{10}{2}$).

$$\frac{3}{4} \times \frac{4}{3} = 1 \text{ ; l'inverse de } \frac{3}{4} \text{ est } \frac{4}{3} \text{ ; l'inverse de } \frac{4}{3} \text{ est } \frac{3}{4}.$$

$$7 \times \frac{1}{7} = 1 \text{ ; l'inverse de } 7 \text{ est } \frac{1}{7} \text{ ; l'inverse de } \frac{1}{7} \text{ est } 7.$$

$0,5 \times 2 = 1$; l'inverse de 0,5 est 2 ; l'inverse de 2 est 0,5.

Comment calculer le quotient de deux quotients ?

▶ Pour diviser un quotient par un quotient, on multiplie le premier par l'inverse du second.
Quels que soient les décimaux a, b, c et d ($b \neq 0$, $d \neq 0$ et $c \neq 0$), on a :

$$\frac{a}{b} \div \frac{c}{d} = \frac{a}{b} \times \left(\text{inverse de } \frac{c}{d}\right) = \frac{a}{b} \times \frac{d}{c} = \frac{a \times d}{b \times c}.$$

$$\frac{12}{13} \div \frac{11}{15} = \frac{12}{13} \times \frac{15}{11} = \frac{12 \times 15}{13 \times 11} = \frac{180}{143}.$$

$$\frac{1,7}{2,3} \div \frac{5}{3,2} = \frac{1,7}{2,3} \times \frac{3,2}{5} = \frac{1,7 \times 3,2}{2,3 \times 5} = \frac{5,44}{11,5} \text{ soit } \frac{544}{1\,150}.$$

$$\frac{544}{1\,150} = \frac{272}{575} \text{ (après simplification par 2).}$$

Exercices d'application

1 **Effectuer les multiplications (résultat final sous forme de fraction simplifiée) :**

$$\frac{3}{7} \times \frac{5}{8} \; ; \; \frac{12}{5} \times 4 \; ; \; \frac{1,5}{1,3} \times \frac{0,4}{0,7} \; ; \; 0,6 \times \frac{2,1}{1,1} .$$

⚠ Tout quotient de décimaux peut s'écrire sous forme de fraction (quotient d'entiers) en multipliant numérateur et dénominateur par 10 ; 100 ; 1 000 ; etc.

$$\frac{3}{7} \times \frac{5}{8} = \frac{3 \times 5}{7 \times 8} = \frac{15}{56} \; ; \; \frac{12}{5} \times \frac{4}{1} = \frac{12 \times 4}{5 \times 1} = \frac{48}{5} \; ;$$

$$\frac{1,5}{1,3} \times \frac{0,4}{0,7} = \frac{1,5 \times 0,4}{1,3 \times 0,7} = \frac{0,6}{0,91} = \frac{60}{91} \; ;$$

$$0,6 \times \frac{2,1}{1,1} = \frac{0,6 \times 2,1}{1 \times 1,1} = \frac{1,26}{1,1} = \frac{126}{110} = \frac{63}{55} \text{ (après simplification par 2).}$$

2 **Donner l'inverse de chacun des nombres suivants (en justifiant l'affirmation) :**

$$\frac{4}{3} \; ; \; \frac{1}{17} \; ; \; \frac{4,2}{1,5} \; ; \; \frac{1}{7,2} .$$

$\dfrac{4}{3}$ a pour inverse $\dfrac{3}{4}$ (car on a : $\dfrac{4}{3} \times \dfrac{3}{4} = \dfrac{4 \times 3}{3 \times 4} = 1$) ;

$\dfrac{1}{17}$ a pour inverse **17** (car on a : $\dfrac{1}{17} \times 17 = \dfrac{1 \times 17}{17 \times 1} = 1$) ;

$\dfrac{4,2}{1,5}$ a pour inverse $\dfrac{1,5}{4,2}$ (car on a : $\dfrac{4,2}{1,5} \times \dfrac{1,5}{4,2} = \dfrac{4,2 \times 1,5}{1,5 \times 4,2} = 1$) ;

$\dfrac{1}{7,2}$ a pour inverse **7,2** (car on a : $\dfrac{1}{7,2} \times 7,2 = \dfrac{1 \times 7,2}{7,2 \times 1} = 1$).

3 **Effectuer les divisions (résultat final sous forme de fraction simplifiée) :**

$$\frac{9}{8} \div \frac{5}{7} \; ; \; \frac{2}{11} \div \frac{1}{13} \; ; \; \frac{3,5}{1,2} \div \frac{2}{3} .$$

$$\frac{9}{8} \div \frac{5}{7} = \frac{9}{8} \times \frac{7}{5} = \frac{9 \times 7}{8 \times 5} = \frac{63}{40} \; ;$$

$$\frac{2}{11} \div \frac{1}{13} = \frac{2}{11} \times \frac{13}{1} = \frac{2 \times 13}{11 \times 1} = \frac{26}{11} \; ;$$

$$\frac{3,5}{1,2} \div \frac{2}{3} = \frac{3,5}{1,2} \times \frac{3}{2} = \frac{3,5 \times 3}{1,2 \times 2} = \frac{10,5}{2,4} = \frac{105}{24} = \frac{35}{8} \text{ (simplification par 3).}$$

Voir aussi fiches 13 à 16

19 Règles et priorités de calcul

Additionner ou multiplier à répétition

▶ Dans une suite d'additions, on peut, sans modifier le résultat final, changer l'ordre des termes et les regrouper comme on le désire pour faciliter les calculs.

$$1,1 + 2,5 + 6 + 4 + 0,9 = (1,1 + 0,9) + (6 + 4) + 2,5$$
$$= 2 + 10 + 2,5 = 14,5.$$

▶ Dans une suite de multiplications, on peut, sans modifier le résultat final, changer l'ordre des facteurs et les regrouper comme on le désire pour faciliter les calculs.

$$0,1 \times 4 \times 10 \times 2,5 \times 17,5 = (0,1 \times 10) \times (4 \times 2,5) \times 17,5$$
$$= 1 \times 10 \times 17,5 = 175.$$

> **En savoir plus**
>
> $a + b = b + a$
> $a \times b = b \times a.$
>
> On dit que **l'addition et la multiplication sont commutatives.**
>
> $a + (b + c) = (a + b) + c$
> $a \times (b \times c) = (a \times b) \times c.$
>
> On dit que **l'addition et la multiplication sont associatives.**

Suites de calculs avec parenthèses

▶ Dans une suite de calculs où figurent des parenthèses, les calculs entre parenthèses doivent être effectués avant les autres ; ils sont **prioritaires**.

$$18,5 + (21,7 - 12) = 18,5 + 9,7 = 28,2.$$
$$4 \times (1,3 + 8,12) = 4 \times 9,42 = 37,68.$$

Suites de calculs sans parenthèses

▶ Dans une suite d'additions et de soustractions, les calculs se font de gauche à droite, dans l'ordre.

$$8,5 - 2,7 + 3,2 - 4 = 5,8 + 3,2 - 4 = 9 - 4 = 5.$$

▶ La multiplication et la division ont **priorité** sur l'addition et la soustraction.

$$13 + 7 \times 2,5 = 13 + 17,5 = 30,5.$$
$$18,9 - 15 \div 5 = 18,9 - 3 = 15,9.$$

> ⚠ La calculatrice applique cette règle de priorité.
> La séquence de calcul
> 13 ⊕ 7 ⊗ 2,5 ⊜
> donne à l'affichage $30,5$.

Règle concernant le signe de multiplication

▶ Dans certains cas, le signe de multiplication peut être supprimé (il reste sous-entendu) :
– devant une parenthèse : $5(15 - 1,8)$ c'est $5 \times (15 - 1,8)$;
– devant une lettre : $5a$ c'est $5 \times a$;
– entre deux lettres : ab c'est $a \times b$.
Mais avant tout calcul, il faut le réintégrer.

Exercices d'application

1 **Calculer mentalement :**
a. 4 + 80 + 6 + 20 + 100.
b. 2 × 25 × 50 × 4.

a. 6 + 4 = 10 ; 80 + 20 = 100 et 10 + 100 + 100 = **210**.
b. 2 × 50 = 100 ; 4 × 25 = 100 et 100 × 100 = **10 000**.

2 **Calculer : (5,2 – 3,4) × (10,4 – 3) et 10,1 × (13 – 7,8).**

On effectue d'abord ce qui est entre parenthèses.
5,2 – 3,4 = 1,8 ; 10,4 – 3 = 7,4 ; d'où :
(5,2 – 3,4) × (10,4 – 3) = 1,8 × 7,4 = **13,32**.
13 – 7,8 = 5,2 ; d'où :
10,1 × (13 – 7,8) = 10,1 × 5,2 = **52,52**.

> ⚠ On peut vérifier les résultats avec la calculatrice.
> Il ne faut pas oublier d'ouvrir et de fermer les parenthèses, même lorsqu'elles sont sous-entendues.

3 **Calculer : 3,5 + 1,5 × 4 et 10,6 + 8,4 ÷ 2.**

La multiplication ou la division ont priorité sur l'addition.
3,5 + (1,5 × 4) = 3,5 + 6 = **9,5**.
10,6 + (8,4 ÷ 2) = 10,6 + 4,2 = **14,8**.

4 **Calculer : 15 + 3a avec a = 4, puis avec a = 5,2.**

On remplace a par 4 et on rétablit le signe de multiplication et les parenthèses sous-entendus : 15 + (3 × 4) = 15 + 12 = 27.
Avec a = 5,2, on a : 15 + (3 × 5,2) = 15 + 15,6 = 30,6.

5 **Calculer l'aire de chacun des rectangles, puis l'aire totale avec a = 1,5 ; b = 1,8 et c = 2,4.**

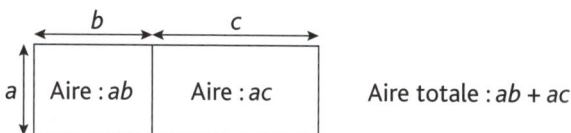

Aire totale : $ab + ac$

On remplace les lettres par les nombres donnés, puis on rétablit les signes de multiplication et les parenthèses sous-entendues :
ab = 1,5 × 1,8 = **2,7** ; ac = 1,5 × 2,4 = **3,6**.
$ab + ac$ = ($a × b$) + ($a × c$) = 2,7 + 3,6 = **6,3**.

Voir aussi fiche 8

20 ▸ Distributivité

La multiplication est distributive par rapport à l'addition

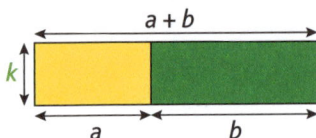

▸ Quels que soient les nombres a, b et k, on a :
$$k \times (a + b) = (k \times a) + (k \times b)$$
$$(a + b) \times k = (a \times k) + (b \times k).$$

▸ Avec les conventions de simplification d'écriture :
$$k(a + b) = ka + kb \text{ et } (a + b)k = ak + bk.$$

On juxtapose deux rectangles de même largeur (*cf.* ci-dessus) :

$k = 1{,}2$ m, $a = 2{,}5$ m et $b = 3{,}5$ m.

On a : $1{,}2 \times (2{,}5 + 3{,}5) = 1{,}2 \times 2{,}5 + 1{,}2 \times 3{,}5$.

Premier membre : $1{,}2 \times (2{,}5 + 3{,}5) = 1{,}2 \times 6 = 7{,}2$;

second membre : $1{,}2 \times 2{,}5 + 1{,}2 \times 3{,}5 = 3 + 4{,}2 = 7{,}2$.

L'aire totale ($7{,}2$ m^2) se calcule de deux façons.

> **Calcul de l'aire :**
> – rectangle jaune : $k \times a$;
> – rectangle vert : $k \times b$.
> L'aire totale s'exprime de deux façons :
> $(k \times a) + (k \times b)$
> ou $k \times (a + b)$.
> D'où l'égalité :
> $k(a + b) = ka + kb$.

La multiplication est distributive par rapport à la soustraction

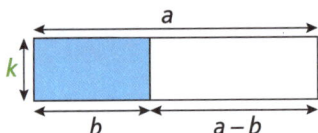

▸ Quels que soient les nombres a, b ($a > b$) et k, on a :
$$k \times (a - b) = (k \times a) - (k \times b)$$
$$(a - b) \times k = (a \times k) - (b \times k).$$

▸ Avec les conventions de simplification d'écriture :
$$k(a - b) = ka - kb \text{ et } (a - b)k = ak - bk.$$

On découpe dans un rectangle de longueur a un rectangle de longueur b (*cf.* ci-dessus).

$k = 0{,}7$ m, $a = 6$ m et $b = 2{,}5$ m.

On a : $0{,}7 \times (6 - 2{,}5) = 0{,}7 \times 6 - 0{,}7 \times 2{,}5$.

Premier membre : $0{,}7 \times 3{,}5 = 2{,}45$; second membre : $4{,}2 - 1{,}75 = 2{,}45$.

L'aire du rectangle restant ($2{,}45$ m^2) se calcule de deux façons.

> **À savoir**
>
> La condition $a > b$ est nécessaire si on travaille avec des nombres arithmétiques.
>
> Avec des nombres relatifs ces égalités restent vraies et la condition $a > b$ n'est plus nécessaire.

Exercices d'application

1 **a.** Expliquer pourquoi le périmètre p d'un rectangle de longueur L et de largeur l peut s'écrire de deux façons :
$p = 2(L + l)$ ou $p = 2L + 2l$.
b. Calculer de deux façons le périmètre du rectangle avec $L = 75$ m et $l = 25$ m.

a. La multiplication est distributive par rapport à l'addition :
$2(L + l) = 2 \times L + 2 \times l = 2L + 2l$.
b. $p = 2(75 + 25) = 2 \times 100 = 200$.
$p = 2 \times 75 + 2 \times 25 = 150 + 50 = 200$.
Périmètre du rectangle : 200 m.

2 **Voici deux programmes de calcul :**

Programme A
• **Choisir un nombre.**
• **Lui ajouter 7.**
• **Multiplier la somme par le nombre choisi au départ.**

Programme B
• **Choisir un nombre.**
• **Multiplier le nombre choisi par lui-même.**
• **Multiplier le nombre choisi par 7.**
• **Ajouter les deux produits obtenus.**

a. Tom a choisi le nombre 12. Calculer le résultat obtenu avec chacun des programmes.
b. Est-il vrai que l'on obtiendrait le même résultat quel que soit le nombre choisi ?

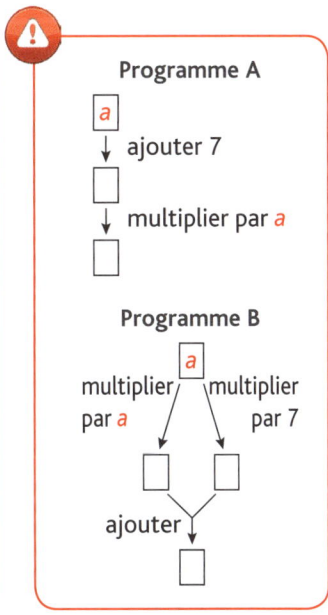

Programme A

a
↓ ajouter 7

↓ multiplier par a

Programme B

a
multiplier par a multiplier par 7

ajouter ↓

a. Programme A.
On obtient successivement 12 ; 19 ; **228**.
Programme B.
On obtient successivement 12 ; 144 ; 84 ; **228**.
b. Si on appelle a le nombre choisi, on a :
– programme A : a ; $a + 7$; $a(a + 7)$;
– programme B : a ; a^2 ; $7a$; $a^2 + 7a$.
On sait que $a(a + 7) = a^2 + 7a$ (distributivité).
On obtiendra toujours le même résultat.

Voir aussi fiches 8, 19 et 39 **49**

Usage de la calculatrice

Séquences de calcul avec additions et multiplications

▶ **$a + bc$** est la somme de a et du produit bc.

Avec $a = 3$, $b = 2$ et $c = 0,5$, on utilise la séquence :

3 ⊕ 2 ⊗ $0,5$ ⊜   Résultat affiché : $\boxed{4}$.

Si l'addition est remplacée par une soustraction, la séquence est la même, mais il faut avoir $a > bc$.

▶ **$(a + b)c$** est le produit de $a + b$ et de c.

Avec $a = 3$, $b = 2$ et $c = 0,5$, on utilise la séquence :

⊙ 3 ⊕ 2 ⊚ ⊗ $0,5$ ⊜   Résultat affiché : $\boxed{2,5}$.

Si l'addition est remplacée par une soustraction, la séquence est la même, mais il faut avoir $a > b$.

> **À savoir**
>
> En l'absence de parenthèses, la calculatrice donne priorité à la multiplication sur l'addition ou la soustraction.

Séquences de calcul avec additions et divisions

▶ **$a + \dfrac{b}{c}$** est la somme de a et du quotient de b par c ($c \neq 0$).

Avec $a = 3$, $b = 2$ et $c = 0,5$, on utilise la séquence :

3 ⊕ 2 ⊘ $0,5$ ⊜   Résultat affiché : $\boxed{7}$.

Pour calculer $a - \dfrac{b}{c}$, on remplace dans la séquence l'addition par la soustraction, mais il faut avoir $a > \dfrac{b}{c}$.

▶ **$\dfrac{a + b}{c}$** est le quotient de $a + b$ par c ($c \neq 0$).

Avec $a = 3$, $b = 2$ et $c = 0,5$, on utilise la séquence :

⊙ 3 ⊕ 2 ⊚ ⊘ $0,5$ ⊜   Résultat affiché : $\boxed{10}$.

Pour calculer $\dfrac{a - b}{c}$, on remplace dans la séquence l'addition par la soustraction, mais il faut avoir $a > b$.

▶ **$\dfrac{a}{b + c}$** est le quotient de a par la somme $b + c$ ($b + c \neq 0$).

Avec $a = 3$, $b = 2$ et $c = 0,5$, on utilise la séquence :

3 ⊘ ⊙ $2 + 0,5$ ⊚ ⊜   Résultat affiché : $\boxed{1,2}$.

Pour calculer $\dfrac{a}{b - c}$, on remplace dans la séquence l'addition par la soustraction, mais il faut avoir $b > c$.

Exercices d'application

1 Avec ou sans calculatrice, calculer $a + \dfrac{b}{c}$ et $a - \dfrac{b}{c}$ avec $a = 3{,}2$; $b = 1{,}8$ et $c = 0{,}6$.

> ⚠ Avec une calculatrice, observer à chaque étape le nombre affiché lorsqu'on ne met pas les parenthèses.

La séquence 3,2 ➕ ⦗ 1,8 ➗ 0,6 ⦘ = donne $\boxed{6{,}2}$.

La séquence 3,2 ➖ ⦗ 1,8 ➗ 0,6 ⦘ = donne $\boxed{0{,}2}$.

2 Avec ou sans calculatrice, calculer $\dfrac{a+b}{c}$ et $\dfrac{a-b}{c}$ avec $a = 2{,}3$; $b = 1{,}9$ et $c = 0{,}4$.

La séquence ⦗ 2,3 ➕ 1,9 ⦘ ➗ 0,4 = donne $\boxed{10{,}5}$.

La séquence ⦗ 2,3 ➖ 1,9 ⦘ ➗ 0,4 = donne $\boxed{1}$.

3 Avec ou sans calculatrice, calculer $\dfrac{a}{b+c}$ et $\dfrac{a}{b-c}$ avec $a = 4{,}8$; $b = 2{,}5$ et $c = 0{,}5$.

La séquence 4,8 ➗ ⦗ 2,5 ➕ 0,5 ⦘ = donne $\boxed{1{,}6}$.

La séquence 4,8 ➗ ⦗ 2,5 ➖ 0,5 ⦘ = donne $\boxed{2{,}4}$.

4 La formule permettant de calculer l'aire S de la couronne circulaire colorée est $S = \pi(R^2 - r^2)$.
Calculer S avec $R = 1{,}2$ cm et $r = 0{,}9$ cm.

La séquence de la calculatrice est :

π ✕ ⦗ 1,2 x^2 ➖ 0,9 x^2 ⦘ =

On obtient : $S = \boxed{1{,}979\ldots}$ soit environ 1,98 cm^2.

On peut vérifier avec la calculatrice que la formule $S = \pi R^2 - \pi r^2$ donne le même résultat.

Aire du grand disque : $\pi R^2 = \pi \times 1{,}2^2 = 1{,}44 \times \pi$ soit environ 4,523 8…

Aire du petit disque : $\pi r^2 = \pi \times 0{,}9^2 = 0{,}81 \times \pi$ soit environ 2,544 6…

Aire de la couronne : $1{,}44 \times \pi - 0{,}81 \times \pi$ soit environ 1,98.

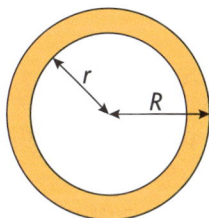

Voir aussi fiches 8, 17, 18 et 72

Usage d'un tableur

Qu'est-ce qu'une feuille de calcul ?

▶ Avec un tableur, en ouvrant une feuille de calcul, on peut créer des tableaux et des graphiques.

▶ Un tableau est constitué de **lignes** (numérotées 1, 2, 3, etc.) et de **colonnes** (repérées par A, B, C, etc.). L'intersection d'une ligne et d'une colonne est une **cellule**. Une cellule est repérée par une lettre suivie d'un nombre : A1, A2, etc. Dans une cellule peut se trouver du **texte**, un **nombre** ou une **formule**.

Colonne F

	A	B	C	D	E	F
1	a	b	somme	différence	produit	quotient
2			=A2+B2	=A2-B2	=A2*B2	=A2/B2

Texte

Ligne 2

Formule

▶ Dès que l'on saisit des nombres (colonnes A et B), les résultats s'affichent à la place des formules (ligne 2) ; si on « étend vers le bas » les formules, les résultats s'affichent (ligne 3 et suivantes).

	A	B	C	D	E	F
1	a	b	somme	différence	produit	quotient
2	3,9	2,5	6,4	1,4	9,75	1,56
3	81	75	156	6	6 075	1,08

Nombre

Résultats affichés

Quelles sont les formules élémentaires ?

▶ Pour calculer la somme $a + b$, on saisit dans la cellule C2 la formule **=A2+B2**.

▶ Pour calculer la différence $a - b$, on saisit dans la cellule D2 la formule **=A2-B2**.

▶ Pour calculer le produit $a \times b$, on saisit dans la cellule E2 la formule **=A2*B2**.

▶ Pour calculer le quotient $a \div b$, on saisit dans la cellule F2 la formule **=A2/B2**.

▶ Pour calculer le carré de a, on ajouterait une colonne G au tableau et on saisirait dans la cellule G2 la formule **=A2^2**.

▶ Pour calculer la somme de tous les nombres de la cellule A2 jusqu'à la cellule A8, on utilise la formule : **=SOMME(A2:A8)**.

Exercices d'application

❶ On a saisi dans une feuille de calcul les notes obtenues aux trois trimestres (T1, T2 et T3) par des élèves.

a. Quelles formules doit-on saisir dans les cellules D2 et E2 ?

b. Effectuer les calculs, avec ou sans tableur, pour les lignes 2 et 3.

⚠️ Pour obtenir les résultats de la ligne 3, il faut copier en D3 la formule saisie en D2 et copier en E3 la formule saisie en E2.

	A	B	C	D	E
1	T1	T2	T3	Total	Moyenne
2	12	8	13		
3	9	14	16		

a. Cellule D2 : **=A2+B2+C2** ; cellule E2 : **=D2/3**.

b. Ligne 2 : Total : **33** et Moyenne : **11**.
Ligne 3 : Total : **39** et Moyenne : **13**.

❷ Pour la rentrée, la coopérative a commandé des règles, des compas, et des équerres. On a saisi la commande sur la feuille de calcul ci-dessous (P.U. signifie « prix unitaire »).

	A	B	C	D
1	Objet	P.U. (€)	Quantité	Coût (€)
2	Règle	2,50	40	
3	Compas	6,40	25	
4	Équerre	4,25	30	

a. Quelle formule faut-il saisir dans la cellule D2 pour calculer le coût des 40 règles ?

b. Compléter le tableau (avec ou sans tableur).

c. Qu'obtiendrait-on en D5 avec la formule **=D2+D3+D4** ?

a. La formule **=B2*C2** donne le coût des 40 règles.

b. On copie la formule de la cellule D2 vers les cellules D3 et D4.
On complète le tableau avec 100 (cellule D2 ; coût des règles) ; 160 (cellule D3 ; coût des compas) ; 127,50 (cellule D4 ; coût des équerres).

c. Dans la cellule D5, la formule **=D2+D3+D4** donnerait **387,50** (c'est-à-dire la dépense totale).

Voir aussi fiches 8 et 21

23 Racines carrées

Qu'est-ce qu'une racine carrée ?

▶ *A* étant un nombre positif, le nombre positif dont le carré est *A* s'appelle la **racine carrée** de *A* et se note $\sqrt{A}$.

Le symbole $\sqrt{}$ s'appelle le radical.

▶ Si *a* désigne un nombre positif, alors son carré a^2 vérifie $\sqrt{a^2} = a$.

Comment calculer la racine carrée d'un nombre positif ?

▶ On peut utiliser la table des carrés :

a	1	2	3	4	5	6	7	8	9	10	11	12	...
a^2	1	4	9	16	25	36	49	64	81	100	121	144	...

• L'aire d'un carré est 121 mm². Pour calculer le côté de ce carré, il faut trouver le nombre positif dont le carré est 121.

On trouve 121 à la ligne « carré » ; on a 121 = 11^2 ; d'où : $\sqrt{121}$ = 11 ; le carré d'aire 121 mm² a pour côté 11 mm.

• L'aire d'un carré est 40 cm². Pour calculer le côté de ce carré, il faut trouver le nombre positif dont le carré est 40.

Des nombres positifs sont rangés dans le même ordre que leurs carrés.

On a : 36 < 40 < 49, soit 6^2 < 40 < 7^2.

Par suite : 6 < $\sqrt{40}$ < 7.

Le côté de ce carré est compris entre 6 cm et 7 cm.

▶ On peut utiliser la calculatrice.

• La séquence $\boxed{\sqrt{}}$ 121 amène à l'affichage $\boxed{11}$.

D'où : $\sqrt{121}$ = 11.

• La séquence $\boxed{\sqrt{}}$ 40 amène à l'affichage $\boxed{6{,}32455532...}$.

On en déduit les approximations décimales de $\sqrt{40}$:

6 < $\sqrt{40}$ < 7 (à 1 près) ;

6,3 < $\sqrt{40}$ < 6,4 (à 0,1 près) ;

6,32 < $\sqrt{40}$ < 6,33 (à 0,01 près),

etc.

Exercices d'application

1 **En utilisant la liste des carrés des entiers, donner un encadrement entre deux entiers de $\sqrt{20}$, de $\sqrt{40}$ et de $\sqrt{80}$.**

On a : $16 < 20 < 25$; $4^2 < 20 < 5^2$; d'où :
$4 < \sqrt{20} < 5$.
On a : $36 < 40 < 49$; $6^2 < 40 < 7^2$; d'où :
$6 < \sqrt{40} < 7$.
On a : $64 < 80 < 81$; $8^2 < 80 < 9^2$; d'où :
$8 < \sqrt{80} < 9$.

2 **Calculer $\sqrt{25}$; $\sqrt{2\,500}$ et $\sqrt{0{,}25}$.**

$\sqrt{25} = 5$ car $5^2 = 25$; $\sqrt{2\,500} = 50$ car $50^2 = 2\,500$;
$\sqrt{0{,}25} = 0{,}5$ car $0{,}5^2 = 0{,}25$.

3 **Vérifier que, pour $\sqrt{3}$ et $\sqrt{5}$, la calculatrice affiche** $\boxed{1{,}7320508\dots}$ **et** $\boxed{2{,}2360679\dots}$ **.**
En déduire les arrondis de $\sqrt{3}$ et de $\sqrt{5}$ au centième, puis au millième.

Pour $\sqrt{3}$ on lit : $\boxed{1{,}732050808}$.
Par suite, l'arrondi au centième de $\sqrt{3}$ est **1,73**
et l'arrondi au millième est **1,732**.
Pour $\sqrt{5}$ on lit : $\boxed{2{,}236067978}$.
Par suite, l'arrondi au centième de $\sqrt{5}$ est **2,24**
et l'arrondi au millième est **2,236**.

4 **a.** Compléter : $\left(\dfrac{2}{5}\right)^2 = \dots$; $\left(\dfrac{4}{7}\right)^2 = \dots$; $\left(\dfrac{5}{9}\right)^2 = \dots$.

b. En déduire $\sqrt{\dfrac{4}{25}}$; $\sqrt{\dfrac{16}{49}}$ et $\sqrt{\dfrac{25}{81}}$.

a. $\left(\dfrac{2}{5}\right)^2 = \dfrac{4}{25}$; $\left(\dfrac{4}{7}\right)^2 = \dfrac{16}{49}$; $\left(\dfrac{5}{9}\right)^2 = \dfrac{25}{81}$.

b. $\sqrt{\dfrac{4}{25}} = \sqrt{\left(\dfrac{2}{5}\right)^2} = \dfrac{2}{5}$; $\sqrt{\dfrac{16}{49}} = \sqrt{\left(\dfrac{4}{7}\right)^2} = \dfrac{4}{7}$; $\sqrt{\dfrac{25}{81}} = \sqrt{\left(\dfrac{5}{9}\right)^2} = \dfrac{5}{9}$.

⚠ Des entiers naturels sont rangés dans le même ordre que leurs carrés.

a	a^2
4	16
5	25
6	36
7	49
8	64
9	81

← 20
← 40
← 80

Voir aussi fiches 7, 30 et 106

24 Calculs avec radicaux

Égalité de Pythagore et racines carrées

▶ Les nombres $\sqrt{2}$, $\sqrt{3}$, $\sqrt{5}$ ne sont pas décimaux (la partie décimale ne se termine jamais). Chacun est la mesure de l'hypoténuse d'un triangle rectangle.

L'unité est le cm.

ABC est rectangle en *B* et

$BA = BC = 1$.

L'égalité de Pythagore s'écrit :

$AC^2 = BA^2 + BC^2$; $AC^2 = 2$ et

$AC = \sqrt{2}$.

On prouve de même que :

$AD = \sqrt{3}$; $AE = \sqrt{4} = 2$; $AF = \sqrt{5}$.

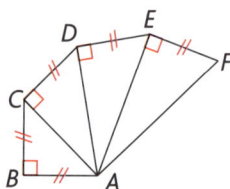

⚠ La calculatrice permet de trouver les arrondis au millième :

$\sqrt{2} = \boxed{1,414\ldots}$
$\sqrt{3} = \boxed{1,732\ldots}$
$\sqrt{5} = \boxed{2,236\ldots}$.

Équations de la forme $x^2 = k$

▶ *k* étant strictement positif, une équation de la forme $x^2 = k$ a pour solutions
deux nombres opposés : $\sqrt{k}$ et $-\sqrt{k}$.

L'équation $x^2 = 100$ a deux solutions : 10 et -10.

L'équation $x^2 = 10$ a deux solutions : $\sqrt{10}$ et $-\sqrt{10}$.

▶ L'équation $x^2 = 0$ a une seule solution : 0.

▶ Une équation de la forme $x^2 = k$ (*k* strictement négatif) n'a pas de solution car un carré est toujours positif.

L'équation $x^2 = -4$ n'a pas de solution.

À savoir

$\sqrt{k}$ et $-\sqrt{k}$ sont des nombres relatifs opposés.
Le nombre $-\sqrt{k}$ est négatif (ce n'est pas un nombre arithmétique).

Calculs avec des radicaux   Pour aller plus loin

▶ *A*, *B* et *D* sont des nombres positifs ($D \neq 0$).

$$\sqrt{A} \times \sqrt{B} = \sqrt{A \times B} \quad \text{et} \quad \frac{\sqrt{A}}{\sqrt{D}} = \sqrt{\frac{A}{D}} \ .$$

Ces égalités sont utilisées dans les deux sens.

$\sqrt{8} \times \sqrt{2} = \sqrt{8 \times 2} = \sqrt{16} = 4$; $\sqrt{3} \times \sqrt{2} = \sqrt{3 \times 2} = \sqrt{6}$.

$\sqrt{32} = \sqrt{16 \times 2} = \sqrt{16} \times \sqrt{2} = 4\sqrt{2}$.

$\dfrac{\sqrt{8}}{\sqrt{2}} = \sqrt{\dfrac{8}{2}} = \sqrt{4} = 2$; $\dfrac{\sqrt{10}}{\sqrt{2}} = \sqrt{\dfrac{10}{2}} = \sqrt{5}$.

$\sqrt{\dfrac{36}{49}} = \dfrac{\sqrt{36}}{\sqrt{49}} = \dfrac{6}{7}$; $\sqrt{\dfrac{1}{64}} = \dfrac{\sqrt{1}}{\sqrt{64}} = \dfrac{1}{8}$.

Exercices d'application

1 *EFG* est un triangle rectangle en *F* tel que *EF* = 2 cm et *FG* = 3 cm.
On peut calculer *EG* car $EG^2 = EF^2 + FG^2$ (égalité de Pythagore).
Calculer *EG* (valeur exacte, puis arrondi à 1 mm près).

On a : $EG^2 = FE^2 + FG^2$; d'où : $EG^2 = 2^2 + 3^2 = 13$.
Par suite : $EG = \sqrt{13}$ cm.
Pour $\sqrt{13}$, la calculatrice affiche $\boxed{3,60555\dots}$.
L'arrondi au dixième de $\sqrt{13}$ est 3,6.
$EG \approx 3{,}6$ cm (à 1 mm près).

2 Résoudre l'équation $x^2 = 13$ dans laquelle *x* désigne un nombre relatif.

13 est un nombre strictement positif.
L'équation $x^2 = 13$ a deux solutions :
$\sqrt{13}$ et $-\sqrt{13}$.

> **À savoir**
>
> En géométrie, les mesures sont des nombres arithmétiques (positifs) et, pour l'équation $x^2 = 13$, on ne conserve que la solution positive $\sqrt{13}$. $AB^2 = 13$ donne $AB = \sqrt{13}$.

3 On sait que $13^2 = 169$; d'où $\sqrt{169} = 13$.
En déduire : a. $\sqrt{16\,900}$; b. $\sqrt{1{,}69}$.

a. $16\,900 = 169 \times 100$ donc $\sqrt{16\,900} = \sqrt{169 \times 100}$.
On sait que $\sqrt{A \times B} = \sqrt{A} \times \sqrt{B}$. D'où :
$\sqrt{16\,900} = \sqrt{169 \times 100} = \sqrt{169} \times \sqrt{100} = 13 \times 10 = \mathbf{130}$.

b. $1{,}69 = \dfrac{169}{100}$ donc $\sqrt{1{,}69} = \sqrt{\dfrac{169}{100}}$.

On sait que $\sqrt{\dfrac{A}{B}} = \dfrac{\sqrt{A}}{\sqrt{B}}$. D'où :

$\sqrt{1{,}69} = \sqrt{\dfrac{169}{100}} = \dfrac{\sqrt{169}}{\sqrt{100}} = \dfrac{13}{10} = \mathbf{1{,}3}$.

4 Calculer : $\sqrt{3} \times \sqrt{12}$ et $\dfrac{\sqrt{12}}{\sqrt{3}}$.

On sait que $\sqrt{A} \times \sqrt{B} = \sqrt{A \times B}$ et $\dfrac{\sqrt{A}}{\sqrt{B}} = \sqrt{\dfrac{A}{B}}$. D'où :

$\sqrt{3} \times \sqrt{12} = \sqrt{3 \times 12} = \sqrt{36} = \mathbf{6}$; $\dfrac{\sqrt{12}}{\sqrt{3}} = \sqrt{\dfrac{12}{3}} = \sqrt{4} = \mathbf{2}$.

Voir aussi fiches 7, 30 et 106 57

25 Nombres relatifs – Droite graduée

Repérer un point sur une droite

▶ Pour repérer un point sur une droite :
– on choisit une **origine**, une **unité de longueur** et un **sens positif** ;
– on détermine la distance de ce point à l'origine ;
– on fait précéder cette distance du signe + (sens positif) ou du signe – (sens négatif).
Le nombre obtenu est l'**abscisse** du point sur cette droite graduée.

Sens positif

$$x' \quad B \qquad\qquad O \qquad A \quad C \qquad x$$
$$-4 \quad -3 \quad -2 \quad -1 \quad 0 \quad +1 \quad +2 \quad +3 \quad +4$$

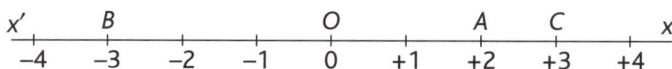

La distance de O à A est 2 ; de O à A on va dans le sens positif.
Le point A est repéré par + 2 ; l'abscisse de A est + 2.

La distance de O à B est 3 ; de O à B on va dans le sens négatif.
Le point B est repéré par – 3 ; l'abscisse de B est – 3.

Les points B et C sont symétriques par rapport à O ;
leurs abscisses – 3 et + 3 sont des nombres opposés.

Nombres relatifs

▶ Les nombres – 4 ; – 2,5 ; – 0,2 ; 0 ; + 0,7 ; + 1,8 ; + 3 sont des **nombres relatifs**.
– 4 ; – 2,5 ; – 0,2 sont **négatifs** ; + 0,7 ; + 1,8 et + 3 sont **positifs** ; 0 est à la fois positif et négatif.

▶ Deux points symétriques par rapport à l'origine ont pour abscisses des **nombres opposés**.

– 1,8 et + 1,8 sont des nombres opposés ; – 1,8 est l'opposé de + 1,8 et + 1,8 est l'opposé de – 1,8.

Rangement des nombres relatifs

▶ Sur une droite graduée :
– en lisant les abscisses dans le sens positif, on rencontre des nombres rangés par ordre **croissant** ;

– 4 < – 3 < – 2 < – 1 < 0 < + 1 < + 2 < + 3 < + 4.

– en lisant les abscisses dans le sens négatif, on rencontre des nombres rangés par **ordre décroissant**.

+ 4 > + 3 > + 2 > + 1 > 0 > – 1 > – 2 > – 3 > – 4.

> ⚠ Les nombres positifs sont rangés comme les nombres arithmétiques :
> 0 < 1 < 2 < 3 < 4...
> Les nombres négatifs sont rangés dans l'ordre contraire de leurs opposés :
> – 1 > – 2 > – 3 > – 4...

Exercices d'application

1 Donner les abscisses respectives des points *C, F, B, A, D* et *E*.

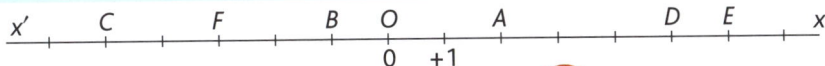

$$x' \quad C \quad\quad F \quad\quad B \; O \quad\quad A \quad\quad\quad D \quad E \quad x$$
$$0 \quad +1$$

Les abscisses respectives de *C, F, B, A, D* et *E* sont :
− 5 ; − 3 ; − 1 ; + 2 ; + 5 et **+ 6**.

> ⚠ On peut simplifier l'écriture en ne mettant pas le signe + devant les nombres positifs.

2 Graduer une droite *x'x* et placer les points *A, B, C* et *D* ayant pour abscisses respectives **− 2,5, + 3,5, + 2,5** et **− 0,5**.
Que peut-on dire des abscisses des points *A* et *C* ?

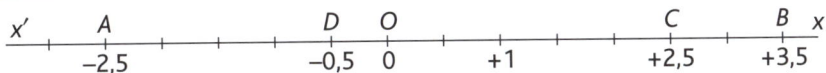

$$x' \quad A \quad\quad\quad\quad D \; O \quad\quad\quad\quad C \quad\quad B \; x$$
$$-2,5 \quad\quad -0,5 \; 0 \quad +1 \quad\quad +2,5 \quad +3,5$$

Les abscisses des points *A* et *C* sont des **nombres opposés** (*A* et *C* sont symétriques par rapport à l'origine *O*).

3 Sur la droite graduée *x'x*, placer les points *A', B', C'* et *D'* respectivement symétriques par rapport à l'origine *O* des points *A, B, C* et *D*.
Donner l'abscisse de chacun des points *A, A', B, B', C, C', D* et *D'*.

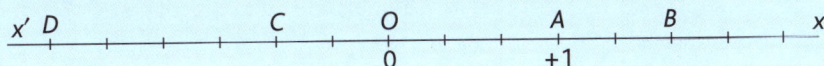

$$x' \; D \quad\quad\quad\quad C \quad\quad O \quad\quad A \quad\quad B \quad\quad x$$
$$0 \quad\quad +1$$

Le point *O* doit être le milieu de chacun des segments [*AA'*], [*BB'*], [*CC'*] et [*DD'*].

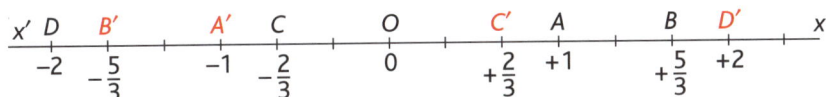

$$x' \; D \quad B' \quad\quad A' \; C \quad\quad O \quad\quad C' \; A \quad\quad B \; D' \quad x$$
$$-2 \quad -\frac{5}{3} \quad -1 \; -\frac{2}{3} \quad 0 \quad +\frac{2}{3} \; +1 \quad +\frac{5}{3} \; +2$$

Les abscisses de deux points symétriques par rapport à l'origine sont des nombres opposés.

A (+ 1) et A' (− 1) ; $B\left(+\frac{5}{3}\right)$ et $B'\left(-\frac{5}{3}\right)$; $C\left(-\frac{2}{3}\right)$ et $C'\left(+\frac{2}{3}\right)$; D (− 2) et D' (+ 2).

En savoir plus

Le thermomètre repère la température avec des nombres relatifs. La graduation 0 indique la température de la glace fondante. La graduation 100 indique celle de l'eau bouillante (échelle Celsius).

+30 °C
+20 °C
+10 °C
0 °C
−10 °C

Voir aussi fiches 5, 122 et 123 59

26 ▶ Repérage dans le plan

Repère cartésien du plan

▶ Dans un plan, si on a tracé deux axes de coordonnées (droites sécantes graduées avec la même origine), on dit que le plan est muni d'un **repère cartésien**.

▶ Si les deux axes sont perpendiculaires, on dit que le repère est **orthogonal**. Si les deux axes d'un repère orthogonal sont gradués avec la même unité, on dit que le repère est **orthonormé**.

Coordonnées d'un point

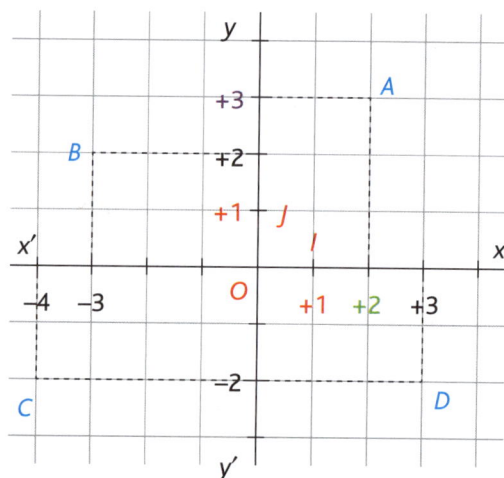

▶ O est l'**origine du repère** ; c'est l'origine commune des deux axes de coordonnées ; $x'x$ est l'**axe des abscisses** ; $y'y$ est l'**axe des ordonnées**.

▶ Dans un plan muni d'un repère :
– à tout point correspond un unique couple de nombres qui sont ses coordonnées ;
– à tout couple de nombres correspond un unique point du plan.

Le point A est repéré par ses coordonnées : + 2 et + 3.

+ 2 est l'abscisse de A ; elle est lue sur l'axe $x'x$.

+ 3 est l'ordonnée de A ; elle est lue sur l'axe $y'y$.

On note A (+ 2 ; + 3) : l'abscisse en premier, l'ordonnée en second.

De même : B (– 3 ; + 2) ; C (– 4 ; – 2) ; D (+ 3 ; – 2).

Trois points (O ; I ; J) définissent le repère ; on a :

O (0 ; 0) ; $I \in x'x$ et I (1 ; 0) ; $J \in y'y$ et J (0 ; 1).

Exercices d'application

❶ Quelles sont les coordonnées des points A, B, C, D, E, F et G dans le repère constitué par les axes de coordonnées x'x et y'y ?

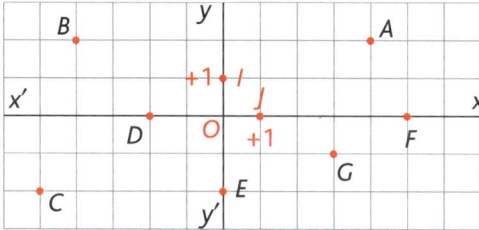

Les résultats sont présentés en tableau :

Point	A	B	C	D	E	F	G
Abscisse	+ 4	− 4	− 5	− 2	0	+ 5	+ 3
Ordonnée	+ 2	+ 2	− 2	0	− 2	0	− 1

❷ Cocher la case indiquant si l'affirmation est VRAIE ou FAUSSE.

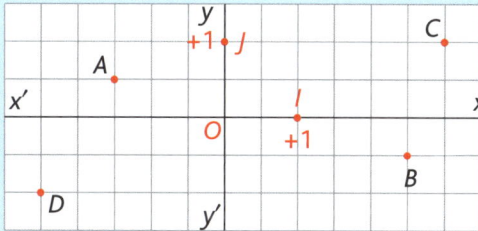

Le repère est orthonormé. ❑ VRAI ❑ FAUX

L'abscisse de A est − 1,5. ❑ VRAI ❑ FAUX

L'ordonnée de A est + 0,5. ❑ VRAI ❑ FAUX

L'abscisse de B est + 5. ❑ VRAI ❑ FAUX

L'ordonnée de B est − 1. ❑ VRAI ❑ FAUX

Les coordonnées de C sont (+ 3 ; + 1). ❑ VRAI ❑ FAUX

Les coordonnées de D sont (− 3 ; − 1). ❑ VRAI ❑ FAUX

Réponses : VRAI ; VRAI ; VRAI ; FAUX ; FAUX ; VRAI ; FAUX.

Voir aussi fiche 25

27 ▸ Comparaison et inégalités

Comparer deux nombres relatifs

▸ S'ils sont tous **deux positifs**, *cf.* fiches 5 et 16.

$2,452 < 2,7$ (on compare les chiffres des dixièmes : $4 < 7$).

$\dfrac{5}{7} > \dfrac{9}{14}$ $\left(\text{car } \dfrac{5}{7} = \dfrac{10}{14} \text{ et } \dfrac{10}{14} > \dfrac{9}{14}\right)$.

> **À savoir**
>
> Les nombres relatifs positifs peuvent être assimilés aux nombres arithmétiques ; on les écrit alors sans signe +.
>
> $+ 2,7 = 2,7$; $+ \dfrac{5}{7} = \dfrac{5}{7}$.

▸ S'ils sont tous **deux négatifs**, ils sont rangés dans l'ordre contraire de leurs opposés (qui sont des nombres positifs).

$-2,452 > -2,7$ (car $2,452 < 2,7$) ; $-\dfrac{5}{7} < -\dfrac{9}{14}$ $\left(\text{car } \dfrac{5}{7} > \dfrac{9}{14}\right)$.

▸ Si l'un est positif et l'autre négatif, on applique la règle : « **tout nombre négatif est inférieur à n'importe quel nombre positif** ».

$-3,5 < 2,746$; $-\dfrac{7}{3} < \dfrac{1}{7}$; $3,42 > -127$; $\dfrac{3}{11} > -\dfrac{1}{2}$.

Ranger des nombres relatifs

▸ Par ordre croissant :

$$... -324 < -25 < -3,7 < -0,01 < 0 < 0,15 < 3,7 < 31,25 < 48 ...$$

$\underbrace{\phantom{-324 < -25 < -3,7 < -0,01}}_{\text{Nombres strictement négatifs}}$ $\underbrace{\phantom{0,15 < 3,7 < 31,25 < 48}}_{\text{Nombres strictement positifs}}$

▸ Par ordre décroissant :

$$... 37,14 > 12 > 7,01 > 0,23 > 0 > -0,2 > -1,25 > -3,5 > -89 ...$$

$\underbrace{}_{\text{Nombres strictement positifs}}$ $\underbrace{}_{\text{Nombres strictement négatifs}}$

> **À savoir**
>
> « a est **négatif** » est synonyme de $a \leqslant 0$.
>
> « a est **positif** » est synonyme de $a \geqslant 0$.

Inégalités et opérations Pour aller plus loin

▸ $a + k$ et $b + k$ sont rangés comme a et b, quel que soit k.

Si $a < 7$ alors $a + 2 < 7 + 2$; soit $a + 2 < 9$.

Si $a > -4$ alors $a + (-5) > -4 + (-5)$; soit $a - 5 > -9$.

▸ Si k est positif, $a \times k$ et $b \times k$ sont rangés comme a et b.

Si $a < -12$ alors $a \times 2 < -12 \times 2$; soit $2a < -24$.

Si $a > 11$ alors $a \times 3,5 > 11 \times 3,5$; soit $3,5a > 38,5$.

▸ Si k est négatif, $a \times k$ et $b \times k$ sont rangés en sens contraire de a et b.

Si $a < 8$ alors $a \times (-3) > 8 \times (-3)$; soit $-3a > -24$.

Si $a > -12$ alors $a \times (-5) < -12 \times (-5)$; soit $-5a < 60$.

On dit que l'on a changé le signe d'inégalité ; « $<$ » est remplacé par « $>$ » et « $>$ » est remplacé par « $<$ ».

Exercices d'application

1 Comparer : 9,7 et 9,67 ; – 4 et – 3,7 ; – 7 et 8.

9,67 < 9,7 car 6 dixièmes < 7 dixièmes.
– 4 et – 3,7 sont négatifs ; ils sont rangés en sens contraire de leurs opposés ;
de 4 > 3,7 on déduit : **– 4 < – 3,7.**
– 7 est négatif ; 8 est positif. **D'où : – 7 < 8.**

2 Ranger par ordre croissant (du plus petit au plus grand) :
– 7,2 ; 6,4 ; – 42,17 ; 5,19 ; – 12 ; 0,02 ; – 1,5 ; 10 ; 0.

– 42,17 < – 12 < – 7,2 < – 1,5 < 0 < 0,02 < 5,19 < 6,4 < 10.

En sens contraire des opposés

3 Ranger par ordre décroissant (du plus grand au plus petit) :
$$-\frac{1}{2} ; \frac{1}{3} ; -\frac{1}{5} ; \frac{1}{5} ; -\frac{1}{6} ; \frac{1}{7}.$$

> **À savoir**
>
> Pour comparer des quotients, il faut les écrire avec le même dénominateur.

$$\frac{1}{3} > \frac{1}{5} > \frac{1}{7} \quad > \quad -\frac{1}{6} > -\frac{1}{5} > -\frac{1}{2}.$$

$$\frac{35}{105} > \frac{21}{105} > \frac{15}{105} > -\frac{5}{30} > -\frac{6}{30} > -\frac{15}{30} \text{ car } \frac{5}{30} < \frac{6}{30} < \frac{15}{30}.$$

4 Encadrer 5,34 entre deux entiers consécutifs. En déduire un encadrement entre deux entiers consécutifs de – 5,34.

5 < 5,34 < 6. Si on multiplie les deux membres d'une inégalité par un nombre négatif, il faut changer le signe d'inégalité.
5 × (– 1) > 5,34 × (– 1) > 6 × (– 1) ; d'où : – 5 > – 5,34 > – 6.
– 6 < – 5,34 < – 5.

5 On sait que $a > – 1$. Que peut-on dire de $a + 7$, de $a – 9$, de $7a$ et de $– 9a$?

On sait que $a > – 1$, par suite : $a + 7 > – 1 + 7$ soit **$a + 7 > 6$** ;
$a + (– 9) > – 1 + (– 9)$ soit $a – 9 > – 10$; $a × 7 > – 1 × 7$ soit **$7a > – 7$.**
Lorsqu'on multiplie par un nombre négatif, on doit changer le signe d'inégalité :
$a > – 1$ donne $a × (– 9) < – 1 × (– 9)$ soit **$– 9a < 9$.**

Voir aussi fiches 5, 16, 28, 29

28 Addition et soustraction des nombres relatifs

Somme de deux nombres relatifs

▶ S'ils sont **de même signe** :

Même signe : +

$(+3) + (+7) = +10$

Même signe : −

$(-3) + (-7) = -10$

Dans les deux cas, 10 est la somme des distances à l'origine (somme de deux nombres arithmétiques : 3 + 7 = 10).

▶ S'ils sont **de signes contraires** :

$(+3) + (-7) = -4$ $(-3) + (+7) = +4$

Le signe est celui de l'abscisse du point le plus éloigné de l'origine.
4 est la différence des distances à l'origine (différence de deux nombres arithmétiques : 7 − 3 = 4).

Somme de plusieurs nombres relatifs

▶ La somme de plusieurs nombres relatifs ne dépend ni de l'ordre des termes, ni des regroupements.
$[15 + (-7)] + (-4) = 15 + [(-7) + (-4)]$; la somme est égale à 4 quelle que soit la séquence.
On peut écrire : 15 + (− 7) + (− 4) ou (− 7) + (− 4) + 15, etc.

Différence de deux nombres relatifs

▶ La soustraction se ramène à une addition ; on ajoute au premier nombre l'opposé du second.
$$a - b = a + (-b).$$
$4,5 - (-7,2) = 4,5 + (+7,2) = 11,7.$
$-32 - (-9) = -32 + (+9) = -23.$

> **À savoir**
> Deux nombres dont la somme est 0 sont des nombres opposés ; chacun est l'opposé de l'autre.
> L'opposé de + 15 est − 15.
> L'opposé de − 9 est + 9.

Distance de deux points sur une droite graduée

▶ Sur une droite graduée, la distance de A à B est telle que :
AB = abscisse la plus grande − abscisse la plus petite.
A et B ont pour abscisses respectives − 3,5 et − 2,8.

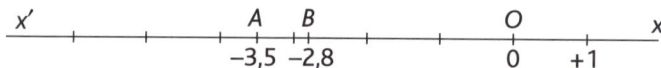

L'abscisse de B est supérieure à celle de A car − 2,8 > − 3,5.
Distance de A à B = abscisse de B − abscisse de A.
$AB = -2,8 - (-3,5) = +0,7.$

Exercices d'application

1 **Calculer : 24 + (− 19) ; (− 3,7) + (− 1,2) et (− 17,8) + 0.**

24 + (− 19) = 5 ; (− 3,7) + (− 1,2) = − 4,9 ; (− 17,8) + 0 = − 17,8.

2 **Calculer** A **tel que** A **= 12,4 + (− 1,9) + (− 3,9) + (− 5,2) + 4,9.**

Pour faciliter le calcul, on peut regrouper les positifs, puis les négatifs :
A = [12,4 + 4,9] + [− 1,9 + (− 3,9) + (− 5,2)]
A = 17,3 + (− 11) = **6,3**.
Si on effectue les calculs dans l'ordre de la séquence initiale, on trouve
successivement : 12,4 + (− 1,9) = 10,5 ; 10,5 + (− 3,9) = 6,6 ;
6,6 + (− 5,2) = 1,4 ; 1,4 + 4,9 = **6,3**.

3 **Calculer :**
a. − 32 − (− 9) et − 9 − (− 32).
b. 2,8 − (− 3,7) et (− 3,7) − 2,8.
c. $-\dfrac{1}{2} - \left(-\dfrac{3}{4}\right)$ et $\left(-\dfrac{3}{4}\right) - \left(-\dfrac{1}{2}\right)$.

On se ramène à des additions.
a. − 32 − (− 9) = − 32 + (+ 9) = **− 23**.
− 9 − (− 32) = − 9 + (+ 32) = **23**.
b. 2,8 − (− 3,7) = 2,8 + 3,7 = **6,5**.
(− 3,7) − 2,8 = (− 3,7) + (− 2,8) = **− 6,5**.
c. $-\dfrac{1}{2} - \left(-\dfrac{3}{4}\right) = -\dfrac{2}{4} + \left(+\dfrac{3}{4}\right) = \dfrac{1}{4}$.

$\left(-\dfrac{3}{4}\right) - \left(-\dfrac{1}{2}\right) = \left(-\dfrac{3}{4}\right) + \left(+\dfrac{1}{2}\right) = \left(-\dfrac{3}{4}\right) + \left(+\dfrac{2}{4}\right) = -\dfrac{1}{4}$.

> **À savoir**
> La différence $a - b$
> et la différence
> $b - a$ sont des
> nombres opposés.

4 **Calculer la distance de** A **à** B**, puis la distance de** B **à** C**.**

Distance de A à B. On a : abscisse de A > abscisse de B ;
d'où : AB = + 3 − (− 4) = + 3 + (+ 4) = + 7 ; **AB = 7**.
Distance de B à C. On a : abscisse de C > abscisse de B ;
d'où : BC = (− 2) − (− 4) = (− 2) + (+ 4) = + 2 ; **BC = 2**.

Voir aussi fiches 25 et 27

29 Multiplication des nombres relatifs

Produit de deux nombres relatifs

▶ S'ils sont de **même signe**, le produit est **positif**.
$+ 4 \times (+ 3) = + 12$ et $- 4 \times (- 3) = + 12$.

▶ S'ils sont de **signes contraires**, le produit est **négatif**.
$+ 4 \times (- 3) = - 12$ et $- 4 \times (+ 3) = - 12$.

Dans tous les cas, 12 est le produit des distances à l'origine (produit de deux nombres arithmétiques : $4 \times 3 = 12$).

▶ Cas particuliers : $a \times 0 = 0$; $a \times 1 = a$; $a \times (- 1) = - a$.
$- \dfrac{3}{7} \times 0 = 0$; $\dfrac{5}{11} \times 1 = \dfrac{5}{11}$; $\dfrac{7}{13} \times (- 1) = - \dfrac{7}{13}$ $\left(\text{opposé de } \dfrac{7}{13}\right)$.

Produit de plusieurs nombres relatifs

▶ Le produit de plusieurs nombres relatifs ne dépend ni de l'ordre des facteurs, ni des regroupements.
$[2 \times (- 1,8)] \times [5 \times (- 7,5)] = [2 \times 5] \times [(- 1,8) \times (- 7,5)] = 135$.

▶ Le signe du produit dépend du nombre de facteurs négatifs :
– nombre de facteurs négatifs pair : le produit est positif ;
– nombre de facteurs négatifs impair : le produit est négatif.
Le produit $2 \times 5 \times (- 1,8) \times (- 7,5)$ est positif car il y a deux facteurs négatifs (résultat : $+ 135$).
Le produit $0,2 \times 5 \times (- 1,9) \times (- 0,5) \times (- 10)$ est négatif car il y a trois facteurs négatifs (résultat : $- 9,5$).

Nombres inverses

▶ Deux nombres dont le produit est égal à 1 sont des **nombres inverses** ; chacun est l'inverse de l'autre.
▶ Deux nombres inverses ont le même signe.
2 et $\dfrac{1}{2}$ sont des nombres inverses car $2 \times \dfrac{1}{2} = 1$.

L'inverse de 2 est $\dfrac{1}{2}$ (ou 0,5) ; l'inverse de $\dfrac{1}{2}$ (ou 0,5) est 2.

L'inverse de $- 7$ est $\dfrac{1}{- 7}$ ou $- \dfrac{1}{7}$. L'inverse de $- \dfrac{2}{3}$ est $- \dfrac{3}{2}$.

À savoir
• De façon générale, l'inverse du nombre a
($a \neq 0$) se note $\dfrac{1}{a}$.
• Il ne faut pas confondre l'inverse qui se note $\dfrac{1}{a}$ et l'opposé qui se note $- a$.
Avec $a = 7$:
– l'inverse de a est $\dfrac{1}{7}$;
– l'opposé de a est $- 7$.

Exercices d'application

1 **Vérifier que 25,38 × 12,5 = 317,25. En déduire les produits 25,38 × (− 12,5) ; (− 25,38) × 12,5 et (− 25,38) × (− 12,5).**

La séquence 25,38 $\boxed{\times}$ 12,5 $\boxed{=}$ donne $\boxed{317,25}$.
On en déduit, sans nouveau calcul :
25,38 × (− 12,5) = **− 317,25** ; (− 25,38) × 12,5 = **− 317,25** ;
(− 25,38) × (− 12,5) = **+ 317,25**.

2 **Calculer :** $\dfrac{3}{7} \times \left(-\dfrac{1}{5}\right) ; -\dfrac{5}{3} \times \dfrac{7}{11}$ **et** $-\dfrac{7}{3} \times (-5)$.

$\dfrac{3}{7} \times \left(-\dfrac{1}{5}\right) = -\dfrac{3}{35} ; -\dfrac{5}{3} \times \dfrac{7}{11} = -\dfrac{35}{33}$;

$-\dfrac{7}{3} \times (-5) = \dfrac{35}{3}$.

> ⚠ On détermine le signe, puis on multiplie les nombres arithmétiques :
> $\dfrac{3}{7} \times \dfrac{1}{5} = \dfrac{3 \times 1}{7 \times 5}$.

3 **Calculer : 3,2 × (− 5) ; 3,2 × (− 5) × (− 1,5) ; 3,2 × (− 5) × (− 1,5) × (− 1) et 3,2 × (− 5) × (− 1,5) × (− 1) × (− 2).**

3,2 × (− 5) = **− 16**.
3,2 × (− 5) × (− 1,5) = − 16 × (− 1,5) = **24**.
3,2 × (− 5) × (− 1,5) × (− 1) = 24 × (− 1) = **− 24**.
3,2 × (− 5) × (− 1,5) × (− 1) × (− 2) = − 24 × (− 2) = **48**.

4 **Calculer : a = (− 1) × (− 1) ; b = (− 1) × (− 1) × (− 1) ; c = (− 1) × (− 1) × (− 1) × (− 1) ; puis $a \times b$, $a \times c$ et $b \times c$.**

a = **1** (deux facteurs négatifs) ; b = **− 1** (trois facteurs négatifs) ;
c = **1** (quatre facteurs négatifs).
$a \times b$ = 1 × (− 1) = **− 1** ; $a \times c$ = 1 × 1 = **1** ; $b \times c$ = (− 1) × 1 = **− 1**.

5 **a.** Montrer que 0,25 et 4 sont deux nombres inverses.

b. Quels sont les inverses de $\dfrac{5}{7}$ et de $-\dfrac{11}{13}$?

a. **0,25 × 4 = 1** ; l'inverse de 0,25 est 4 ; l'inverse de 4 est 0,25.

b. L'inverse de $\dfrac{5}{7}$ est $\dfrac{7}{5}$; l'inverse de $-\dfrac{11}{13}$ est $-\dfrac{13}{11}$.

Voir aussi fiches 8, 9 et 18

30 Puissances

Puissance d'un nombre relatif

▶ Soit a un nombre relatif non nul et n un entier positif.

$a^n = a \times a \times ... \times a$ (n facteurs ; $n \geqslant 2$) ;
$a^1 = a$ et $a^0 = 1$.

a^n est une **puissance** de a ; n est l'**exposant**.

$(-2)^5 = (-2) \times (-2) \times (-2) \times (-2) \times (-2) = -32$; $(-2)^1 = -2$; $(-2)^0 = 1$.

$\left(\dfrac{2}{3}\right)^2 = \left(\dfrac{2}{3}\right) \times \left(\dfrac{2}{3}\right) = \dfrac{4}{9}$; $\left(\dfrac{2}{3}\right)^1 = \dfrac{2}{3}$; $\left(\dfrac{2}{3}\right)^0 = 1$.

> ### À savoir
> Ne pas confondre :
> • $(-3)^2$ qui est le carré du nombre -3, c'est-à-dire 9 ;
> • -3^2 qui est l'opposé du carré de 3, c'est-à-dire -9.

▶ $a^{-n} = \dfrac{1}{a^n}$; $a^{-n} \times a^n = 1$; a^{-n} est l'**inverse** de a^n.

$a^{-1} = \dfrac{1}{a^1} = \dfrac{1}{a}$ (inverse de a) ; $a^{-2} = \dfrac{1}{a^2}$ (inverse de a^2), etc.

$2^{-1} = \dfrac{1}{2^1} = \dfrac{1}{2}$; $2^{-2} = \dfrac{1}{2^2} = \dfrac{1}{4}$; $2^{-3} = \dfrac{1}{2^3} = \dfrac{1}{8}$;

$(-3)^{-1} = \dfrac{1}{(-3)} = \dfrac{1}{-3} = -\dfrac{1}{3}$; $(-3)^{-2} = \dfrac{1}{(-3)^2} = \dfrac{1}{9}$.

Calculer avec des puissances Pour aller plus loin

a et b sont des nombres relatifs différents de 0 ; m, n et p sont des entiers relatifs.

▶ $a^m \times a^n = a^{m+n}$ (on ajoute les exposants).

$2^4 \times 2^3 = 2^7$; $2^{-4} \times 2^{-3} = 2^{-7}$; $2^{-4} \times 2^3 = 2^{-1}$.

▶ $(a^m)^n = a^{m \times n}$ (on multiplie les exposants).

$(2^4)^2 = 2^8$; $(2^{-4})^3 = 2^{-12}$; $(2^2)^{-5} = 2^{-10}$.

▶ $\dfrac{a^m}{a^n} = a^{m-n}$ (on soustrait les exposants).

$\dfrac{2^5}{2^3} = 2^2$; $\dfrac{2^3}{2^5} = 2^{-2}$; $\dfrac{2^4}{2^3} = 2^1 = 2$.

▶ $(ab)^n = a^n \times b^n$ et $\left(\dfrac{a}{b}\right)^n = \dfrac{a^n}{b^n}$.

$(2b)^3 = 2^3 \times b^3 = 8b^3$; $(-3b)^2 = (-3)^2 \times b^2 = 9b^2$; $(ab)^2 = a^2b^2$.

$\left(\dfrac{2}{b}\right)^2 = \dfrac{2^2}{b^2} = \dfrac{4}{b^2}$; $\left(\dfrac{a}{3}\right)^3 = \dfrac{a^3}{3^3} = \dfrac{a^3}{27}$.

> ### À savoir
> La connaissance des règles de calcul sur les puissances n'est pas un attendu du cycle 4. Dans des cas simples, ces calculs découlent plutôt de la définition que des formules. La connaissance de ces règles sera utile dans la poursuite des études.

Exercices d'application

1 Compléter le tableau :

nombre (a)	2	-2	3	-3	4	-4
carré (a^2)	...	...	...	...	...	...
cube (a^3)	...	...	...	...	...	...

nombre (a)	2	-2	3	-3	4	-4
carré (a^2)	4	4	9	9	16	16
cube (a^3)	8	-8	27	-27	64	-64

2 Écrire sous forme fractionnaire :

a. 2^{-1} ; 2^{-2} ; 2^{-3} ; 2^{-4} et 2^{-5} ;

b. $(-3)^{-1}$; $(-3)^{-2}$; $(-3)^{-3}$ et $(-3)^{-4}$.

a. $2^{-1} = \dfrac{1}{2}$; $2^{-2} = \dfrac{1}{4}$; $2^{-3} = \dfrac{1}{8}$; $2^{-4} = \dfrac{1}{16}$; $2^{-5} = \dfrac{1}{32}$.

b. $(-3)^{-1} = \dfrac{1}{-3} = -\dfrac{1}{3}$; $(-3)^{-2} = \dfrac{1}{(-3)^2} = \dfrac{1}{9}$;

$(-3)^{-3} = \dfrac{1}{(-3)^3} = \dfrac{1}{-27} = -\dfrac{1}{27}$; $(-3)^{-4} = \dfrac{1}{(-3)^4} = \dfrac{1}{81}$.

3 Calculer (résultat sous forme de puissance d'un nombre) :

a. $2^3 \times 2^5$; $(2^3)^5$; $3^4 \times 3^5$; $(3^4)^5$;   b. $\dfrac{3^2}{3^4}$; $\dfrac{7^5}{7^2}$; $\dfrac{4^3}{4^2}$; $\dfrac{5^4}{5^4}$.

a. $2^3 \times 2^5 = 2^8$; $(2^3)^5 = 2^{15}$; $3^4 \times 3^5 = 3^9$; $(3^4)^5 = 3^{20}$.

b. $\dfrac{3^2}{3^4} = 3^{-2}$; $\dfrac{7^5}{7^2} = 7^3$; $\dfrac{4^3}{4^2} = 4^1 = 4$; $\dfrac{5^4}{5^4} = 5^0 = 1$.

4 Effectuer : $(3a)^2$; $(2a)^3$; $\left(\dfrac{a}{3}\right)^2$ et $\left(\dfrac{a}{2}\right)^3$.

$(3a)^2 = 9a^2$; $(2a)^3 = 8a^3$; $\left(\dfrac{a}{3}\right)^2 = \dfrac{a^2}{9}$; $\left(\dfrac{a}{2}\right)^3 = \dfrac{a^3}{8}$.

Voir aussi fiches 4, 18, 28 et 29

Quotients de nombres relatifs

Quotient de deux nombres relatifs

▶ a et b étant deux nombres relatifs ($b \neq 0$), le quotient de a par b est le nombre relatif q tel que $a = b \times q$.

En écriture fractionnaire, il se note $\dfrac{a}{b}$ et $a = b \times \dfrac{a}{b}$.

Le quotient de a par b s'obtient en multipliant a par l'inverse de b :

$\dfrac{a}{b} = a \times \dfrac{1}{b}$.

▶ Le quotient de deux nombres de même signe est positif.
Le quotient de deux nombres de signes contraires est négatif.

Le quotient de -8 par 7 se note $\dfrac{-8}{7}$ ou $-\dfrac{8}{7}$ (nombre négatif).

Le quotient de -11 par -3 se note $\dfrac{-11}{-3}$ ou $\dfrac{11}{3}$ (nombre positif).

Calculer avec des quotients de nombres relatifs

▶ On peut transformer l'écriture d'un quotient :

$\dfrac{a}{b} = \dfrac{a \times m}{b \times m}$ et $\dfrac{a}{b} = \dfrac{a \div k}{b \div k}$ ($b \neq 0$; $m \neq 0$ et $k \neq 0$).

$\dfrac{-1,2}{1,5} = \dfrac{-1,2 \times 10}{1,5 \times 10} = \dfrac{-12}{15} = -\dfrac{12}{15}$ et

$-\dfrac{12}{15} = -\dfrac{12 \div 3}{15 \div 3} = -\dfrac{4}{5}$.

> ### À savoir
> Les dénominateurs sont différents de 0.
>
> Si $\dfrac{a}{b} = \dfrac{c}{d}$ alors $ad = bc$.
>
> Si $ad = bc$ alors $\dfrac{a}{b} = \dfrac{c}{d}$.
>
> L'égalité des **produits en croix** caractérise l'égalité de deux quotients.

▶ On peut additionner, soustraire, multiplier et diviser des quotients :

$\dfrac{a}{b} + \dfrac{c}{b} = \dfrac{a+c}{b}$ et $\dfrac{a}{b} - \dfrac{c}{b} = \dfrac{a-c}{b}$ ($b \neq 0$).

$\dfrac{-11}{15} + \dfrac{7}{15} = \dfrac{-4}{15} = -\dfrac{4}{15}$ et $\dfrac{-11}{15} - \dfrac{7}{15} = \dfrac{-18}{15} = -\dfrac{18}{15}$ ou $-\dfrac{6}{5}$ après simplification par 3.

$\dfrac{a}{b} \times \dfrac{c}{d} = \dfrac{ac}{bd}$; $\dfrac{a}{b} \div \dfrac{c}{d} = \dfrac{a}{b} \times \dfrac{d}{c} = \dfrac{ad}{bc}$; ($b \neq 0$, $c \neq 0$ et $d \neq 0$).

$\dfrac{-11}{15} \times \dfrac{7}{3} = \dfrac{-77}{45} = -\dfrac{77}{45}$ et $\dfrac{-11}{15} \div \dfrac{7}{3} = \dfrac{-11}{15} \times \dfrac{3}{7} = \dfrac{-33}{105} = -\dfrac{33}{105}$ ou $-\dfrac{11}{35}$ après simplification par 3.

Exercices d'application

1 Écrire avec un dénominateur positif le quotient de – 25 par – 15 et le quotient de 14 par – 21.

$$\frac{-25}{-15} = \frac{25}{15} = \frac{25 \div 5}{15 \div 5} = \frac{5}{3} \ ;$$

$$\frac{14}{-21} = \frac{-14}{21} = -\frac{14 \div 7}{21 \div 7} = -\frac{2}{3}.$$

> **À savoir**
>
> Dans tous les calculs, il est conseillé d'écrire les quotients avec un dénominateur positif.
>
> $\frac{-25}{-15}$ s'écrit $\frac{25}{15}$.
>
> $\frac{14}{-21}$ s'écrit $\frac{-14}{21}$ ou $-\frac{14}{21}$.

2 Calculer (résultat le plus simple possible) :

a. $\frac{-7}{13} + \frac{9}{13}$ et $\frac{-7}{13} - \frac{9}{13}$; b. $\frac{5}{6} + \frac{-7}{8}$ et $\frac{5}{6} - \frac{-7}{8}$.

a. $\frac{-7}{13} + \frac{9}{13} = \frac{-7+9}{13} = \frac{2}{13}$;

$\frac{-7}{13} - \frac{9}{13} = \frac{-7-9}{13} = \frac{-16}{13} = -\frac{16}{13}$.

b. Les premiers multiples de 6 sont : 6 ; 12 ; 18 ; **24** ; ...

Les premiers multiples de 8 sont : 8 ; 16 ; **24** ; ...

24 est le plus petit multiple commun à 6 et à 8.

$\frac{5}{6} + \frac{-7}{8} = \frac{5 \times 4}{6 \times 4} + \frac{-7 \times 3}{8 \times 3} = \frac{20}{24} + \frac{-21}{24} = \frac{20 + (-21)}{24} = \frac{-1}{24} = -\frac{1}{24}$.

$\frac{5}{6} - \frac{-7}{8} = \frac{5 \times 4}{6 \times 4} - \frac{-7 \times 3}{8 \times 3} = \frac{20}{24} - \frac{-21}{24} = \frac{20 + 21}{24} = \frac{41}{24}$.

3 Calculer (résultat le plus simple possible) :

$$\frac{-7}{11} \times \frac{2}{3} \ ; \ \frac{-7}{11} \div \frac{2}{3} \ ; \ \frac{-6}{13} \times \frac{-7}{12} \ ; \ \frac{-6}{13} \div \frac{-7}{12}.$$

$\frac{-7}{11} \times \frac{2}{3} = \frac{-7 \times 2}{11 \times 3} = \frac{-14}{33} = -\frac{14}{33}$.

$\frac{-7}{11} \div \frac{2}{3} = \frac{-7}{11} \times \frac{3}{2} = \frac{-7 \times 3}{11 \times 2} = \frac{-21}{22} = -\frac{21}{22}$.

$\frac{-6}{13} \times \frac{-7}{12} = \frac{-6 \times (-7)}{13 \times 12} = \frac{6 \times 7}{13 \times 6 \times 2} = \frac{7}{26}$.

$\frac{-6}{13} \div \frac{-7}{12} = \frac{-6}{13} \times \frac{12}{-7} = \frac{-6 \times 12}{13 \times (-7)} = \frac{-72}{-91} = \frac{72}{91}$.

Voir aussi fiches 13 à 15, 28 et 29

32 Parenthèses et priorités

Effectuer une suite d'additions et de soustractions

▶ Lorsqu'**il y a des parenthèses** (autres que celles entourant les nombres relatifs), les calculs entre parenthèses ont priorité.

Soit A tel que $A = 32 - [(37 + (-19)) - (-25 - (+3))]$.

Pour calculer A, on effectue dans l'ordre les calculs entre parenthèses, puis les calculs entre crochets.

$37 + (-19) = 18$ ◀——————————— Entre parenthèses
$-25 - (+3) = -25 + (-3) = -28$ ◀
$18 - (-28) = 18 + (+28) = 46$ ◀——— Entre crochets
$A = 32 - 46 = 32 + (-46) = -14$.
$A = -14$.

▶ Lorsqu'**il n'y a pas de parenthèses** indiquant la priorité, on effectue les calculs dans l'ordre, de gauche à droite.

Soit à calculer B tel que :
$B = 27 + (-41) - (-13) - (+25)$.
$27 + (-41) = -14$
$\qquad -14 - (-13) = -1$
$\qquad\qquad -1 - (+25) = -26 \qquad B = -26$.

On peut aussi remplacer chaque soustraction par une addition, puis calculer la somme de nombres relatifs obtenue (l'ordre n'a alors plus d'importance).
$B = 27 + (-41) + (+13) + (-25)$.

On peut :
– ajouter tous les positifs : $27 + (+13) = 40$;
– ajouter tous les négatifs : $-41 + (-25) = -66$.
$B = 40 + (-66) = -26$.

Connaître et utiliser les conventions de priorité

Ce sont **les mêmes que pour les nombres arithmétiques**.
▶ La multiplication a **priorité** sur l'addition et la soustraction :
$a + bc$ signifie $a + (b \times c)$ et $a - bc$ signifie $a - (b \times c)$.
$25 + (-5) \times 10 = 25 + [(-5) \times 10] = 25 + (-50) = -25$.
$25 - (-5) \times 10 = 25 - [(-5) \times 10] = 25 - (-50) = 25 + 50 = 75$.

▶ Le calcul de la puissance a **priorité** sur celui du produit :
ab^n signifie $a \times b^n$, qu'il ne faut pas confondre avec $(ab)^n$ qui vaut $a^n \times b^n$.
Avec $x = -5$, on a : $3x^2 = 3 \times (-5)^2 = 75$
et $(3x)^2 = (-15)^2 = 225$.

Exercices d'application

1 **a.** Calculer B tel que
$B = (-32 - (+29)) - (+47 + (-29))$.
b. Calculer C tel que
$C = (-3,2 - (+0,9)) - (+5,7 + (-3))$.

> ⚠ En phase d'apprentissage, il est utile de conserver le signe + pour les nombres positifs :
> + 47 pour « 47 positif »,
> + 18 pour « 18 positif ».
>
> Dans une seconde phase,
> + 47 + (− 29) = + 18 pourra se noter plus simplement :
> 47 + (− 29) = 18.

a. Première parenthèse :
$-32 - (+29) = -32 + (-29) = -61$.
Seconde parenthèse : $+47 + (-29) = +18$.
$B = -61 - (+18) = -61 + (-18)$; $\boldsymbol{B = -79}$.
b. $C = -4,1 - (+2,7)$; $\boldsymbol{C = -6,8}$.

2 **a.** Calculer D tel que $D = -2,7 + (+7,9) - (+12) - (-6,4)$.
b. Calculer $E = 2,4 - (-5,1) + (-4,8) - (+3,5)$.

a. On peut calculer « dans l'ordre » :
$-2,7 + (+7,9) = +5,2$;
$+5,2 - (+12) = +5,2 + (-12) = -6,8$;
$-6,8 - (-6,4) = -6,8 + (+6,4) = -0,4$.
$\boldsymbol{D = -0,4}$.
On peut remplacer chaque soustraction par une addition :
$D = -2,7 + (+7,9) + (-12) + (+6,4)$.
$+7,9 + (+6,4) = +14,3$ (somme des termes positifs) ;
$-2,7 + (-12) = -14,7$ (somme des termes négatifs).
$D = +14,3 + (-14,7)$; $\boldsymbol{D = -0,4}$.
b. Quelle que soit la méthode, $\boldsymbol{E = -0,8}$.

3 **Tester l'égalité $(-a + 9)(2a - 4) = -2a^2 + 22a - 36$ en remplaçant a par 10, puis par − 10.**

Pour $a = 10$, on obtient une égalité : $\boldsymbol{-16 = -16}$:
• on remplace a par 10 dans le premier membre :
$(-10 + 9) \times (2 \times 10 - 4) = -1 \times 16 = \boldsymbol{-16}$.
• on remplace a par 10 dans le second membre :
$-2 \times 10^2 + 22 \times 10 - 36 = -200 + 220 - 36 = \boldsymbol{-16}$.
Pour $a = -10$, on obtient une égalité : $\boldsymbol{-456 = -456}$:
• on remplace a par − 10 dans le premier membre :
$(10 + 9) \times [2 \times (-10) - 4] = 19 \times (-24) = \boldsymbol{-456}$.
• on remplace a par − 10 dans le second membre :
$-2 \times (-10)^2 + 22 \times (-10) - 36 = -200 + (-220) - 36 = \boldsymbol{-456}$.
En développant le premier membre, on pourra prouver que cette égalité est vérifiée pour toute valeur de a (c'est une identité).

Voir aussi fiches 28 à 30 et 37

33 Sommes algébriques

Calculer la valeur numérique d'une expression littérale

▶ Une **expression littérale** indique des opérations à effectuer sur des nombres dont certains sont représentés par des lettres.

$3x + 7$ est une expression littérale à une variable x.

$x^2 + y^2$ est une expression littérale à deux variables x et y.

▶ Lorsqu'on remplace chaque **variable** par un nombre, on obtient une **valeur numérique** de l'expression littérale.

Pour $x = 4$, l'expression $3x + 7$ prend la valeur 19 car $3 \times 4 + 7 = 19$.

Pour $x = -5$, l'expression $3x + 7$ prend la valeur -8 car $3 \times (-5) + 7 = -8$.

Pour $x = -3$ et $y = 5$, l'expression $x^2 + y^2$ prend la valeur 34 car $(-3)^2 + 5^2 = 34$.

Pour $x = -4$ et $y = -2$, l'expression $x^2 + y^2$ prend la valeur 20 car $(-4)^2 + (-2)^2 = 20$.

Réduire une somme algébrique

▶ Une suite d'additions et de soustractions peut s'interpréter comme une somme de plusieurs termes ; on dit alors que c'est une **somme algébrique**.

$-5 - a + b = -5 + (-a) + b$.

$-5 - a + b$ est une somme algébrique de trois termes : -5 ; $-a$ et $+b$.

> ### À savoir
> • $-a$ désigne l'opposé de a ; ce n'est pas nécessairement un nombre négatif.
> • $+b$ désigne le même nombre que b ; ce n'est pas nécessairement un nombre positif.

▶ Dans une somme algébrique, on peut changer l'ordre des termes puisque c'est une somme de nombres relatifs.

$-5 - a + b = b - 5 - a = -a + b - 5$.

▶ **Réduire** une somme algébrique, c'est l'écrire avec le moins de termes possible.

Soit $S = a - b + c + 3,2 - 5 - a + b$, une somme algébrique.

S est la somme de sept termes : a ; $-b$; $+c$; $+3,2$; -5 ; $-a$; $+b$.

On peut changer l'ordre des termes :

$S = a - a - b + b + c + 3,2 - 5$.

On sait que $a + (-a) = 0$ et $-b + b = 0$ car ce sont des nombres opposés ;

$+3,2 + (-5) = -1,8$.

D'où : $S = +c + (-1,8)$ qui s'écrit plus simplement $S = c - 1,8$.

On passe de sept termes à deux termes.

$c - 1,8$ est la forme réduite de S.

Exercices d'application

1 Compléter le tableau donnant la valeur numérique des expressions littérales $a^2 - 2a + 1$ et $a^2 + 2a + 1$:

a	-5	-3	0	$+3$	$+5$
$a^2 - 2a + 1$	...	...	...	...	...
$a^2 + 2a + 1$	...	...	...	...	...

a	-5	-3	0	$+3$	$+5$
$a^2 - 2a + 1$	36	16	1	4	16
$a^2 + 2a + 1$	16	4	1	16	36

2 Voici un programme de calcul :
- Choisir un nombre.
- Soustraire 1 à ce nombre.
- Élever au carré le nombre obtenu.

Léa a choisi successivement les nombres -5 ; -3 ; 0 ; $+3$ et $+5$.
Quels résultats a-t-elle obtenus ?

À savoir

• Si on appelle a le nombre choisi, le résultat final s'écrit $(a - 1)^2$.

• Pour utiliser un tableur, lorsque la valeur -5 est saisie dans une cellule, par exemple dans A2, on utilise la formule : **=(A2-1)^2**.

Voici les résultats obtenus (présentation en tableau) :

Nombre	-5	-3	0	$+3$	$+5$
Résultat	36	16	1	4	16

3 Soit S une suite d'additions et de soustractions telle que :
$$S = -2 + a - 12 - b - a.$$
a. S est une somme algébrique de cinq termes.
   Quels sont ces termes ?
b. Réduire S.

a. $S = -2 + a + (-12) + (-b) + (-a)$.
Somme de cinq termes : -2 ; $+a$; -12 ; $-b$ et $-a$.
b. $S = a + (-a) + (-b) + (-2) + (-12)$.
On sait que $+a + (-a) = 0$ (car ce sont des nombres opposés) ;
$-2 + (-12) = -14$.
D'où la somme réduite : $S = -b - 14$.

Voir aussi fiches 28 à 30, 39

Addition et soustraction des sommes algébriques

Ajouter deux sommes algébriques

▶ Pour ajouter deux sommes algébriques, on écrit les termes de l'une suivis des termes de l'autre.

Soit $A = -2x^2 + 3x - 7$ et $B = 4x^2 - 5x + 3$.

A est une somme de trois termes : $-2x^2$; $+3x$ et -7.

B est une somme de trois termes : $+4x^2$; $-5x$ et $+3$.

Pour ajouter A et B, on écrit les termes de A et on écrit ensuite les termes de B ; on obtient une somme algébrique de six termes :

$A + B = -2x^2 + 3x - 7 + 4x^2 - 5x + 3$.
$\qquad\quad \underleftrightarrow{} \quad \underleftrightarrow{}$
$\qquad\qquad\quad A \qquad\qquad\quad B$

On modifie l'ordre des termes, puis on réduit :

$A + B = -2x^2 + 4x^2 + 3x - 5x - 7 + 3$.

$A + B = (-2 + 4)x^2 + (3 - 5)x - 7 + 3$

$A + B = 2x^2 - 2x - 4$.

> ⚠ Le premier terme de B s'écrit $4x^2$ lorsqu'il est en début d'écriture ; il s'écrit $+ 4x^2$ lorsqu'il devient le quatrième terme de la somme.

> ⚠ Pour réduire deux termes contenant la même partie littérale, on factorise :
> $-2x^2 + 4x^2 = (-2 + 4)x^2$;
> $3x - 5x = (3 - 5)x$.
> (*Cf.* fiche 38.)

Soustraire une somme algébrique

▶ Deux sommes algébriques sont opposées lorsque leur somme est égale à 0. L'opposé d'une somme algébrique s'obtient en remplaçant chaque terme de cette somme par son opposé.

Soit $B = 4x^2 - 5x + 3$.

C'est une somme de trois termes : $4x^2$; $-5x$ et 3.

L'opposé de $4x^2$ est $-4x^2$; l'opposé de $-5x$ est $+5x$; l'opposé de $+3$ est -3.

L'opposé se note $-B$ et on a : $-B = -4x^2 + 5x - 3$.

▶ Pour soustraire d'une somme algébrique A une somme algébrique B, on additionne à A l'opposé de B.

$A - B = A + $ **opposé de B** $= A + (-B)$.

Soit $A = -2x^2 + 3x - 7$ et $B = 4x^2 - 5x + 3$.

$A - B = -2x^2 + 3x - 7 - 4x^2 + 5x - 3$.
$\qquad\quad \underleftrightarrow{} \quad \underleftrightarrow{}$
$\qquad\qquad\quad A \qquad\qquad$ **Opposé de B**

On modifie l'ordre des termes, puis on réduit :

$A - B = -2x^2 - 4x^2 + 3x + 5x - 7 - 3$.

$A - B = (-2 - 4)x^2 + (3 + 5)x - 7 - 3$.

$A - B = -6x^2 + 8x - 10$.

On est pareils, surtout moi !

Exercices d'application

❶ On a : $A = x + 7$, $B = 3x - 2$ et $C = x^2 - 4x$.
   Calculer : a. $A + B$; b. $C + A$; c. $B + C$.

a. A est une somme de deux termes : x et $+ 7$.
B est une somme de deux termes : $3x$ et $- 2$.
$A + B = x + 7 + 3x - 2 = x + 3x + 7 - 2$;
$A + B = 4x + 5$.
b. C est une somme de deux termes : x^2 et $- 4x$.
$C + A = x^2 - 4x + x + 7 = x^2 - 3x + 7$;
$C + A = x^2 - 3x + 7$.
c. $B + C = 3x - 2 + x^2 - 4x = x^2 + 3x - 4x - 2$;
$B + C = x^2 - x - 2$.

⚠ $x^2 - x - 2$ est ordonnée suivant les puissances décroissantes de x.
On pourrait l'ordonner suivant les puissances croissantes de x soit : $- 2 - x + x^2$.

❷ On a : $A = x^2 + 2$ et $B = - 3x - 5$.
   Calculer : a. $A - B$; b. $B - A$.

a. $A - B = A +$ opposé de $B = A + (- B)$.
A est une somme de deux termes : x^2 et $+ 2$.
$- B$ est une somme de deux termes : $+ 3x$ et $+ 5$.
$A - B = x^2 + 2 + 3x + 5 = x^2 + 3x + 2 + 5$;
$A - B = x^2 + 3x + 7$.
b. $B - A = B +$ opposé de $A = B + (- A)$.
B est une somme de deux termes : $- 3x$ et $- 5$.
$- A$ est une somme de deux termes : $- x^2$ et $- 2$.
$B - A = - 3x - 5 - x^2 - 2 = - x^2 - 3x - 5 - 2$;
$B - A = - x^2 - 3x - 7$.

À savoir

Les différences $A - B$ et $B - A$ sont des sommes algébriques opposées. Ceci est général.

❸ On a : $A = 3x^2 - 4x + 5$ et $B = - x^2 + 3x - 1$.
   Calculer : a. $A + B$; b. $A - B$; c. $B - A$.

a. $A + B = 3x^2 - 4x + 5 - x^2 + 3x - 1$;
  Termes de A Termes de B
$A + B = 3x^2 - x^2 - 4x + 3x + 5 - 1$; $A + B = 2x^2 - x + 4$.
b. $A - B = 3x^2 - 4x + 5 + x^2 - 3x + 1$;
  Termes de A Termes de $- B$
$A - B = 3x^2 + x^2 - 4x - 3x + 5 + 1$; $A - B = 4x^2 - 7x + 6$.
c. $B - A = - x^2 + 3x - 1 - 3x^2 + 4x - 5$;
  Termes de B Termes de $- A$
$B - A = - x^2 - 3x^2 + 3x + 4x - 1 - 5$; $B - A = - 4x^2 + 7x - 6$.

Voir aussi fiches 28, 29, 30, 32 et 38

77

35 Multiplication des sommes algébriques

Règle des signes

$(+\,a) \times (+\,b) = +\,ab$
$(-\,a) \times (-\,b) = +\,ab$
$(+\,a) \times (-\,b) = -\,ab$
$(-\,a) \times (+\,b) = -\,ab.$

À savoir

$+\,a = a$; $-\,a$ = opposé de a.
$(+\,1) \times a = +\,a = a$;
$(-\,1) \times a = -\,a.$
Le signe $+$ devant une lettre ne signifie pas que le nombre est positif.
Le signe $-$ devant une lettre ne signifie pas que le nombre est négatif.

$$+ \times + = +$$
$$- \times - = +$$
$$+ \times - = -$$
$$- \times + = -$$

4ᵉ Produit d'une somme algébrique par un nombre

▶ Pour multiplier une somme algébrique par un nombre, on multiplie chaque terme de la somme par ce nombre (en respectant la règle des signes), puis on écrit tous les produits les uns à la suite des autres.

Soit à effectuer le produit $(-\,10 + 2x + x^2) \times (-\,x)$:

$-\,10 + 2x + x^2$ est une somme de trois termes : $-\,10$; $+\,2x$ et $+\,x^2$.

On multiplie chacun des trois termes de la somme par $-\,x$.

$-\,10 \times (-\,x) = +\,10x$; $2x \times (-\,x) = -\,2x^2$; $x^2 \times (-\,x) = -\,x^3$.

D'où : $(-\,10 + 2x + x^2) \times (-\,x) = 10x - 2x^2 - x^3$.

3ᵉ Produit de deux sommes algébriques

▶ Pour multiplier deux sommes algébriques, on multiplie tous les termes de l'une par chaque terme de l'autre, puis on écrit tous les produits les uns à la suite des autres, et enfin on réduit éventuellement.

Soit à effectuer $(7x - 5)(-\,x + 3)$.

On multiplie tous les termes de la première par chaque terme de la seconde :

$+\,7x \times (-\,x) = -\,7x^2$; $-\,5 \times (-\,x) = +\,5x$; $+\,7x \times (+\,3) = +\,21x$; $-\,5 \times (+\,3) = -\,15$.

On juxtapose les produits obtenus :

$(7x - 5)(-\,x + 3) = -\,7x^2 + 5x + 21x - 15$.

On réduit : $(7x - 5)(-\,x + 3) = -\,7x^2 + 26x - 15$.

▶ On peut tester le résultat en remplaçant x par une valeur numérique.

Avec $x = 10$ (par exemple) pour le produit ci-dessus :

– premier membre : $65 \times (-\,7) = -\,455$;

– second membre : $-\,700 + 260 - 15 = -\,455$.

À savoir

Si le test donne des valeurs numériques différentes pour les deux membres, il faut reprendre les calculs.

Exercices d'application

1 Compléter le tableau :

a	+ 12	− 7	+ 1,9	− 15,1	...
$-a$	...	...	...	...	+ 35

Le nombre a est-il toujours positif ?
Le nombre $-a$ est-il toujours négatif ?

a	+ 12	− 7	+ 1,9	− 15,1	− 35
$-a$	− 12	+ 7	− 1,9	+ 15,1	+ 35

Le nombre noté a (ou $+\,a$) peut être positif ou négatif.
Le nombre noté $-a$ (opposé de a) peut être positif ou négatif.

2 Effectuer les produits :
a. $(4x - 5) \times (-\,2x)$;
b. $x^2 \times (2x - 8)$;
c. $(-\,5x - 2)(x^2 + 3x)$;
d. $(x^2 - 2x + 3)(x - 1)$.

a. $4x - 5$ est une somme de deux termes :
$+\,4x$ et $-\,5$.
On multiplie chacun de ces termes par $-\,2x$:
$4x \times (-\,2x) = \mathbf{-\,8x^2}$; $-\,5 \times (-\,2x) = \mathbf{+\,10x}$.
$(4x - 5) \times (-\,2x) = \mathbf{-\,8x^2 + 10x}$.
b. $2x - 8$ est une somme de deux termes : $+\,2x$ et $-\,8$.
On multiplie chacun de ces termes par $+\,x^2$:
$(+\,x^2) \times 2x = \mathbf{2x^3}$; $(+\,x^2) \times (-\,8) = \mathbf{-\,8x^2}$.
$x^2 \times (2x - 8) = \mathbf{2x^3 - 8x^2}$.
c. $-\,5x - 2$ est une somme de deux termes :
$-\,5x$ et $-\,2$.
On multiplie chacun de ces deux termes par $+\,x^2$, puis par $3x$:
$-\,5x \times x^2 = \mathbf{-\,5x^3}$; $-\,2 \times x^2 = \mathbf{-\,2x^2}$;
$-\,5x \times 3x = \mathbf{-\,15x^2}$; $-\,2 \times 3x = \mathbf{-\,6x}$.
D'où : $(-\,5x - 2)(x^2 + 3x) = \mathbf{-\,5x^3 - 2x^2 - 15x^2 - 6x}$.
Soit après réduction : $(-\,5x - 2)(x^2 + 3x) = \mathbf{-\,5x^3 - 17x^2 - 6x}$.
d. $x^2 - 2x + 3$ est une somme de trois termes : $+\,x^2 - 2x$ et $+\,3$.
On multiplie chacun de ces trois termes par $+\,x$, puis par $-\,1$:
$(x^2 - 2x + 3)(x - 1) = x^3 - 2x^2 + 3x - x^2 + 2x - 3$
$\qquad\qquad\qquad\qquad = x^3 - 2x^2 - x^2 + 3x + 2x - 3$
$\qquad\qquad\qquad\qquad = \mathbf{x^3 - 3x^2 + 5x - 3}$ après réduction.

À savoir

Le produit d'une somme algébrique par un nombre généralise la distributivité de la multiplication par rapport à l'addition et par rapport à la soustraction :
$k(a + b) = ka + kb$
$k(a - b) = ka - kb$.
(*Cf.* fiche 20.)

Voir aussi fiches 29, 30, 32, 34 et 38

36 ▸ Identités remarquables

Trois identités remarquables

A et B sont des nombres ou des expressions algébriques ; A et B sont les termes.

▸ $(A + B)(A - B)$ $=$ $A^2 - B^2$

Produit de la somme
de deux termes
par leur différence

Différence des carrés

• $(3x + 7)(3x - 7) = 9x^2 - 49$

car $(3x)^2 = 9x^2$ et $7^2 = 49$.

• $\left(x^3 - \dfrac{1}{3}\right)\left(x^3 + \dfrac{1}{3}\right) = x^6 - \dfrac{1}{9}$

car $(x^3)^2 = x^6$ et $\left(\dfrac{1}{3}\right)^2 = \dfrac{1}{9}$.

▸ $(A + B)^2$ $=$ $A^2 + 2AB + B^2$

Carré d'une somme
de deux termes

Carré du
1er terme

Carré du
2e terme

$2AB$ est le « double produit » des deux termes.

• $(5x + 8)^2 = 25x^2 + 80x + 64$

car $(5x)^2 = 25x^2$; $2 \times 5x \times 8 = 80x$ et $8^2 = 64$.

• $(2,5 + 1,2x)^2 = 6,25 + 6x + 1,44x^2$.

car $2,5^2 = 6,25$; $2 \times 2,5 \times 1,2x = 6x$ et $(1,2x)^2 = 1,44x^2$

• $(x^3 + 3x)^2 = x^6 + 6x^4 + 9x^2$

car $(x^3)^2 = x^6$; $2 \times x^3 \times 3x = 6x^4$ et $(3x)^2 = 9x^2$.

▸ $(A - B)^2$ $=$ $A^2 - 2AB + B^2$

Carré d'une différence
de deux termes

Carré du
1er terme

Carré du
2e terme

$2AB$ est le « double produit » des deux termes.

• $(13x - 2)^2 = 169x^2 - 52x + 4$

car $(13x)^2 = 169x^2$; $2 \times 13x \times 2 = 52x$ et $2^2 = 4$.

• $(1,5x - 2,1)^2 = 2,25x^2 - 6,3x + 4,41$

car $(1,5x)^2 = 2,25x^2$; $2 \times 1,5x \times 2,1 = 6,3x$ et $2,1^2 = 4,41$.

• $(x^2 - 5x)^2 = x^4 - 10x^3 + 25x^2$

car $(x^2)^2 = x^4$; $2 \times x^2 \times 5x = 10x^3$ et $(5x)^2 = 25x^2$.

=égale=

Remarquable, c'est pareil !

Exercices d'application

1 **Effectuer : $(4x + 3)(4x - 3)$; $\left(3x + \dfrac{1}{2}\right)\left(3x - \dfrac{1}{2}\right)$ et $(x^3 + x^2)(x^3 - x^2)$.**

$(4x + 3)(4x - 3) = \mathbf{16x^2 - 9}$ car $(4x)^2 = 16x^2$ et $3^2 = 9$.

$\left(3x + \dfrac{1}{2}\right)\left(3x - \dfrac{1}{2}\right) = \mathbf{9x^2 - \dfrac{1}{4}}$ car $(3x)^2 = 9x^2$ et $\left(\dfrac{1}{2}\right)^2 = \dfrac{1}{4}$.

$(x^3 + x^2)(x^3 - x^2) = \mathbf{x^6 - x^4}$ car $(x^3)^2 = x^6$ et $(x^2)^2 = x^4$.

2 **Effectuer : $(5x + 3)^2$; $\left(4x + \dfrac{1}{4}\right)^2$ et $(x^3 + x)^2$.**

$(5x + 3)^2 = \mathbf{25x^2 + 30x + 9}$
car $(5x)^2 = 25x^2$; $2 \times 5x \times 3 = 30x$ et $3^2 = 9$.

$\left(4x + \dfrac{1}{4}\right)^2 = \mathbf{16x^2 + 2x + \dfrac{1}{16}}$

car $(4x)^2 = 16x^2$; $2 \times 4x \times \dfrac{1}{4} = 2x$ et $\left(\dfrac{1}{4}\right)^2 = \dfrac{1}{16}$.

$(x^3 + x)^2 = \mathbf{x^6 + 2x^4 + x^2}$
car $(x^3)^2 = x^6$; $2 \times x^3 \times x = 2x^4$ et $(x)^2 = x^2$.

À savoir

Quand on remplace le produit $(a + b)^2$ par la somme algébrique $a^2 + 2ab + b^2$, on dit que l'on développe.

3 **Effectuer : $(1{,}5x - 3)^2$; $\left(2x - \dfrac{1}{4}\right)^2$ et $(x^4 - x^2)^2$.**

$(1{,}5x - 3)^2 = \mathbf{2{,}25x^2 - 9x + 9}$
car $(1{,}5x)^2 = 2{,}25x^2$; $2 \times 1{,}5x \times 3 = 9x$ et $3^2 = 9$.

$\left(2x - \dfrac{1}{4}\right)^2 = \mathbf{4x^2 - x + \dfrac{1}{16}}$

car $(2x)^2 = 4x^2$; $2 \times 2x \times \dfrac{1}{4} = x$ et $\left(\dfrac{1}{4}\right)^2 = \dfrac{1}{16}$.

$(x^4 - x^2)^2 = \mathbf{x^8 - 2x^6 + x^4}$
car $(x^4)^2 = x^8$; $2 \times x^4 \times x^2 = 2x^6$ et $(x^2)^2 = x^4$.

4 **Calculer mentalement 101^2 et 99^2 en remarquant que $101^2 = (100 + 1)^2$ et $99^2 = (100 - 1)^2$.**

$101^2 = (100 + 1)^2 = 100^2 + 2 \times 100 \times 1 + 1^2 = 10\,000 + 200 + 1$;
$101^2 = \mathbf{10\,201}$.
$99^2 = (100 - 1)^2 = 100^2 - 2 \times 100 \times 1 + 1^2 = 10\,000 - 200 + 1$;
$99^2 = \mathbf{9\,801}$.

Voir aussi fiches 30 à 32, 37 et 38

Développer

Qu'est-ce que développer ?

Développer un produit, c'est **le remplacer par une somme algébrique** qui lui est égale pour toute valeur des variables.

On utilise les identités étudiées et la règle des signes.

▶ $A(B + C) = AB + AC$

$3(2x + 1,2) = 6x + 3,6$; $-7(x^2 - 2) = -7x^2 + 14$.

▶ $(A + B)(C + D) = AC + BC + AD + BD$

$(3x - 7)(-2x + 5) = -6x^2 + 14x + 15x - 35$
$$= -6x^2 + 29x - 35 \text{ (après réduction).}$$

▶ $(A + B)(A - B) = A^2 - B^2$

$(0,5x + 1,2)(0,5x - 1,2) = 0,25x^2 - 1,44$.

$\left(\dfrac{5}{7} - \dfrac{1}{3}x\right)\left(\dfrac{5}{7} + \dfrac{1}{3}x\right) = \dfrac{25}{49} - \dfrac{1}{9}x^2$.

▶ $(A + B)^2 = A^2 + 2AB + B^2$

$(10x + 0,1)^2 = 100x^2 + 2x + 0,01$.

$\left(\dfrac{1}{3}x + 3\right)^2 = \dfrac{1}{9}x^2 + 2x + 9$.

▶ $(A - B)^2 = A^2 - 2AB + B^2$

$\left(\dfrac{3}{7}x - \dfrac{2}{5}\right)^2 = \dfrac{9}{49}x^2 - \dfrac{12}{35}x + \dfrac{4}{25}$.

> ⚠ Même si cela n'est pas explicitement demandé, il faut toujours réduire et ordonner le résultat final.

▶ Lorsque la structure du calcul est plus complexe, on doit respecter les priorités indiquées par les parenthèses ou par des conventions.

• Soit à développer $2,5(4x - 3)^2$.

La puissance a priorité : $(4x - 3)^2 = 16x^2 - 24x + 9$.

On multiplie par 2,5 les termes de cette somme algébrique :

$2,5(4x - 3)^2 = 2,5(16x^2 - 24x + 9) = 40x^2 - 60x + 22,5$.

• Soit à développer $(3x - 2)^2 - (5x + 1)^2$.

La puissance a priorité :

$(3x - 2)^2 = 9x^2 - 12x + 4$; $(5x + 1)^2 = 25x^2 + 10x + 1$.

On calcule la différence des deux sommes algébriques :

$(3x - 2)^2 - (5x + 1)^2 = (9x^2 - 12x + 4) - (25x^2 + 10x + 1)$
$$= 9x^2 - 12x + 4 - 25x^2 - 10x - 1$$
$$= -16x^2 - 22x + 3 \text{ (après réduction).}$$

Exercices d'application

1 **Développer et tester le résultat avec $x = 10$:**
a. $4x(5x + 3)$; b. $(3x - 7)(3x + 7)$; c. $(8x + 1)^2$; d. $(5x - 6)^2$.

a. $4x(5x + 3) = \mathbf{20x^2 + 12x}$.
Avec $x = 10$, on a :
premier membre : $40 \times 53 = \mathbf{2\,120}$;
second membre : $2\,000 + 120 = \mathbf{2\,120}$.
b. $(3x - 7)(3x + 7) = \mathbf{9x^2 - 49}$.
Test : $23 \times 37 = \mathbf{851}$ et $900 - 49 = \mathbf{851}$.
c. $(8x + 1)^2 = \mathbf{64x^2 + 16x + 1}$.
Test : $81^2 = \mathbf{6\,561}$ et $6\,400 + 160 + 1 = \mathbf{6\,561}$.
d. $(5x - 6)^2 = \mathbf{25x^2 - 60x + 36}$.
Test : $44^2 = \mathbf{1\,936}$ et $2\,500 - 600 + 36 = \mathbf{1\,936}$.

> ### À savoir
> Il est toujours utile de **tester le résultat** d'un développement.
> Lorsqu'on remplace la variable par un nombre, quel que soit ce nombre, on doit obtenir la même valeur numérique dans le premier membre et dans le second membre.

2 **Développer, réduire et ordonner :**
a. $(2,5x - 4)(2x + 1,2)$; b. $\left(\dfrac{1}{3} x + \dfrac{1}{2}\right)(2x + 5)$.

a. $(2,5x - 4)(2x + 1,2) = 5x^2 - 8x + 3x - 4,8$
$\qquad\qquad\qquad = \mathbf{5x^2 - 5x - 4,8}$ (après réduction).
b. $\left(\dfrac{1}{3} x + \dfrac{1}{2}\right)(2x + 5) = \dfrac{2}{3} x^2 + x + \dfrac{5}{3} x + \dfrac{5}{2}$

$\qquad\qquad = \dfrac{2}{3} x^2 + \dfrac{8}{3} x + \dfrac{5}{2}$ (après réduction).

3 **Soit $A = 5(2x - 1)^2 - 3(4x + 5)^2$.**
Développer et réduire A, puis tester le résultat avec $x = 10$.

La puissance a priorité :
$(2x - 1)^2 = 4x^2 - 4x + 1$; $(4x + 5)^2 = 16x^2 + 40x + 25$.
$A = 5(4x^2 - 4x + 1) - 3(16x^2 + 40x + 25)$;
$A = 20x^2 - 20x + 5 - 48x^2 - 120x - 75$;
$A = 20x^2 - 48x^2 - 20x - 120x + 5 - 75$;
$\mathbf{A = -28x^2 - 140x - 70}$.
Pour tester le résultat, on remplace x par 10 :
– dans l'expression donnée : $5 \times 19^2 - 3 \times 45^2 = \mathbf{-4\,270}$;
– dans l'expression finale : $-2\,800 - 1\,400 - 70 = \mathbf{-4\,270}$.

Voir aussi fiches 32, 33, 36 et 38 **83**

Qu'est-ce que factoriser ?

Factoriser une expression algébrique, c'est **la remplacer par un produit** qui lui est égal pour toute valeur des variables.

On utilise les identités dans le sens contraire de celui utilisé pour développer.

▶ $AB + AC = A(B + C)$ et $AB - AC = A(B - C)$
$AB + AC - AD = A(B + C - D)$

$3x + 6 = 3 \times x + 3 \times 2$ (on met en évidence le facteur commun : 3)
$\quad\quad = 3(x + 2)$.

$7x - x^2 = 7 \times x - x \times x$ (on met en évidence le facteur commun : x)
$\quad\quad = x(7 - x)$.

$10x - 5y + 15 = 5 \times 2 \times x - 5 \times y + 5 \times 3$ (facteur commun : 5)
$\quad\quad\quad = 5(2x - y + 3)$.

▶ $A^2 - B^2 = (A + B)(A - B)$

• Soit à factoriser $x^2 - 25$; on reconnaît une différence de deux carrés car $25 = 5^2$.

D'où : $x^2 - 25 = x^2 - 5^2 = (x + 5)(x - 5)$.

• Soit à factoriser $9x^2 - 100$; on reconnaît une différence de deux carrés car $9x^2 = (3x)^2$ et $100 = 10^2$.

D'où : $9x^2 - 100 = (3x)^2 - 10^2 = (3x + 10)(3x - 10)$.

▶ $A^2 + 2AB + B^2 = (A + B)^2$ et $A^2 - 2AB + B^2 = (A - B)^2$

• Soit à factoriser $25x^2 + 20x + 4$.

On voit une expression de la forme $a^2 + 2ab + b^2$; on reconnaît dans $25x^2$ le carré de $5x$ et dans 4 le carré de 2 ; on vérifie que $20x$ est bien le « double produit » : $2 \times 5x \times 2 = 20x$.

D'où : $25x^2 + 20x + 4 = (5x + 2)^2$.

• Soit à factoriser $49x^2 - 56x + 16$.

On voit une expression de la forme $a^2 - 2ab + b^2$; on reconnaît dans $49x^2$ le carré de $7x$ et dans 16 le carré de 4 ; on vérifie que $56x$ est bien le « double produit » : $2 \times 7x \times 4 = 56x$.

D'où : $49x^2 - 56x + 16 = (7x - 4)^2$.

On peut vérifier chacune de ces factorisations en développant le produit obtenu.

À savoir

Selon le sens d'utilisation des identités, on développe ou on factorise :

On développe.
$k(a + b) = ka + kb$ →

On factorise.
← $k(a + b) = ka + kb$

À savoir

Factoriser avec les deux identités ci-contre est à la limite du programme du collège.

Ces factorisations auront une place importante dans la poursuite des études après le collège.

Exercices d'application

1 **Mettre en évidence un facteur commun, puis factoriser :**
a. $12x - 8$; b. $5x^2 + 7x$; c. $25x^2 + 15x - 30$.

a. **4** est un facteur commun car 12 et 8 sont des multiples de 4.
On a : $12x - 8 = 4 \times 3x - 4 \times 2$; $\mathbf{12x - 8 = 4(3x - 2)}$.
b. **x** est un facteur commun.
On a : $5x^2 + 7x = 5x \times x + 7 \times x$; $5x^2 + 7x = \mathbf{x(5x + 7)}$.
c. **5** est un facteur commun car 25, 15 et 30 sont des multiples de 5.
On a : $25x^2 + 15x - 30 = 5 \times 5x^2 + 5 \times 3x - 5 \times 6$;
$25x^2 + 15x - 30 = \mathbf{5(5x^2 + 3x - 6)}$.

2 **Factoriser S tel que $S = (5x - 7)^2 - (5x - 7)(3x + 4)$, puis tester le résultat avec $x = 10$.**

On met en évidence le facteur commun :
$S = \mathbf{(5x - 7)}(5x - 7) - \mathbf{(5x - 7)}(3x + 4)$.
S est de la forme $\mathbf{A} \times B - \mathbf{A} \times C$ qui donne
$A(B - C)$.
$S = \mathbf{(5x - 7)}[(5x - 7) - (3x + 4)]$
$ = (5x - 7)[5x - 7 - 3x - 4]$;
$\mathbf{S = (5x - 7)(2x - 11)}$.
Test. Avec $x = 10$, on a :
$43^2 - 43 \times 34 = \mathbf{387}$ et $43 \times 9 = \mathbf{387}$.

À savoir

Il est toujours utile de **tester le résultat** d'une factorisation. Lorsqu'on remplace la variable par un nombre, quel que soit ce nombre, on doit obtenir la même valeur numérique dans l'expression initiale et dans le produit final.
Tester avec $x = 10$ favorise le calcul mental.

3 **Factoriser :**
a. $x^2 - 81$ et $16 - 9x^2$; b. $(2x - 3)^2 - 36$;
c. $(3x - 5)^2 - (2x + 3)^2$; d. $(6x - 7)^2 - 16(x + 1)^2$.

a. $x^2 - 81 = x^2 - 9^2 = \mathbf{(x + 9)(x - 9)}$.
$16 - 9x^2 = 4^2 - (3x)^2 = \mathbf{(4 + 3x)(4 - 3x)}$.
b. $(2x - 3)^2 - 36 = (2x - 3)^2 - 6^2 = [2x - 3 + 6][2x - 3 - 6]$;
$(2x - 3)^2 - 36 = \mathbf{(2x + 3)(2x - 9)}$.
c. Soit $S = (3x - 5)^2 - (2x + 3)^2$.
$S = [(3x - 5) + (2x + 3)] [(3x - 5) - (2x + 3)]$;
$S = (3x - 5 + 2x + 3)(3x - 5 - 2x - 3)$; $S = \mathbf{(5x - 2)(x - 8)}$.
d. Soit $T = (6x - 7)^2 - 16(x + 1)^2$.
On remarque que $16(x + 1)^2 = 4^2(x + 1)^2 = [4(x + 1)]^2$.
$T = (6x - 7)^2 - (4x + 4)^2$;
$T = [(6x - 7) + (4x + 4)][(6x - 7) - (4x + 4)]$;
$T = \mathbf{(10x - 3)(2x - 11)}$.

Voir aussi fiches 20, 30, 36 et 37

Programmes et algorithmes

Qu'est-ce qu'un programme de calcul ?

▶ Dans un **programme de calcul**, on doit choisir un nombre (c'est la **variable**), puis on doit effectuer dans un ordre donné des opérations, à partir du nombre choisi, jusqu'à obtenir le résultat attendu.

Programme

- Choisir un nombre.
- Multiplier ce nombre par 3.
- Ajouter 5 au produit obtenu.
- Écrire le résultat.

Si on choisit le nombre − 20, ce programme donne successivement : − 60 et − 55 ; résultat : − 55.

Si on choisit le nombre 12,4, ce programme donne successivement : 37,2 et 42,2 ; résultat : 42,2.

> ⚠ Le programme ci-contre et l'algorithme ci-dessous traduisent une séquence de calcul associée à l'expression algébrique $E(x) = 3x + 5$.
> On a : $E(− 20) = − 55$ et $E(12,4) = 42,2$.

Qu'est-ce qu'un algorithme ?

▶ Un **algorithme** indique des actions à effectuer dans un ordre précis pour obtenir un résultat.

Les actions à effectuer peuvent être des comparaisons, des calculs, etc.

▶ L'écriture, à partir d'un algorithme, d'un **programme informatique** permet de résoudre des problèmes à l'aide d'un ordinateur.

Au départ, la « mémoire » accueille la valeur donnée à x.

Par exemple : 12,4.

La notation $x \leftarrow 3x$ indique que $3x$ remplace x dans la « mémoire ».

Dans l'exemple choisi, 12,4 est remplacé par son triple, c'est-à-dire 37,2.

La notation $x \leftarrow x + 5$ indique que l'on ajoute 5 au nombre déjà en « mémoire ».

Dans l'exemple choisi, 37,2 est remplacé par 37,2 + 5 soit 42,2.

Le dernier nombre en mémoire s'affiche.

Dans l'exemple choisi, le nombre 42,2 s'affiche.

```
Variable
        x nombre
Début
        Entrer (x)
        x ← 3x
        x ← x + 5
        Afficher x
Fin
```

Exercice d'application

1 On étudie deux programmes de calcul :

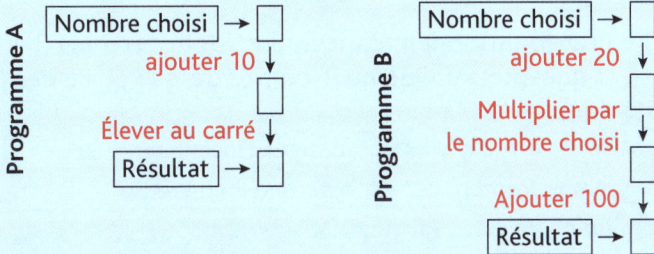

Programme A

| Nombre choisi → ☐ |
| ajouter 10 ↓ |
| ☐ |
| Élever au carré ↓ |
| Résultat → ☐ |

Programme B

| Nombre choisi → ☐ |
| ajouter 20 ↓ |
| Multiplier par le nombre choisi ↓ |
| ☐ |
| Ajouter 100 ↓ |
| Résultat → ☐ |

a. Montrer que les deux programmes donnent le même résultat si on choisit au départ le nombre + 12 ou le nombre − 12.

b. Expliquer pourquoi ces deux programmes donnent toujours le même résultat final.

c. Écrire les algorithmes associés à ces programmes.

a. Pour + 12, le programme A donne successivement : + 12 ; + 22 ; + **484** ; le programme B donne successivement : + 12 ; + 32 ; + 384 ; + **484**.

Pour − 12, le programme A donne successivement : − 12 ; − 2 et + **4** ; le programme B donne successivement : − 12 ; + 8 ; − 96 et + **4**.

b. Si on appelle a le nombre choisi, on a :

Programme A : a ; $a + 10$ et $(a + 10)^2$.

Programme B : a ; $a + 20$; $a(a + 20)$; $a(a + 20) + 100$.

En développant les deux expressions obtenues, on a :

$(a + 10)^2 = a^2 + 20a + 100$ et $a(a + 20) + 100 = a^2 + 20a + 100$.

Le résultat final sera donc toujours le même.

⚠ Un troisième programme peut être associé à la séquence de calcul $E(x) = x^2 + 20x + 100$.
- Choisir un nombre.
- Élever le nombre choisi au carré.
- Multiplier par 20 le nombre choisi.
- Ajouter les deux résultats précédents.
- Ajouter 100 au dernier résultat.

c.

Algorithme A

```
Variable
        a nombre
Début
        Entrer (a)
        a ← a + 10
        a ← a²
        Afficher a
Fin
```

Algorithme B

```
Variables
        a, b nombres
Début
        Entrer (a)
        Entrer (b)
        b ← 0
        b ← a + 20
        b ← a × b
        b ← b + 100
        Afficher b
Fin
```

Voir aussi fiches 33, 34, 36 et 37

40 Équations élémentaires

Vocabulaire

▶ Résoudre une **équation à une inconnue** x (par exemple $3 + x = 21$), c'est répondre à la question : « Que peut-on mettre à la place de x pour obtenir une égalité ? »

Dans l'équation $3 + x = 21$, la lettre x désigne l'inconnue.

$3 + x$ est le premier membre ; 21 est le second membre.

18 est une solution de cette équation car si on remplace x par 18, on obtient une égalité : $3 + 18 = 21$.

Équation de la forme $a + x = b$ (a et b nombres connus)

▶ Lorsque a et b sont des **nombres arithmétiques**, l'équation $a + x = b$ (avec $b > a$) a une solution : la différence $b - a$.

$5,2 + x = 10$ a une solution ; c'est $10 - 5,2$ soit $4,8$.

$8 + x = 3$ n'a pas de solution car $3 < 8$.

$\dfrac{4}{3} + x = \dfrac{11}{3}$ a une solution ; c'est $\dfrac{11}{3} - \dfrac{4}{3}$ soit $\dfrac{7}{3}$.

▶ Lorsque a et b sont des **nombres relatifs**, l'équation $a + x = b$ a toujours une solution ; c'est $b - a$ soit $b + (- a)$.

$x + 2,5 = - 7,8$ a pour solution $- 10,3$ car $- 7,8 - 2,5 = - 10,3$.

Si on remplace x par $- 10,3$, on a : $- 10,3 + 2,5 = - 7,8$ (égalité).

$- \dfrac{2}{9} + x = \dfrac{7}{3}$ a pour solution $\dfrac{23}{9}$ car $\dfrac{7}{3} - \left(- \dfrac{2}{9}\right) = \dfrac{7}{3} + \dfrac{2}{9} = \dfrac{21}{9} + \dfrac{2}{9} = \dfrac{23}{9}$.

> **À savoir**
>
> • Avec des nombres arithmétiques, il y a une condition ($b > a$) car la différence des deux nombres n'existe qu'à cette condition.
>
> • Avec des nombres relatifs, il n'y a pas de condition. $b - a = b + $ opposé de a.

Équation de la forme $a \times x = b$ (a et b nombres connus)

▶ L'équation $a \times x = b$ (avec $a \neq 0$) a pour solution $\dfrac{b}{a}$ (le quotient de b par a qui n'existe que si $a \neq 0$).

$1,2x = 36$ a pour solution 30 car $\dfrac{36}{1,2} = 30$.

$5 \times x = - 13$ a pour solution $\dfrac{- 13}{5}$ soit $- 2,6$.

$- \dfrac{7}{9} \times x = \dfrac{11}{5}$ a pour solution $- \dfrac{99}{35}$ car $\dfrac{11}{5} \div \left(- \dfrac{7}{9}\right) = \dfrac{11}{5} \times \left(- \dfrac{9}{7}\right) = - \dfrac{99}{35}$ (non simplifiable).

Exercices d'application

① Résoudre les équations (*x* désigne un nombre arithmétique) :

a. $x + 12,5 = 27$; b. $x + \dfrac{4}{7} = \dfrac{10}{7}$.

a. $x + 12,5 = 27$ a pour solution **14,5** car $27 - 12,5 = 14,5$.

b. $x + \dfrac{4}{7} = \dfrac{10}{7}$ a pour solution $\dfrac{\mathbf{6}}{\mathbf{7}}$ car $\dfrac{10}{7} - \dfrac{4}{7} = \dfrac{6}{7}$.

② Résoudre les équations (*x* désigne un nombre relatif) :

a. $x + 2,5 = -5,7$; b. $x + \dfrac{4}{7} = \dfrac{3}{7}$; c. $x + (-5) = -0,4$.

a. $x + 2,5 = -5,7$ a pour solution **– 8,2** car $-5,7 - 2,5 = -8,2$.

b. $x + \dfrac{4}{7} = \dfrac{3}{7}$ a pour solution $-\dfrac{\mathbf{1}}{\mathbf{7}}$ car $\dfrac{3}{7} - \dfrac{4}{7} = -\dfrac{1}{7}$.

c. $x + (-5) = -0,4$ a pour solution **4,6** car $-0,4 - (-5) = -0,4 + 5 = 4,6$.

③ Résoudre les équations (*x* désigne un nombre relatif) :

a. $12 \times x = -60$; b. $-3,5 \times x = -2,3$;

c. $\dfrac{4}{7} \times x = -\dfrac{10}{7}$; d. $-\dfrac{5}{11} \times x = 12$.

a. $12 \times x = -60$ a pour solution **– 5** car $\dfrac{-60}{12} = -5$.

b. $-3,5 \times x = -2,3$ a pour solution $\dfrac{\mathbf{23}}{\mathbf{35}}$

car $\dfrac{-2,3}{-3,5} = \dfrac{2,3}{3,5} = \dfrac{23}{35}$ (non simplifiable).

c. $\dfrac{4}{7} \times x = -\dfrac{10}{7}$ a pour solution **– 2,5**

car $-\dfrac{10}{7} \div \dfrac{4}{7} = -\dfrac{10}{7} \times \dfrac{7}{4} = -\dfrac{10}{4} = -2,5$.

d. $-\dfrac{5}{11} \times x = 12$ a pour solution $-\dfrac{\mathbf{132}}{\mathbf{5}}$ ou **– 26,4**

car $12 \div \left(-\dfrac{5}{11}\right) = 12 \times \left(-\dfrac{11}{5}\right) = -\dfrac{132}{5} = -26,4$.

Pour diviser un quotient par un quotient, on multiplie le premier par l'inverse du second :
$$\dfrac{a}{b} \div \dfrac{c}{d} = \dfrac{a}{b} \times \dfrac{d}{c}.$$

Voir aussi fiches 17, 18, 25 et 29

41 Équations à une inconnue

Qu'est-ce qu'une équation du 1er degré à une inconnue ?

▶ Une équation du premier degré à une inconnue x est une équation qui, après transformation, s'écrit $a \times x = b$.

Les transformations d'écriture que l'on fait ont pour but de faire passer tous les termes en x dans le premier membre et tous les autres dans le second.

Avant : $4x + 20 = 75 - 7x$ ⟶ Après : $11x = 55$.

1er membre   2e membre

▶ Les transformations permises (celles ne changeant pas les solutions) sont :
– développer ou réduire ;
– ajouter un même nombre (connu ou inconnu) aux deux membres ;
– multiplier ou diviser les deux membres par un même nombre non nul.

• **Résolution de l'équation $4x + 20 = 75 - 7x$**

1. On transpose 20 dans le second membre (on ajoute – 20 aux deux membres de l'équation).

Elle devient : $4x + 20 + (- 20) = 75 - 7x + (- 20)$;

puis après réduction $4x = 55 - 7x$.

2. On transpose $- 7x$ dans le premier membre (on ajoute $+ 7x$ aux deux membres de l'équation).

Elle devient : $4x + 7x = 55 - 7x + 7x$; puis $11x = 55$.

L'équation $11x = 55$ est de la forme $a \times x = b$.

Elle a pour solution $\dfrac{55}{11}$ soit 5.

> **À savoir**
>
> • Pour **transposer** un terme d'un membre dans un autre, on ajoute aux deux membres l'opposé de ce terme.
>
> • Chaque transformation doit être précédée d'une explication.
>
> • En phase d'apprentissage, il est préférable de n'effectuer qu'une transformation à la fois.

3. On peut s'assurer que la valeur trouvée convient en remplaçant x par 5 :

– dans le premier membre : $4 \times 5 + 20 = 40$;

– dans le second membre : $75 - 7 \times 5 = 40$.

On a : $4 \times 5 + 20 = 75 - 7 \times 5$ (égalité : $40 = 40$).

La solution de l'équation est bien 5.

• **Résolution de l'équation $2(x + 3) = 4 (3x - 1)$.**

On développe chaque membre : $2x + 6 = 12x - 4$.

On transpose : $2x - 12x = - 4 - 6$.

On réduit : $- 10x = - 10$.

Solution : 1.

Exercices d'application

1 Résoudre l'équation $5(x − 1) = 3(2 − x)$.

On développe dans chaque membre :
$5x − 5 = 6 − 3x$.
On transpose $− 5$ du premier membre vers le second :
$5x = 6 − 3x + 5$.
On transpose $− 3x$ du second membre vers le premier :
$5x + 3x = + 6 + 5$.
On réduit dans chaque membre : $8x = 11$.

La solution est $\dfrac{11}{8}$.

> ⚠ On pourrait transposer en une seule fois $− 5$ et $− 3x$.
> $5x − 5 = 6 − 3x$ devient :
> $5x + 3x = + 6 + 5$.

2 Résoudre l'équation $\dfrac{1}{2}(3x − 7) + 4 = \dfrac{1}{3}(x + 2) − 1$.

On développe : $\dfrac{3}{2} x − \dfrac{7}{2} + 4 = \dfrac{1}{3} x + \dfrac{2}{3} − 1$.

On réduit : $\dfrac{3}{2} x + \dfrac{1}{2} = \dfrac{1}{3} x − \dfrac{1}{3}$.

On transpose : $\dfrac{3}{2} x − \dfrac{1}{3} x = − \dfrac{1}{3} − \dfrac{1}{2}$. On réduit : $\dfrac{7}{6} x = − \dfrac{5}{6}$.

La solution est $− \dfrac{5}{7}$ car $− \dfrac{5}{6} ÷ \dfrac{7}{6} = − \dfrac{5}{6} × \dfrac{6}{7} = − \dfrac{5}{7}$.

> ⚠ On a transposé en une seule fois $\dfrac{1}{3} x$ et $\dfrac{1}{2}$.

3 On compare deux programmes :

Programme A	Programme B
• Choisir un nombre.	• Choisir un nombre.
• Soustraire 5.	• Ajouter 1.
• Multiplier par 7.	• Multiplier la somme par 3.
• Ajouter 2.	

Quel nombre faut-il choisir pour obtenir le même résultat avec les deux programmes ?

Le programme A se traduit par $7(x − 5) + 2$.
Le programme B se traduit par $3(x + 1)$.
Il faut résoudre l'équation $7(x − 5) + 2 = 3(x + 1)$.
$7x − 35 + 2 = 3x + 3$; $7x − 33 = 3x + 3$; $7x − 3x = 3 + 33$;
$4x = 36$; solution : 9 car $36 ÷ 4 = 9$.
Il faut choisir le nombre 9.
Programme A : 9 ; 4 ; 28 ; **30**. Programme B : 9 ; 10 ; **30**.

Voir aussi fiches 20, 33, 37, 39 et 40

42 On se ramène au premier degré

Qu'est-ce que le degré d'une équation ?

▶ Le **degré d'une équation** dépend de l'**exposant** de l'inconnue.

$2x + 3 = 10$ est une équation du 1er degré car $x = x^1$.

$2x^2 + 3x = 0$ est une équation du 2e degré car le terme de plus haut degré est x^2.

Résoudre une équation-produit

▶ Une équation de la forme $(2x + 3)(4x - 10) = 0$ est appelée **équation-produit**. Le premier membre est un produit de deux facteurs du premier degré et le second membre est 0.

▶ Chaque valeur qui annule un des facteurs est solution de l'équation.

Soit à résoudre l'équation $(2x + 3)(4x - 10) = 0$.

Premier facteur nul : $2x + 3 = 0$; $2x = -3$; $x = -1,5$.

Second facteur nul : $4x - 10 = 0$; $4x = 10$; $x = 2,5$.

L'équation $(2x + 3)(4x - 10) = 0$ a deux solutions : $-1,5$ et $2,5$.

Équations se ramenant à une équation-produit

• Soit à résoudre l'équation $(2x - 7)^2 - (x + 1)^2 = 0$.

Le premier membre est de la forme $A^2 - B^2$; on sait le factoriser.

$[(2x - 7) + (x + 1)][(2x - 7) - (x + 1)] = 0$

$(3x - 6)(x - 8) = 0$ est une équation-produit.

Chaque valeur qui annule un des facteurs est solution de l'équation.

$3x - 6 = 0$ a pour solution 2 ;
$x - 8 = 0$ a pour solution 8.

L'équation $(2x - 7)^2 - (x + 1)^2 = 0$ a deux solutions : 2 et 8.

> **À savoir**
>
> Lorsque le second membre est nul, on cherche à factoriser le premier membre.
>
> On utilise fréquemment l'identité :
> $A^2 - B^2 = (A + B)(A - B)$.

• Soit à résoudre l'équation $x^2 = 25$.

On transpose 25 ; l'équation devient $x^2 - 25 = 0$.

On factorise le premier membre : $(x + 5)(x - 5) = 0$.

Chaque valeur qui annule un des facteurs est solution de l'équation.

$x + 5 = 0$ a pour solution -5 ;
$x - 5 = 0$ a pour solution 5.

L'équation $x^2 = 25$ a deux solutions : -5 et 5.

> **À savoir**
>
> • Lorsque k est positif, l'équation $x^2 = k$ admet deux solutions opposées :
> $-\sqrt{k}$ et $\sqrt{k}$.
>
> • Lorsque k est strictement négatif, l'équation $x^2 = k$ n'a pas de solution.

Exercices d'application

1 Résoudre l'équation $4x^2 - 6x = 0$.

On met $2x$ en facteur ; l'équation devient $2x(2x - 3) = 0$.
Chaque valeur qui annule un facteur est solution de l'équation.
$2x = 0$ a pour solution 0 ; $2x - 3 = 0$ a pour solution $1,5$.
L'équation $4x^2 - 6x = 0$ a deux solutions : **0 et 1,5**.

> ⚠ Pour factoriser le premier membre, on utilise fréquemment les identités $AB + AC = A(B + C)$ et $AB - AC = A(B - C)$.

2 Résoudre l'équation $(2x + 5)^2 - 3(2x + 5) = 0$.

L'équation s'écrit $(2x + 5)(2x + 5) - 3(2x + 5) = 0$.
On met $2x + 5$ en facteur : $(2x + 5)[2x + 5 - 3] = 0$.
Soit après réduction : $(2x + 5)(2x + 2) = 0$.
Chaque valeur qui annule un facteur est solution de l'équation.
$2x + 5 = 0$ a pour solution $-2,5$; $2x + 2 = 0$ a pour solution -1.
L'équation a deux solutions : **$-2,5$ et -1**.

3 Résoudre l'équation $(2x + 5)^2 = (x - 3)^2$.

On transpose $(x - 3)^2$ dans le premier membre pour avoir un second membre nul.
$(2x + 5)^2 = (x - 3)^2$ devient $(2x + 5)^2 - (x - 3)^2 = 0$.
On factorise : $[(2x + 5) + (x - 3)][(2x + 5) - (x - 3)] = 0$.
On réduit chaque facteur : $(3x + 2)(x + 8) = 0$.
Chaque valeur qui annule un facteur est solution de l'équation.
$3x + 2 = 0$ a pour solution $-\dfrac{2}{3}$; $x + 8 = 0$ a pour solution -8.

L'équation a deux solutions : **-8 et $-\dfrac{2}{3}$** .

4 Voici un programme de calcul :

a. Quel est le résultat si le nombre choisi est 7 ?
b. Quel nombre faut-il choisir pour avoir un résultat égal à 0 ?

> • Choisir un nombre.
> • Ajouter 1.
> • Calculer le carré de la somme.
> • Soustraire 9 du résultat.

a. Si on choisit 7, on a successivement : 7 ; 8 ; 64 et **55**.
b. Si x est le nombre choisi, on a : x ; $x + 1$; $(x + 1)^2$ et $(x + 1)^2 - 9$.
L'équation $(x + 1)^2 - 9 = 0$ s'écrit $(x + 1 + 3)(x + 1 - 3) = 0$.
$(x + 4)(x - 2) = 0$; deux solutions : **-4 et 2**.
Vérification. Avec -4, on a successivement : -4 ; -3 ; 9 ; 0.
Avec 2, on a successivement : 2 ; 3 ; 9 ; 0.

Voir aussi fiches 23, 37, 38 et 40

On se ramène à une inconnue

La résolution des systèmes à deux inconnues ne figure plus dans le programme du cycle 4. Cette notion aura une place importante dans la poursuite des études après le cycle 4.

Qu'est-ce qu'un problème à deux inconnues ?

Au marché de Saint-Denis de La Réunion, deux ananas et une mangue coûtent 5 € ; un ananas et deux mangues coûtent 4 €.

Combien coûte chaque mangue et chaque ananas ?

On appelle x le prix en euros d'un ananas et y celui d'une mangue.

Le prix en euros de deux ananas et une mangue est $2x + y$; d'où une première équation $2x + y = 5$. Le prix en euros d'un ananas et deux mangues est $x + 2y$; d'où une seconde équation $x + 2y = 4$.

Pour trouver le prix de chacun de ces fruits, on doit trouver deux nombres tels que :
$$\begin{cases} 2x + y = 5 \\ x + 2y = 4. \end{cases}$$

Comment se ramener à une seule inconnue ?

▶ $\begin{cases} 2x + y = 5 \\ x + 2y = 4 \end{cases}$ est un **système de deux équations** du premier degré à

deux inconnues x et y ou, plus précisément, à un couple inconnu $(x ; y)$.

▶ En général, un tel système admet un seul couple solution.
Résoudre le système, c'est déterminer ce couple.

▶ La résolution par la **méthode de substitution** consiste à se ramener à une équation du premier degré à une inconnue.

• On exprime y en fonction de x dans la première équation ; on a : $y = 5 - 2x$.

• On remplace y par $5 - 2x$ dans la seconde équation ; on obtient une équation du premier degré à une inconnue x :
$x + 2(5 - 2x) = 4$.

On résout : $x + 10 - 4x = 4$; $-3x = -6$; $x = 2$.

• On remplace x par 2 dans $y = 5 - 2x$:
$y = 5 - 2 \times 2$; $y = 1$.

On teste dans les deux équations le couple trouvé :

$2 \times 2 + 1 = 5$ (égalité) et $2 + 2 \times 1 = 4$ (égalité).

• Le couple $(2 ; 1)$ est solution de chacune des deux équations, donc solution du système.

• Un ananas coûte 2 € et une mangue coûte 1 €.

À savoir

Pour vérifier qu'un couple donné est bien solution d'un système, on remplace x et y par les nombres donnés.

On doit obtenir deux égalités.

Exercices d'application

1 Le couple (– 3 ; 2) est-il solution du système $\begin{cases} 2x + 3y = 0 \\ 5x + y = -13 \, ? \end{cases}$

On remplace x par – 3 et y par 2 dans chaque équation.
Première équation : $2 \times (-3) + 3 \times 2 = 0$ (égalité : $0 = 0$).
Deuxième équation : $5 \times (-3) + 2 = -13$ (égalité : $-13 = -13$).
Le couple est solution de chaque équation, donc du système.

2 On a empilé des cubes bleus sur des cubes jaunes. Tous les cubes jaunes ont la même hauteur ; tous les cubes bleus ont la même hauteur. Quelle est la hauteur de chaque cube ?

Soit x la hauteur d'un cube jaune et y celle d'un cube bleu.

On doit résoudre le système : $\begin{cases} 3x + 5y = 28,6 \\ 4x + y = 20. \end{cases}$

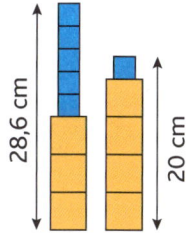

On exprime y en fonction de x dans la seconde équation :
$y = 20 - 4x$.
On remplace y par $20 - 4x$ dans la première équation :
$3x + 5(20 - 4x) = 28,6$ (une seule inconnue : x).
On résout : $3x + 100 - 20x = 28,6$; $-17x = -71,4$; **$x = 4,2$**.
On sait que $y = 20 - 4x$; $y = 20 - 4 \times 4,2$; **$y = 3,2$**.
Le couple solution est (4,2 ; 3,2).
Un cube jaune est haut de 4,2 cm et un cube bleu de 3,2 cm.

3 Résoudre le système $\begin{cases} x + 5y = 7,4 \\ 2x + 3y = 5,7. \end{cases}$

On exprime x en fonction de y dans la première équation : $x = 7,4 - 5y$.
On remplace x par $7,4 - 5y$ dans la seconde équation :
$2(7,4 - 5y) + 3y = 5,7$
(une seule inconnue : y).
On résout : $14,8 - 10y + 3y = 5,7$;
$14,8 - 5,7 = 10y - 3y$; $9,1 = 7y$;
$y = 9,1 \div 7$; **$y = 1,3$**.
On sait que $x = 7,4 - 5y$;
$x = 7,4 - 5 \times 1,3$; **$x = 0,9$**.
Le couple solution est (0,9 ; 1,3).

⚠️ Une baguette et cinq croissants coûtent 7,40 €. Deux baguettes et trois croissants coûtent 5,70 €.

Le prix d'une baguette (x) et le prix d'un croissant (y) sont les solutions du système
$\begin{cases} x + 5y = 7,4 \\ 2x + 3y = 5,7. \end{cases}$
Solution :
Une baguette coûte 0,90 €.
Un croissant coute 1,30 €.

Voir aussi fiches 41, 46 et 47

44 Inéquations élémentaires

La résolution des inéquations ne figure pas dans le programme du cycle 4. Cette notion aura une place importante dans la poursuite des études après la troisième.

Vocabulaire

▶ Résoudre une **inéquation à une inconnue x** (par exemple $3{,}2 + x < 9{,}2$), c'est répondre à la question : « Que peut-on mettre à la place de x pour obtenir une inégalité ? »

Dans l'inéquation $3{,}2 + x < 9{,}2$ la lettre x désigne l'inconnue.

$3{,}2 + x$ est le premier membre ; $9{,}2$ est le second membre.

5 est une des solutions de cette inéquation car si on remplace x par 5, on obtient une inégalité : $3{,}2 + 5 < 9{,}2$.

Il y a en général une infinité de solutions.

> **À savoir**
> Il y a quatre types d'inéquations utilisant les quatre signes d'inégalité :
> $3{,}2 + x < 9{,}2$
> $3{,}2 + x \leqslant 9{,}2$
> $3{,}2 + x > 9{,}2$
> $3{,}2 + x \geqslant 9{,}2$.

Inéquation de la forme $a + x < b$

▶ On ne change pas les solutions lorsqu'on ajoute (ou soustrait) un même nombre aux deux membres d'une inéquation.

Pour $3{,}2 + x < 9{,}2$ on ajoute $-3{,}2$ aux deux membres.

$3{,}2 + x + (-3{,}2) < 9{,}2 + (-3{,}2)$; l'inéquation devient $x < 6$.

Tous les nombres strictement inférieurs à 6 sont solutions.

On ne peut pas les citer tous, mais on peut les représenter.

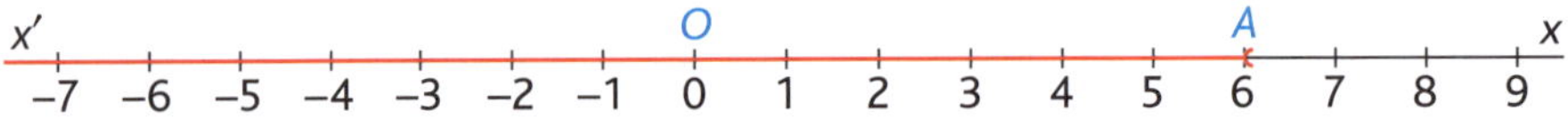

Les abscisses des points de la demi-droite [Ax′ (sauf celle de A) sont solutions de l'inéquation.

Inéquation de la forme $a \times x < b$

▶ On ne change pas les solutions lorsqu'on multiplie ou divise les deux membres d'une inéquation par un même nombre **strictement positif**.

$2 \times x > 6$ devient $x > 6 \div 2$ soit $x > 3$.

Tous les nombres strictement supérieurs à 3 sont solutions.

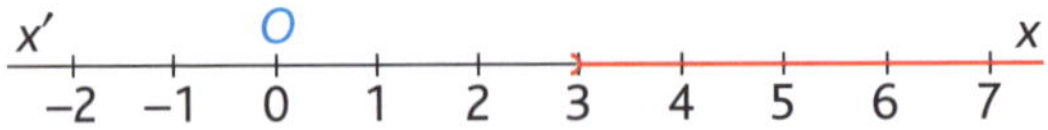

▶ Si on multiplie ou divise les deux membres d'une inéquation par un même nombre **strictement négatif**, **on doit changer le signe d'inégalité.**

$-2 \times x > 6$ devient $x < 6 \div (-2)$ soit $x < -3$.

Tous les nombres strictement inférieurs à -3 sont solutions.

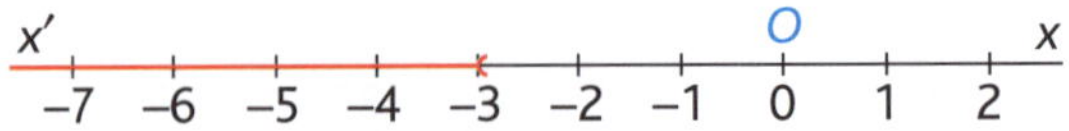

> **À savoir**
> « Changer le signe d'inégalité » signifie :
> $<$ devient $>$
> $\leqslant$ devient $\geqslant$
> $>$ devient $<$
> $\geqslant$ devient $\leqslant$.

Exercices d'application

1 Résoudre l'inéquation $2,5 + x \geq -1,5$ et représenter les solutions sur un axe.

On ajoute $-2,5$ aux deux membres de l'inéquation ; elle devient :
$2,5 + x + (-2,5) \geq -1,5 + (-2,5)$ soit après réduction : $x \geq -4$.
-4 et tous les nombres qui sont strictement supérieurs à -4 sont solutions de l'inéquation. Les abscisses de tous les points de la demi-droite $[Ax,$ (y compris celle du point A) sont solutions de l'inéquation.

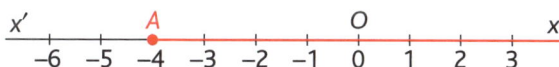

À savoir

Avec le signe $\geq$ ou le signe $\leq$, l'abscisse du point origine de la demi-droite est une solution de l'inéquation. Cela est indiqué par le point rouge :

2 Résoudre l'inéquation $3 \times x \geq -6$ et représenter les solutions sur un axe.

On multiplie les deux membres par l'inverse de 3.
$\dfrac{1}{3} \times 3 \times x \geq \dfrac{1}{3} \times (-6)$; on obtient : $x \geq -2$.

-2 et tous les nombres qui sont strictement supérieurs à -2 sont solutions de l'inéquation. Les abscisses de tous les points de la demi-droite $[Bx,$ (y compris celle du point B) sont solutions de l'inéquation.

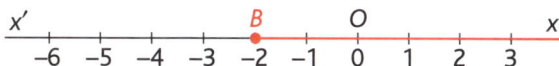

3 Résoudre l'inéquation $-4 \times x \geq -8$ et représenter les solutions sur un axe.

On multiplie les deux membres par l'inverse de -4.
Le multiplicateur étant négatif, **on change le signe d'inégalité**.

$-\dfrac{1}{4} \times (-4) \times x \leq -\dfrac{1}{4} \times (-8)$; on obtient : $x \leq 2$.

2 et tous les nombres qui sont strictement inférieurs à 2 sont solutions de l'inéquation. Les abscisses de tous les points de la demi-droite $[Cx'$ (y compris celle du point C) sont solutions de l'inéquation.

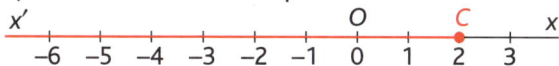

Voir aussi fiches 25 et 27

La résolution des inéquations ne figure pas dans le programme du cycle 4. Cette notion aura une place importante dans la poursuite des études après la troisième.

Vocabulaire

▶ Résoudre une **inéquation à une inconnue** x (par exemple $-3x + 9 < 12 + 9x$), c'est répondre à la question : « Que peut-on mettre à la place de x pour obtenir une inégalité ? »

$$\underbrace{-3x + 9}_{1^{er}\text{ membre}} < \underbrace{12 + 9x}_{2^{e}\text{ membre}}$$

Comment résoudre une inéquation du 1er degré à une inconnue ?

▶ Toutes les transformations ont pour but d'arriver à une inéquation de la forme $ax \leqslant b$ ou $ax < b$ ou $ax \geqslant b$ ou $ax > b$.

▶ On ne change pas les solutions lorsqu'on ajoute (ou soustrait) un même nombre aux deux membres.

Résolvons $-3x + 9 \leqslant 12 + 9x$.

On ajoute -9 aux deux membres ; on obtient :

$-3x + 9 + (-9) \leqslant 12 + 9x + (-9)$; puis $-3x \leqslant 3 + 9x$.

On ajoute $-9x$ aux deux membres ; on obtient :

$-3x + (-9x) \leqslant 3 + 9x + (-9x)$; puis $-12x \leqslant 3$.

▶ On ne change pas les solutions lorsqu'on multiplie ou divise les deux membres d'une inéquation par un même nombre **strictement positif**.
Si on multiplie ou divise les deux membres d'une inéquation par un même nombre **strictement négatif**, **on doit changer le signe d'inégalité**.

On divise les deux membres de $-12x \leqslant 3$ par -12 (ce qui revient à multiplier par $\dfrac{1}{-12}$ qui est négatif) et on change le signe d'inégalité.

$-12x \times \dfrac{1}{-12} \geqslant 3 \times \dfrac{1}{-12}$; on obtient : $x \geqslant -\dfrac{3}{12}$ ou $x \geqslant -\dfrac{1}{4}$.

$-\dfrac{1}{4}$ et tous les nombres qui lui sont strictement supérieurs sont solutions

de l'inéquation ; on les représente sur un axe :

Les abscisses des points de la demi-droite $[Ax$ (y compris son origine A) sont solutions de l'inéquation.

Exercices d'application

1 Résoudre l'inéquation $5x - 3 > -6x + 19$.

On ajoute $+ 6x$ et $+ 3$ aux deux membres de l'inéquation pour avoir tous les termes en x au premier membre et tous les autres au second (on dit que l'on transpose $-6x$ et -3) :

$5x - 3 + 6x + 3 > -6x + 19 + 6x + 3$.

On réduit chaque membre et on a :

$11x > 22$.

On divise les deux membres par 11 (qui est positif) et on a : $x > 2$.

Tous les nombres strictement supérieurs à 2 sont solutions.

On représente les solutions sur un axe :

On peut contrôler en donnant à x différentes valeurs dans l'équation initiale.

• Avec $x = 2,1$ on a :
$5 \times 2,1 - 3 > -6 \times 2,1 + 19$
soit $7,5 > 6,4$ (VRAI) ;
2,1 est solution.

• Avec $x = 1,9$ on a :
$5 \times 1,9 - 3 > -6 \times 1,9 + 19$
soit $6,5 > 7,6$ (FAUX) ;
1,9 n'est pas solution.

Les abscisses des points de la demi-droite [Bx (sauf celle de l'origine B) sont solutions de l'inéquation.

2 Résoudre l'inéquation $-2(x + 2) - x < 5x - 3(x - 2)$.

On développe et on réduit dans chaque membre :
$-2x - 4 - x < 5x - 3x + 6$; $-3x - 4 < 2x + 6$.

On ajoute 4 et $-2x$ aux deux membres, puis on réduit :

$-3x - 4 + 4 + (-2x) < 2x + 6 + 4 + (-2x)$;

$-5x < 10$.

On divise les deux membres par -5 (qui est négatif) et on change le signe d'inégalité :

$x > \dfrac{10}{-5}$; $x > -2$.

Tous les nombres strictement supérieurs à -2 sont solutions.

On représente les solutions sur un axe :

Les abscisses des points de la demi-droite [Cx (sauf celle de l'origine C) sont solutions de l'inéquation.

Voir aussi fiches 25, 27, 33, 37 et 44

Exemple de problème du 1er degré à une inconnue

Léa a acheté des timbres à 0,70 € et deux livres à 7 € l'un.

En tout, elle a dépensé 22,40 €.

Combien a-t-elle acheté de timbres ?

Quatre étapes de la résolution algébrique d'un problème

1. Choix de l'inconnue

On se sert de lettres (en général, x désigne l'inconnue) ; on précise les unités choisies et les conditions imposées.

On désigne par x le nombre de timbres achetés.

x est un entier positif.

> **À savoir**
>
> S'il y a plusieurs inconnues, on les désigne en général par x, y, etc.

2. Mise en équation

On traduit les renseignements fournis dans l'énoncé par des expressions algébriques et on écrit, selon le cas : une équation, une inéquation, un système, etc.

Le prix des timbres (en euros) est $0,7x$.

Le prix des livres est 14 € car $7 \times 2 = 14$.

La dépense totale (en euros) est $0,7x + 14$; on sait qu'elle est égale à 22,4.

D'où l'équation à résoudre : $0,7x + 14 = 22,4$.

3. Résolution algébrique

On résout ce qui a été « mis en équation ».

On résout l'équation $0,7x + 14 = 22,4$.

On transpose : $0,7x = 22,4 - 14$.

On réduit : $0,7x = 8,4$.

Il en résulte : $x = 8,4 \div 0,7$; d'où $x = 12$.

La solution de l'équation est 12.

4. Retour à l'énoncé

Le retour à l'énoncé permet d'interpréter ce qui a été obtenu par la résolution algébrique.

Léa a acheté 12 timbres à 0,70 €.

Vérification :

$0,7 \times 12 + 7 \times 2 = 22,4$ (égalité).

Exercices d'application

1 **Toutes les billes ont la même masse et la balance est en équilibre.**

Quelle est la masse de chaque bille ?

- On désigne par x la masse (en grammes) de chaque bille ; x est un nombre positif.
- On doit résoudre l'équation $5x + 50 = 3x + 100$.
- On a : $5x - 3x = 100 - 50$; $2x = 50$; $x = 25$.
- **Chaque bille a une masse de 25 g.**

> ⚠ **On dis**tingue les quatre étapes, mais on ne les nomme pas nécessairement.

2 **Une boule et un cylindre ont tous deux un rayon de 12 mm. Calculer la hauteur du cylindre sachant que ces solides ont le même volume.**

- On désigne par x la hauteur (en mm) du cylindre ; x est un nombre positif.

- Le volume de la boule est $\dfrac{4}{3} \times \pi \times 12^3$ soit $2\,304\pi$.

Le volume du cylindre est $\pi \times 12^2 \times x$ soit $144\,\pi\,x$.
On doit résoudre l'équation $144\,\pi\,x = 2\,304\pi$.

- On a : $x = \dfrac{2\,304\pi}{144\pi} = \dfrac{2\,304}{144}$ (après simplification par π) ;

$x = 16$.
- **Le cylindre a une hauteur de 16 mm.**

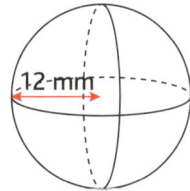

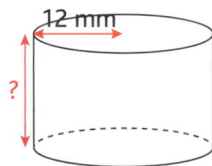

3 **Si j'augmente de 10 le triple de ce nombre entier naturel, le résultat est strictement inférieur à celui obtenu en augmentant de 30 le double de ce nombre.**
Quel est ce nombre ?

- On désigne par x ce nombre entier naturel.
- On doit résoudre l'inéquation $3x + 10 < 2x + 30$.
- On a : $3x - 2x < 30 - 10$; $x < 20$.
- Ce nombre entier naturel est strictement inférieur à 20.
Il y a 20 solutions : 0 ; 1 ; 2 ; 3 ; ... ; 18 ; 19.

Voir aussi fiches 41, 75 et 77 101

Problèmes se ramenant à une inconnue

La résolution des systèmes à deux inconnues ne figure plus dans le programme du cycle 4. Cette notion aura une place importante dans la poursuite des études après le cycle 4.

Exemple de problème du 1er degré à deux inconnues

Léo et ses amis ont commandé deux cafés et trois sodas. Ils ont payé avec un billet de 10 € et on leur a rendu 0,70 €.

À la table voisine, Léa et ses amies ont commandé un café et quatre sodas. Elles ont payé avec un billet de 10 € et on leur a rendu 0,10 €.

Calculer le prix d'un café et celui d'un soda.

Quatre étapes de la résolution algébrique d'un problème

1. Choix de l'inconnue

En général, x et y désignent les deux inconnues ; on précise les unités choisies et les conditions imposées.

Soient x le prix du café et y celui du soda (x et y sont des nombres positifs).

2. Mise en équation

On traduit les renseignements fournis dans l'énoncé par des expressions algébriques et on écrit dans ce cas un système de deux équations à deux inconnues.

La dépense de Léo et ses amis est $2x + 3y$; d'où $2x + 3y = 10 - 0,7$.

La dépense de Léa et ses amies est $x + 4y$; d'où $x + 4y = 10 - 0,1$.

On doit résoudre le système $\begin{cases} 2x + 3y = 9,3 \\ x + 4y = 9,9. \end{cases}$

3. Résolution algébrique

On résout ce système.

On exprime x en fonction de y dans la seconde équation : $x = 9,9 - 4y$.

On remplace x par $9,9 - 4y$ dans la première : $2(9,9 - 4y) + 3y = 9,3$; $19,8 - 8y + 3y = 9,3$; $-8y + 3y = 9,3 - 19,8$; $-5y = -10,5$; $y = 2,1$.

On calcule x en remplaçant y par $2,1$: $x = 9,9 - 4 \times 2,1$; $x = 9,9 - 8,4$; $x = 1,5$.

La solution du système est le couple $(1,5 ; 2,1)$.

4. Retour à l'énoncé

Le retour à l'énoncé permet d'interpréter ce qui a été obtenu par la résolution algébrique.

Un café coûte 1,50 € et un soda coûte 2,10 €.

> ⚠ Il est toujours bon de contrôler le résultat trouvé.
> Pour Léo :
> $2 \times 1,50 + 3 \times 2,1 = 9,3$.
> Pour Léa :
> $1,50 + 4 \times 2,1 = 9,9$.

Exercices d'application

1 **Dans un porte-monnaie, on a des pièces de 50 centimes et des pièces de 2 euros. Il y a en tout 15 pièces pour une valeur de 15 €. Combien y a-t-il de pièces de chaque sorte ?**

• On appelle x le nombre de pièces de 2 € et y celui des pièces de 0,50 €. Les nombres x et y sont des entiers naturels.

• Le nombre total de pièces est $x + y$; d'où : $x + y = 15$.

La valeur totale des pièces est $2x + 0,5y$; d'où : $2x + 0,5y = 15$.

On doit résoudre le système :
$$\begin{cases} x + y = 15 \\ 2x + 0,5\,y = 15. \end{cases}$$

> ⚠️ On peut aussi traiter ce problème avec une seule inconnue :
> Soit x le nombre de pièces de 2 €.
> Le nombre de pièces de 0,50 € est égal à $15 - x$.
> On retrouve l'équation $2x + 0,5(15 - x) = 15$.

• La première équation donne $y = 15 - x$.

On reporte $15 - x$ à la place de y dans la seconde équation :

$2x + 0,5(15 - x) = 15$ (une seule inconnue : x).

$2x + 7,5 - 0,5x = 15$; $1,5x = 7,5$; $x = 7,5 \div 1,5$; $x = 5$.

On sait que $y = 15 - x$; d'où : $y = 15 - 5$; $y = 10$.

La solution du système est le couple **(5 ; 10)**.

• Il y a **5 pièces de 2 €** et **10 pièces de 50 centimes**.

2 **Un rectangle a un périmètre de 96 m. Si on divisait par deux sa largeur tout en multipliant par trois sa longueur, le périmètre augmenterait de 102 m. Quelles sont les dimensions de ce rectangle ?**

• On appelle x la largeur et y la longueur initiale.

Les nombres x et y sont positifs et $x < y$.

• Le périmètre est égal à $2x + 2y$; d'où : $2x + 2y = 96$.

• Si on modifiait les dimensions, le périmètre serait

$2 \times \dfrac{x}{2} + 2 \times 3y$; d'où : $x + 6y = 96 + 102$; $x + 6y = 198$.

On doit résoudre le système :
$$\begin{cases} 2x + 2y = 96 \\ x + 6\,y = 198. \end{cases}$$

On a : $x = 198 - 6y$; $2(198 - 6y) + 2y = 96$; $396 - 12y + 2y = 96$;

$-12y + 2y = 96 - 396$; $-10y = -300$; $y = -300 \div (-10)$; $y = 30$.

Avec $x = 198 - 6y$ on déduit : $x = 198 - 6 \times 30$; $x = 18$.

La solution du système est le couple **(18 : 30)**.

• Le rectangle a une largeur de **18 m** et une longueur de **30 m**

[Périmètre initial : $2(18\text{ m} + 30\text{ m}) = 96\text{ m}$].

Voir aussi fiches 41, 43 et 111

48

Multiplier par $\dfrac{a}{b}$

Comment multiplier un nombre décimal par $\dfrac{a}{b}$ ($b \neq 0$) ?

▶ Le produit d'un décimal d par le quotient $\dfrac{a}{b}$ est noté $d \times \dfrac{a}{b}$ $\left(\text{ou } \dfrac{a}{b} \times d\right)$.

Prendre $\dfrac{3}{4}$ de 240 €, c'est multiplier 240 par $\dfrac{3}{4}$.

▶ Cela peut se calculer de trois façons :

– le produit $d \times \dfrac{a}{b}$ est égal à $(d \div b) \times a$;

$240 \times \dfrac{3}{4} = (240 \div 4) \times 3 = 60 \times 3 = 180$ (*).

– le produit $d \times \dfrac{a}{b}$ est égal à $(d \times a) \div b$;

$240 \times \dfrac{3}{4} = (240 \times 3) \div 4 = 720 \div 4 = 180$.

– le produit $d \times \dfrac{a}{b}$ est égal à $d \times (a \div b)$.

$240 \times \dfrac{3}{4} = 240 \times (3 \div 4) = 240 \times 0{,}75 = 180$ (*).

Trois quarts de 240 €, c'est 180 €.

(*) *Chacune de ces séquences de calcul est intéressante lorsque le quotient « tombe juste ».*

> ⚠ Quand on dit « prendre les trois quarts de 240 € », on entend :
> « prendre trois fois le quart de 240 ».
> $240 \xrightarrow[\div\,4]{} 60 \xrightarrow[\times\,3]{} 180$

Choisir la bonne séquence en calcul mental

▶ Lorsqu'on veut faire du calcul mental, il est bon de choisir la séquence qui facilite la division.

• Calculons $\dfrac{3}{7}$ de 28 kg.

On voit que 28 est divisible par 7 ;

$28 \times \dfrac{3}{7} = (28 \div 7) \times 3 = 4 \times 3 = 12$;

$\dfrac{3}{7}$ de 28 kg, c'est 12 kg.

> ⚠ Avec la calculatrice, quelle que soit la séquence, il n'est pas besoin de parenthèses.
> 28 ⊗ 3 ÷ 7 ⊜ donne $\boxed{12}$.
> 37 ⊗ 3 ÷ 10 ⊜ donne $\boxed{11{,}1}$.

• Calculons $\dfrac{3}{10}$ de 37 L. On sait que $\dfrac{3}{10} = 0{,}3$; $37 \times 0{,}3 = 11{,}1$;

$\dfrac{3}{10}$ de 37 L, c'est 11,1 L.

Exercices d'application

1 **Exprimer en minutes : une demi-heure, trois quarts d'heure et deux tiers d'heure.**

Une heure, c'est 60 minutes ; 60 est un multiple de 2, de 3, et de 4.

$60 \times \dfrac{1}{2} = (60 \div 2) \times 1 = 30$; **une demi-heure, c'est 30 min**.

$60 \times \dfrac{3}{4} = (60 \div 4) \times 3 = 15 \times 3 = 45$; **trois quarts d'heure, c'est 45 min**.

$60 \times \dfrac{2}{3} = (60 \div 3) \times 2 = 20 \times 2 = 40$; **deux tiers d'heure, c'est 40 min**.

2 **On estime qu'une météorite perd 4/5 de sa masse avant d'arriver sur le sol terrestre.**
Quelle masse perd, avant d'arriver sur le sol, une petite météorite qui pesait initialement 200 g ?
Quelle est sa masse nouvelle ?

⚠️ On peut effectuer ce calcul de trois façons :
$(200 \div 5) \times 4 = 40 \times 4$
$(200 \times 4) \div 5 = 800 \div 5$
$200 (4 \div 5) = 200 \times 0,8$
En **calcul mental**, le plus simple est :
$(200 \div 5) \times 4 = 40 \times 4 = 160$.

$200 \times \dfrac{4}{5} = (200 \div 5) \times 4 = 40 \times 4 = 160$ et $200 - 160 = 40$.

La météorite a perdu 160 g ; sa masse est alors de 40 g.

3 **Pour fabriquer des modèles réduits d'automobiles, on multiplie les dimensions par** $\dfrac{1}{43}$ **. Calculer les dimensions du modèle réduit d'une DS 4 ($L = 4,28$ m ; $l = 1,81$ m ; $h = 1,50$ m), d'une Renault Twingo ($L = 3,60$ m ; $l = 1,65$ m ; $h = 1,55$ m).**

Pour la DS 4 : $4,28 \times \dfrac{1}{43} = (4,28 \times 1) \div 43 \approx 0,099\ 5$;

$0,099\ 5$ m $= 9,95$ cm soit $L \approx$ **10 cm**.
De même : $l \approx$ **4,2 cm** et $h \approx$ **3,5 cm**.

Pour la Twingo : $3,60 \times \dfrac{1}{43} = (3,60 \times 1) \div 43 \approx 0,083\ 7$;

$0,083\ 7$ m $= 8,37$ cm soit $L \approx$ **8,4 cm**.
De même : $l \approx$ **3,8 cm** et $h \approx$ **3,6 cm**.

Voir aussi fiches 6 et 70

49

Appliquer un pourcentage

Comment appliquer un pourcentage ?

▶ Prendre 5 % (lire « cinq pour cent ») d'une quantité, c'est multiplier sa mesure par $\dfrac{5}{100}$. 5 % s'appelle un **pourcentage**.

▶ On peut effectuer le calcul de trois façons :

$$N \times \dfrac{5}{100} \longleftarrow \begin{array}{l} N \times (5 \div 100) \\ (N \times 5) \div 100 \\ (N \div 100) \times 5 \end{array} \quad 5 \text{ % de } N$$

• 5 % de 2 000 €, c'est 100 €

car $2\,000 \times \dfrac{5}{100} = (2\,000 \div 100) \times 5 = 100$

ou $2\,000 \times 0,05 = 100$.

• 5 % de 67 kg, c'est 3,35 kg

car $67 \times \dfrac{5}{100} = (67 \times 5) \div 100 = 3,35$

ou $67 \times 0,05 = 3,35$.

• 5 % de 21 000 habitants, c'est 1 050 habitants

car $21\,000 \times \dfrac{5}{100} = (21\,000 \div 100) \times 5 = 1\,050$

ou $21\,000 \times 0,05 = 1\,050$.

> ### À savoir
>
> Prendre 3 ‰ (« trois pour mille ») d'une quantité, c'est multiplier sa mesure par $\dfrac{3}{1\,000}$.
>
> 3 ‰ de 2,8 g d'or, c'est 0,008 4 g soit 8,4 mg car
>
> $2,8 \times \dfrac{3}{1\,000} = 0,0084$.

Variation en pourcentage

▶ Augmenter un nombre N de 7 %, c'est multiplier N par 1,07

car $N + N \times \dfrac{7}{100} = N + N \times 0,07 = N(1 + 0,07) = 1,07N$.

Une ville qui avait 130 000 habitants a vu sa population augmenter de 12 % en dix ans.

Sa population actuelle est de 145 600 habitants :

car $130\,000 \times (1 + 0,12) = 130\,000 \times 1,12 = 145\,600$.

▶ Diminuer un nombre N de 7 %, c'est multiplier N par 0,93

car $N - N \times \dfrac{7}{100} = N - N \times 0,07 = N(1 - 0,07) = 0,93N$.

Un ordinateur qui valait 1 250 € a vu son prix baisser de 12 %.

Il coûte finalement 1 100 € :
car $1\,250 \times (1 - 0,12) = 1\,250 \times 0,88 = 1\,100$.

Exercices d'application

1 Les 220 élèves de sixième d'un collège ont eu à répondre à trois questions.
À la première, 85 % des élèves ont répondu correctement ; à la seconde, ils n'étaient que 60 % et à la troisième, plus difficile, ils n'étaient que 35 %.
Combien d'élèves ont bien répondu à chacune des questions ?

85 % de 220 élèves, c'est **187 élèves**
car $220 \times 0{,}85 = 187$.

60 % de 220 élèves, c'est **132 élèves**
car $220 \times 0{,}6 = 132$.

35 % de 220 élèves, c'est **77 élèves**
car $220 \times 0{,}35 = 77$.

On a toujours trois façons de calculer :
$220 \times (85 \div 100)$
$(220 \div 100) \times 85$
$(220 \times 85) \div 100$.

Avec la calculatrice, les parenthèses ne sont pas nécessaires.

2 Une enquête montre que 70 % des collégiens lisent des bandes dessinées, 52 % des romans et 34 % des ouvrages de science-fiction. Sur les 1 200 élèves d'un collège, combien lisent chacune des trois sortes de livres ?

840 lisent des bandes dessinées

car $1\ 200 \times \dfrac{70}{100} = (1\ 200 \div 100) \times 70 = 12 \times 70 = 840$.

624 lisent des romans

car $1\ 200 \times \dfrac{52}{100} = (1\ 200 \div 100) \times 52 = 12 \times 52 = 624$.

408 lisent des ouvrages de science-fiction

car $1\ 200 \times \dfrac{34}{100} = (1\ 200 \div 100) \times 34 = 12 \times 34 = 408$.

Le total dépasse 1 200 car un collégien peut lire plusieurs sortes d'ouvrages.

3 Une tablette coûtant 800 € subit au cours du mois de décembre une baisse de 15 %. Le mois suivant, la même tablette augmente de 15 %. Quelle est sa valeur finale ?

Après la baisse de 15 %, la tablette vaut 680 €
car $800 \times (1 - 0{,}15) = 800 \times 0{,}85 = 680$.
Puis, après une hausse de 15 %, **la valeur finale de la tablette est de 782 €**
car $680 \times (1 + 0{,}15) = 680 \times 1{,}15 = 782$.

Voir aussi fiche 3

Tableau de proportionnalité

Qu'est-ce qu'un tableau de proportionnalité ?

▶ Lorsque les nombres de la seconde ligne d'un tableau s'obtiennent en multipliant ceux de la première ligne par un même nombre non nul, on dit que les nombres de la seconde ligne sont **proportionnels** à ceux de la première ligne.

Le tableau est un **tableau de proportionnalité**.

Le nombre par lequel on multiplie est le **coefficient de proportionnalité**.

Exemple de tableau de proportionnalité :

1	5	10	15
3,2	16	32	48

$\times 3,2$

Le coefficient de proportionnalité est 3,2.

$1 \times 3,2 = 3,2$; $5 \times 3,2 = 16$; $10 \times 3,2 = 32$; $15 \times 3,2 = 48$.

Les nombres 3,2 ; 16 ; 32 et 48 sont proportionnels aux nombres 1 ; 5 ; 10 et 15.

> **À savoir**
>
> Les nombres de la première ligne sont aussi proportionnels à ceux de la seconde ligne ; le coefficient est alors
>
> $\dfrac{1}{3,2}$ soit 0,312 5.

Produits en croix et quatrième proportionnelle

▶ Dans un tableau de proportionnalité à quatre nombres, **les produits en croix sont égaux**.

On sait que ce tableau à quatre nombres est un tableau de proportionnalité.

a	c
b	d

On en déduit $a \times d = b \times c$ (égalité des produits en croix).

▶ Dans un tableau de proportionnalité à quatre nombres, si trois nombres sont connus et le quatrième est à calculer, on dit que l'on calcule une **quatrième proportionnelle**.

On sait que ce tableau à quatre nombres est un tableau de proportionnalité.

10	8
9	x

On en déduit $10 \times x = 9 \times 8$ (égalité des produits en croix) ; $10x = 72$; $x = 7,2$.

La quatrième proportionnelle est 7,2.

Exercices d'application

1 La quantité de carburant restant dans une citerne est proportionnelle au nombre indiqué par la jauge.

Graduation	0	1	2	3	4	5
Contenance (hL)	0	...	...	...	...	8

Compléter la seconde ligne du tableau de proportionnalité.

Le coefficient de proportionnalité est 1,6 car 8 ÷ 5 = 1,6.
$1 \times 1,6 = 1,6$; $2 \times 1,6 = 3,2$; $3 \times 1,6 = 4,8$; $4 \times 1,6 = 6,4$.
On complète avec **1,6** ; **3,2** ; **4,8** et **6,4**.

2 Soit un cercle de centre O et de rayon 16 mm.
Un angle au centre $\widehat{AOB}$ a pour mesure 70°.
(On prendra 3,14 pour π.)

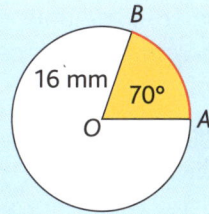

a. Dans un cercle, la longueur d'un arc est proportionnelle à la mesure de l'angle au centre associé.
Quelle est la longueur de l'arc $\overset{\frown}{AB}$?

b. Dans un disque, l'aire d'un secteur est proportionnelle à la mesure de l'angle au centre associé.
Quelle est l'aire du secteur associé à l'angle de 70° ?

a. La longueur du cercle est 100,48 mm
car $2 \times 3,14 \times 16 = 100,48$.
La longueur d'un arc est proportionnelle à l'angle au centre.

Angle au centre (degrés)	360	70
Longueur de l'arc (mm)	100,48	x

L'égalité des produits en croix donne :
$360 \times x = 100,48 \times 70$; $360x = 7\,033,6$;
$x = 7\,033,6 \div 360$; $x \approx 19,54$;
soit environ **19,5 mm** pour l'arc $\overset{\frown}{AB}$.

b. L'aire du disque est 803,84 mm² car $3,14 \times 16^2 = 803,84$.
L'aire d'un secteur est proportionnelle à l'angle au centre.

Angle au centre (degrés)	360	70
Aire du secteur (mm²)	803,84	y

L'égalité des produits en croix donne : $360 \times y = 803,84 \times 70$;
$360y = 56\,268,8$; $y = 56\,268,8 \div 360$; $y \approx 156,30$;
soit environ **156,30 mm²** pour l'aire du secteur associé à l'angle $\widehat{AOB}$.

> **À savoir**
>
> La proportionnalité de l'aire du secteur avec l'angle au centre est importante pour la construction de diagrammes circulaires.

Voir aussi fiches 7, 64 et 72

51 Reconnaître la proportionnalité

Comment savoir si c'est un tableau de proportionnalité ?

Il s'agit de savoir si les nombres de la seconde ligne d'un tableau sont obtenus en multipliant ceux de la première par un même nombre.

▶ Cela peut être lié au contexte.

La formule $p = 2\pi R$ donnant le périmètre d'un disque de rayon R montre que le périmètre est proportionnel au rayon ; $p = 2\pi \times R$; le coefficient est 2π (nombre constant).

▶ Cela doit être démontré si un tableau est donné :
– on divise un nombre de la seconde ligne par son correspondant de la première ligne pour calculer un « coefficient éventuel » ;
– on vérifie si ce « coefficient éventuel » convient pour tous les autres couples.

1re ligne	7	19	26	38
2de ligne	16,8	45,6	62,4	91,2

On divise un nombre de la seconde ligne par le nombre correspondant de la première ligne :

$16,8 \div 7 = 2,4$.

On vérifie si 2,4 convient pour les autres couples :

$19 \times 2,4 = 45,6$; $26 \times 2,4 = 62,4$ et $38 \times 2,4 = 91,2$.

C'est un tableau de proportionnalité ; 2,4 est le coefficient de proportionnalité.

▶ Pour un tableau à quatre nombres, si les produits en croix sont égaux, alors c'est un tableau de proportionnalité.

10,5	3
11,2	3,2

On calcule les produits en croix :

$10,5 \times 3,2 = 33,6$ et $11,2 \times 3 = 33,6$.

Les produits en croix sont égaux : c'est un tableau de proportionnalité.

17	43
21	53

$17 \times 53 = 901$ et $21 \times 43 = 903$.

$901 \neq 903$; les produits en croix ne sont pas égaux : ce n'est pas un tableau de proportionnalité.

> **À savoir**
>
> Pour un tableau à quatre nombres, **l'égalité des produits en croix caractérise la proportionnalité**.
> Autrement dit :
> – si les produits en croix sont égaux, c'est un tableau de proportionnalité ;
> – si les produits en croix ne sont pas égaux, ce n'est pas un tableau de proportionnalité.

Exercices d'application

1 Les tableaux ci-dessous donnent le coût de l'abonnement pour deux revues :

3 mois	6 mois	12 mois
39 €	78 €	156 €

3 mois	6 mois	12 mois
54 €	98 €	181 €

Le prix est-il proportionnel à la durée de l'abonnement ?

Le tableau de gauche est un tableau de proportionnalité car :
$39 \div 3 = 13$ et $6 \times 13 = 78$; $12 \times 13 = 156$.
Le prix est proportionnel à la durée de l'abonnement.
Le tableau de droite n'est pas un tableau de proportionnalité car :
$54 \div 3 = 18$ et $6 \times 18 \neq 98$.
Le prix n'est pas proportionnel à la durée.

**2 On sait que l'aire A d'un disque de rayon R est telle que $A = \pi R^2$.
Compléter le tableau (prendre 3,14 pour π).
L'aire est-elle proportionnelle au rayon ?**

Rayon (cm)	1	1,5	2	2,5	3
Aire (cm^2)	3,14				

On complète la seconde ligne : **7,065** ; **12,56** ; **19,625** ; **28,26**.
Ce n'est pas un tableau de proportionnalité car :
$3{,}14 \div 1 = 3{,}14$ et $1{,}5 \times 3{,}14 \neq 7{,}065$.
L'aire du disque n'est pas proportionnelle au rayon.
L'aire du disque est proportionnelle au carré du rayon.

Carré du rayon	1	2,25	4	6,25	9
Aire	3,14	7,065	12,56	19,625	28,26

$\times 3{,}14$

**3 Le tableau ci-dessous est un tableau de proportionnalité.
Pourquoi ?**

41,2	206
17	85

C'est un tableau à quatre nombres.
On a : $41{,}2 \times 85 = 3\,502$ et $17 \times 206 = 3\,502$.
Les produits en croix sont égaux, donc c'est un tableau de proportionnalité.

Voir aussi fiches 31, 48, 50 et 72

52 Graphiques et proportionnalité

Représentation graphique d'une relation de proportionnalité

▶ La **représentation graphique** d'une relation de proportionnalité dans un angle droit $\widehat{xOy}$ est constituée de points contenus dans une demi-droite d'origine O.

▶ Pour tracer cette demi-droite, il suffit d'un point autre que O.

On a un tableau de proportionnalité :

0	1	2	3	5	8
0	0,8	1,6	2,4	4	6,4

$\times 0,8$

Au nombre 5 correspond le nombre 4 ; le point **A** (5 ; 4) suffit pour tracer la demi-droite [OA) qui contient tous les points de la représentation graphique associée à ce tableau.

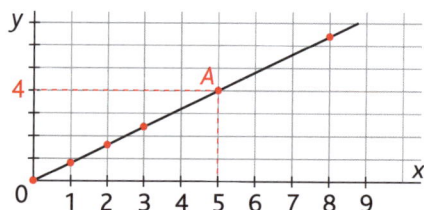

Comment utiliser cette représentation graphique ?

▶ Si, dans un angle droit $\widehat{xOy}$, une représentation graphique est contenue dans une demi-droite d'origine O, alors cette représentation est celle d'une relation de proportionnalité.

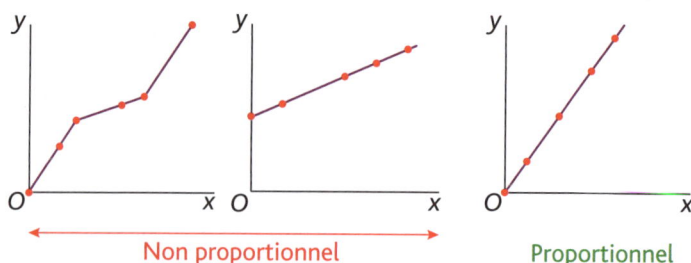

Non proportionnel

Proportionnel

▶ L'alignement des points d'une représentation graphique avec l'origine du repère caractérise la proportionnalité.

Cela veut dire :
– s'il y a alignement, il y a proportionnalité ;
– s'il n'y a pas alignement, il n'y a pas proportionnalité.

Exercice d'application

1 Pour des objets fabriqués avec le même matériau, la masse est proportionnelle au volume. On étudie de tels objets ; l'un d'eux a une masse de 40 g pour un volume de 15 cm³.

a. Faire une représentation graphique donnant la masse en fonction du volume.

b. Lire les masses correspondant à 20 cm³ et à 30 cm³.

c. Lire le volume correspondant à 60 g et à 100 g.

a. La masse est proportionnelle au volume.
Les points du graphique sont alignés sur la demi-droite d'origine O contenant le point **A** de coordonnées **(15 ; 40)**.

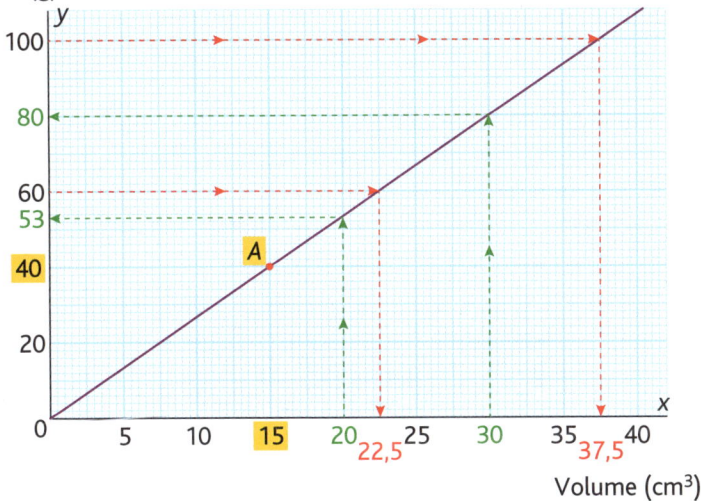

Masse (g) / Volume (cm³)

b. La masse correspondant à 20 cm³ est **53 g** ; la masse correspondant à 30 cm³ est **80 g** (flèches vertes partant de l'axe des abscisses).

c. Le volume correspondant à 60 g est **22,5 cm³** ; le volume correspondant à 100 g est **37,5 cm³** (flèches rouges partant de l'axe des ordonnées).

On peut contrôler ce qui est lu sur le graphique en reportant les données dans un tableau de proportionnalité.

Volume (cm³)	15	20	30	...	...
Masse (g)	40	...	...	60	100

$\times k$

On a : $k = \dfrac{40}{15}$; $k = \dfrac{8}{3}$ (après simplification par 5).

$20 \times \dfrac{8}{3} \approx$ **53,3** ; $30 \times \dfrac{8}{3} =$ **80** ; $60 \div \dfrac{8}{3} = 60 \times \dfrac{3}{8} =$ **22,5** ;

$100 \div \dfrac{8}{3} = 100 \times \dfrac{3}{8} =$ **37,5**.

Voir aussi fiches 26, 50 et 51 113

53 ▸ Échelle d'un plan

Qu'est-ce que l'échelle d'un plan ou d'une carte ?

▸ Sur un plan ou une carte, les dimensions doivent être proportionnelles aux dimensions réelles.

▸ Lorsque les dimensions réelles et les dimensions sur le plan (ou sur la carte) sont exprimées avec la même unité, le coefficient de proportionnalité est l'**échelle** du plan (ou de la carte).

> **À savoir**
>
> Si l'échelle est inférieure à 1, il s'agit d'une **réduction**.
> Si l'échelle est supérieure à 1, il s'agit d'un **agrandissement**.

Comment appliquer une échelle ?

▸ On connaît les dimensions réelles et on veut réduire ou agrandir ces dimensions en « gardant les proportions ».

On veut représenter sur un plan, à l'échelle 1/1 000, un bassin rectangulaire long de 50 m et large de 15 m.

On choisit le cm comme unité : 50 m = 5 000 cm ; 15 m = 1 500 cm.

Dimensions réelles (cm)	5 000	1 500
Dimensions sur le plan (cm)	5	1,5

$\times \dfrac{1}{1\,000}$

D'où la représentation :

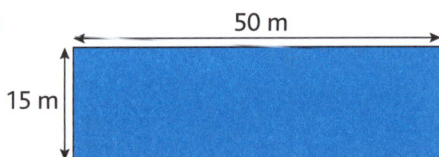

50 m

15 m

Comment calculer une échelle ?

Sur une carte, une ligne droite de 9 km est représentée par un segment de 4,5 cm. On veut déterminer l'échelle de la carte.

On exprime les deux distances avec la même unité : 9 km = 900 000 cm.

On place les données dans un tableau de proportionnalité :

Dimensions réelles (cm)	900 000	D
Dimensions sur la carte (cm)	4,5	1

$\times \dfrac{1}{D}$

Les produits en croix sont égaux :
$4,5 \times D = 900\,000 \times 1$;
$D = 900\,000 \div 4,5$;
$D = 200\,000$.

L'échelle de la carte est $\dfrac{1}{200\,000}$
(1 cm représente 2 km).

Exercices d'application

1 On veut faire une maquette à l'échelle 1/500 d'un immeuble de forme parallélépipédique ayant 200 m de long, 40 m de large et 25 m de haut.
Quelles sont les dimensions de la maquette ?

On place les données dans un tableau de proportionnalité.
On complète la seconde ligne :

$200 \times \dfrac{1}{500} = 0,4$; $40 \times \dfrac{1}{500} = 0,08$ et $25 \times \dfrac{1}{500} = 0,05$.

Dimensions réelles (m)	200	40	25
Dimensions réduites (m)	0,4	0,08	0,05

$\times$ 1/500

On exprime en cm les dimensions réduites :
0,4 m = 40 cm ; 0,08 m = 8 cm et 0,05 m = 5 cm.
Longueur : 40 cm ; largeur : 8 cm ; hauteur : 5 cm.

2 Sur une carte, la distance entre deux villes distantes de 840 km est réduite à 16,8 cm.
a. Quelle est l'échelle de la carte ?
b. Quelle est la distance sur cette carte entre deux villes distantes en réalité de 230 km ?

On peut aussi dire :
16,8 cm représentent 840 km, 1 cm représente 16,8 fois moins :
$\dfrac{840}{16,8} = 50$.
1 cm représente 50 km.
50 km = 5 000 000 cm.
Échelle : 1/5 000 000.

a. On place les données dans un tableau de proportionnalité.
On a : 840 km = 840 000 m = 84 000 000 cm.
On cherche quelle distance réelle D est représentée par 1 cm.

Dimensions réelles (cm)	84 000 000	D
Dimensions réduites (cm)	16,8	1

$\times$ 1/D

Les produits en croix sont égaux : $84\,000\,000 \times 1 = 16,8 \times D$;
$D = 84\,000\,000 \div 16,8$; $D = 5\,000\,000$.
L'échelle est 1/5 000 000.
b. 230 km = 23 000 000 cm.

$23\,000\,000 \times \dfrac{1}{5\,000\,000} = \dfrac{23\,000\,000}{5\,000\,000} = \dfrac{23}{5} = 4,6$.

La distance sur la carte est de 4,6 cm.

Voir aussi fiches 50 et 51 115

54

Pourcentage

Qu'est-ce qu'un pourcentage ?

▶ On a une situation réelle.

Dans une classe de 32 élèves, 18 sont demi-pensionnaires.

▶ On imagine une situation fictive.

Dans une classe de 100 élèves, en conservant les proportions, quel serait le nombre de demi-pensionnaires ?

▶ On résume la situation dans un tableau de proportionnalité (coefficient t) :

Le TOUT (effectif total)	32	100
La PARTIE (effectif partiel)	18	P

$\times t$

Situation réelle   Situation fictive

Comment calculer un pourcentage ?

▶ On connaît l'effectif total et l'effectif partiel.
On doit calculer le coefficient de proportionnalité (c'est-à-dire le taux de pourcentage).

Dans l'exemple ci-dessus, l'égalité des produits en croix donne $32 \times P = 18 \times 100$; $P = 1\ 800 \div 32$; $P = 56,25$.

On dit : « 56,25 % des élèves sont demi-pension-naires ». « % » se lit « pour cent ».

> ⚠ Si on n'a pas étudié l'égalité des produits en croix, on peut calculer autrement :
> $t = \dfrac{18}{32} = 0,562\ 5$;
> $100 \times 0,562\ 5 = 56,25$.
> Taux : 56,25 %.

Comment appliquer un pourcentage ?

▶ On connaît l'effectif total et le taux (coefficient de proportionnalité).
L'effectif partiel s'obtient en multipliant l'effectif total par le taux.

• On sait que, parmi les 324 électeurs inscrits sur les listes électorales, 75 % ont voté.

On veut savoir combien de personnes ont déposé un bulletin de vote dans l'urne.

$324 \times \dfrac{75}{100} = 324 \times 0,75 = 243$.

243 personnes ont voté.

• On lit sur l'étiquette d'un pot de 650 g de confiture qu'il contient 55 % de fraises.

On veut savoir quelle est la quantité de fraises.

$650 \times \dfrac{55}{100} = 650 \times 0,55 = 357,5$; cette confiture contient 357,5 g de fraises.

Exercices d'application

1 **Parmi les 3 200 objets fabriqués par une usine, 30 sont défectueux.**
Quel est le pourcentage d'objets défectueux ?

On entre les données dans un tableau de proportionnalité :

Nombre d'objets fabriqués	3 200	100
Nombre d'objets défectueux	30	x

$\times k$

⚠ On peut aussi utiliser l'égalité des produits en croix : $3\,200x = 30 \times 100$;

$x = \dfrac{30 \times 100}{3\,200}$; $x \approx 0,94$.

Le coefficient est égal à $\dfrac{30}{3\,200}$ ou $\dfrac{3}{320}$;

$x = 100 \times \dfrac{3}{320} = 0,937\,5$.

Le pourcentage des objets défectueux est d'environ 0,94 %.
Ce pourcentage est faible, on peut l'exprimer en « pour mille » : 9,4 ‰.

2 **Un objet coûtant 125 € est vendu avec une baisse de 16 %.**
Quel est le montant de la remise ?

On rentre les données dans un tableau de proportionnalité :

Prix affiché (€)	125	100
Remise (€)	x	16

$\times 16/100$

Le coefficient est $\dfrac{16}{100}$ ou 0,16 ; $x = 125 \times 0,16$; $x = 20$.

La remise est de 20 €. L'objet est alors vendu 105 €.

3 **Sur le boîtier d'un CD, on a indiqué la durée des trois parties d'un concerto de Mozart.**
Allegro : 781 s ; adagio : 486 s ; rondo allegro : 571 s.
Exprimer en pourcentage de la durée totale la durée de chacune des trois parties.

Durée totale : 1 838 s car 781 + 486 + 571 = 1 838.

Allegro : 42,49 % car $\dfrac{781}{1838} \times 100 \approx 42,49$.

Adagio : 26,44 % car $\dfrac{486}{1838} \times 100 \approx 26,44$.

Rondo allegro : 31,07 % car $\dfrac{571}{1838} \times 100 \approx 31,07$.

Voir aussi fiches 48 et 51

55

Pourcentages : calculs et comparaisons

Calculer des pourcentages pour comparer

▶ En ramenant chaque situation réelle à une situation fictive (effectif total : 100), on facilite la comparaison entre deux situations réelles.

Chaque mosaïque contient une part de carreaux colorés.

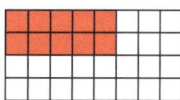

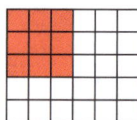

On calcule le pourcentage des carreaux colorés dans chacune.

Effectif total	32	100
Effectif partiel	10	t

Effectif total	30	100
Effectif partiel	9	t'

Coefficient : $\dfrac{10}{32}$.

$t = 100 \times \dfrac{10}{32}$; $t = 31{,}25$.

31,25 % de carreaux colorés.

On peut comparer :
dans la mosaïque de gauche, le pourcentage des carreaux colorés est le plus élevé car 31,25 > 30.

Coefficient : $\dfrac{9}{30}$.

$t' = 100 \times \dfrac{9}{30}$; $t' = 30$.

30 % de carreaux colorés.

> ⚠ On peut aussi utiliser l'égalité des produits en croix :
> $32t = 10 \times 100$;
> $t = 1\,000 \div 32 = 31{,}25$.
> $30t' = 9 \times 100$;
> $t' = 900 \div 30 = 30$.

Pourcentage dans la réunion de plusieurs parties

▶ Si on connaît le pourcentage et l'effectif dans chacune des parties, on peut calculer le pourcentage dans la réunion des parties.

Une urne contient 30 jetons dont 40 % sont rouges. Une autre contient 90 jetons dont 20 % sont rouges.

On calcule le nombre de jetons rouges dans chaque urne :

$30 \times \dfrac{40}{100} = 12$; $90 \times \dfrac{20}{100} = 18$.

Il y a 12 jetons rouges dans l'une et 18 dans l'autre.

Si on réunit tous les jetons dans la même urne, il y a en tout 30 jetons rouges parmi

120 jetons. Le pourcentage des jetons rouges est alors de 25 % car $\dfrac{30}{120} \times 100 = 25$.

Exercices d'application

1 Une somme de 1 500 €, placée pendant un an, a rapporté 45 € d'intérêt. Un autre placement a donné un intérêt annuel de 60 € pour un capital placé de 2 400 €.
Comparer les taux de chacun de ces placements.

⚠ On peut aussi calculer le coefficient :
$\dfrac{45}{1500} = 0,03$; $0,03 \times 100 = 3$.
$\dfrac{60}{2\,400} = 0,025$;
$0,025 \times 100 = 2,5$.

On a deux tableaux de proportionnalité :

Capital (€)	1 500	100
Intérêt (€)	45	t

Les produits en croix sont égaux :
$1\,500t = 4\,500$;
$t = 4\,500 \div 1\,500 = 3$.
Taux de ce placement : 3 %.

Capital (€)	2 400	100
Intérêt (€)	60	t'

$2\,400t' = 6\,000$;
$t' = 6\,000 \div 2\,400 = 2,5$.
Taux de ce placement : 2,5 %.

Le premier placement est plus avantageux car 3 > 2,5.

2 Lors de la première édition d'un festival de bandes dessinées, il y a eu 30 000 visiteurs. Dix ans après, il y a 75 000 visiteurs.
Quel est le pourcentage d'augmentation de la fréquentation en dix ans ?

La fréquentation a augmenté de 45 000 visiteurs.

Nombre initial	30 000	100
Augmentation	45 000	t

$30\,000 \times t = 45\,000 \times 100$; $t = \dfrac{45\,000 \times 100}{30\,000}$; $t = 150$.

La fréquentation a augmenté de 150 %.

3 Dans une boîte, on a 7 boules rouges et 21 boules bleues.
On ajoute 15 boules rouges et 5 boules bleues.
Quel est le pourcentage des boules rouges dans la situation initiale et dans la situation finale ?

Situation initiale : 7 boules rouges parmi 28 boules ; $\dfrac{7}{28} \times 100 = 25$ **soit 25 %.**

Situation finale : 22 boules rouges parmi 48 boules ; $\dfrac{22}{48} \times 100 \approx 45,8$ **soit 45,8 %.**

Voir aussi fiches 48 à 51 119

56 Représentation graphique

Comment lire un graphique ?

▶ La lecture d'un graphique permet de trouver l'**image** d'un nombre.
On part du nombre sur l'axe des abscisses pour lire son image sur l'**axe des ordonnées**.

▶ La lecture d'un graphique permet aussi de trouver l'**antécédent** d'un nombre.
On part du nombre sur l'axe des ordonnées pour lire son antécédent sur l'**axe des abscisses**.

La ligne bleue est la trace laissée par le stylet d'un thermomètre enregistreur entre minuit et 7 heures au début du printemps.

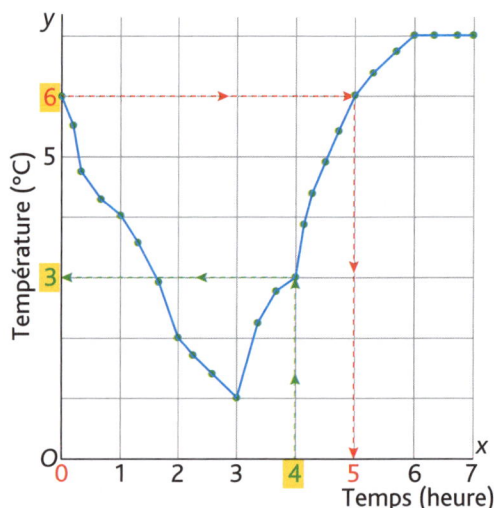

Pour lire la température correspondant à 4 heures, on part de 4 sur l'axe des abscisses, on repère le point de la courbe ayant pour abscisse 4 (flèches vertes) et on lit l'ordonnée de ce point : c'est 3. L'image de 4 est 3 ; à 4 heures, la température est de 3 °C.

Pour lire à quel moment la température est de 6 °C, on part de 6 sur l'axe des ordonnées, on repère les points de la courbe ayant pour ordonnée 6 (flèches rouges) et on lit l'abscisse de chacun de ces points ; 6 a deux antécédents : 0 et 5.

La température de 6 °C a été enregistrée à minuit (0 h) et à 5 heures.

D'où le tableau donnant la température heure par heure (par exemple) :

Temps (h)	0	1	2	3	4	5	6	7
Température (°C)	6	4	2	1	3	6	7	7

Exercices d'application

❶ Dans le carnet de santé d'un bébé, un graphique donne son « poids » (en kg) semaine après semaine depuis sa naissance.

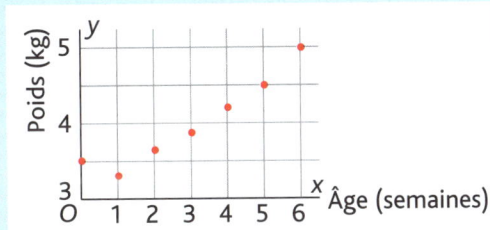

Faire un tableau donnant le « poids » en fonction de l'âge.

Pour chaque nombre (âge) figurant sur l'axe des abscisses, on lit son image (poids) sur l'axe des ordonnées, puis on remplit le tableau.

⚠️ On dit que les nombres de la seconde ligne sont « en fonction de » ceux de la première ligne.

Âge (en semaines)	0	1	2	3	4	5	6	...
Poids (en kg)	3,5	3,3	3,6	3,9	4,2	4,5	5	...

❷ À partir des données du tableau ci-dessous, faire une représentation graphique donnant la distance nécessaire pour arrêter un véhicule en fonction de la vitesse du véhicule.

Vitesse (km/h)	30	50	70	90	110
Distance (m)	5	15	30	50	75

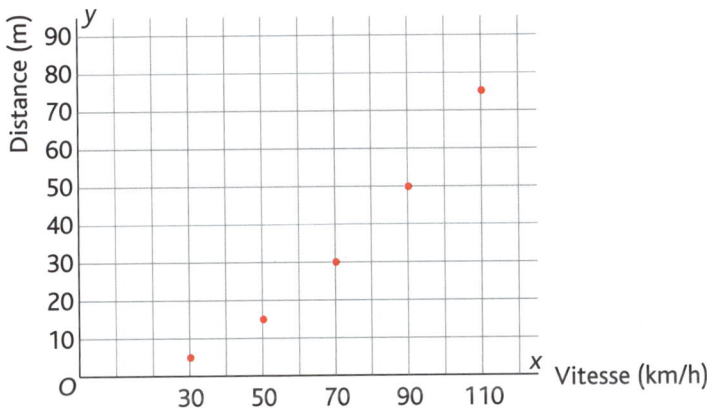

Voir aussi fiches 26 et 52 121

Qu'est-ce qu'une fonction linéaire ?

▸ k étant un nombre relatif donné, la relation qui, à tout nombre relatif x (variable), associe le nombre relatif y tel que $y = kx$ est une **fonction linéaire** de **coefficient** k.

▸ On peut noter cette fonction $x \mapsto kx$.
On peut aussi noter f cette fonction ; l'image de f se note alors $f(x)$ et on écrit $\boldsymbol{f(x) = kx}$.

> ⚠
> • $x \mapsto kx$ se lit « x a pour image kx ».
> • $f(x)$ se lit « f de x ».

20 m de fil de fer pèsent 625 g.

La masse (en grammes) est proportionnelle à la longueur.

Longueur (m)	20	30	40	70	...
Masse (g)	625	937,5	1 250	2 187,5	...

$\times k$

Le coefficient k est tel que $k = \dfrac{625}{20}$; $k = 31{,}25$.

Si on appelle x la longueur et y la masse correspondante, on a : $\boldsymbol{y = 31{,}25x}$. La relation qui au nombre x associe le nombre y tel que $y = 31{,}25x$ est une fonction linéaire.

On peut aussi trouver les images de 40 et 70 sans utiliser le coefficient k.
40 est le double de 20 ; l'image de 40 est le double de l'image de 20 ($1\ 250 = 625 \times 2$).
70 est la somme de 30 et 40 ; l'image de 70 est la somme des images de 30 et de 40 ($2\ 187{,}5 = 937{,}5 + 1\ 250$).

Ces propriétés sont générales.

> **À savoir**
> Soit f une fonction linéaire :
> – si $b = a \times m$ alors $f(b) = f(a) \times m$;
> – si $c = a + b$ alors $f(c) = f(a) + f(b)$.
> Ces propriétés de linéarité sont générales pour toute fonction linéaire.

Comment déterminer une fonction linéaire ?

▸ Une fonction linéaire est déterminée dès que l'on connaît le nombre k.

Si $k = -2$, la fonction linéaire est telle que $f(x) = -2x$.

L'image de 4,5 est -9 car $f(4{,}5) = -2 \times 4{,}5$; $f(4{,}5) = -9$.

L'antécédent de 5 est $-2{,}5$ car l'équation $-2x = 5$ a pour solution $-2{,}5$.

▸ Une fonction linéaire est déterminée par la donnée d'un nombre non nul et de son image.

On sait qu'une fonction linéaire f est telle que $f(7) = 3$.

On a : $7 \times k = 3$; $k = \dfrac{3}{7}$.

Cette fonction est telle que $f(x) = \dfrac{3}{7}\ x$.

Ha, ha, ça va mordre !

Exercices d'application

① Un capital de x euros est placé pendant une année au taux de 2 %.
Au nombre x on associe l'intérêt y produit pendant un an.
On sait que l'intérêt est proportionnel au capital placé.
a. Quelle est la fonction linéaire obtenue ?
b. Quel est l'intérêt produit en un an par un capital de 1 000 € ?
c. Quel est le capital qui produit un intérêt annuel de 100 € ?

a. L'intérêt produit pendant une année est égal à
$x \times \dfrac{2}{100}$ ou $0,02x$.
La fonction linéaire est définie par $y = 0,02x$.
b. Pour un capital de 1 000 €, **l'intérêt est de 20 €**
car $0,02 \times 1\ 000 = 20$.
c. On a : $x \mapsto 0,02x$ avec $0,02x = 100$.
On résout l'équation $0,02x = 100$; $x = 100 \div 0,02$; $x = 5\ 000$.
Un intérêt de 100 € est obtenu avec un capital de **5 000 €**.

> ⚠ Dans les exemples concrets, le nombre variable x est souvent un décimal positif.

② On sait que pour 22 L de carburant on a payé 27,28 €.
Le prix est proportionnel au nombre de litres de carburant.
a. On appelle x le nombre de litres de carburant. Quelle est la fonction linéaire donnant le prix en fonction de x ?
b. Quel est le prix à payer pour un plein de 45 L ?

a. On a $22 \mapsto k \times 22$; $22k = 27,28$; $k = 27,28 \div 22$; $k = 1,24$.
La fonction linéaire est $x \mapsto 1,24x$ soit $f(x) = 1,24x$.
b. Pour 45 L, **on doit payer 55,80 €** car $45 \times 1,24 = 55,80$.

③ a. Quelle est la fonction linéaire telle que $-55 \mapsto 35$?
b. Quelle est l'image de -10 pour cette fonction linéaire ?

a. Cette fonction linéaire est de la forme $y = kx$.
Pour $x = -55$, on a $y = 35$; d'où : $35 = k \times (-55)$.
$k = \dfrac{35}{-55}$; $k = -\dfrac{35}{55}$; $k = -\dfrac{7}{11}$ (après simplification par 5).
La fonction linéaire est telle que $f(x) = -\dfrac{7}{11}x$.
b. **L'image de -10 est $\dfrac{70}{11}$** car $-\dfrac{7}{11} \times (-10) = \dfrac{70}{11}$.

Voir aussi fiches 13 à 15 et 49 à 51

58 Fonction linéaire : représentation graphique

Représentation graphique d'une fonction linéaire

▶ La représentation graphique d'une fonction linéaire est une **droite** passant par l'origine des axes de coordonnées.

▶ Un point, autre que l'origine du repère, suffit pour tracer la droite représentant une fonction linéaire.

Soit f la fonction linéaire telle que $f(x) = -1,5x$.

On fait un tableau de valeurs :

x	0	1	2
y	0	$-1,5$	-3

$\times -1,5$

Origine du repère   Image de 1

> ⚠ • L'image de 1 est égale au coefficient de la fonction linéaire.
> • Calculer les images de plusieurs valeurs permet d'éviter des erreurs.

La droite D est définie par deux points : O (0 ; 0) et A (2 ; -3).

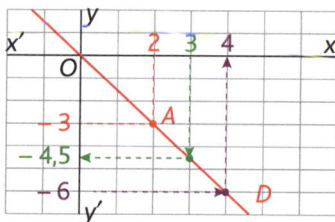

Comment utiliser cette représentation graphique ?

▶ La représentation graphique d'une fonction linéaire permet de trouver par simple lecture l'image ou l'antécédent d'un nombre donné.

Pour le graphique de l'exemple ci-dessus :

• Image de 3 (flèches vertes) :

On part du point d'abscisse 3 sur l'axe $x'x$; on repère le point de la droite ayant pour abscisse 3 ; on lit l'ordonnée de ce point sur l'axe $y'y$; c'est $-4,5$.

• Antécédent de -6 (flèches violettes) :

On part du point d'ordonnée -6 sur l'axe $y'y$; on repère le point de la droite ayant pour ordonnée -6 ; on lit l'abscisse de ce point sur l'axe $x'x$; c'est 4.

On peut vérifier par le calcul ce qui est lu sur le graphique.

On sait que 2 a pour image -3 ; le coefficient k est tel que $k \times 2 = -3$; d'où : $k = -1,5$.

La fonction f est telle que $f(x) = -1,5x$.

L'image de 3 est $-4,5$ car $-1,5 \times 3 = -4,5$.

L'antécédent de -6 est 4 car l'équation $-1,5x = -6$ a pour solution 4.

Exercices d'application

1 Représenter graphiquement la fonction linéaire telle que $y = 0,1x$ après avoir placé les points P et P' ayant pour abscisses respectives − 200 et 300.

On calcule les coordonnés des deux points. P (− 200 ; − 20) et P' (300 ; 30) car $0,1 \times (− 200) = − 20$ et $0,1 \times 300 = 30$.
La droite (PP') est la représentation graphique de la fonction linéaire telle que $y = 0,1x$.

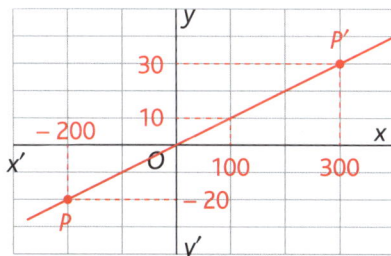

2 Les droites (OA) et (OB) sont les représentations graphiques de deux fonctions linéaires. Lesquelles ?

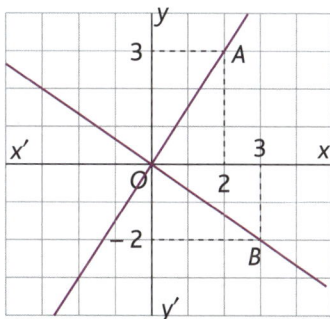

La droite (OA) représente une fonction linéaire f telle que $f(x) = kx$.
Les coordonnées de A donnent : $f(2) = 3$;
$k \times 2 = 3$; $k = 3 \div 2 = 1,5$.
La droite (OA) représente la fonction f telle que $f(x) = 1,5x$.
La droite (OB) représente une fonction linéaire g telle que $g(x) = k'x$.

À savoir

La droite, représentation graphique d'une fonction linéaire, suffit pour exprimer y en fonction de x et déterminer la fonction

Les coordonnées de B donnent : $g(3) = − 2$; $k' \times 3 = − 2$; $k' = − \dfrac{2}{3}$.

La droite (OB) représente la fonction g telle que $g(x) = − \dfrac{2}{3}\, x$.

Voir aussi fiches 52 et 57 125

Fonction affine

Qu'est-ce qu'une fonction affine ?

▶ m et p étant deux nombres relatifs donnés, la relation qui, à tout nombre relatif variable x associe le nombre relatif y tel que $y = mx + p$ est une **fonction affine** de **coefficient** m.

▶ On peut noter cette fonction $x \mapsto mx + p$.
On peut aussi noter f cette fonction ; l'image de f se note alors $f(x)$ et on écrit $\boldsymbol{f(x) = mx + p}$.

> ⚠️ $y = mx$ (fonction linéaire) et $y = p$ (fonction constante) sont deux cas particuliers de fonctions affines :
> – pour la première, $p = 0$;
> – pour la seconde, $m = 0$.

En France, la température est exprimée en degrés Celsius (°C).

Aux États-Unis, elle est exprimée en degrés Fahrenheit (°F).

Si on appelle x une température exprimée en degrés Celsius et y la même température exprimée en degrés Fahrenheit, on a : $y = 1,8x + 32$. C'est une fonction affine de coefficient 1,8.

Température (°C)	– 10	0	10	37	100
Température (°F)	14	32	50	98,6	212

La glace fond à 32 °F ; l'eau bout à 212 °F.
Avec une température de 98,6 °F, il fait très chaud !

Comment déterminer une fonction affine ?

▶ Une fonction affine est déterminée dès que l'on connaît les nombres m et p.
Fonction affine f telle que $f(x) = 1,8x + 32$.

▶ Une fonction affine est déterminée par la donnée de deux nombres a et b et de leurs images respectives $f(a)$ et $f(b)$.

Le coefficient m est tel que $m = \dfrac{f(b) - f(a)}{b - a}$.

Si, si, c'est la fonction qui affine !

$m = \dfrac{f(b) - f(a)}{b - a}$

Une fonction affine est telle que $f(2) = 1$ et $f(-1) = -5$.
On doit calculer m et p tels que $y = mx + p$.

On a : $m = \dfrac{f(-1) - f(2)}{-1 - 2}$; $m = \dfrac{-5 - 1}{-1 - 2}$; $m = 2$.

On doit calculer p tel que $y = 2x + p$.
De $f(2) = 1$ on tire : $1 = 2 \times 2 + p$; $1 = 4 + p$; $p = -3$.
Cette fonction affine est telle que $f(x) = 2x - 3$.

> **En savoir plus**
> Cela revient à résoudre un système dont les deux inconnues sont m et p.
> $$\begin{cases} 2m + p = 1 \\ -m + p = -5. \end{cases}$$
> Solutions : $m = 2$ et $p = -3$.
> (*cf.* fiche 47).

Exercices d'application

❶ Une fonction affine a pour coefficient – 2. On sait de plus que l'image de 2 est – 1.

a. Quelle est cette fonction affine ?

b. Quelle est l'image de 10 ?

a. Cette fonction affine est telle que $f(x) = -2x + p$.

On sait que $f(2) = -1$.

On doit calculer p tel que $-1 = -2 \times 2 + p$ soit $-1 = -4 + p$.

D'où : $p = -1 + 4$; $p = 3$.

La fonction affine est telle que $f(x) = -2x + 3$.

b. On a $f(10) = -2 \times 10 + 3$; $f(10) = -17$.

❷ Le tableau de valeurs ci-dessous est associé à une fonction affine.

x	– 3	2
y	8	3

a. Quelle est cette fonction affine ?

b. Quelle est l'image de 10 ?

a. Soit f cette fonction ; on a : $f(-3) = 8$ et $f(2) = 3$.

Le coefficient m est tel que $m = \dfrac{f(2)-f(-3)}{2-(-3)} = \dfrac{3-8}{2+3} = -1$.

La fonction est telle que $f(x) = -1 \times x + p$; on doit calculer p.

3 est l'image de 2 ; $3 = -1 \times 2 + p$; $3 = -2 + p$; $p = 5$.

La fonction affine est telle que $y = -x + 5$.

b. $f(10) = -10 + 5$; $f(10) = -5$. **L'image de 10 est – 5.**

❸ On ouvre une feuille de calcul dans un tableur pour calculer les images des nombres – 25 ; – 10 ; + 20 et + 35 pour la fonction f telle que $f(x) = 1,8x + 32$.

	A	B
1	x	y
2	– 25	
3	– 10	
4	20	
5	35	

a. Quelle formule doit-on saisir dans la cellule B2 ?

b. Effectuer les calculs, avec ou sans tableur, pour les lignes 2, 3, 4 et 5.

a. On doit saisir la formule **=A2*1,8+32**.

b. On obtient : $f(-25) = -13$; $f(-10) = 14$; $f(20) = 68$ et $f(35) = 95$.

Voir aussi fiche 22

Fonction affine : représentation graphique

Représentation graphique d'une fonction affine

▶ La représentation graphique d'une fonction affine est une **droite** ; elle est parallèle à la droite représentant la fonction linéaire de même coefficient.

▶ La droite représentant une fonction affine coupe l'axe des ordonnées.

▶ Toute droite coupant l'axe des ordonnées est la représentation graphique d'une fonction affine.

La représentation graphique de la fonction affine définie par $y = 2x + 3$ est la droite d passant par les points A $(0 ; 3)$ et B $(2 ; 7)$.

La représentation graphique de la fonction affine définie par $y = -0,6x + 0,4$ est la droite δ passant par les points C $(-1 ; 1)$ et D $(4 ; -2)$.

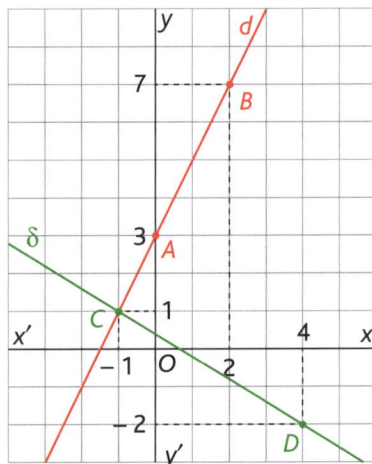

Comment utiliser cette représentation graphique ?

L'étude de la position relative des représentations graphiques de deux fonctions dans un même repère permet de **résoudre graphiquement une équation et deux inéquations**.

▶ **Interprétation graphique d'une équation**

Sur la représentation graphique précédente, le **point d'intersection** des droites d et δ a pour **abscisse -1**.

-1 est la solution graphique de l'équation $2x + 3 = -0,6x + 0,4$.

▶ **Interprétation graphique d'une inéquation**

Sur la représentation graphique précédente, lorsque $x < -1$, la droite d est « en dessous » de la droite δ ; les nombres strictement inférieurs à -1 sont les solutions de l'inéquation $2x + 3 < -0,6x + 0,4$.

Lorsque $x > -1$, la droite d est « au-dessus » de la droite δ ; les nombres strictement supérieurs à -1 sont les solutions de l'inéquation $2x + 3 > -0,6x + 0,4$.

⚠ La résolution algébrique de l'équation $2x + 3 = -0,6x + 0,4$ et des inéquations $2x + 3 < -0,6x + 0,4$ et $2x + 3 > -0,6x + 0,4$ confirme l'interprétation graphique.

Exercices d'application

1 **Représenter dans un même repère la fonction affine f telle que $f(x) = -x + 2$ et la fonction affine g telle que $g(x) = 2x - 1$.**

On fait un tableau de valeurs pour chaque fonction :

x	0	2
$f(x)$	2	0

x	0	2
$g(x)$	-1	3

La fonction f est représentée par la droite D passant par les points de coordonnées $(0 ; 2)$ et $(2 ; 0)$.
La fonction g est représentée par la droite Δ passant par les points de coordonnées $(0 ; -1)$ et $(2 ; 3)$.

> ### À savoir
> Pour une fonction affine, on a $f(x) = mx + p$ et $f(0) = p$.
> Le nombre p est appelé **« ordonnée à l'origine »**.

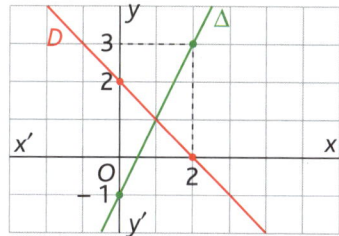

2 **a.** À l'aide de la représentation graphique ci-dessus, résoudre l'équation $-x + 2 = 2x - 1$ et l'inéquation $-x + 2 \leqslant 2x - 1$.
b. Résoudre à l'aide d'une représentation graphique l'inéquation $2x - 1 > x$.

a. La droite D représentant la fonction f telle que $y = -x + 2$ coupe la droite Δ représentant la fonction g telle que $y = 2x - 1$ en un point d'abscisse 1 ;
l'équation $-x + 2 = 2x - 1$ a pour solution 1.
Lorsque $x \geqslant 1$, la droite D est « en dessous » de la droite Δ.
Le nombre 1 et tous les nombres qui lui sont supérieurs sont les solutions de l'inéquation $-x + 2 \leqslant 2x - 1$.

b. On représente dans un même repère la fonction affine telle que $y = 2x - 1$ et la fonction linéaire telle que $y = x$. Les droites se coupent au point de coordonnées $(1 ; 1)$.
Lorsque $x > 1$, la droite Δ représentant la fonction telle que $y = 2x - 1$ est « au-dessus » de la droite Δ' représentant la fonction $y = x$.
Les nombres strictement supérieurs à 1 sont les solutions de l'inéquation $2x - 1 > x$.

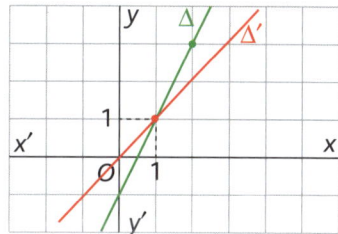

Voir aussi fiches 57 à 59

61 Fonctions : image et antécédent

Il n'y a pas que les fonctions affines

▶ Lorsqu'on juxtapose un carré dont la mesure du côté est variable (carré jaune de côté x cm) et un carré de côté 1 cm (carré rouge), on obtient une figure globale dont l'aire varie en fonction de x.

x cm

1 cm

On appelle y l'aire totale (en cm^2).

Le nombre x est variable et le nombre y est fonction de x.

On note : $x \mapsto x^2 + 1$ ou $y = x^2 + 1$ ou $f(x) = x^2 + 1$.

$x \mapsto x^2 + 1$ se lit « x a pour image $x^2 + 1$ ».

Cette fonction n'est pas une fonction affine.

> • $f(x)$ se lit « f de x ». Dans cette notation, les parenthèses indiquent le nom de la variable et non une priorité.

Comment calculer l'image ou l'antécédent d'un nombre ?

▶ Pour une fonction donnée par une expression algébrique, chercher l'**image** d'un nombre revient à calculer la valeur numérique de cette expression algébrique.

La séquence $x^2 + 1$ indique les opérations à faire pour trouver l'image d'un nombre (calculer le carré, puis ajouter 1).

Tableau de valeurs :

Côté (cm)	0,2	0,5	0,8	1,2	1,5	...
Aire totale (cm^2)	1,04	1,25	1,64	2,44	3,25	...

▶ Pour une fonction donnée par une expression algébrique, chercher un **antécédent** d'un nombre revient à résoudre une équation (*au collège, on ne sait résoudre que certaines équations*).

Pour trouver un antécédent du nombre 101, on doit résoudre l'équation $x^2 + 1 = 101$.

C'est une équation du second degré.

On peut la résoudre en se ramenant à la forme $x^2 = k$ (*cf.* fiche 42).

On transpose et on réduit ; l'équation s'écrit : $x^2 = 101 - 1$; $x^2 = 100$.

Cette équation a deux solutions : -10 et 10 (*cf.* fiche 24).

Dans l'exemple géométrique étudié, x est la mesure du côté d'un carré, c'est donc un nombre positif (seul le nombre 10 convient ici).

L'antécédent de 101 est le nombre 10.

Exercices d'application

1 Donner l'image de 10 et l'image de – 10 pour chacune des fonctions f, g et h suivantes :
$$x \xmapsto{f} 3x^2 \; ; \; x \xmapsto{g} 2x^3 \; ; \; x \xmapsto{h} \sqrt{x} \; .$$

$f(10) = 3 \times 10^2 = \textbf{300}$; $f(-10) = 3 \times (-10)^2 = \textbf{300}$.
$g(10) = 2 \times 10^3 = \textbf{2 000}$; $g(-10) = 2 \times (-10)^3 = \textbf{-2 000}$.
$h(10) = \sqrt{10} \approx 3{,}16$; $h(-10)$ **n'existe pas** car il n'y a pas de racine carrée d'un nombre négatif.

2 Donner les antécédents de 99 pour chacune des fonctions f, g et h telles que $f(x) = 3x$; $g(x) = -2x + 1$; $h(x) = x^2 - 1$.

• Pour la fonction f, on doit résoudre l'équation $3x = 99$.
La solution est 33 car $99 \div 3 = 33$.
99 a un antécédent : 33.
• Pour la fonction g, on doit résoudre l'équation $-2x + 1 = 99$.
$-2x + 1 = 99$; $-2x = 99 - 1$; $-2x = 98$;
$x = 98 \div (-2)$; $x = -49$.
La solution est -49 ; **99 a un antécédent : – 49**.
• Pour la fonction h, on doit résoudre l'équation $x^2 - 1 = 99$.
$x^2 - 1 = 99$; $x^2 = 99 + 1$; $x^2 = 100$.
Cette équation a deux solutions : -10 et 10 (*cf.* fiche 24).
99 a deux antécédents : – 10 et 10.

> **À savoir**
>
> Les fonctions autres que les fonctions affines sont étudiées après le collège.
>
> Au collège, on doit connaître la signification de :
> – « a pour image » ;
> – « est un antécédent de ».

3 Soit f la fonction telle que $f(x) = 3x^2 - 1$.

a. Calculer l'image de chacun des nombres entiers relatifs compris entre – 3 et + 3.
b. Vérifier que – 6 et + 6 sont deux antécédents de 107.

a. Tableau des valeurs :

x	– 3	– 2	– 1	0	+ 1	+ 2	+ 3
$f(x)$	26	11	2	– 1	2	11	26

b. – 6 sera un antécédent de 107, si 107 est l'image de – 6.
$f(-6) = 3 \times (-6)^2 - 1 = 107$; **– 6 est un antécédent de 107**.
6 sera un antécédent de 107, si 107 est l'image de 6.
$f(6) = 3 \times 6^2 - 1 = 107$; **6 est un antécédent de 107**.

Voir aussi fiches 24, 30, 33, 42 et 56

62 Utilisation d'une représentation graphique

Que peut-on lire sur une représentation graphique ?

▶ Si un document fournit une représentation graphique, on peut lire l'image d'un nombre et le (ou les) antécédent(s) d'un nombre.

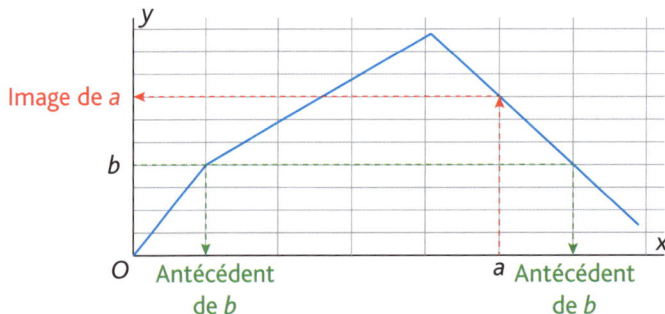

En savoir plus

Une fonction dont la représentation graphique est constituée d'une succession de segments est appelée « fonction affine par intervalles ».

La courbe ci-dessous représente pour un scooter, la distance de freinage sur route mouillée (après le temps de réaction) en fonction de la vitesse du véhicule.

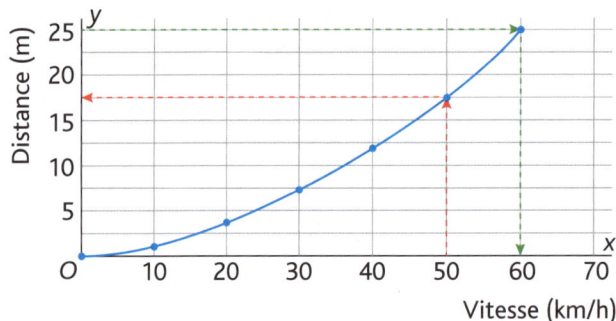

À savoir

La distance d'arrêt d'un véhicule est la somme de la distance parcourue pendant le temps de réaction et de la distance de freinage donnée par le graphique ci-contre.

• Lecture de l'image d'un nombre

On lit la vitesse sur l'axe des abscisses (exemple 50 km/h).

La distance de freinage (image de 50) se lit sur l'axe des ordonnées (flèches rouges) : environ 17,5 m.

L'image de 50 est environ 17,5.

La distance de freinage est d'environ 17,50 m à la vitesse de 50 km/h.

• Lecture de l'antécédent d'un nombre

On lit la distance de freinage sur l'axe des ordonnées (exemple 25 m). La vitesse (antécédent de 25) se lit sur l'axe des abscisses (flèches vertes) : environ 60 km/h.

L'antécédent de 25 est environ 60.

Pour une vitesse d'environ 60 km/h, la distance de freinage est de 25 m.

Exercice d'application

1 À l'occasion d'une randonnée cyclotouriste, on a noté les distances parcourues chaque heure après le départ par un participant. D'où le graphique (fonction affine par intervalles).

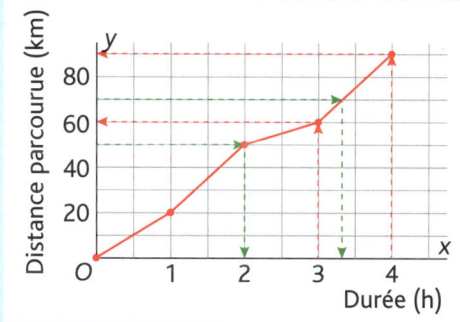

a. Quelle est la distance parcourue en 3 heures, en 4 heures ?

b. En combien de temps le cyclotouriste a-t-il parcouru les 50 premiers kilomètres, les 70 premiers kilomètres ?

c. La distance parcourue est-elle proportionnelle à la durée de parcours ?

a. On lit 3 heures sur l'axe [Ox ; on suit les flèches rouges et on lit l'image de 3 sur l'axe [Oy.
En 3 heures, il a parcouru 60 km.
En 4 heures, il a parcouru 90 km (flèches rouges).
b. On lit 50 km sur l'axe [Oy ; on suit les flèches vertes et on lit l'antécédent de 50 sur l'axe [Ox.
Pour parcourir 50 km, il a mis 2 heures.
On lit 70 km sur l'axe [Oy ; on suit les flèches vertes et on lit l'antécédent de 70 sur l'axe [Ox.
Pour parcourir 70 km, il a mis un peu plus de 3 heures.

La reproduction de ce graphique sur papier millimétré permettrait de donner avec plus de précision la durée nécessaire pour parcourir 70 km.

c. Si la distance parcourue était proportionnelle à la durée, la représentation graphique serait celle d'une fonction linéaire, c'est-à-dire une demi-droite issue de l'origine du repère. Les points ne sont pas alignés sur une droite, **la distance parcourue n'est donc pas proportionnelle à la durée du parcours**. *Il a parcouru en tout 90 km en 4 heures. Sa vitesse moyenne est de 22,5 km/h car 90 ÷ 4 = 22,5. À cette vitesse, pendant la première heure, il aurait parcouru 22,5 km et non 20 comme l'indique le graphique.*

63 Diagrammes en bâtons et histogrammes

6ᵉ

Vocabulaire de la statistique

▶ Pour comprendre, prenons par exemple l'étude des âges des 24 élèves d'une classe de cinquième.

Population étudiée : les élèves de la classe de cinquième A.

Caractère étudié : l'âge des élèves.

Valeurs du caractère : 11 ans, 12 ans, 13 ans, 14 ans.

Résultat de l'enquête (**série statistique**) : 11 ; 11 ; 12 ; 13 ; 12 ; 12 ; 14 ; 12 ; 13 ; 14 ; 12 ; 12 ; 13 ; 13 ; 12 ; 12 ; 12 ; 14 ; 12 ; 13 ; 12 ; 14 ; 12 ; 13.

Tableau des effectifs :

Valeurs	11 ans	12 ans	13 ans	14 ans
Effectifs	2	12	6	4

Diagramme en bâtons

▶ On place les valeurs du caractère du tableau ci-dessus sur l'axe [Ox.
À chaque valeur, on associe un segment (bâton) dont **la hauteur est proportionnelle** à l'effectif.

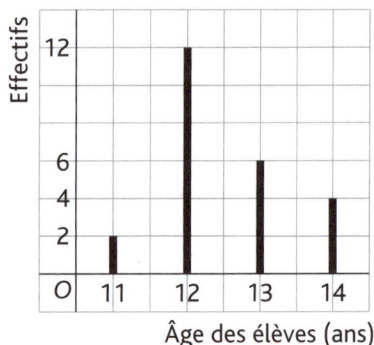

Âge des élèves (ans)

3ᵉ

Histogramme

▶ Dans un histogramme, les effectifs sont **proportionnels aux aires des rectangles**.

Si les rectangles ont tous la même largeur, les aires sont proportionnelles aux hauteurs des rectangles et les effectifs sont alors proportionnels aux hauteurs des rectangles.

Une enquête statistique a porté sur la taille (en cm) des 24 élèves d'une classe. On a regroupé les valeurs en trois tranches et on a obtenu l'histogramme ci-contre :

On lit que 7 élèves ont une taille t comprise entre 140 cm et 150 cm ($140 \leqslant t < 150$), 12 ont une taille t comprise entre 150 cm et 160 cm ($150 \leqslant t < 160$), et 5 ont une taille t comprise entre 160 cm et 170 cm ($160 \leqslant t \leqslant 170$).

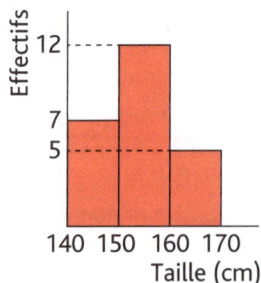

Taille (cm)

Exercices d'application

1 Le tableau donne les âges des 145 jeunes membres d'un club de judo.

Âges	8 ans	9 ans	10 ans	11 ans	12 ans	13 ans
Effectifs	20	10	25	20	30	40

Faire un diagramme en bâtons.

On gradue l'axe [Ox pour placer les âges, puis on gradue l'axe [Oy pour placer les effectifs (ici, 8 mm pour 10 judokas).

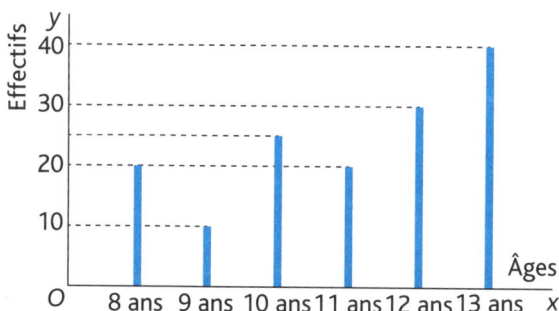

2 Après une épreuve de saut en hauteur, on a représenté par un histogramme les performances de 70 jeunes athlètes.

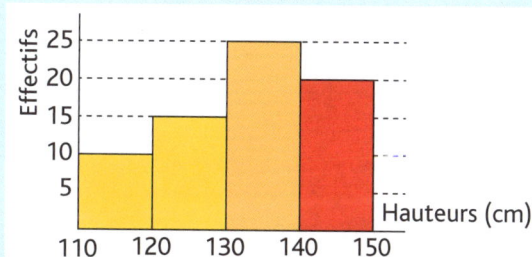

Compléter la ligne « Effectifs » du tableau ci-dessous.

Hauteurs	$110 \leqslant h < 120$	$120 \leqslant h < 130$	$130 \leqslant h < 140$	$140 \leqslant h \leqslant 150$
Effectifs	...	...	...	...

On complète avec les effectifs :
10 pour $110 \leqslant h < 120$; **15** pour $120 \leqslant h < 130$;
25 pour $130 \leqslant h < 140$; **20** pour $140 \leqslant h \leqslant 150$.

La notation $110 \leqslant h < 120$ indique que la hauteur h est supérieure ou égale à 110 et strictement inférieure à 120.

Lire un diagramme circulaire

▶ On sait que l'effectif de chaque valeur du caractère est **proportionnel à l'angle au centre du secteur** correspondant.
Il s'agit de déterminer les effectifs en mesurant les angles.

Population : 24 élèves d'une classe.

Caractère étudié : l'âge.

On mesure avec le rapporteur l'angle associé au secteur 11 ans : 30°.

Les autres s'en déduisent : 180°, 90° et 60°.

On complète le tableau de proportionnalité.

À l'effectif total (24) correspond l'angle plein (360°).

On a : $k = \dfrac{24}{360} = \dfrac{1}{15}$ (après simplification).

$30 \times \dfrac{1}{15} = 2$; $180 \times \dfrac{1}{15} = 12$; $90 \times \dfrac{1}{15} = 6$; $60 \times \dfrac{1}{15} = 4$.

Valeurs	11 ans	12 ans	13 ans	14 ans	
Angles (°)	30	180	90	60	360
Effectifs	2	12	6	4	24

$\times k$

> **À savoir**
>
> Ce qui est dit pour un diagramme circulaire s'adapte pour un diagramme semi-circulaire.
>
> L'angle total est alors un angle plat (180°).

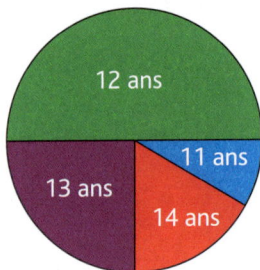

Construire un diagramme circulaire

▶ À chaque valeur du caractère, on associe un secteur de disque dont l'angle au centre est **proportionnel** à l'effectif.

Population : 30 élèves d'une classe ; caractère étudié : l'âge.

Valeurs	11 ans	12 ans	13 ans	14 ans	
Effectifs	1	20	6	3	30
Angles (°)	12	240	72	36	360

$\times k$

On a : $k = 360 \div 30 = 12$.

$1 \times 12 = 12$; $20 \times 12 = 240$; $6 \times 12 = 72$; $3 \times 12 = 36$.

On construit les secteurs avec le rapporteur.

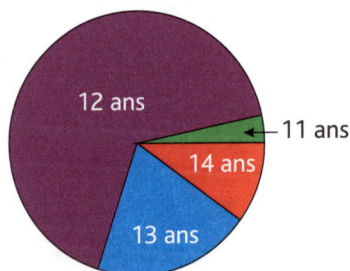

Exercices d'application

1 Une étude portant sur la destination de 2 700 Français partant en vacances a donné le résultat suivant :

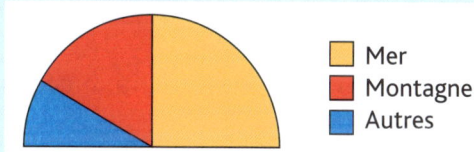

- Mer
- Montagne
- Autres

⚠ Dans un diagramme semi-circulaire, la somme des angles est un angle plat (180°).

Mesurer les angles, calculer les effectifs, puis faire un tableau donnant les effectifs pour chaque destination de vacances.

Somme des angles : 180° ; somme des effectifs : 2 700.
Coefficient : 2 700 ÷ 180 = 15.

Destination	Mer	Montagne	Autres
Angles (°)	90	60	30
Effectifs	1 350	900	450

× 15

2 Le diagramme en bâtons ci-contre donne la répartition des 20 médailles obtenues par une équipe lors d'une compétition.
On veut faire un diagramme semi-circulaire. Calculer les angles, puis faire le diagramme.

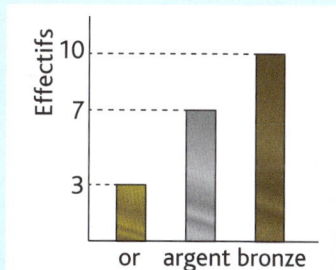

Somme des effectifs : 20 ; somme des angles : 180° ;
coefficient : 180 ÷ 20 = 9.

Métal	Or	Argent	Bronze
Effectifs	3	7	10
Angles (°)	27	63	90

× 9

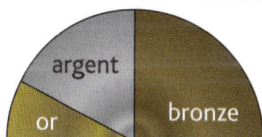

Fréquence

Qu'est-ce qu'une fréquence ?

▶ La fréquence d'une valeur (du caractère étudié) est un quotient :

$$\text{Fréquence} = \frac{\text{effectif de cette valeur}}{\text{effectif total}}.$$

On peut l'exprimer par une fraction, par un nombre en écriture décimale ou par un pourcentage.

▶ Chaque fréquence est **inférieure à 1**.

La somme de toutes les fréquences exprimées sous forme de fraction est égale à 1.

Pour savoir si les mots de huit lettres sont fréquents dans la langue française, on a étudié la longueur des mots de la première page d'un livre (*La Gloire de mon père* de Marcel Pagnol).

Valeurs	1	2	3	4	5	6
Effectifs	14	41	27	29	17	17

Valeurs	7	8	9	10	11	12
Effectifs	16	12	2	1	1	1

La valeur 8 arrive 12 fois sur un total de 178 mots.

On dit que la fréquence de la valeur 8 est $\dfrac{12}{178}$; on la note aussi **0,067** ou **6,7 %**.

Il faut connaître les différentes écritures d'un quotient. Ainsi :

$$\frac{12}{178} = \frac{6}{89} \; ;$$

$$\frac{12}{178} = 0{,}067\,41... \; ;$$

$$\frac{12}{178} = 6{,}7\ \%.$$

On complète le tableau des effectifs avec la ligne « Fréquences ».

Valeurs	1	2	3	4	5	6	7	8	...
Effectifs	14	41	27	29	17	17	16	12	...
Fréquences	$\dfrac{14}{178}$	$\dfrac{41}{178}$	$\dfrac{27}{178}$	$\dfrac{29}{178}$	$\dfrac{17}{178}$	$\dfrac{17}{178}$	$\dfrac{16}{178}$	$\dfrac{12}{178}$	...
Fréquences (%)	7,9	23,0	15,2	16,3	9,6	9,6	9,0	6,7	...

On peut illustrer la répartition des fréquences par un diagramme.

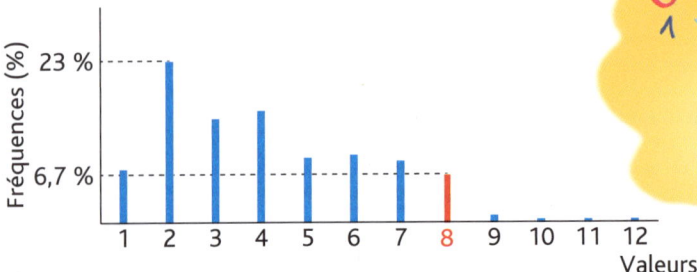

Exercices d'application

1 On a étudié l'âge des poneys appartenant à un centre équestre.
Le diagramme en bâtons ci-contre donne le résultat de l'enquête.
Faire un tableau donnant les fréquences sous forme de fraction et de pourcentage.

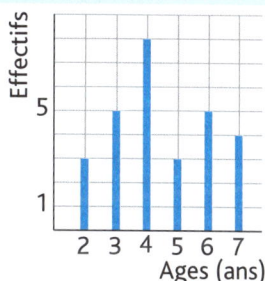

Le diagramme donne, par simple lecture, l'effectif de chaque valeur ; on en déduit l'effectif total (28).

Âges (ans)	2	3	4	5	6	7
Effectifs	3	5	8	3	5	4
Fréquences	$\dfrac{3}{28}$	$\dfrac{5}{28}$	$\dfrac{8}{28}$	$\dfrac{3}{28}$	$\dfrac{5}{28}$	$\dfrac{4}{28}$
Fréquences (%)	10,7	17,9	28,6	10,7	17,9	14,3

2 On reprend les données de l'enquête précédente.
On s'intéresse aux poneys qui ont « au plus 4 ans » ; il y en a 16 en tout car 3 + 5 + 8 = 16 ; 16 est l'effectif cumulé ; la fréquence des poneys qui ont « au plus 4 ans » est $\dfrac{16}{28}$; c'est la fréquence cumulée.
Faire un tableau donnant les effectifs cumulés et les fréquences cumulées pour chaque valeur du caractère.

Pour la valeur 3, l'effectif cumulé est 8 car 3 + 5 = 8.
La fréquence cumulée est $\dfrac{8}{28}$ car $\dfrac{3}{28} + \dfrac{5}{28} = \dfrac{8}{28}$.
La fréquence cumulée est aussi égale à $\dfrac{\text{effectif cumulé}}{\text{effectif total}}$ soit directement : $\dfrac{8}{28}$.

> ⚠ La somme des fréquences en pourcentages peut ne pas être égale à 100 % à cause des arrondis.

Âges (ans)	2	3	4	5	6	7
Effectifs cumulés	3	8	16	19	24	28
Fréquences cumulées	$\dfrac{3}{28}$	$\dfrac{8}{28}$	$\dfrac{16}{28}$	$\dfrac{19}{28}$	$\dfrac{24}{28}$	$\dfrac{28}{28}$
Fréquences cumulées (%)	10,7	28,6	57,1	67,9	85,7	100

Voir aussi fiches 17, 54 et 63 **139**

66 ◆ Moyenne

Qu'est-ce qu'une moyenne ?

▶ La **moyenne** d'une série statistique numérique est le quotient de la somme des nombres figurant dans la série statistique par le nombre d'éléments de cette série statistique.
Si on appelle m la moyenne, on a :

$$m = \frac{\text{somme des nombres}}{\text{nombre d'éléments}}$$

Lors d'un examen, on a relevé les notes mises par un correcteur :

11 ; 10 ; 18 ; 14 ; 10 ; 9 ; 8 ; 4 ; 12 ; 15 ; 13 ; 8 ; 7 ; 16 ; 9 ; 12 ; 15 ; 8 ; 6 ; 1 ; 18 ; 13 ; 16 ; 17 ; 12 ; 18 ; 7.

Il y a 27 notes et le total des notes est 307 ; la moyenne de ces notes est $\frac{307}{27}$ soit environ 11,37.

▶ Lorsque des valeurs se répètent souvent, on a intérêt à faire d'abord un **tableau des effectifs**.

Lors d'une épreuve sportive il n'y a que 5 notes possibles : 1 ; 2 ; 3 ; 4 ou 5. Parmi les 82 concurrents, la note 1 se répète 6 fois, la note 2 se répète 15 fois, etc. On fait un tableau donnant les effectifs pour chaque note.

Valeurs	1	2	3	4	5
Effectifs	6	15	32	20	9

La moyenne est :

$$\frac{6 \times 1 + 15 \times 2 + 32 \times 3 + 20 \times 4 + 9 \times 5}{6 + 15 + 32 + 20 + 9} = \frac{257}{82} \approx 3,13.$$

Qu'est-ce qu'une moyenne pondérée ?

Un examen professionnel comporte une épreuve théorique de coefficient 3 et une épreuve pratique de coefficient 5.

Un candidat a obtenu 8 à la première et 12 à la seconde.
La moyenne m de ce candidat est telle que :

$$m = \frac{8 \times 3 + 12 \times 5}{3 + 5} = \frac{84}{8} \text{ soit } 10,5.$$

⚠ Tout se passe comme si le candidat avait obtenu trois fois la note 8 et 5 fois la note 12.

▶ Cette moyenne est appelée « **moyenne pondérée** » car toutes les notes n'ont pas le même « poids ».

Exercices d'application

1 Voici les notes obtenues en mathématiques par un élève au cours d'une année scolaire :
– **premier trimestre** : 2 ; 5 ; 18 ; 10 ; 2 ; 17 ;
– **deuxième trimestre** : 16 ; 12 ; 17 ;
– **troisième trimestre** : 5 ; 16 ; 3 ; 2 ; 18.
a. Calculer la moyenne de chaque trimestre.
b. Calculer la moyenne de toutes les notes de l'année.
c. Calculer la moyenne des trois moyennes trimestrielles.

a. Premier trimestre : $\dfrac{2+5+18+10+2+17}{6} = \dfrac{54}{6} = \mathbf{9}$.

Deuxième trimestre : $\dfrac{16+12+17}{3} = \dfrac{45}{3} = \mathbf{15}$.

Troisième trimestre : $\dfrac{5+16+3+2+18}{5} = \dfrac{44}{5} = \mathbf{8,8}$.

> La moyenne des trois moyennes trimestrielles ne donne pas la moyenne de toutes les notes car chaque trimestre n'a pas le même nombre de notes. Le « poids » de chaque trimestre est différent.

b. Il y a 14 notes, on connaît déjà la somme des notes de chaque trimestre : 54 ; 45 et 44.
Moyenne des notes de l'année :
$\dfrac{54+45+44}{6+3+5} = \dfrac{143}{14} \approx \mathbf{10,2}$.

c. Moyenne des moyennes trimestrielles : $\dfrac{9+15+8,8}{3} \approx \mathbf{10,9}$.

2 Le tableau ci-dessous donne la répartition en cinq tranches des notes mises par un correcteur à un examen.

Notes	$0 \leqslant n < 4$	$4 \leqslant n < 8$	$8 \leqslant n < 12$	$12 \leqslant n < 16$	$16 \leqslant n \leqslant 20$
Effectifs	8	12	28	14	6

Quelle est la moyenne de ces notes ?

On fait comme si toutes les notes d'une tranche étaient égales à la valeur centrale de la tranche. La valeur centrale de la première tranche est 2, on fait comme si la note 2 avait été obtenue 8 fois.
Valeurs centrales des cinq tranches : 2 ; 6 ; 10 ; 14 et 18.

$m = \dfrac{8\times2+12\times6+28\times10+14\times14+6\times18}{68} = \dfrac{672}{68} \approx \mathbf{9,88}$.

La moyenne de ces notes est environ 9,9.

Voir aussi fiches 7 et 11

67 Médiane et étendue

Comment caractériser la dispersion d'une série statistique ?

▶ Pour caractériser la **dispersion** des termes d'une série statistique, on utilise, entre autres, la **médiane** et l'**étendue**.

Comment calculer la médiane d'une série statistique ?

▶ La **médiane** d'une série statistique numérique rangée par ordre croissant (ou décroissant) est un nombre tel que l'effectif des valeurs situées avant ce nombre et l'effectif des valeurs situées après ce nombre soient, toutes les deux, au plus égal à la moitié de l'effectif total.

• Léo a rangé par ordre croissant les 15 notes qu'il a obtenues en mathématiques. 15 est un nombre impair, on peut faire deux paquets de 7 termes et il reste 1 terme (division euclidienne : $15 = 2 \times 7 + 1$ et $1 < 2$).

$$3 - 4 - 5 - 7 - 8 - 9 - 10 - 11 - 12 - 14 - 15 - 16 - 17 - 18 - 19.$$

7 notes avant la médiane   7 notes après la médiane

Médiane

La médiane des notes de Léo est 11.

• Si le nombre de termes de la série est pair, la médiane n'est pas obligatoirement un nombre figurant dans la série.

Pour une série de 12 termes, on peut faire deux paquets de 6 termes.

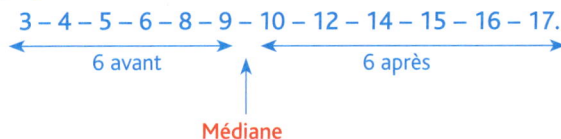

$$3 - 4 - 5 - 6 - 8 - 9 - 10 - 12 - 14 - 15 - 16 - 17.$$

6 avant   6 après

Médiane

La médiane est entre le sixième et le septième nombre ; c'est-à-dire, ici, entre 9 et 10. On choisit 9,5 comme médiane.

> ### À savoir
>
> Lorsque le nombre de termes est très important, on peut partager la série en quatre parties de façon que l'effectif de chacune des parties soit au plus égal au quart de l'effectif total. Les nombres séparant ces parties sont appelés « **quartiles** ».

Comment calculer l'étendue d'une série statistique ?

▶ Pour une série statistique numérique dont les termes sont rangés par ordre croissant (ou par ordre décroissant), l'**étendue** est la différence entre le plus grand terme et le plus petit terme.

Léo a rangé par ordre croissant les 15 notes qu'il a obtenues en mathématiques :
$$3 - 4 - 5 - 7 - 8 - 9 - 10 - 11 - 12 - 14 - 15 - 16 - 17 - 18 - 19.$$

Il y a 16 points d'écart entre la plus haute note et la plus basse.

16 est l'étendue de cette série statistique.

Exercices d'application

1 **Le même jour à midi, on a relevé les températures (en °C) dans 25 villes. On a obtenu une série statistique numérique :**
11 ; 12 ; 14 ; 15 ; 13 ; 11 ; 16 ; 8 ; 11 ; 12 ; 14 ; 16 ; 12 ; 13 ; 7 ; 18 ; 15 ; 5 ; 9 ; 14 ; 17 ; 16 ; 4 ; 8 ; 10.

a. Déterminer l'étendue et la médiane de cette série.

b. Calculer la moyenne de cette série.

a. On range les termes par ordre croissant : 4 – 5 – 7 – 8 – 8 – 9 – 10 – 11 – 11 – 11 – 12 – 12 – **12** – 13 – 13 – 14 – 14 – 14 – 15 – 15 – 16 – 16 – 16 – 17 – 18.
L'étendue de cette série est 14 car 18 – 4 = 14.

Il y a 25 termes (nombre impair) ; la division euclidienne de 25 par 2 a pour quotient 12 et pour reste 1 ; la médiane est le 13e terme de la série ordonnée ; **la médiane de cette série est 12.**

b. $m = \dfrac{4+5+7+8\times 2+9+\ldots+16\times 3+17+18}{25} = \dfrac{301}{25} = 12{,}04.$

2 **Dans une maternité, on mesure la taille des nouveau-nés. Le diagramme ci-dessous donne la répartition de 49 nouveau-nés.**

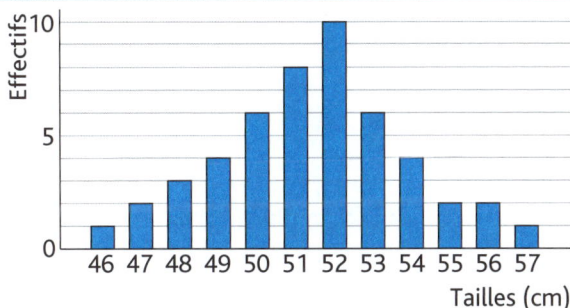

a. Compléter le tableau avec les effectifs cumulés.

Valeurs	46	47	48	49	50	51	52	53	54	55	56	57
Effectifs	1	2	3	4	6	8	10	6	4	2	2	1
Effectifs cumulés	1	3	6	10	...	...	...	...	...	...	...	49

b. Quelle est l'étendue de cette série ? Quelle est la médiane ?

a. Effectifs cumulés : 1 ; 3 ; 6 ; 10 ; **16** ; **24** ; **34** ; **40** ; **44** ; **46** ; **48** ; 49.

b. **L'étendue est 11** car 57 – 46 = 11.

Il y a 49 nouveau-nés ; 49 = 2 × 24 + 1. La médiane est le 25e terme de la série ordonnée. **La médiane est 52.**

68 Fréquence et probabilité

Des fréquences aux probabilités

▶ Premier exemple : pile ou face.

On lance une pièce de monnaie bien équilibrée, elle tombe au hasard et on note le côté visible.

Il y a 2 issues (ou éventualités) : « pile » ou « face ».

Si on fait 10 fois l'expérience, il est possible que la fréquence d'obtention de « pile » soit 4/10 et que celle de « face » soit 6/10.

Si on fait 1 000 fois l'expérience, on constate que la fréquence de « pile » et la fréquence de « face » se rapprochent de 500/1 000 (soit 1/2 après simplification).

On dit que la **probabilité** d'obtenir « pile » est 1/2 et la probabilité d'obtenir « face » est aussi 1/2.

▶ Deuxième exemple : jeu de dé.

On lance un dé bien équilibré, il tombe au hasard et on note le nombre de points sur la face supérieure.

Il y a 6 issues : 1 ; 2 ; 3 ; 4 ; 5 ; 6.

Si on fait un grand nombre de fois l'expérience, la fréquence d'apparition de chacun des six nombres se rapproche de 1/6.

La **probabilité** d'obtenir 4 est égale à 1/6. Il en est de même pour les 5 autres issues.

> ⚠ Une pièce « bien équilibrée », un dé « bien équilibré » sont nécessaires pour être dans une situation d'équiprobabilité.

Situation d'équiprobabilité

▶ Dans les deux exemples précédents, **toutes les issues ont la même probabilité** ; on est dans une situation d'**équiprobabilité**.
On récapitule les probabilités des diverses issues dans un tableau.

Pile ou face

Issues	Pile	Face
Probabilités	1/2	1/2

Jeu de dé

Issues	1	2	3	4	5	6
Probabilités	1/6	1/6	1/6	1/6	1/6	1/6

▶ **La probabilité de chaque issue est inférieure ou égale à 1.**
La somme des probabilités de toutes les issues est égale à 1.

Pile ou face : $\dfrac{1}{2} < 1$ et $\dfrac{1}{2} + \dfrac{1}{2} = 1$.

Jeu de dé : $\dfrac{1}{6} < 1$ et $\dfrac{1}{6} + \dfrac{1}{6} + \dfrac{1}{6} + \dfrac{1}{6} + \dfrac{1}{6} + \dfrac{1}{6} = 1$.

Exercices d'application

1 Une urne contient 4 boules numérotées de 1 à 4.
On tire une boule ; les boules sont indiscernables au toucher, c'est un tirage « au hasard ».

a. Quelle est la probabilité d'obtenir le nombre 3 ?

b. Faire un tableau donnant la probabilité de chacune des issues.

a. Il y a 4 boules et le tirage se fait au hasard ; il y a 4 issues (on dit aussi « éventualités ») : 1 ; 2 ; 3 ; 4.

La probabilité d'obtenir le nombre 3 est $\dfrac{1}{4}$ **ou 0,25**.

b. Chacune des quatre issues a pour probabilité 1/4 ; on a une loi d'équiprobabilité :

Issues	1	2	3	4
Probabilités	1/4	1/4	1/4	1/4

⚠️ Les boules sont indiscernables au toucher : cette condition assure que l'on est dans une situation d'équiprobabilité.

2 On sait que l'aire A d'un secteur de disque est proportionnelle à l'angle au centre de ce secteur. Une roue est partagée en cinq secteurs numérotés de 1 à 5. On fait tourner la roue et, quand elle s'arrête, on note le numéro situé en face de la flèche. La probabilité d'obtenir un des secteurs est proportionnelle à l'angle au centre de ce secteur.

a. Quelle est la probabilité d'obtenir le nombre 1 ?

b. Faire un tableau donnant la loi de probabilité.

a. Le secteur 1 est un demi-disque (angle au centre 180°) ; la probabilité d'obtenir le nombre 1 est égale à **1/2**.

b. On mesure les angles et on calcule quelle fraction du disque représente chaque secteur.

Pour le secteur 2, l'angle est de 60° et $\dfrac{60}{360} = \dfrac{1}{6}$.

Nombres	1	2	3	4	5
Angles (°)	180	60	30	45	45
Probabilités	1/2	1/6	1/12	1/8	1/8

Ce n'est pas une situation d'équiprobabilité, mais $\dfrac{1}{2} + \dfrac{1}{6} + \dfrac{1}{12} + \dfrac{1}{8} + \dfrac{1}{8} = 1$.

Voir aussi fiches 65 et 72

Qu'est-ce que la probabilité d'un événement ?

▶ **Exemple :** jeu de dé.

On lance un dé non truqué et on note le nombre de points sur la face supérieure. Il y a 6 issues, chacune a une

probabilité de $\dfrac{1}{6}$; on est dans une situation d'équiprobabilité

(*cf.* fiche 68).

> On appelle « **issue favorable** » une issue qui réalise l'événement attendu.

• On note E l'événement **« le nombre obtenu est un multiple de 3 »**.

Il y a deux issues favorables : 3 et 6. On voit que l'événement E se produit 2 fois sur 6.

La probabilité de l'événement E est $\dfrac{2}{6}$ soit $\dfrac{1}{3}$ après simplification ; c'est la somme de la probabilité d'obtenir 3 et de celle d'obtenir 6.

La **probabilité d'un événement** est la somme des probabilités des issues qui constituent cet événement. Dans une situation d'équiprobabilité, la probabilité d'un événement est le **quotient du nombre d'issues favorables par le nombre d'issues possibles**.

• On note F l'événement **« le nombre obtenu n'est pas un multiple de 3 »**. Il y a quatre issues favorables : 1 ; 2 ; 4 ; 5. On voit que l'événement F se produit 4 fois sur 6.

La probabilité de l'événement F est $\dfrac{4}{6}$ soit $\dfrac{2}{3}$ après simplification.

F est l'événement contraire de l'événement E. On a : p(E) + p(F) = 1.

La somme des probabilités de deux **événements contraires** est égale à 1.

• On note G l'événement **« le nombre obtenu est inférieur ou égal à 6 »**. Toutes les issues sont favorables ; l'événement G se produit 6 fois sur 6. La probabilité de

l'événement G est $\dfrac{6}{6}$ soit 1 après simplification.

On dit que G est un **événement certain** car p(G) = 1.

• On note H l'événement **« le nombre obtenu est supérieur à 7 »**. Aucune issue ne réalise cet événement ; l'événement H ne se produit jamais. La probabilité de

l'événement H est $\dfrac{0}{6}$ soit 0.

On dit que H est un **événement impossible** car p(H) = 0.

▶ Déterminer la probabilité d'un événement revient à dénombrer les issues favorables. Un **tableau** (exercice 2) ou un **arbre** (exercice 3) sont souvent utilisés pour visualiser les issues.

Exercices d'application

1 Une urne contient 3 boules rouges et 2 boules vertes, indiscernables au toucher.
On tire une boule au hasard et on note sa couleur.
Quelle est la probabilité de l'événement « la boule obtenue est rouge » ?
Quelle est la probabilité de l'événement contraire ?

Il y a 5 boules et 3 sont rouges. Le tirage se fait au hasard.
La probabilité de l'événement « la boule est rouge » est **3/5**.
L'événement contraire est « la boule est verte » ; sa probabilité est **2/5**.

2 On jette deux dés et on fait la somme des points obtenus.
Quelle est la probabilité de l'événement E : « la somme est un nombre premier » ?

On fait un tableau à deux entrées pour visualiser les 36 issues.

+	1	2	3	4	5	6
1	2	3	4	5	6	7
2	3	4	5	6	7	8
3	4	5	6	7	8	9
4	5	6	7	8	9	10
5	6	7	8	9	10	11
6	7	8	9	10	11	12

⚠ p(E) est la somme de :
– probabilité de 2 : 1/36 ;
– probabilité de 3 : 2/36 ;
– probabilité de 5 : 4/36 ;
– probabilité de 7 : 6/36 ;
– probabilité de 11 : 2/36.

Il y a 15 nombres premiers parmi ces 36 issues. $p(E) = \dfrac{15}{36} \approx 0{,}42$.

3 Des codes de trois chiffres sont écrits en utilisant seulement les chiffres 0 et 1 (système binaire).
Déterminer la probabilité de chacun des événements suivants :
– C : « le code est composé de trois chiffres identiques » ;
– D : « le code n'est pas composé de chiffres identiques » ?

Un arbre permet de visualiser les issues.
L'événement C est réalisé par 2 issues : 000 et 111.

$p(C) = \dfrac{2}{8} = \dfrac{1}{4} = 0{,}25$.

L'événement D est l'événement contraire de C ;

$p(D) = 1 - p(C) = \dfrac{6}{8} = 0{,}75$.

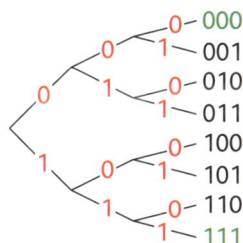

0 — 0 — 0 — 000
0 — 0 — 1 — 001
0 — 1 — 0 — 010
0 — 1 — 1 — 011
1 — 0 — 0 — 100
1 — 0 — 1 — 101
1 — 1 — 0 — 110
1 — 1 — 1 — 111

Voir aussi fiches 7, 14 et 68

Qu'est-ce qu'une vitesse moyenne ?

Pour calculer une vitesse moyenne, on doit connaître :

▶ la formule : **vitesse moyenne** = $\dfrac{\text{distance parcourue}}{\text{durée du parcours}}$.

▶ les unités de durée : **1 h = 60 min** ; **1 min = 60 s.**
Pour des durées inférieures à la seconde, on utilise le dixième de seconde, le centième de seconde, le millième de seconde, etc.

▶ Comment convertir des durées :
– en exprimant la durée dans l'unité la plus petite :
2 h 12 min = (2 × 60 + 12) min = 132 min.
17 min 43 s = (17 × 60 + 43) s = 1 063 s.
– sous forme fractionnaire ou décimale :

$$2 \text{ h } 12 \text{ min} = \left(2 + \frac{12}{60}\right) \text{h} = \frac{132}{60} \text{ h} = 2{,}2 \text{ h.}$$

$$17 \text{ min } 43 \text{ s} = \left(17 + \frac{43}{60}\right) \text{min} = \frac{1\,063}{60} \text{ min} \approx 17{,}72 \text{ min.}$$

> **À savoir**
>
> Pour établir des factures, les durées sont exprimées en **heures décimales** ce qui favorise les calculs.
>
> 2,4 h à 65,95 € de l'heure, cela fait (2,4 × 65,95) € soit 158,28 €.

▶ Les correspondances usuelles entre unités de longueur, de durée et de vitesse :

Distance	m	km	cm	km	...
Durée	s	h	s	min	...
Vitesse	m/s	km/h	cm/s	km/min	...

Un marathonien a parcouru les 42,195 km en 2 h 12 min.
On peut exprimer sa vitesse moyenne en m/min ou en km/h.
• 2 h 12 min = 132 min ; 42,195 km = 42 195 m.
42 195 ÷ 132 ≈ 320.
Sa vitesse moyenne est environ 320 m/min.
• 2 h 12 min = 2,2 h ; 42,195 ÷ 2,2 ≈ 19,180.
Sa vitesse moyenne est environ 19,180 km/h.

1 **Un automobiliste a mis 1 h 45 min pour parcourir 145 km. Quelle est sa vitesse moyenne (en km/h et en m/s) ?**

• 1 h 45 min = $\left(1 + \dfrac{45}{60}\right)$ h = $\dfrac{105}{60}$ h = 1,75 h. 145 ÷ 1,75 ≈ 82,857.

Il a roulé à la vitesse moyenne de **82,857 km/h**.

• 1 h 45 min = $(1 \times 3\ 600 + 45 \times 60)$ s = 6 300 s.

145 km = 145 000 m ; 145 000 ÷ 6 300 ≈ 23.

Il a roulé à la vitesse moyenne de **23 m/s**.

2 **Une cabine de téléphérique se déplace à la vitesse moyenne de 5 m/s.**

a. Combien met-elle pour parcourir 840 m ?

b. Quelle distance a-t-elle parcourue en 1 min 20 s ?

a. 840 ÷ 5 = 168 ; elle met **168 s** soit **2 min 48 s** pour parcourir 840 m.

b. 1 min 20 s = 80 s ; 80 × 5 = 400 ;
en 1 min 20 s, elle a parcouru **400 m**.

> **À savoir**
>
> Soit :
> – d la distance parcourue ;
> – t la durée du parcours ;
> – v la vitesse moyenne.
>
> On a : $v = \dfrac{d}{t}$, qui s'écrit aussi :
>
> $d = vt$ et $t = \dfrac{d}{v}$.

Grandeurs et mesures

3 **Lors d'une randonnée, les distances parcourues par un cyclotouriste ont été relevées toutes les demi-heures. Ces données sont illustrées par le graphique suivant :**

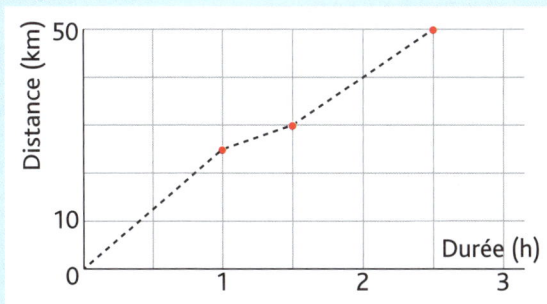

a. Calculer sa vitesse moyenne sur l'ensemble du parcours.

b. Calculer sa vitesse moyenne dans la troisième demi-heure.

a. En tout, il a parcouru 50 km en 2 h 30 min soit 2,5 h.
Sa vitesse moyenne est 20 km/h car 50 ÷ 2,5 = 20.

b. Dans la troisième demi-heure, il a parcouru 5 km en 0,5 h.
Sa vitesse moyenne est 10 km/h car 5 ÷ 0,5 = 10.

Voir aussi fiche 56 et tableau des unités p. 9

71 Grandeurs composées

Qu'est-ce qu'une grandeur composée ?

▶ *« Une grandeur n'est pas un nombre, mais a pour mesure un nombre qui l'exprime à partir d'une grandeur choisie comme unité. »* (S. Baruk.)

Les mesures des **grandeurs composées** s'expriment avec **deux unités associées**.

« La vitesse de ce TGV est de 310 km/h. »

Cela signifie que la mesure de la vitesse est 310 avec pour unité le kilomètre par heure, c'est-à-dire qu'en 1 h le TGV parcourt 310 km.

620 km ÷ 2 h = 310 km/h.

310 km/h × 1,25 h = 387,5 km.

465 km ÷ 310 km/h = 1,5 h ; soit 1 h 30 min.

> **À savoir**
>
> Le calcul sur les grandeurs en conservant les unités est d'usage en physique.
>
> $\dfrac{km}{h} \times h \rightarrow km$
>
> $\dfrac{m^3}{s} \times s \rightarrow m^3$
>
> $\dfrac{kg}{m^3} \times m^3 \rightarrow kg.$

Qu'est-ce que le débit ?

« Le débit moyen du Rhône est d'environ 1 600 m³/s. »

Cela signifie que la mesure du débit est 1 600 avec pour unité le mètre cube par seconde, c'est-à-dire qu'en 1 s il s'écoule 1 600 m³.

4 800 m³ ÷ 3 s = 1 600 m³/s.

1 600 m³/s × 60 s = 96 000 m³.

480 000 m³ ÷ 1 600 m³/s = 300 s ; soit 5 min.

Qu'est-ce que la masse volumique ?

« La masse volumique de l'or est 19,3 kg/dm³. »

Cela signifie que la mesure de la masse volumique est 19,3 avec pour unité le kilogramme par décimètre cube ; c'est-à-dire que 1 dm³ d'or a une masse de 19,3 kg.

38,6 kg ÷ 2 dm³ = 19,3 kg/dm³.

19,3 kg/dm³ × 0,8 dm³ = 15,44 kg.

3,86 kg ÷ 19,3 kg/dm³ = 0,2 dm³.

Qu'est-ce que la densité de population ?

« En Bretagne, la densité de population est d'environ 120 habitants/km². »

Cela signifie que la mesure de la densité de population est 120 avec pour unité le nombre d'habitants par kilomètre carré ; c'est-à-dire que dans 1 km² il y a en moyenne 120 habitants.

36 000 habitants ÷ 300 km² = 120 habitants/km².

120 habitants/km² × 180 km² = 21 600 habitants.

240 000 habitants ÷ 120 habitants/km² = 2 000 km².

Exercices d'application

1 **a.** Calculer : 110 km/h × 3,25 h ; 200 km ÷ 2,5 h.
b. Un automobiliste parcourt 378 km à 90 km/h.
Quelle est la durée du parcours ?

a. 110 km/h × 3,25 h = **357,5 km** ;
200 km ÷ 2,5 h = **80 km/h**.
b. 378 km ÷ 90 km/h = **4,2 h soit 4 h 12 min**.

> ⚠ La rédaction usuelle en mathématique ne fait intervenir dans les calculs que les mesures ; seul le résultat fait intervenir les unités.
>
> Le parcours a duré 4,2 heures car **378 ÷ 90 = 4,2**.

2 **a.** Calculer : 9,2 kg/dm^3 × 3,5 dm^3 ; 720 g ÷ 4,5 g/cm^3.
b. Une boule de 5 cm^3 d'argent a une masse de 52,5 g.
Quelle est la masse volumique de l'argent ?

a. 9,2 kg/dm^3 × 3,5 dm^3 = **32,2 kg** ;
720 g ÷ 4,5 g/cm^3 = **160 cm^3**.
b. 52,5 g ÷ 5 cm^3 = **10,5 g/cm^3**.

3 **a.** Calculer : 54 m^3/s × 250 s ; 126 dm^3 ÷ 3 dm^3/s.
b. Une vanne a un débit de 5 dm^3/s.
Quelle quantité d'eau s'est écoulée en 3 min 20 s ?

a. 54 m^3/s × 250 s = **13 500 m^3** ; 126 dm^3 ÷ 3 dm^3/s = **42 s**.
b. 3 min 20 s = 200 s ; 5 dm^3/s × 200 s = **1 000 dm^3**.

4 **a.** Calculer : 250 hab./km^2 × 12 km^2 ; 42 000 hab. ÷ 30 hab./km^2.
b. Une région dont la superficie est de 320 km^2 abrite une population de 96 000 habitants.
Quelle est la densité de population dans cette région ?

a. 250 hab./km^2 × 12 km^2 = **3 000 habitants** ;
42 000 hab. ÷ 30 hab./km^2 = **1 400 km^2**.
b. 96 000 hab. ÷ 320 km^2 = **300 habitants/km^2**.

5 **a.** Calculer : 4 Mbit/s × 25 s ; 200 Mbit ÷ 4 Mbit/s.
b. Une connexion permet de transmettre 160 Mbit en 20 s.
Quel est le débit de cette connexion ?

a. 4 Mbit/s × 25 s = **100 Mbit** ; 200 Mbit ÷ 4 Mbit/s = **50 s**.
b. 160 Mbit ÷ 20 s = **8 Mbit/s**.

Voir aussi fiche 70 et tableau des unités p. 9

Grandeurs et mesures

Périmètre et aire du disque

Périmètre du disque et longueur du cercle

▶ Si on envisage le cercle comme le pourtour d'un disque, on parle de **périmètre du disque**.
Si on envisage le cercle comme une ligne, on parle de **longueur du cercle**.

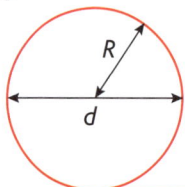

$$p = 2 \times \pi \times R = 2\pi R \text{ ou (en fonction du diamètre) } p = \pi \times d = \pi d.$$

• Le rond central d'un terrain de football a un rayon de 9,15 m (10 yards).
Son périmètre est d'environ 57,462 m
car $2 \times 3,14 \times 9,15 = 57,462$.

La calculatrice, avec la touche $\boxed{\pi}$ *, affiche :* $\boxed{57,49114556}$.

• Un disque compact (CD) a un diamètre de 12 cm.
Son périmètre est d'environ 37,68 cm car :
$3,14 \times 12 = 37,68$.

La calculatrice, avec la touche $\boxed{\pi}$ *affiche :* $\boxed{37,69911184}$.

À savoir

Il faut toujours veiller à la **concordance des unités** :

Rayon	Périmètre	Aire
m	m	m²
cm	cm	cm²
km	km	km²

Aire du disque

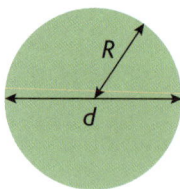

▶ $\mathscr{A} = \pi \times R \times R = \pi R^2$ ou (en fonction du diamètre) $\mathscr{A} = \pi \times \dfrac{d^2}{4} = \pi \dfrac{d^2}{4}$.

• Le rond central d'un terrain de football (rayon : 9,15 m)
a une aire d'environ 263 m² car $3,14 \times 9,15^2 = 262,888\ 65$.

La calculatrice, avec la touche $\boxed{\pi}$ *, affiche :* $\boxed{263,0219909}$.

• Un CD (diamètre : 12 cm) a une aire d'environ
113,04 cm² car $3,14 \times \dfrac{12^2}{4} = 113,04$.

La calculatrice, avec la touche $\boxed{\pi}$ *, affiche :* $\boxed{113,0973355}$.

Dans les calculs ordinaires, on remplace π par 3,14.

Dans les calculs précis, on remplace π par 3,141 6 ou on utilise la calculatrice qui affiche : $\boxed{3,141592654}$.

1 Une pièce de 2 € est constituée de deux parties. La pièce a un diamètre de 26 mm. Le disque intérieur a un diamètre de 18 mm.

a. Quel est le périmètre de la pièce ?
b. Quelle est l'aire de la pièce ?
c. Quelle est l'aire de la couronne circulaire ?

a. **Périmètre de la pièce : 81,64 mm**
car 3,14 × 26 = 81,64.
b. Rayon de la pièce : 13 mm car 26 ÷ 2 = 13.
Aire de la pièce : 530,66 mm²
car 3,14 × 13² = 530,66.
c. Aire du disque central : 254,34 mm²
car 3,14 × 9² = 254,34.

L'aire de la couronne circulaire est la différence entre l'aire de la pièce et l'aire du disque central.
Aire de la couronne : 276,32 mm² car 530,66 − 254,34 = 276,32.

> ⚠ On peut aussi calculer directement l'aire avec le diamètre :
> $\mathscr{A} = 3,14 \times \dfrac{26^2}{4} = 530,66$.

2 La surface colorée ci-contre a été obtenue en découpant deux demi-disques de rayon 7 mm dans un demi-disque de rayon 14 mm. Calculer l'aire et le périmètre de la surface colorée.

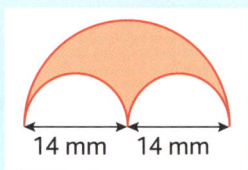

14 mm   14 mm

• Le demi-disque de rayon 14 mm a une aire de 307,72 mm² car (3,14 × 14²) ÷ 2 = 307,72.
La somme des aires des deux demi-disques est égale à l'aire d'un disque de diamètre 14 mm (rayon : 7 mm) ; cette aire est égale à 153,86 mm² car 3,14 × 7² = 153,86.
Aire de la surface colorée : 153,86 mm²
car 307,72 − 153,86 = 153,86.
• La ligne rouge qui borde la surface colorée est constituée d'un demi-cercle de rayon 14 mm et de deux demi-cercles de même diamètre, soit un cercle entier de diamètre 14 mm.
Périmètre de la surface colorée : 87,92 mm car :
– demi cercle (rayon 14 mm) : (2 × 3,14 × 14) ÷ 2 = 43,96 ;
– cercle (diamètre 14 mm) : 3,14 × 14 = 43,96 ;
– périmètre total : 43,96 + 43,96 = 87,92.

En savoir plus

Le nombre π n'est pas rationnel (il ne peut pas s'écrire sous forme de quotient de décimaux).

Mais des fractions comme $\dfrac{22}{7}$ ou $\dfrac{355}{113}$ sont des nombres rationnels proches du nombre π, comme $\dfrac{314}{100}$ plus souvent utilisé.

Grandeurs et mesures

73 Aires : triangle et parallélogramme

Aire d'un triangle

▶ La droite (*AH*), passant par un sommet et perpendiculaire au côté opposé, est une **hauteur du triangle**. Le segment [*AH*] est aussi appelé « hauteur du triangle » ainsi que la longueur *AH*.
▶ L'aire d'un triangle est le **demi-produit d'un côté par la hauteur associée à ce côté**.

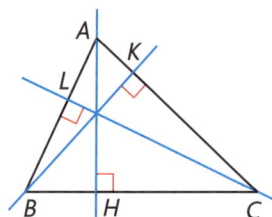

L'aire $\mathcal{A}$ d'un triangle *ABC* est telle que $\mathcal{A} = \dfrac{BC \times AH}{2}$.

Avec *BC* = 32 mm et *AH* = 20 mm, on a :

$\mathcal{A} = 320$ mm^2 car $\dfrac{32 \times 20}{2} = 320$.

En termes de grandeurs :
(32 mm × 20 mm) ÷ 2 = 320 mm^2 ;
(3,2 cm × 2 cm) ÷ 2 = 3,2 cm^2.

▶ Un triangle a **trois hauteurs**, donc trois possibilités de calcul pour l'aire.

$\mathcal{A} = \dfrac{BC \times AH}{2} = \dfrac{CA \times BK}{2} = \dfrac{AB \times CL}{2}$.

▶ L'aire d'un triangle rectangle est aussi égale au **demi-produit des côtés de l'angle droit**.
L'aire $\mathcal{A}$ d'un triangle *ABC* rectangle en *A* est telle que $\mathcal{A} = \dfrac{AB \times AC}{2}$.

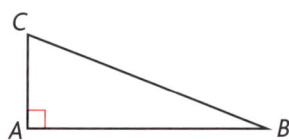

Aire d'un parallélogramme

▶ Tous les segments perpendiculaires à deux droites parallèles ont la même longueur ; leur mesure est la **distance des deux droites parallèles**. Dans un parallélogramme, cela permet de parler de **hauteur associée à un côté**.
▶ L'aire d'un parallélogramme est le **produit d'un côté par la hauteur associée à ce côté**.
h est la hauteur associée aux côtés [*AB*] et [*DC*] de longueur *a*.
h' est la hauteur associée aux côtés [*BC*] et [*AD*] de longueur *b*.
L'aire $\mathcal{A}$ est telle que $\mathcal{A} = a \times h = b \times h'$.

Avec *a* = 2,8 cm et *h* = 1,6 cm, on a :

$\mathcal{A} = 4,48$ cm^2 car 2,8 × 1,6 = 4,48.

En termes de grandeurs :
2,8 cm × 1,6 cm = 4,48 cm^2.
28 mm × 16 mm = 448 mm^2.

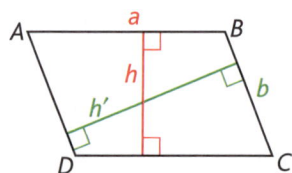

Exercices d'application

1 **Dans un triangle, on note** c **la mesure d'un côté et** h **celle de la hauteur associée. Calculer l'aire du triangle dans les cas suivants :**

a. c = 5 cm et h = 3,2 cm.

b. c = 3,5 dm et h = 2 m.

a. $\mathcal{A} = (c \times h) \div 2$; $\mathcal{A} = (5 \times 3,2) \div 2$; $\mathcal{A}$ = **8 cm²**.

b. h = 2 m = 20 dm ; $\mathcal{A} = (3,5 \times 20) \div 2$; $\mathcal{A}$ = **35 dm²**.

2 **Dans un triangle** *ABC*, **on a tracé deux hauteurs** [*AH*] **et** [*BK*]. **On sait que** *BC* = 4 cm, *AH* = 4 cm **et** *AC* = 5 cm.

a. Calculer l'aire du triangle *ABC*.

b. Calculer la hauteur *BK* relative au côté *AC*.

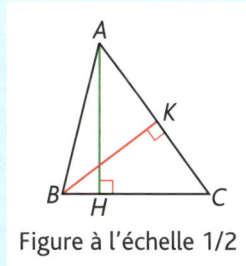

Figure à l'échelle 1/2

a. L'aire $\mathcal{A}$ du triangle *ABC* est telle que $\mathcal{A} = (BC \times AH) \div 2$.
$(BC \times AH) \div 2 = (4 \times 4) \div 2 = 8$. **L'aire de** *ABC* **est 8 cm².**

b. L'aire $\mathcal{A}$ du triangle *ABC* est aussi telle que $\mathcal{A} = (AC \times BK) \div 2$.
Par suite : $2\mathcal{A} = AC \times BK$; $BK = 2\mathcal{A} \div AC$; $BK = 16 \div 5$;
BK = **3,2 cm** car $16 \div 5 = 3,2$.

3 *ABCD* **est un parallélogramme. On sait que** *AB* = *DC* = 4 cm **et** *BH* = 1,6 cm.

a. Calculer l'aire du parallélogramme *ABCD*.

b. Sachant que *BC* = 2 cm, calculer la distance entre les droites (*BC*) et (*AD*) supports des côtés [*BC*] et [*AD*].

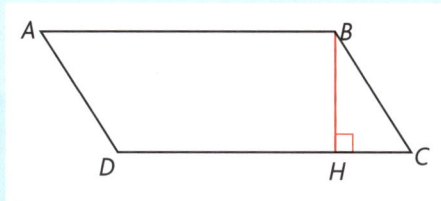

a. [*BH*] est la hauteur relative au côté [*DC*].
L'aire de *ABCD* **est égale à 6,4 cm²** car $4 \times 1,6 = 6,4$.
En termes de grandeurs : 4 cm × 1,6 cm = 6,4 cm².

b. Désignons par x la distance entre les droites parallèles (*BC*) et (*AD*) ; x est aussi la hauteur du parallélogramme *ABCD* relative au côté [*BC*].
L'aire de *ABCD* est aussi égale à $BC \times x$.
On a : $2 \times x = 6,4$; $x = 6,4 \div 2$; $x = 3,2$.
La distance entre les droites (*BC*) et (*AD*) est égale à 3,2 cm.

Voir aussi fiches 91, 98, 114 et tableau des unités p. 9

Volumes : pavé et prisme

6e ## Volume d'un pavé droit (parallélépipède rectangle)

▶ Le volume d'un **pavé droit** est égal au **produit de l'aire de la base par la hauteur**.
Aire de base : $B = L \times l$.
Volume du pavé : $V = L \times l \times h$ soit $V = B \times h$.

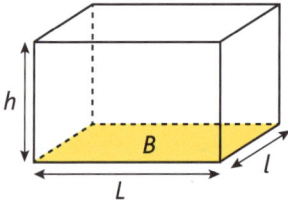

À savoir

L'unité de volume est le mètre cube (m^3).

C'est le volume d'un cube de 1 m d'arête.

Les unités de volume vont de 1 000 en 1 000 :

$1\ m^3 = 1\ 000\ dm^3$;
$1\ dm^3 = 1\ 000\ cm^3$;
$1\ cm^3 = 1\ 000\ mm^3$.

Un morceau de sucre est un pavé droit de dimensions 27 mm, 17 mm et 11 mm.

Son volume V est égal à 5 049 mm^3 car $27 \times 17 \times 11 = 5\ 049$.

En termes de grandeurs : 27 mm × 17 mm × 11 mm = 5 049 mm^3.

▶ Le **cube** est un pavé droit particulier.
Le volume V d'un cube d'arête c est tel que $V = c^3$.

Un dé à jouer a une arête de 1,2 cm.

Aire de base : 1,44 cm^2 car $1,2^2 = 1,44$.

Volume : 1,728 cm^3 car $1,44 \times 1,2 = 1,728$ ou $1,2^3 = 1,728$.

En termes de grandeurs : 1,44 cm^2 × 1,2 cm = 1,728 cm^3.

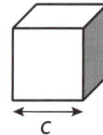

5e ## Volume d'un prisme droit

▶ Le volume d'un **prisme droit** est égal au **produit de l'aire de la base par la hauteur**.

L'aire B de la base d'un prisme dépend de la nature de la base (triangle, parallélogramme, hexagone, etc.).
$V = B \times h$.

Un morceau de fromage a la forme d'un prisme droit de hauteur 5 cm.

La base est un triangle rectangle dont les côtés de l'angle droit ont pour longueurs 6 cm et 4 cm.

Aire de base : 12 cm^2
car $(6 \times 4) \div 2 = 12$.

Volume : 60 cm^3
car $12 \times 5 = 60$.

En termes de grandeurs :
12 cm^2 × 5 cm = 60 cm^3.

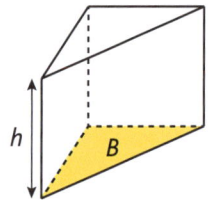

Pour un triangle rectangle, l'aire est égale au demi-produit des côtés de l'angle droit.

1 Une boîte de sucre en poudre est un pavé droit qui a pour dimensions 17 cm, 11 cm et 5,5 cm. Quel est le volume de cette boîte ?

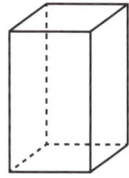

La base est un rectangle (longueur L = 11 cm et largeur l = 5,5 cm).
On sait que $B = L \times l$.
Aire de base : 60,5 cm^2 car 11 × 5,5 = 60,5.
On sait que $V = B \times h$.
Volume de la boîte : 1 028,5 cm^3 car 60,5 × 17 = 1 028,5.
En termes de grandeurs : 60,5 cm^2 × 17 cm = 1 028,5 cm^3.

2 Un aquarium est un pavé droit dont les dimensions internes sont L = 60 cm, l = 30 cm et h = 45 cm.
a. Quel est son volume interne ?
b. Combien de litres d'eau contient-il lorsqu'il est rempli aux deux tiers de sa hauteur ?

a. On sait que $V = B \times h$.
Aire de base : B = 1 800 cm^2
car 60 × 30 = 1 800.
Volume : V = 81 000 cm^3
car 1 800 × 45 = 81 000.
Le volume interne est 81 000 cm^3
soit 81 dm^3 ou 81 L.

> **À savoir**
>
> L'unité de capacité est le litre (L).
> 1 L = 1 dm^3 et 1 mL = 1 cm^3.
> Les unités de capacité vont de 10 en 10 :
> 1 L = 10 dL ; 1 dL = 10 cL ; 1 cL = 10 mL.

b. L'eau occupe un parallélépipède rectangle de 30 cm de haut car $\dfrac{2}{3} \times 45 = 30$.
Volume d'eau : 54 000 cm^3 car 1 800 × 30 = 54 000.
54 000 cm^3 = 54 dm^3 = 54 L.
L'aquarium contient 54 L d'eau.

3 Un prisme droit de 1,5 dm de haut a pour base le parallélogramme représenté ci-contre. Quel est le volume de ce prisme ?

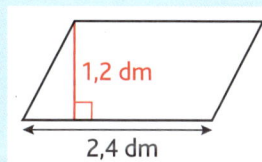

1,2 dm

2,4 dm

Aire de base : B = 2,88 dm^2 car 2,4 × 1,2 = 2,88. On sait que $V = B \times h$.
Volume du prisme : 4,32 dm^3 car 2,88 × 1,5 = 4,32.
En termes de grandeurs : 2,88 dm^2 × 1,5 dm = 4,32 dm^3.

Voir aussi fiches 71, 73, 114, 126 et 127

Grandeurs et mesures

▍Volume d'un cylindre

▶ Le volume d'un **cylindre** est égal au **produit de l'aire de la base par la hauteur**.
La base est un disque d'aire $B = \pi R^2$.
$V = B \times h$; $V = \pi R^2 h$.

Une boîte de conserve est un cylindre de diamètre 10 cm et de hauteur 4 cm.

Rayon de base : 5 cm.

On prend 3,14 pour π.

Aire de base :

$(3,14 \times 25)$ cm^2 = 78,5 cm^2.

Volume : $(78,5 \times 4)$ cm^3 = 314 cm^3.

En termes de grandeurs : 78,5 cm$^2 \times$ 4 cm = 314 cm^3.

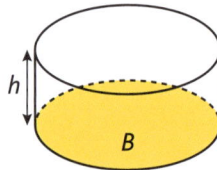

Échelle 1/4

> **À savoir**
>
> L'unité de volume est le **mètre cube (m^3)**.
>
> C'est le volume d'un cube de 1 m d'arête.
>
> Les unités de volume vont de 1 000 en 1 000 :
>
> 1 m^3 = 1 000 dm^3 ;
> 1 dm^3 = 1 000 cm^3 ;
> 1 cm^3 = 1 000 mm^3.

▍Aire d'un cylindre

▶ Le développement de la surface latérale d'un cylindre est un rectangle dont la longueur est égale au périmètre du disque de base et dont la hauteur est celle du cylindre.

▶ L'aire totale du cylindre est la **somme des aires des deux disques de base et de l'aire latérale**.

La figure est celle du patron d'un cylindre de hauteur 7,5 mm et de diamètre de base 12 mm.

On prend 3,14 pour π.

Périmètre de base : 37,68 mm car $3,14 \times 12 = 37,68$.

Aire latérale : 282,6 mm^2 car $37,68 \times 7,5 = 282,6$.

Aire d'une base : 113,04 mm^2 car :

$3,14 \times 6^2 = 113,04$.

Aire totale : 508,68 mm^2 car :

$282,6 + 2 \times 113,04 = 508,68$.

En termes de grandeurs :

$3,14 \times 12$ mm = 37,68 mm ;

$37,68$ mm $\times$ 7,5 mm = 282,6 mm^2 ;

$3,14 \times (6$ mm$)^2 = 113,04$ mm^2 ;

$282,6$ mm$^2 + 2 \times 113,04$ mm$^2 = 508,68$ mm^2.

> **À savoir**
>
> L'unité d'aire est le **mètre carré (m^2)**.
>
> C'est l'aire d'un carré de 1 m de côté.
>
> Les unités d'aire vont de 100 en 100 :
>
> 1 m^2 = 100 dm^2 ;
> 1 dm^2 = 100 cm^2 ;
> 1 cm^2 = 100 mm^2.

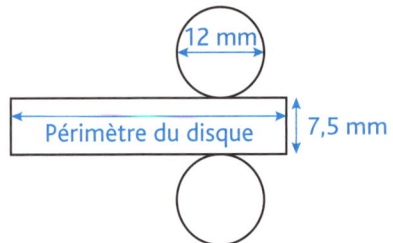

12 mm

Périmètre du disque

7,5 mm

1 Une boîte cylindrique a un rayon de base de 5 cm et une hauteur de 15 cm.
Calculer l'aire latérale, puis l'aire totale (prendre 3,14 pour π).

Périmètre du disque de base : 31,4 cm car 2 × 3,14 × 5 = 31,4.
Aire latérale : 471 cm² car 31,4 × 15 = 471.
Aire du disque de base : 78,5 cm² car 3,14 × 5² = 78,5.
Aire totale : 628 cm² car 471 + 2 × 78,5 = 628.
En termes de grandeurs :
31,4 cm × 15 cm = 471 cm² ; 471 cm² + 2 × 78,5 cm² = 628 cm².

2 Un bassin cylindrique a 4 m de diamètre et 1,80 m de profondeur.
a. Quelle est sa capacité ?
b. Il est vide et on y verse 20 m³ d'eau.
Quelle est la hauteur de l'eau ?

a. Le bassin a un rayon de 2 m car 4 ÷ 2 = 2.
On sait que $V = \pi R^2 h$;
$V = 3{,}14 \times 2^2 \times 1{,}8 = 22{,}608$.
Sa capacité est de 22,608 m³ soit 22 608 L.
b. On sait que $V = B \times h$; par suite : $h = V \div B$.
L'eau versée occupe un volume de 20 m³.
$h = 20 \div (3{,}14 \times 2^2) \approx 1{,}592$.
L'eau atteint environ 1,6 m de haut.

⚠ Avec la touche ⬚π⬚ de la calculatrice, on trouve :
a. $V = \boxed{22{,}61946771}$ soit environ 22,619 m³ ;
b. $h = \boxed{1{,}591549431}$ soit environ 1,6 m.

3 On a calculé le volume d'un cylindre de 1,2 dm de hauteur en prenant 3,14 pour π ; on a trouvé 15,072 dm³.
a. Quelle est l'aire de base ?
b. Calculer le rayon de base et l'aire latérale de ce cylindre.

a. On sait que $V = B \times h$; on en déduit $B = V \div h$.
15,072 ÷ 1,2 = 12,56.
L'aire de base est 12,56 dm².
b. On sait que $B = \pi R^2$; par suite : $R^2 = B \div \pi$.
$R^2 = 12{,}56 \div 3{,}14$; $R^2 = 4$; $R = \sqrt{4} = 2$.
Rayon de base : 2 dm.
L'aire latérale A est telle que $A = 2\pi R h$.
2 × 3,14 × 2 × 1,2 = 15,072.
Aire latérale du cylindre : 15,072 dm².

Moi, R²D²

Moi, πR²!

Voir aussi fiches 7, 23 et 72

Grandeurs et mesures

Volumes : pyramide et cône

Volume d'une pyramide

▶ Le volume V d'une **pyramide** est tel que :

$$V = \frac{1}{3} B \times h.$$

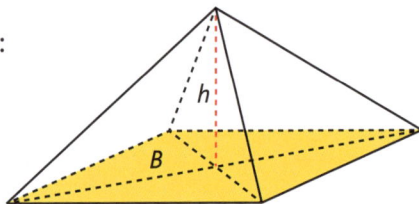

B est l'aire de la base (elle dépend de la nature de la base), h est la hauteur de la pyramide.

La pyramide du Louvre est une pyramide régulière.

Elle a une base carrée de 35,4 m de côté et une hauteur intérieure de 21,65 m.

Aire de la base : 1 253,16 m^2 car 35,4^2 = 1 253,16.

Volume : 9 043,638 m^3 car

$\frac{1}{3} \times 1\,253,16 \times 21,65 = 9\,043,638.$

En termes de grandeurs :

35,4 m $\times$ 35,4 m = 1 253,16 m^2 ;

$\frac{1}{3} \times 1\,253,16$ m$^2 \times 21,65$ m = 9 043,638 m^3.

> **À savoir**
>
> Une **pyramide régulière** a pour base un polygone régulier (carré, triangle équilatéral, hexagone régulier) et son sommet est sur l'axe du polygone régulier (*cf.* fiche 132).

Volume d'un cône de révolution

▶ Le volume V d'un **cône de révolution** est tel que :

$$V = \frac{1}{3} B \times h.$$

B est l'aire du disque de rayon R ($B = \pi R^2$) et h est la hauteur du cône. D'où :

$$V = \frac{1}{3} \pi R^2 h.$$

Un cornet de glace a la forme d'un cône de révolution de rayon 3 cm et de hauteur 15 cm.

Aire du disque : 28,26 cm^2 car 3,14 $\times$ 3^2 = 28,26.

Volume du cône : 141,3 cm^3 car $\frac{1}{3} \times 28,26 \times 15 = 141,3.$

En termes de grandeurs :

3,14 $\times$ (3 cm)^2 = 28,26 cm^2 ;

$\frac{1}{3} \times 28,26$ cm$^2 \times 15$ cm = 141,3 cm^3.

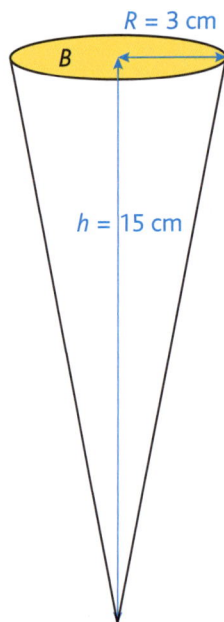

$R = 3$ cm

$h = 15$ cm

Échelle 1/2

1 On découpe un cube en bois d'arête 6 dm pour obtenir la pyramide à base carrée *SABCD* (pyramide dont la hauteur est l'arête *SA*).

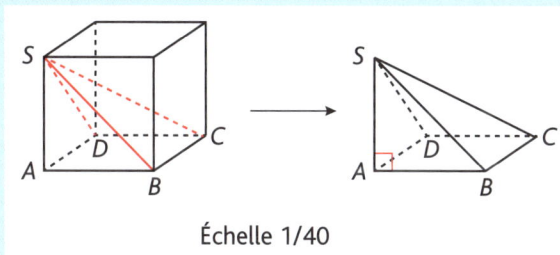

Échelle 1/40

Calculer le volume de cette pyramide.

Aire de la base : 36 dm^2 car 6 × 6 = 36.

Volume de la pyramide : 72 dm^3 car $\dfrac{1}{3}$ × 36 × 6 = 72.

2 Une coupe a la forme d'un cône de révolution.
Ses dimensions intérieures sont :
hauteur : 6 cm ; rayon : 4 cm.
Calculer le volume intérieur de cette coupe.

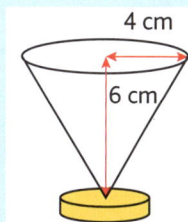

4 cm

6 cm

Aire de la base : 50,24 cm^2 car 3,14 × 4 × 4 = 50,24.

Volume du cône : 100,48 cm^3 car $\dfrac{1}{3}$ × 50,24 × 6 = 100,48.

3 a. Un cône de révolution a un volume de 6 m^3 et une base de 4 m^2.
Quelle est sa hauteur ?
b. Une pyramide a un volume de 3 dam^3 et une hauteur de 4 dam.
Quelle est l'aire de sa base ?

a. On a 3*V* = *B* × *h* soit $h = \dfrac{3V}{B}$; *h* = 4,5 m car 3 × 6 ÷ 4 = 4,5.

Le cône a une hauteur de 4,5 m.

b. On a 3*V* = *B* × *h* soit $B = \dfrac{3V}{h}$; *B* = 2,25 dam^2 car 3 × 3 ÷ 4 = 2,25.

La base de la pyramide a une aire de 2,25 dam^2.

Grandeurs et mesures

Voir aussi fiches 71, 130 et 132

77

Volume de la boule et aire de la sphère

Volume de la boule

▶ Une **boule** est constituée de tous les points de l'espace situés à une distance inférieure ou égale à R (rayon de la boule) d'un point fixe (centre de la boule).

▶ Le volume de la boule de rayon R est tel que :

$$V = \frac{4}{3}\,\pi R^3.$$

• Une balle de golf a un diamètre d'environ 43 mm.

Son volume V est tel que $V = \frac{4}{3} \times \pi \times 21{,}5^3$;

la calculatrice affiche $\boxed{41629{,}76\ldots}$ soit environ 41 630 mm³.

Échelle 1/2

• La Terre peut être assimilée à une boule de rayon 6 370 km.

Son volume V est tel que $V = \frac{4}{3} \times \pi \times 6\,370^3$; la calculatrice donne le résultat en

notation scientifique : $1{,}082\,7 \times 10^{12}$ km³.

Aire de la sphère

▶ Une **sphère** est constituée de tous les points de l'espace situés à une distance égale à R (rayon de la sphère) d'un point fixe (centre de la sphère).
La surface d'une boule est une sphère.

▶ L'aire de la sphère de rayon R est telle que :

$$\mathcal{A} = 4\pi R^2.$$

La surface de la Terre peut être assimilée à une sphère de rayon 6 370 km. Son aire $\mathcal{A}$ est telle que $\mathcal{A} = 4 \times \pi \times 6\,370^2$.

La calculatrice donne le résultat en notation scientifique : $5{,}099 \times 10^8$ km².

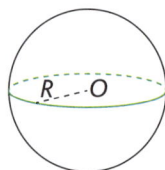

L'**Équateur** est un grand cercle sur la sphère terrestre de rayon 6 370 km ; sa longueur est égale à environ 40 024 km car $2 \times \pi \times 6\,370 \approx 40\,024$.

Un **méridien** terrestre est un demi-cercle joignant le pôle Nord au pôle Sud ; sa longueur est proche de 20 012 km.

C'est la mesure d'une partie du méridien terrestre qui a donné la première définition du mètre (Delambre et Méchain, 1799).

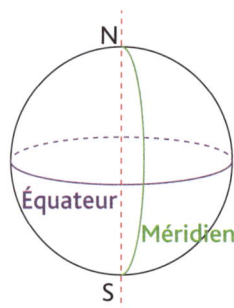

1 Une balle de tennis de table est une sphère de 45 mm de diamètre. Quelle est son aire ?

Rayon de la balle : 22,5 mm car 45 ÷ 2 = 22,5.
L'aire d'une sphère de rayon R est telle que $A = 4\pi R^2$.
Avec 3,14, on trouve 6 358,5 car $4 \times 3,14 \times 22,5^2 = 6\ 358,5$.
La calculatrice donne, avec la touche $\boxed{\pi}$ environ 6 361,725...
Aire de la balle : environ 6 362 mm² ou 63,62 cm².

2 Un ballon stratosphérique a la forme d'une sphère de 12 m de diamètre.
Calculer l'aire de son enveloppe et son volume intérieur (on considère l'épaisseur comme négligeable).

Rayon du ballon : 6 m car 12 ÷ 2 = 6.
• L'aire d'une sphère de rayon R est telle que $\mathcal{A} = 4\pi R^2$.
$4 \times \pi \times 6^2 = 144\pi$; avec 3,14 pour π, on trouve 452,16.
La calculatrice donne, avec la touche $\boxed{\pi}$, 452,39.
Aire de l'enveloppe : environ 452 m².
• Le volume d'une boule de rayon R est tel que
$V = \dfrac{4}{3}\pi R^3$; $\dfrac{4}{3} \times \pi \times 6^3 = 288\pi$;

avec 3,141 6 pour π, on trouve 904,780 8.
Avec la touche $\boxed{\pi}$, la calculatrice donne 904,778 684 2.
Volume du ballon : environ 905 m³.

> ⚠ Suivant la précision souhaitée pour les calculs, on remplace π par 3,14 ou 3,141 6 ; ou on utilise la touche $\boxed{\pi}$ de la calculatrice qui affiche
> $\boxed{3,141592654}$.

3 Une boule de pétanque a un diamètre de 7,8 cm. Elle est constituée d'un métal de masse volumique 7,8 g/cm³.
a. Quel est son volume ?
b. Quelle serait sa masse si elle était pleine ?

a. La boule a un rayon de 3,9 cm car 7,8 ÷ 2 = 3,9.
Le volume d'une boule de rayon 3,9 est tel que
$V = \dfrac{4}{3} \times \pi \times 3,9^3$; la calculatrice donne 248,475.
La boule a un volume d'environ 248,475 cm³.
b. $248,475 \times 7,8 \approx 1\ 938.$
Si la boule était pleine, **sa masse serait d'environ 1 938 g.**

> ⚠ Une boule de pétanque pèse environ 800 g. Elle n'est pas pleine.

78

Règle graduée – Longueur

Comment mesurer une longueur ?

▶ La **règle graduée** est l'instrument qui permet de **mesurer** la longueur d'un segment.

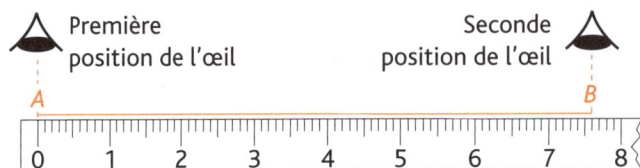

Première
position de l'œil

Seconde
position de l'œil

A

B

0   1   2   3   4   5   6   7   8

> ⚠ Il faut faire attention aux notations :
> • [AB] désigne un segment ;
> • AB désigne une longueur ;
> • AB = 7,6 cm désigne une longueur ; 7,6 est la mesure de cette longueur avec l'unité cm.

La longueur du segment [AB] est 7,6 cm ; AB = 7,6 cm.

A et B sont les extrémités du segment.

On dit aussi que la distance de A à B est 7,6 cm.

Comment tracer un segment de longueur donnée ?

▶ La **règle graduée** est l'instrument qui permet de **construire** un segment de longueur donnée.

On doit construire un segment [CD] tel que CD = 6,3 cm.

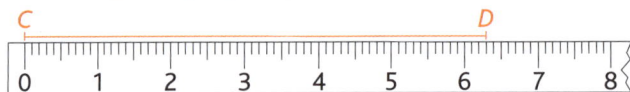

C

D

0   1   2   3   4   5   6   7   8

On pose la règle graduée sur la feuille. On pointe C en face de la graduation 0, puis le point D en face de la graduation correspondant à 6,3 cm. Enfin, on joint C à D.

Distinguer milieu et moitié

▶ Le **milieu** d'un segment est un point. La **moitié** d'un segment est un segment ; la moitié de la mesure de la longueur d'un segment est un nombre.

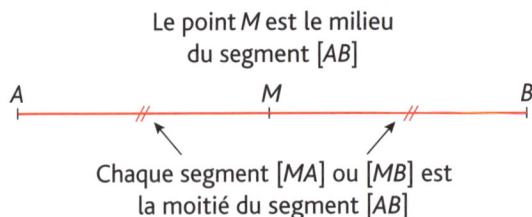

Le point M est le milieu
du segment [AB]

A M B

Chaque segment [MA] ou [MB] est
la moitié du segment [AB]

> ⚠ Noter le symbole utilisé ici pour indiquer que $MA = MB$: //

On a : AB = 7 cm et $MA = MB$ = 3,5 cm.

Le point M est à égale distance de A et de B.

▶ Dire que le point M est le milieu du segment [AB], c'est dire deux choses :
– $M \in$ [AB] (on lit « M **appartient à** [AB] »)
– $MA = MB$ (on dit que « M est **équidistant** de A et de B »).

1 Mesurer la longueur de chacun des segments [AB], [BC] et [CD] avec pour unité le cm.

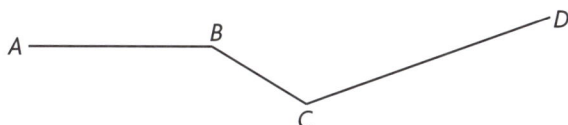

Il faut veiller à bien placer la graduation 0 en face d'une extrémité du segment.

On a : **AB = 2,5 cm** ; **BC = 1,5 cm** et **CD = 3,5 cm**.

2 a. Construire un segment [EF] tel que EF = 5,4 cm, puis placer le point P sur [EF] à 2,7 cm de E.

b. Pour chaque affirmation, cocher la bonne réponse :

P est le milieu de [EF].	❏ VRAI	❏ FAUX
P est la moitié de [EF].	❏ VRAI	❏ FAUX
[PF] est la moitié de [EF].	❏ VRAI	❏ FAUX
PE = PF.	❏ VRAI	❏ FAUX

a.

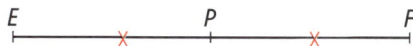

b. Réponses : VRAI ; FAUX ; VRAI ; VRAI.

3 Convertir en mètre chacune des longueurs suivantes : 732 cm ; 87 mm ; 35 dam ; 6 km.

On construit un tableau, puis on place un chiffre par colonne.

km	hm	dam	m	dm	cm	mm
			7 ,	3	2	
			0 ,	0	8	7
	3	5	0			
6	0	0	0			

À savoir

Le mètre est l'unité de mesure de longueur.

Les unités de longueur vont de 10 en 10 :

1 km = 10 hm ;
1 hm = 10 dam ;
1 dam = 10 m ;
1 m = 10 dm, etc.

73**2** cm = **7,32 m** ; on place le **2** dans la colonne des cm.
8**7** mm = **0,087 m** ; on place le **7** dans la colonne des mm.
3**5** dam = **350 m** ; on place le **5** dans la colonne des dam.
6 km = **6 000 m** ; on place le **6** dans la colonne des km.

Espace et géométrie

Voir aussi tableau des unités p. 9 **165**

79

Compas, cercle et disque

▌ Comment reporter une longueur avec le compas ?

▶ Le **compas** est un instrument qui permet de **reporter des longueurs** sans avoir à les mesurer.

1. On place la pointe sèche sur l'une des extrémités du segment (*A* par exemple) et le crayon sur l'autre.

Cela donne une ouverture de compas équivalente à la longueur *AB*.

2. On reporte cette ouverture, ce qui donne [*MN*] tel que *MN* = *AB*.

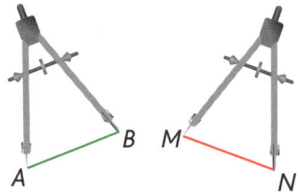

▌ Cercle et disque

▶ Le **cercle** de centre *O* et de rayon *R* est l'ensemble de tous les points du plan situés à la distance *R* du centre *O*.

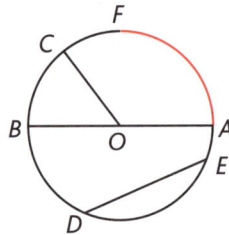

> ⚠ [*AB*] est un **diamètre**.
> [*OA*], [*OB*] et [*OC*] sont des **rayons**.
> [*DE*] est une **corde**.
> $\overset{\frown}{AF}$ est un **arc de cercle**.

▶ Le **disque** de centre *P* et de rayon *R* est l'ensemble de tous les points du plan situés à une distance inférieure ou égale à *R* du centre *P*.

PM = *R* : le point *M* appartient au disque.

PN < *R* : le point *N* appartient au disque.

PS > *R* : le point *S* n'appartient pas au disque.

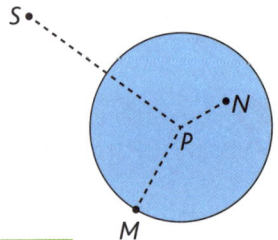

▌ Angle au centre, arc de cercle et secteur de disque

▶ Un angle dont le sommet est au centre du cercle est un **angle au centre**. Il détermine dans le disque un **secteur de disque**.

L'angle au centre $\widehat{xOy}$ intercepte l'arc de cercle $\overset{\frown}{AB}$.

La partie de disque limitée par les rayons [*OA*] et [*OB*] et l'arc $\overset{\frown}{AB}$ constitue un secteur de disque.

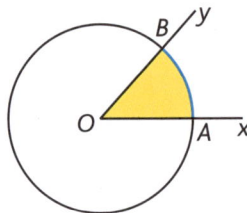

> **À savoir**
> • La longueur d'un arc de cercle est proportionnelle à l'angle au centre qui l'intercepte.
> • L'aire d'un secteur de disque est proportionnelle à l'angle au centre qui lui est associé (*cf.* fiche 50).

Exercices d'application

1 **Construire deux cercles de centre O ayant pour rayons respectifs 0,9 cm et 1,4 cm. Calculer l'aire de la couronne circulaire.**

⚠️ Les deux cercles sont des **cercles concentriques**.

La portion de plan comprise entre les deux cercles est une **couronne circulaire**.

Aire du grand disque : 1,96π cm²
car π × 1,4² = 1,96π ≈ 6,16.
Aire du petit disque : 0,81π cm²
car π × 0,9² = 0,81π ≈ 2,54.
Aire de la couronne circulaire : 1,15π cm² car
1,96π – 0,81π = 1,15π.
Cela fait environ 3,61 cm².

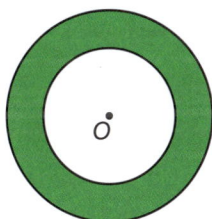

2 **Dessiner un segment [AB] de 2,2 cm.**

a. Construire le cercle de centre A et de rayon 1,3 cm.
Construire le cercle de centre B et de rayon 1,3 cm.

b. Appeler P un des points d'intersection des cercles.
Que peut-on dire du point P et du triangle PAB ?

a. Construction ci-contre.
b. On a : AP = BP = 1,3 cm.
Le point **P est à égale distance de A et de B.**
On dit qu'il est « équidistant » de A et de B.
Le triangle **PAB a deux côtés de même longueur**, il est isocèle.

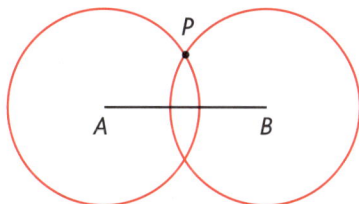

3 **Les points A, B, C, D et E sont sur le cercle de centre O.**
Nommer :
– un diamètre ;
– trois rayons ;
– deux cordes ;
– trois arcs de cercle.

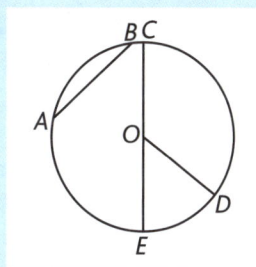

[CE] est un diamètre.
[OC], [OD] et [OE] sont des rayons.
[AB] et [CE] sont des cordes ; [CE] est une corde particulière appelée « diamètre », qui passe par le centre du cercle.
$\overset{\frown}{AB}$, $\overset{\frown}{CD}$ et $\overset{\frown}{DE}$ sont des arcs de cercle (il y en a d'autres).

Espace et géométrie

Voir aussi fiches 50, 51, 72, 82, 83 et 92 ▶ 167

80

Perpendiculaires et parallèles

Comment construire deux droites perpendiculaires ?

▶ L'**équerre** est un instrument qui permet de construire des **droites perpendiculaires**.

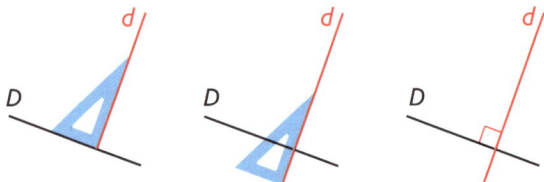

1re étape
L'équerre donne l'angle droit.

2e étape
L'équerre sert de règle.

3e étape
d est perpendiculaire à D. On note $d \perp D$.

On dit que les droites d et D sont perpendiculaires.

▶ Lorsque deux droites sont **sécantes** (se coupent), si l'un des angles est droit, les trois autres le sont aussi.

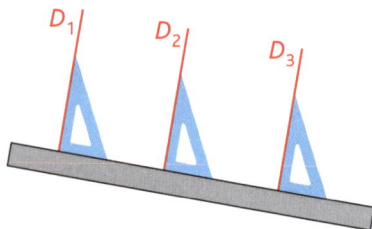

Attention aux notations !
$D \perp d$ se lit : « la droite D **est perpendiculaire à** la droite d ».
$D \mathbin{/\!/} d$ se lit : « la droite D **est parallèle à** la droite d ».

Comment construire des droites parallèles ?

▶ L'**équerre** glissant le long de la règle permet d'obtenir des **droites parallèles**.

D_1, D_2 et D_3 sont parallèles car elles sont toutes les trois perpendiculaires au bord de la règle.

On écrit $D_1 \mathbin{/\!/} D_2 \mathbin{/\!/} D_3$.

Parallèles et perpendiculaires

▶ Si deux droites sont **perpendiculaires à une même droite**, alors elles sont **parallèles**.

On sait : $D_1 \perp \Delta$ et $D_2 \perp \Delta$.

On déduit : $D_1 \mathbin{/\!/} D_2$.

▶ Si deux droites sont **parallèles**, alors toute **droite perpendiculaire à l'une** est **perpendiculaire à l'autre**.

On sait : $D_1 \mathbin{/\!/} D_2$ et $\Delta \perp D_1$.

On déduit : $\Delta \perp D_2$.

Ces deux théorèmes, très souvent utilisés, sont à mémoriser.

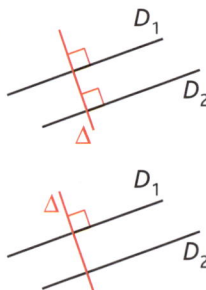

1 Soit une droite *D* et un point *A* n'appartenant pas à *D*.
Construire la parallèle à *D* passant par le point *A*.

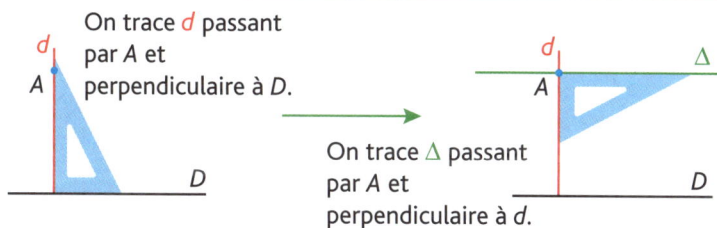

On trace *d* passant par *A* et perpendiculaire à *D*.

On trace △ passant par *A* et perpendiculaire à *d*.

D et △ sont toutes deux perpendiculaires à la droite *d* ; elles sont donc parallèles.
△ est la droite demandée car on a : *A* ∈ △ et △ // *D*.

⚠ *A* ∈ △ se lit : « le point *A* **appartient à** la droite △ ».

2 La figure ci-dessous représente deux bandes de papier dont les bords sont parallèles ;
on a : ***D* // *D'* et *d* // *d'*.**
On sait de plus que *d* ⊥ *D*.
Prouver que le quadrilatère *MNPQ* a quatre angles droits.

⚠ À chaque étape de la démonstration, marquer le nouvel angle droit sur la figure.

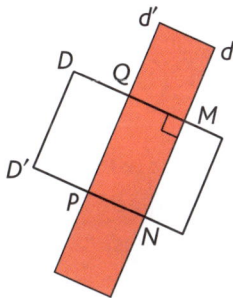

- On sait que l'angle $\widehat{M}$ est droit.
- On sait que *D* // *D'* et *d* ⊥ *D*.
On en déduit : *d* ⊥ *D'* ; l'angle $\widehat{N}$ est droit.
- On sait que *d* // *d'* et *D'* ⊥ *d*.
On en déduit : *D'* ⊥ *d'* ; l'angle $\widehat{P}$ est droit.
- On sait que *D'* // *D* et *d'* ⊥ *D'*.
On en déduit : *d'* ⊥ *D* ; l'angle $\widehat{Q}$ est droit.
Le quadrilatère *MNPQ* a quatre angles droits (c'est un rectangle).

3 Après avoir observé les indications portées sur la figure ci-dessous,
expliquer pourquoi on a : D_1 // D_3 et D_2 // D_4.

- On sait que D_1 ⊥ D_2 et D_3 ⊥ D_2.
Or : « Si deux droites sont perpendiculaires à une même droite, alors elles sont parallèles. »
On en déduit : D_1 // D_3.
- De même, on sait que D_2 ⊥ D_3 et D_4 ⊥ D_3.
On en déduit : D_2 // D_4.

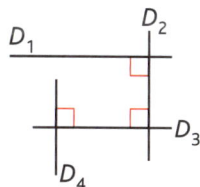

Espace et géométrie

Tangentes à un cercle

Qu'est-ce que la distance d'un point à une droite ?

▶ La **distance** d'un point P à une droite D se mesure sur la perpendiculaire à D passant par P.

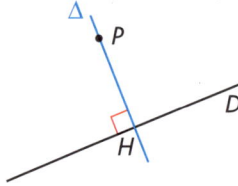

On trace la droite Δ, perpendiculaire à D et passant par P.

On appelle H le point d'intersection de D et de Δ.

La distance du point P à la droite D est la distance PH.

Positions relatives d'une droite et d'un cercle

▶ La distance entre le centre d'un cercle ($\mathscr{C}$) et une droite d détermine la **position** de la droite par rapport au cercle.

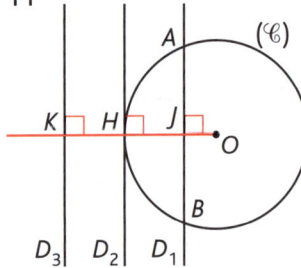

On compare le rayon R du cercle et la distance du centre du cercle à la droite.

• $OJ < R$; D_1 est sécante au cercle ($\mathscr{C}$). D_1 et ($\mathscr{C}$) ont deux points communs : A et B.

• $OH = R$; D_2 est tangente au cercle ($\mathscr{C}$). D_2 et ($\mathscr{C}$) ont un point commun H.

• $OK > R$; D_3 est extérieure au cercle ($\mathscr{C}$). D_3 et ($\mathscr{C}$) n'ont pas de point commun.

Comment construire une tangente à un cercle ?

▶ La **tangente** en un point P du cercle ($\mathscr{C}$) de centre O est la droite perpendiculaire en P au rayon $[OP]$.

($\mathscr{C}$) est un cercle de centre O et de rayon R.

$P \in$ ($\mathscr{C}$) ; $[OP]$ est un rayon du cercle ($\mathscr{C}$).

On trace la droite Δ telle que : $P \in \Delta$ et $\Delta \perp (OP)$.

Δ est tangente en P au cercle ($\mathscr{C}$).

La distance de O à la droite Δ est égale au rayon R du cercle.

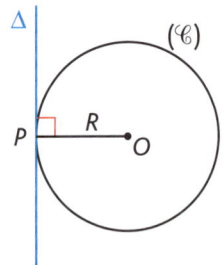

1 Soit *A*, *B*, *C* et *D* quatre points, dans cet ordre, de la droite *d* tels que *AB* = 2,5 cm, *BC* = 1,3 cm et *CD* = 0,9 cm. On appelle Δ la droite perpendiculaire à *d* en *C*.
Déterminer la distance de chacun des points *A*, *B*, *C*, *D* à la droite Δ.

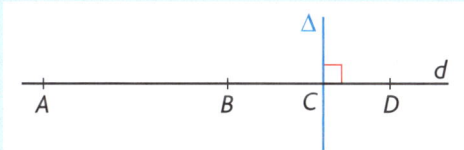

Distance de *A* à Δ = 3,8 cm car (*AC*) ⊥ Δ et *AC* = 2,5 cm + 1,3 cm = 3,8 cm.
Distance de *B* à Δ = 1,3 cm car (*BC*) ⊥ Δ et *BC* = 1,3 cm.
Distance de *C* à Δ = 0 cm car *C* ∈ Δ.
Distance de *D* à Δ = 0,9 cm car (*DC*) ⊥ Δ et *DC* = 0,9 cm.

2 Soit (𝒞) un cercle de centre *O* et [*AB*] un diamètre de ce cercle.
a. Tracer les droites Δ et Δ′, tangentes au cercle (𝒞) respectivement en *A* et en *B*.
b. Prouver que les droites Δ et Δ′ sont parallèles.

On dit que les points *A* et *B* sont **diamétralement opposés**.

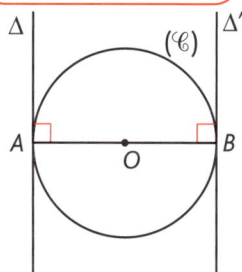

a. *A* ∈ Δ et Δ ⊥ (*AB*) ;
B ∈ Δ′ et Δ′ ⊥ (*AB*).
b. Les droites Δ et Δ′ sont toutes deux perpendiculaires à la droite (*AB*).
Or : « Si deux droites sont perpendiculaires à une même droite, alors elles sont parallèles. »
Donc les droites Δ **et** Δ′ **sont parallèles.**

3 Exécuter le programme de construction suivant :
– Tracer un cercle (𝒞) de centre *O* et de rayon 1,2 cm.
– Tracer deux rayons [*OE*] et [*OF*] perpendiculaires.
– Tracer la droite tangente en *E* au cercle (𝒞).
– Tracer la droite tangente en *F* au cercle (𝒞).
– Nommer *P* le point d'intersection de ces tangentes.

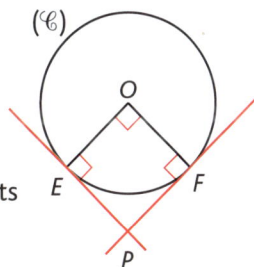

Figure ci-contre.
Remarque : Le quadrilatère *OEPF* a trois angles droits de sommets *O*, *E* et *F* (c'est un rectangle) ; il a deux côtés consécutifs de même longueur (*OE* = *OF* = 1,2 cm), c'est donc un carré.

Espace et géométrie

Vocabulaire et notations

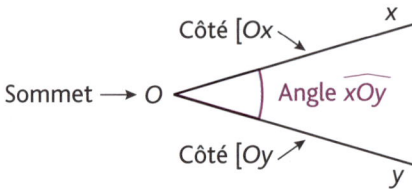

Côté [Ox

x

Sommet → O   Angle $\widehat{xOy}$

Côté [Oy

y

> ⚠️ Le mot « angle » désigne aussi bien la partie du plan limitée par les demi-droites (secteur angulaire) que la grandeur associée à ce secteur $(\widehat{xOy} < 90°)$.

▶ L'unité d'angle est le **degré** (symbole : °).
1 angle droit = 90°.
1 angle plat = 180°.

Angles particuliers

▶ Un **angle saillant** est compris entre 0° et 180°.

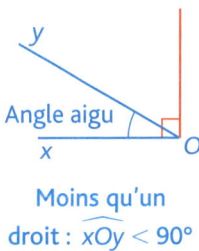

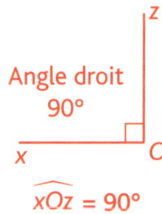

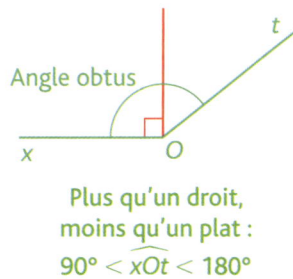

y

Angle aigu
x   O

Moins qu'un
droit : $\widehat{xOy} < 90°$

z

Angle droit
90°

x   O

$\widehat{xOz} = 90°$

t

Angle obtus

x   O

Plus qu'un droit,
moins qu'un plat :
$90° < \widehat{xOt} < 180°$

▶ Un **angle plat** est un demi-plan.

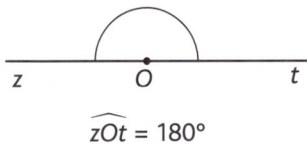

z   O   t

$\widehat{zOt} = 180°$

Mon angle n'est
pas plat, tu gênes !

180°

▶ Un **angle rentrant** est plus grand qu'un angle plat (180°) et plus petit qu'un **angle plein** (360°).

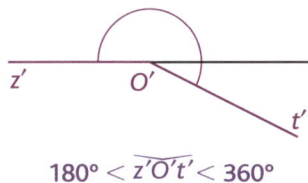

z'   O'

t'

$180° < \widehat{z'O't'} < 360°$

Exercices d'application

1 Voici quelques angles saillants.

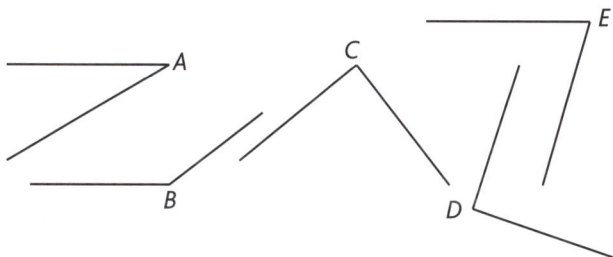

⚠️ Il n'est pas nécessaire de mesurer avec un rapporteur, une équerre suffit en cas de doute.

Indiquer pour chacun s'il est aigu, droit ou obtus.

Les angles ayant pour sommet *A* ou *E* sont des angles aigus.
Les angles ayant pour sommet *C* ou *D* sont droits.
L'angle de sommet *B* est obtus.

2 Quatre demi-droites de même origine *O* déterminent six angles saillants. Nommer chacun de ces angles en précisant s'il est aigu, droit ou obtus.

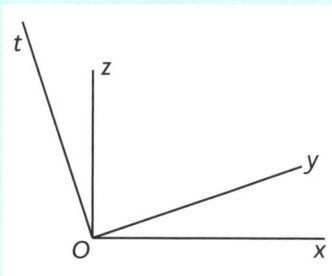

Trois angles ont pour côté [*Ox* : $\widehat{xOy}$ (aigu) ; $\widehat{xOz}$ (droit) ; $\widehat{xOt}$ (obtus).

Deux ont pour côté [*Oy* (non compris $\widehat{xOy}$ qui a déjà été compté) :
$\widehat{yOz}$ (aigu) ; $\widehat{yOt}$ (droit).
Un seul n'a pas été compté : $\widehat{zOt}$ (aigu).

3 *ABC* est un triangle (on entend « trois angles »). L'angle de sommet *A* a pour côtés les demi-droites [*AB*) et [*AC*) ;
on le nomme $\widehat{BAC}$ (ou $\widehat{CAB}$).
Nommer de même les deux autres angles de ce triangle en précisant les côtés de chacun d'eux.

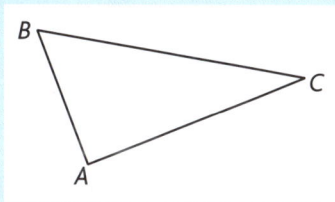

L'angle de sommet *B* est $\widehat{CBA}$ ou $\widehat{ABC}$; côtés : [*BC*) et [*BA*).
L'angle de sommet *C* est $\widehat{ACB}$ ou $\widehat{BCA}$; côtés : [*CA*) et [*CB*).

Espace et géométrie

Le rapporteur

Comment mesurer un angle ?

▶ Un **rapporteur** gradué en degré est l'instrument qui permet de **mesurer les angles**. Il a généralement une **graduation externe** de 0° à 180° et une **graduation interne** de sens contraire.

> ⚠ Il faut faire précéder chaque lecture d'une évaluation rapide :
> – l'angle est **aigu** ou **obtus** ;
> – l'angle est **saillant** ou **rentrant**.

▶ **Pour mesurer un angle saillant** :
– on place le centre du rapporteur sur le sommet O de l'angle ;
– on place la graduation externe 0 sur le côté de l'angle choisi pour que tout l'angle soit sous le rapporteur ;
– on lit la graduation externe qui est sur l'autre côté de l'angle (ici : 150°).

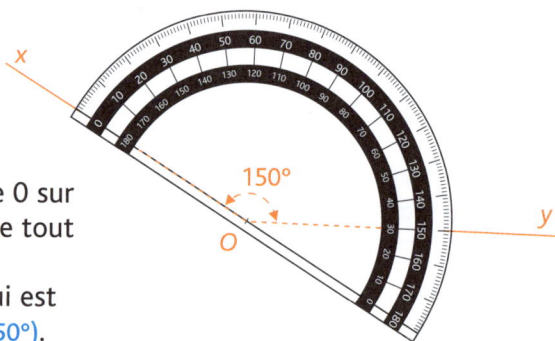

▶ **Pour mesurer un angle rentrant**, on mesure l'angle saillant associé, puis on retranche de 360° la mesure obtenue.

L'angle $\widehat{xOy}$ est rentrant, on mesure l'angle saillant associé.

L'angle saillant associé a pour mesure 150°, on en déduit que l'angle $\widehat{xOy}$ rentrant a pour mesure 210° car 360 – 150 = 210.

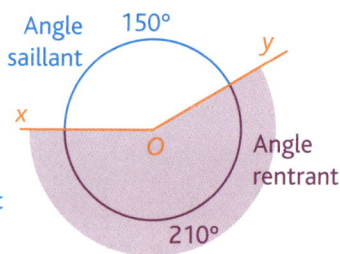

Comment construire un angle de mesure donnée ?

▶ Le **rapporteur** est l'instrument qui permet de **construire un angle** dont on connaît la mesure.

On veut construire un angle $\widehat{xOy}$ de 64°.

Dans l'ordre :
– on trace le côté [Ox ;
– on place le rapporteur, son centre en O et la graduation externe 0 sur [Ox ;
– on marque un trait en face de la graduation externe 64 ;
– on enlève le rapporteur et on trace le côté [Oy.

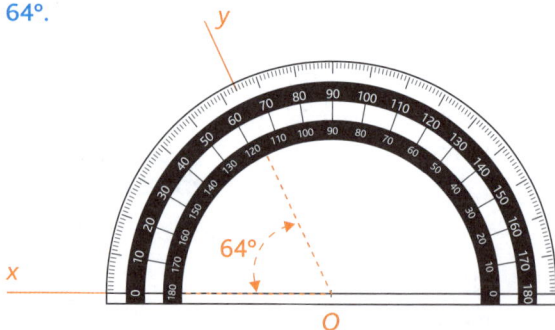

Exercices d'application

1 Quelle est la mesure des angles $\widehat{xOy}$, $\widehat{yOt}$, $\widehat{x'O'y'}$ et $\widehat{y'O't'}$?

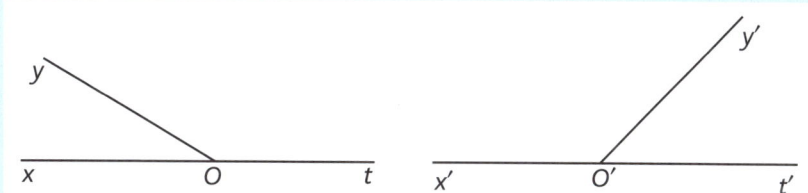

On trouve : $\widehat{xOy}$ = 30° ; $\widehat{yOt}$ = 150° ; $\widehat{x'O'y'}$ = 135° et $\widehat{y'O't'}$ = 45°.
Quand on a mesuré l'angle $\widehat{xOy}$, on peut calculer $\widehat{yOt}$ car $\widehat{xOt}$ = 180° (angle plat) et $\widehat{yOt}$ = 180° − 30° = 150°.

2 a. Construire deux angles $\widehat{xOy}$ et $\widehat{yOt}$ de 60° de part et d'autre de leur côté commun [Oy.

b. Quelle est la mesure de l'angle $\widehat{xOt}$?

a. Construction ci-contre.
b. On peut mesurer $\widehat{xOt}$
avec le rapporteur.
On peut aussi le calculer car :

$\widehat{xOy}$ + $\widehat{yOt}$ = $\widehat{xOt}$;
60° + 60° = 120° ;
$\widehat{xOt}$ = 120°.

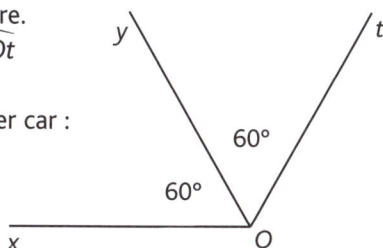

> **À savoir**
> La demi-droite [Oy
> partage l'angle $\widehat{xOt}$
> en deux angles égaux :
> c'est la **bissectrice**
> de l'angle xOt
> (*cf.* fiche 87).

3 a. Écrire un programme de construction permettant de reproduire la figure ci-contre.
b. Mesurer l'angle de sommet A ayant pour côtés les demi-droites [AB) et [AC).

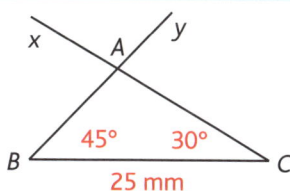

a. On construit :
– un segment [BC] de 25 mm ;
– un angle de sommet B tel que $\widehat{CBy}$ = 45° ;
– un angle de sommet C, dans le même demi-plan que $\widehat{CBy}$, tel que $\widehat{BCx}$ = 30°.
On appelle A le point d'intersection des demi-droites [By et [Cx.
b. *Il est conseillé de prolonger les côtés [AB) et [AC).*
L'angle de sommet A a pour mesure 105°.

Voir aussi fiches 78, 82 et 87

Espace et géométrie

84 Paires d'angles particulières

Angles adjacents

▶ Deux **angles adjacents** ont le même sommet, un côté commun et sont situés de part et d'autre de ce côté commun.

Les angles $\widehat{xOy}$ et $\widehat{yOz}$ ont :

– le même sommet : O ;

– un côté commun : $[Oy$.

Ils sont situés de part et d'autre du côté commun.

Les angles $\widehat{xOy}$ et $\widehat{yOz}$ sont adjacents.

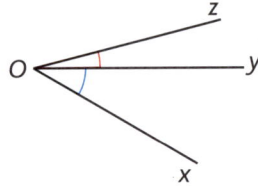

Angles complémentaires et angles supplémentaires

▶ Deux angles dont la somme est 90° sont appelés « **angles complémentaires** ».

▶ Deux angles dont la somme est 180° sont appelés « **angles supplémentaires** ».

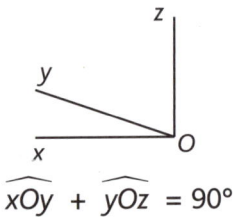

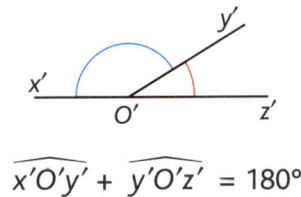

$$\widehat{xOy} + \widehat{yOz} = 90°$$

$$\widehat{x'O'y'} + \widehat{y'O'z'} = 180°$$

Angles opposés par le sommet

▶ Deux angles ayant le même sommet et tels que les côtés de l'un sont opposés aux côtés de l'autre sont appelés « **angles opposés par le sommet** ».

▶ **Deux angles opposés par le sommet sont égaux.**

Les angles $\widehat{xSy}$ et $\widehat{x'Sy'}$ sont opposés par le sommet.

On en déduit : $\widehat{xSy} = \widehat{x'Sy'}$.

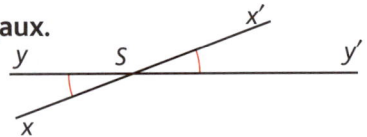

Angles inscrits dans un cercle

L'angle $\widehat{ASB}$ a son sommet sur le cercle ($\mathscr{C}$) ; ses côtés coupent le cercle en A et en B : c'est un angle inscrit dans le cercle ($\mathscr{C}$).

De même, l'angle $\widehat{ATB}$ est un angle inscrit dans le cercle ($\mathscr{C}$).

Ces angles inscrits interceptent le même arc $\overset{\frown}{AB}$; ils sont donc égaux : $\widehat{ASB} = \widehat{ATB}$.

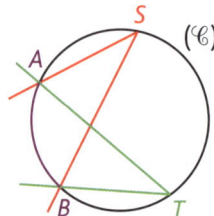

À savoir

Deux angles inscrits dans un même cercle, qui interceptent le même arc, sont égaux.

1 On sait que les angles $\widehat{xOy}$ et $\widehat{x'O'y'}$ sont complémentaires. Compléter le tableau.

$\widehat{xOy}$	40°	85°	7°	74°
$\widehat{x'O'y'}$	...	...	...	...

On complète la seconde ligne avec : **50°** ; **5°** ; **83°** et **16°**.

2 On sait que $\widehat{xOy} = 60°$; $\widehat{xOz} = 90°$ et $\widehat{xOt} = 180°$.

a. Nommer deux angles complémentaires.

b. Nommer deux angles supplémentaires.

c. Calculer $\widehat{yOz}$ et $\widehat{yOt}$.

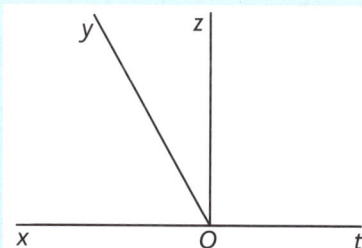

a. $\widehat{xOy}$ et $\widehat{yOz}$ sont complémentaires car $\widehat{xOy} + \widehat{yOz} = \widehat{xOz} = 90°$.

b. $\widehat{xOy}$ et $\widehat{yOt}$ sont supplémentaires car $\widehat{xOy} + \widehat{yOt} = \widehat{xOt} = 180°$.

$\widehat{xOz}$ et $\widehat{zOt}$ sont aussi supplémentaires.

c. $\widehat{yOz} = 30°$ car $\widehat{yOz} = \widehat{xOz} - \widehat{xOy} = 90° - 60° = 30°$.

$\widehat{yOt} = 120°$ car $\widehat{yOt} = \widehat{xOt} - \widehat{xOy} = 180° - 60° = 120°$.

3 On sait que $\widehat{xOy} = 45°$.

Calculer $\widehat{x'Oy}$, $\widehat{x'Oy'}$ et $\widehat{y'Ox}$.

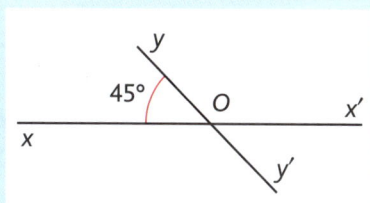

Les angles $\widehat{xOy}$ et $\widehat{x'Oy}$ sont supplémentaires ; $\widehat{x'Oy} = 180° - 45° = 135°$; $\widehat{x'Oy} = \mathbf{135°}$.

Les angles $\widehat{xOy}$ et $\widehat{x'Oy'}$ sont opposés par le sommet ; ils sont donc égaux : $\widehat{x'Oy'} = \mathbf{45°}$.

Les angles $\widehat{yOx'}$ et $\widehat{y'Ox}$ sont opposés par le sommet ; ils sont donc égaux : $\widehat{y'Ox} = \mathbf{135°}$.

Lorsque deux droites sont sécantes, si on connaît un angle, on sait calculer les trois autres.

Parallèles et sécantes

▶ Si deux droites sont **parallèles**, alors toute droite qui coupe l'une coupe l'autre.

Les droites $x'x$ et $y'y$ sont parallèles.

La droite zt est sécante à la droite $x'x$ en A.

La droite zt est sécante à la droite $y'y$ en B.

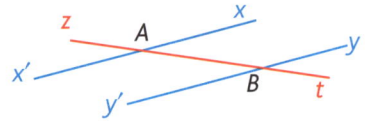

Angles alternes-internes

▶ Deux droites parallèles sont coupées par une sécante.

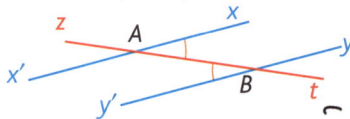

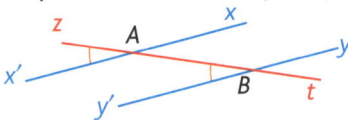

Les angles $\widehat{xAt}$ et $\widehat{y'Bz}$ sont situés entre les droites parallèles et de part et d'autre de la sécante zt.
On dit que ce sont des angles alternes-internes.

▶ Si deux droites **parallèles** sont coupées par une **sécante**, alors deux **angles alternes-internes** sont **égaux**.

Par suite, $\widehat{xAt}$ et $\widehat{y'Bz}$ sont égaux.

$\widehat{x'At}$ et $\widehat{yBz}$ sont aussi alternes-internes ; on a : $\widehat{x'At} = \widehat{yBz}$.

Angles correspondants

▶ Deux droites parallèles sont coupées par une sécante.

Les angles $\widehat{zAx'}$ et $\widehat{zBy'}$ sont situés d'un même côté de la sécante zt ; l'un entre les parallèles, l'autre à l'extérieur.

Ils se correspondent par un glissement le long de (AB).

On dit que ce sont des angles correspondants.

> **À savoir**
> $\widehat{zAx'}$ et $\widehat{zBy'}$ se correspondent par la **translation** qui amène A sur B (cf. fiche 124).

▶ Si deux droites **parallèles** sont coupées par une **sécante**, alors deux **angles correspondants** sont **égaux**.

Par suite : $\widehat{zAx'} = \widehat{zBy'}$.

Pour cette même figure, on a trois autres paires d'angles correspondants égaux :

$\widehat{tAx'} = \widehat{tBy'}$; $\widehat{zAx} = \widehat{zBy}$; $\widehat{tAx} = \widehat{tBy}$.

1 **Les droites *xy* et *zt* sont parallèles. La droite *uv* coupe *xy* en *M* et *zt* en *N*.**

a. Nommer deux angles alternes-internes.

b. On sait que $\widehat{yMv}$ = 50°.

   Nommer trois autres angles de 50°.

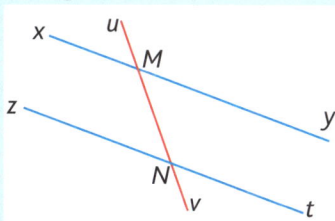

a. $\widehat{yMv}$ et $\widehat{zNu}$ occupent la position d'angles alternes-internes.

b. Les angles de sommet *M*, $\widehat{yMv}$ et $\widehat{xMu}$ sont opposés par le sommet. Ils sont donc égaux et $\widehat{xMu}$ = 50°.

⚠ Il y a une autre paire d'angles alternes-internes : $\widehat{xMv}$ et $\widehat{uNt}$.

Les angles alternes-internes $\widehat{yMv}$ et $\widehat{zNu}$ sont égaux ; par suite : $\widehat{zNu}$ = 50°.

Les angles de sommet *N*, $\widehat{zNu}$ et $\widehat{tNv}$ sont opposés par le sommet. Ils sont donc égaux et $\widehat{tNv}$ = 50°.

2 ***ABC* est un triangle tel que $\widehat{ABC}$ = 60° et $\widehat{ACB}$ = 40°.**

   La droite *xy*, parallèle à (*BC*), coupe [*AB*] en *M* et [*AC*] en *N*.

   Prouver que les trois angles du triangle *AMN* sont respectivement égaux aux trois angles du triangle *ABC*.

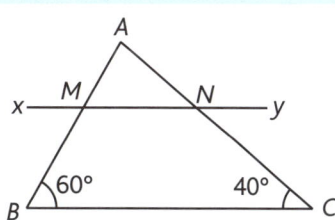

• La droite (*AB*) coupe les droites parallèles *xy* et (*BC*) respectivement en *M* et en *B*. Les angles $\widehat{AMN}$ et $\widehat{ABC}$ occupent la position d'angles correspondants. Ils sont donc égaux ; par suite : $\widehat{AMN}$ = 60°.

• La droite (*AC*) coupe les droites parallèles *xy* et (*BC*) respectivement en *N* et en *C*. Les angles $\widehat{ANM}$ et $\widehat{ACB}$ occupent la position d'angles correspondants. Ils sont donc égaux ; par suite : $\widehat{ANM}$ = 40°.

• L'angle de sommet *A* est commun aux deux triangles.

Chacun des angles du triangle *AMN* est égal à un angle du triangle *ABC*.

Ces triangles sont semblables (cf. fiche 104).

Espace et géométrie

Voir aussi fiches 80, 91 et 104

86 Parallélisme et angles

Angles alternes-internes égaux

▶ **Si** deux droites sont coupées par une troisième de telle manière que deux angles en position d'**angles alternes-internes** sont **égaux**, **alors** ces deux droites sont **parallèles**.

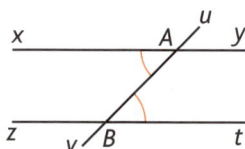

Les angles $\widehat{xAv}$ et $\widehat{tBu}$ sont en position d'angles alternes-internes.

On sait que $\widehat{xAv} = \widehat{tBu}$.

On en déduit : *xy // zt*.

> ### À savoir
> Les angles $\widehat{xAu}$ et $\widehat{tBv}$ se correspondent par une **symétrie** ayant pour centre le milieu de [*AB*] (*cf.* fiche 123).

Angles correspondants égaux

▶ **Si** deux droites sont coupées par une troisième de telle manière que deux angles en position d'**angles correspondants** sont **égaux**, **alors** ces deux droites sont **parallèles**.

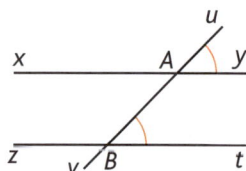

> ### À savoir
> Les angles $\widehat{uAy}$ et $\widehat{uBt}$ se correspondent par une **translation** qui amène *A* sur *B* (*cf.* fiche 124).

Les angles $\widehat{uAy}$ et $\widehat{uBt}$ sont en position d'angles correspondants.

On sait que $\widehat{uAy} = \widehat{uBt}$.

On en déduit : *xy // zt*.

Cela justifie la construction de deux droites parallèles à l'aide d'une fausse équerre (appelée aussi « sauterelle ») qui glisse le long de la droite *uv*.

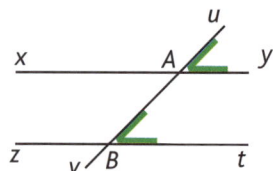

▶ Avec deux angles correspondants droits, on a un cas particulier :
Si deux droites sont **perpendiculaires à une même droite**, **alors** ces deux droites sont **parallèles**.

L'équerre a glissé le long de la droite *uv*.

Les angles $\widehat{uAy}$ et $\widehat{uBt}$ sont en position d'angles correspondants.

On sait que $\widehat{uAy} = \widehat{uBt} = 90°$.

On en déduit : *xy // zt*.

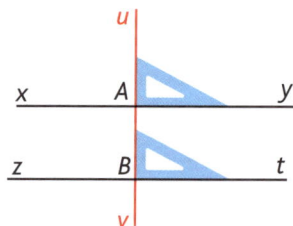

1 Sur la figure ci-contre, on a $\widehat{x'Mt'} + \widehat{y'Nt} = 180°$ (angles supplémentaires).

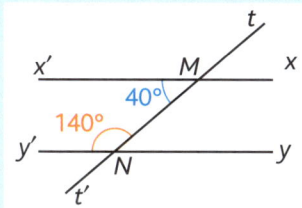

a. Calculer l'angle $\widehat{y'Nt'}$.

b. Prouver que les droites $x'x$ et $y'y$ sont parallèles.

a. Les angles $\widehat{y'Nt'}$ et $\widehat{y'Nt}$ sont supplémentaires et on sait que $\widehat{y'Nt} = 140°$.

On en déduit : $\widehat{y'Nt'} + 140° = 180°$;

$\widehat{y'Nt'} = 180° - 140°$; $\widehat{y'Nt'} = \mathbf{40°}$.

b. Les angles $\widehat{y'Nt'}$ et $\widehat{x'Mt'}$ occupent la position d'angles correspondants pour les droites $x'x$ et $y'y$ coupées par la sécante $t't$.

On sait que $\widehat{y'Nt'} = \widehat{x'Mt'} = 40°$; on en déduit : $\boldsymbol{x'x \mathbin{/\mkern-5mu/} y'y}$.

> ### À savoir
>
> $\widehat{x'Mt'}$ et $\widehat{y'Nt}$ sont des **angles internes d'un même côté de la sécante**. Lorsqu'ils sont supplémentaires, on en déduit que les droites sont parallèles.

2 On a juxtaposé trois triangles équilatéraux.
Les triangles *ABE* et *EBD* ont en commun le côté [*BE*].
Les triangles *EBD* et *BDC* ont en commun le côté [*BD*].

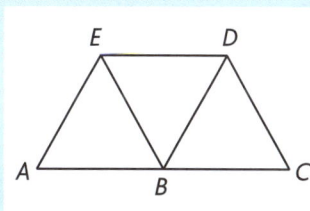

a. Prouver que les points *A*, *B* et *C* sont alignés.

b. Prouver que les droites (*ED*) et (*AC*) sont parallèles.

a. Un triangle équilatéral a trois angles de 60°.

$\widehat{ABE} = 60°$; $\widehat{EBD} = 60°$; $\widehat{DBC} = 60°$.

D'où : $\widehat{ABC} = \widehat{ABE} + \widehat{EBD} + \widehat{DBC} = 60° + 60° + 60° = 180°$.

L'angle $\widehat{ABC}$ est plat ; **les points *A*, *B* et *C* sont alignés**.

b. Les angles $\widehat{EDB}$ et $\widehat{DBC}$ occupent la position d'angles alternes-internes pour les droites (*ED*) et (*AC*) coupées par la sécante (*DB*).

On sait que $\widehat{EDB} = \widehat{DBC} = 60°$.

On en déduit : **les droites (*ED*) et (*AC*) sont parallèles**.

> ### À savoir
>
> Le quadrilatère *ACDE*, qui a deux côtés parallèles, est un **trapèze**.
>
> Il a aussi deux côtés obliques de même longueur, c'est un **trapèze isocèle**.

Qu'est-ce que la bissectrice d'un angle ?

▶ La **bissectrice** d'un angle est la demi-droite qui partage l'angle en **deux angles égaux**.
▶ La droite support de la bissectrice est **axe de symétrie** de l'angle.

On sait que $\widehat{tOx} = \widehat{tOy} = 20°$.

On en déduit :

– [Ot est la bissectrice de l'angle $\widehat{xOy}$;

– la droite t't est l'axe de symétrie de l'angle $\widehat{xOy}$.

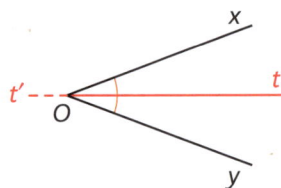

Propriété caractéristique (cas d'un angle saillant)

▶ Si un point est **sur la bissectrice** de l'angle, **alors** il est **équidistant** des côtés de l'angle.

On sait que $\widehat{tOx} = \widehat{tOy}$.

On en déduit MH = MK ;
M est équidistant de [Ox et de [Oy.

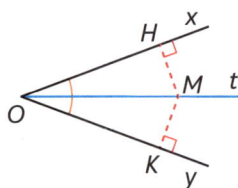

▶ Si un point est **équidistant** des côtés d'un angle, **alors** il est **sur la bissectrice** de cet angle.

On sait que MH = MK ; M est équidistant de [Ox et de [Oy.

On en déduit que $\widehat{tOx} = \widehat{tOy}$

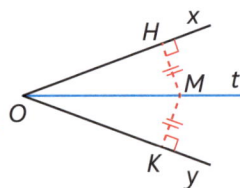

⚠️ On a :
$\widehat{tOx} = \widehat{tOy} = \dfrac{1}{2}\widehat{xOy}$;

$\widehat{tOx}$ ou $\widehat{tOy}$ est la moitié de l'angle $\widehat{xOy}$.
Si on plie l'angle suivant la bissectrice, $\widehat{tOx}$ se superpose à $\widehat{tOy}$.

▶ La propriété « **être équidistant des côtés de l'angle** » caractérise les points de la bissectrice d'un angle.
Cela veut dire :
– si elle est vérifiée, alors le point est sur la bissectrice ;
– si elle n'est pas vérifiée, alors le point n'est pas sur la bissectrice.

Construction avec la règle et le compas

Arc de cercle de centre O coupant [Ox en M et [Oy en N

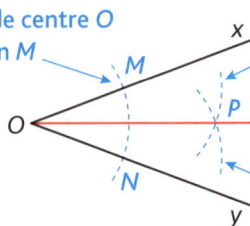

Arc de cercle de centre M et de même rayon que celui de centre N

La bissectrice [Ot passe par le point P

Arc de cercle de centre N et de même rayon que celui de centre M

Exercices d'application

1 On sait que la demi-droite [Ot est bissectrice de $\widehat{xOy}$.
Compléter le tableau.

$\widehat{xOy}$	90°	60°	45°	...
$\widehat{xOt}$	...	...	...	15°

On complète de gauche à droite avec : **45°** ; **30°** ; **22,5°** et **30°**.

2 Les angles $\widehat{xOt}$ et $\widehat{tOy}$ sont supplémentaires
et $\widehat{xOt}$ = 75°.
[Oz est la bissectrice de $\widehat{xOt}$ et [Ou est la
bissectrice de $\widehat{tOy}$.
Calculer les angles $\widehat{zOt}$, $\widehat{tOu}$, puis $\widehat{zOu}$.
Que peut-on en déduire pour les bissectrices
[Oz et [Ou ?

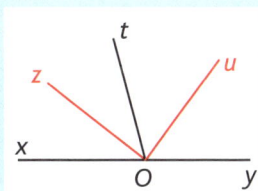

[Oz est la bissectrice de $\widehat{xOt}$: $\widehat{zOt} = \frac{1}{2}\widehat{xOt}$ = **37,5°** car 75 ÷ 2 = 37,5.

$\widehat{xOt}$ et $\widehat{tOy}$ sont supplémentaires : $\widehat{xOt}$ = 75° donc $\widehat{tOy}$ = 180° − 75° = 105°.
[Ou est la bissectrice de $\widehat{tOy}$: $\widehat{tOu}$ = **52,5°** car 105 ÷ 2 = 52,5.
$\widehat{zOu} = \widehat{zOt} + \widehat{tOu}$; $\widehat{zOu}$ = 37,5° + 52,5° ; $\widehat{zOu}$ = **90°**.
Les bissectrices [Oz et [Ou sont perpendiculaires.
*Cela est général : les bissectrices de deux angles adjacents et supplémentaires
sont des demi-droites perpendiculaires.*

3 La bissectrice [Bx de $\widehat{ABC}$ et la bissectrice
[Cy de $\widehat{ACB}$ se coupent en P.
Prouver que P est équidistant de [AB)
et de [AC).

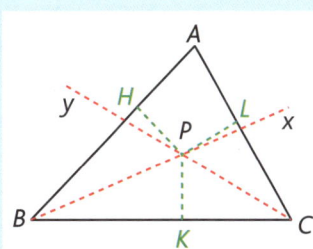

• P est sur la bissectrice [Bx de $\widehat{ABC}$; il est équidistant des côtés de cet angle,
donc *PH = PK*.
• P est sur la bissectrice [Cy de l'angle $\widehat{ACB}$; il est équidistant des côtés de cet
angle, donc *PK = PL*.
• On a *PH = PK* et *PK = PL*, donc *PH = PL* ; **P est équidistant de [AB) et de [AC).**
P est donc sur la bissectrice de $\widehat{BAC}$.

Médiatrice d'un segment

Qu'est-ce que la médiatrice d'un segment ?

▶ La **médiatrice** d'un segment est la droite, **perpendiculaire** à ce segment, qui passe par le **milieu** de ce segment.

Δ passe par le milieu M de [AB] ;

Δ est perpendiculaire à (AB).

Δ est la médiatrice du segment [AB].

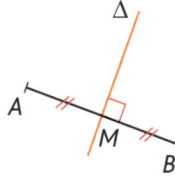

> ⚠ La médiatrice d'un segment est un **axe de symétrie** de ce segment (*cf.* fiche 120).

> Marrant, t'es pile au point M !

Une propriété caractéristique

▶ Si un point est **sur la médiatrice** d'un segment, alors il est **équidistant** des extrémités de ce segment.

On sait que P est sur la médiatrice Δ du segment [AB].

On en déduit que P est équidistant de A et de B, c'est-à-dire : *PA = PB*.

▶ Si un point est **équidistant** des extrémités d'un segment, alors il est **sur la médiatrice** de ce segment.

On sait que N est équidistant de A et de B, c'est-à-dire : *NA = NB*.

On en déduit que N est sur la médiatrice Δ du segment [AB].

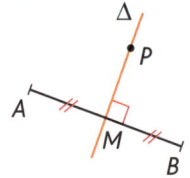

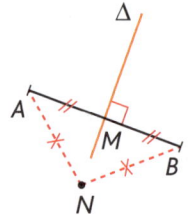

Construction avec la règle et le compas

▶ Principe : on construit deux points distincts équidistants des extrémités du segment [AB].

Pour cela, on peut construire deux arcs de cercles de même rayon, l'un de centre A, l'autre de centre B.

Ils se coupent en E et en F.

E est équidistant de A et de B, il est donc sur la médiatrice de [AB].

F est équidistant de A et de B, il est donc sur la médiatrice de [AB].

La droite (EF) est la médiatrice de [AB].

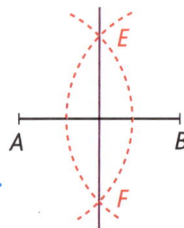

À savoir

Les deux arcs se coupant en E doivent avoir le même rayon R.

Les deux arcs se coupant en F doivent avoir le même rayon R'.

R et R' peuvent être différents.

Exercices d'application

1 Observer les indications portées sur la figure ci-contre.

a. La droite (CD) est-elle médiatrice du segment $[AB]$? Pourquoi ?

b. La droite (AB) est-elle médiatrice de $[CD]$? Pourquoi ?

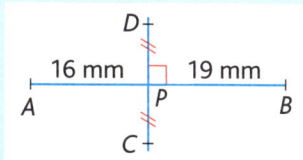

a. **La droite (CD) n'est pas la médiatrice du segment $[AB]$**, car le point P n'est pas le milieu de $[AB]$ puisque $PA \neq PB$.

b. **La droite (AB) est la médiatrice du segment $[CD]$** car :
– elle est perpendiculaire en P au support de $[CD]$;
– elle passe par le milieu P du segment $[CD]$.

2 Le quadrilatère *CERF* (appelé « cerf-volant ») est tel que $CE = 30$ mm et $ER = 24$ mm.

a. Expliquer pourquoi (CR) est la médiatrice de $[EF]$.

b. Calculer le périmètre du quadrilatère *CERF*.

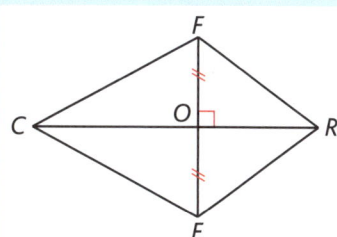

a. La droite (CR) est perpendiculaire au segment $[EF]$ en son milieu O ; **(CR) est donc la médiatrice de $[EF]$**.

b. Le point C est sur la médiatrice de $[EF]$; il est donc équidistant de E et de F. On sait que $CE = 30$ mm ; on en déduit que $CF = 30$ mm.

De même, R étant sur la médiatrice de $[EF]$, on a $ER = EF = 24$ mm.

Le périmètre de *CERF* est égal à 108 mm car $2(30 + 24) = 108$.

3 Le quadrilatère *VERS* (appelé « fer de lance ») est tel que $VE = VS$ et $RE = RS$. Léo affirme que (VR) coupe $[SE]$ en son milieu. A-t-il raison ? Que pourrait-il ajouter ?

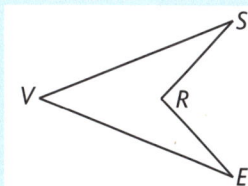

On sait que $VE = VS$; V est donc équidistant de S et de E ; par suite, V est sur la médiatrice de $[SE]$.

On sait que $RE = RS$; R est donc équidistant de S et de E ; par suite, R est sur la médiatrice de $[SE]$.

La droite (VR) est donc la médiatrice de $[SE]$. **Léo a raison** : (VR) coupe $[SE]$ en son milieu. Il pourrait ajouter : **(VR) est perpendiculaire à (SE)**.

Voir aussi fiches 78, 80, 120 et 121 185

89 Inégalité triangulaire

Qu'est-ce que l'inégalité triangulaire ?

▶ Quels que soient les points *A*, *B* et *M* du plan, on a :
$$AM + MB \geqslant AB.$$

▶ Pour aller de *A* à *B*, en passant par le point *M*, trois cas peuvent se présenter :

1er cas :

$M \in [AB]$; on a : **AM + MB = AB**.

2e cas :

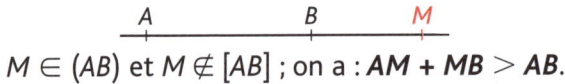

$M \in (AB)$ et $M \notin [AB]$; on a : **AM + MB > AB**.

3e cas :

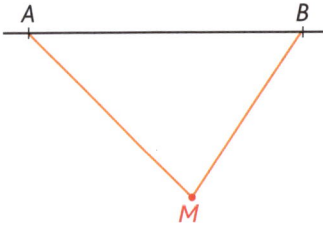

$M \notin (AB)$; on a : **AM + MB > AB**.

> ⚠ Selon l'adage, le plus court chemin d'un point à un autre est la ligne droite.
>
> C'est à ce troisième cas que l'inégalité doit son qualificatif : « triangulaire ».

Conséquences pour un triangle

▶ Dans un triangle, **chaque côté est strictement inférieur à la somme des deux autres**.

▶ Trois nombres positifs ne peuvent être les mesures des côtés d'un triangle que si le plus grand est strictement inférieur à la somme des deux autres.

On peut construire un triangle *ABC* tel que *AB* = 4,5 cm, *AC* = 3,5 cm et *BC* = 2,5 cm car 4,5 < 3,5 + 2,5.

Arc de cercle de centre *A* et de rayon 3,5 cm.

Arc de cercle de centre *B* et de rayon 2,5 cm.

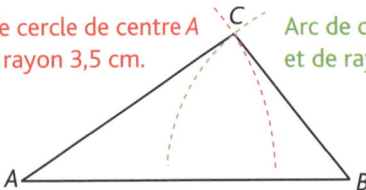

On ne peut pas construire un triangle *MNP* tel que *MN* = 15 cm, *PM* = 6 cm et *PN* = 5 cm car on a : 15 > 6 + 5.

1 Les nombres a, b et c sont-ils les mesures (en cm) des côtés d'un triangle ? Si oui, faire la figure.

a	b	c
1,5	2,3	4
1,8	4,1	3,3
5,7	3,2	2,5

• 1,5 + 2,3 = 3,8 ; le plus grand nombre est supérieur à la somme des deux autres ; **il n'existe pas de triangle dont les côtés ont pour longueurs 1,5 cm, 2,3 cm et 4 cm.**

• 1,8 + 3,3 = 5,1 et 4,1 < 5,1 ; le plus grand nombre est inférieur à la somme des deux autres ; **il existe un triangle dont les côtés ont pour longueurs 1,8 cm, 4,1 cm et 3,3 cm.**

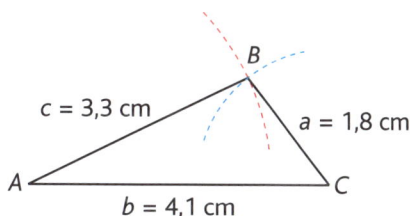

L'arc de cercle de centre A et de rayon 3,3 cm coupe en B l'arc de cercle de centre C et de rayon 1,8 cm.

• 3,2 + 2,5 = 5,7 ; le plus grand nombre est égal à la somme des deux autres ; **il n'existe pas de triangle dont les côtés ont pour longueurs 5,7 cm, 3,2 cm et 2,5 cm**, mais on a trois points alignés.

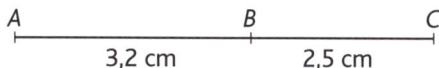

2 Soit un cercle de centre O et une corde [DE] ne passant pas par le point O. Montrer que [DE] a une longueur strictement inférieure au diamètre du cercle.

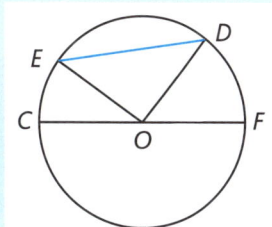

[DE] est une corde telle que O ∉ [DE].

$OE = OD = OC = OF = r$ (rayon du cercle).

[CF] est un diamètre ($CF = 2r$).

Dans un triangle, un côté est inférieur à la somme des deux autres.

Dans le triangle EOD, on a : $ED < EO + OD$; $ED < r + r$; $ED < 2r$.

La longueur de la corde [DE] est strictement inférieure au diamètre du cercle.

Ceci est général. Dans un cercle, la longueur d'une corde ne passant pas par le centre est strictement inférieure au diamètre du cercle.

Voir aussi fiches 79 et 95

Espace et géométrie

Trois étapes du raisonnement en géométrie

▶ La rédaction d'une **démonstration** en géométrie est en général formulée en trois temps :
– les **données** (ce que l'on sait d'après l'énoncé du problème ou d'après le résultat d'une démonstration précédente) ;
– le **théorème** (propriété générale, qui a été prouvée et a été mémorisée) ;
– la **conclusion** (réponse à la question que l'on se pose ou qui a été posée par l'énoncé du problème).

▶ Exemple de démonstration

La médiatrice Δ d'un segment [BC] partage le plan en deux demi-plans de frontière Δ : le demi-plan contenant B et celui contenant C.
Soit A un point du demi-plan contenant B.
Le segment [AC] coupe Δ en M.

a. Prouver que le triangle BMC est isocèle.

b. En déduire que $AB < AC$.

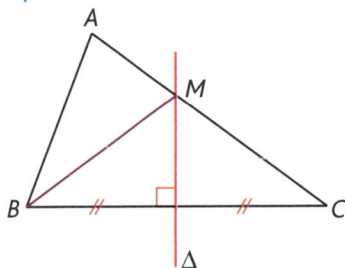

À la lecture de l'énoncé, on repère les mots dont il faut connaître la définition :
– triangle ;
– médiatrice ;
– isocèle.

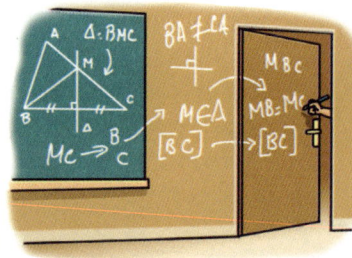

On fait une figure :
On indique par des symboles que Δ est la médiatrice de [BC]. On fait apparaître le triangle BMC.
On rédige chaque démonstration en trois étapes :

a. Prouvons que BMC est isocèle.

• On sait que Δ est la médiatrice du côté [BC] et que M appartient à Δ.

• Or : « Si un point appartient à la médiatrice d'un segment, alors ce point est équidistant des extrémités de ce segment ».

• Donc M est équidistant de B et de C ; MB = MC ; le triangle BMC, qui a deux côtés de même longueur, est isocèle.

b. Prouvons que $AB < AC$.
• Dans le triangle BAM, l'inégalité triangulaire permet d'écrire :
$AB < AM + MB$ (un côté est inférieur à la somme des deux autres).
• On sait que MB = MC car BMC est isocèle (question précédente).
• Dans l'inégalité $AB < AM + MB$, on remplace MB par MC ;
on obtient : $AB < AM + MC$ soit $AB < AC$.

1 Sur la figure ci-contre, le point *M* est le milieu de la corde [*EF*] d'un cercle (𝒞) de centre *O*. *G* est un point de (𝒞) tel que *GE* < *GF*. La droite (*MO*) coupe [*GF*] en *P*.

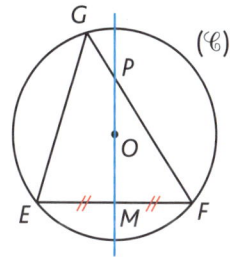

a. Prouver que le triangle *EPF* est un triangle isocèle.
b. Que peut-on en déduire pour les angles $\widehat{PEF}$ et $\widehat{PFE}$?

a. *En observant la figure et en tenant compte de la définition du triangle isocèle (deux côtés de même longueur), on pense à une propriété des points de la médiatrice d'un segment (ils sont équidistants). Il semblerait (c'est une conjecture) que (MO) soit médiatrice du segment [EF] ; on se propose de le prouver.*

⚠ À la lecture de l'énoncé, on repère les mots dont il faut connaître la signification :
– milieu ;
– corde ;
– cercle ;
– centre ;
– isocèle.

Prouvons que (*MO*) est la médiatrice de [*EF*].
• On sait que *M* est le milieu de [*EF*] ; *M* est équidistant de *E* et de *F*.
On sait que *O* est le centre du cercle (𝒞) ; on a *OE* = *OF* = rayon ; *O* est équidistant de *E* et de *F*.
• Or : « Si un point est équidistant des extrémités d'un segment, alors il est sur la médiatrice de ce segment. »
• Donc le point *M* et le point *O* sont sur la médiatrice du segment [*EF*].
La droite (*MO*) est la médiatrice de la corde [*EF*].

Prouvons que le triangle *EPF* est isocèle.
• On sait que (*MO*) est la médiatrice de [*EF*] (démonstration précédente) ; le point *P* appartient à la droite (*MO*).
• Or : « Si un point est sur la médiatrice d'un segment, alors il est équidistant des extrémités de ce segment. »
• Donc le point *P* est équidistant de *E* et de *F* ; on a *PE* = *PF*.
Le triangle *EPF* a deux côtés de même longueur : il est donc isocèle.
À ce stade, la figure a été complétée :
– on a tracé le segment [*PE*] ;
– on a marqué l'angle droit en *M* ;
– on a indiqué que *PF* = *PE*.
Cela est utile pour répondre à la seconde question.
b. Prouvons que les angles $\widehat{PEF}$ et $\widehat{PFE}$ sont égaux.
• On sait que le triangle *EPF* est isocèle de base [*EF*].
• Or : « Dans un triangle isocèle, les angles à la base sont égaux. »
• Donc : $\widehat{PEF} = \widehat{PFE}$.

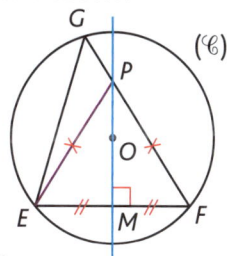

Voir aussi fiches 79, 88, 89 et 92

Espace et géométrie

Triangles : vocabulaire

Vocabulaire commun à tous les triangles

▸ Trois points non alignés sont les sommets d'un triangle.
Un triangle a trois **angles**, trois **sommets**, trois **côtés**.

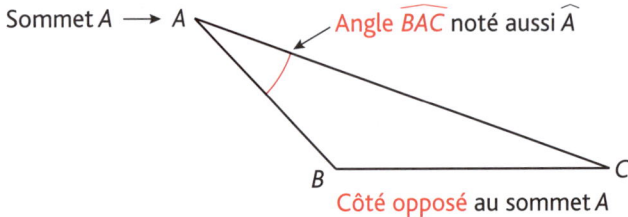

Sommet A ⟶ A

Angle $\widehat{BAC}$ noté aussi $\widehat{A}$

B

C

Côté opposé au sommet A

> Selon le contexte, le mot « côté » désigne :
> – un segment : $[BC]$;
> – une longueur : BC ;
> – une droite : (BC).

▸ Le **périmètre d'un triangle** est la somme des longueurs des trois côtés.

Qu'est-ce qu'une hauteur d'un triangle ?

▸ Dans un triangle, la droite passant par un sommet et perpendiculaire au côté opposé est une **hauteur**.
Un triangle a trois hauteurs.

(AH) est la hauteur passant par le sommet A.

(AH) est la hauteur relative au côté (BC).

Le point H est appelé « pied de la hauteur $[AH]$ ».

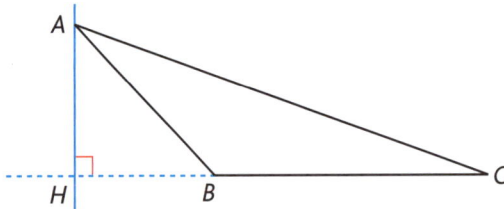

A

H B C

> Selon le contexte, le mot « hauteur » désigne :
> – une droite : (AH) ;
> – un segment : $[AH]$;
> – une longueur : AH.

Qu'est-ce qu'une médiane d'un triangle ?

▸ Dans un triangle, la droite passant par un sommet et par le milieu du côté opposé est une **médiane**.

(AM) est la médiane passant par le sommet A.

(AM) est la médiane relative au côté $[BC]$.

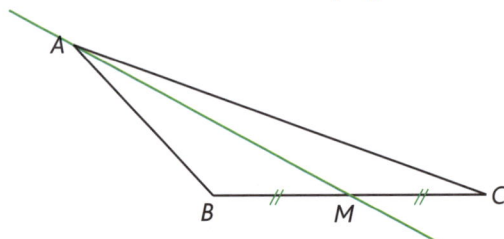

A

B M C

> Selon le contexte, le mot « médiane » désigne :
> – une droite : (AM) ;
> – un segment : $[AM]$;
> – une longueur : AM.

1 **a.** Tracer un triangle *MNP*, puis la hauteur [*PH*] relative au côté (*MN*) et la hauteur [*NK*] relative au côté (*MP*).
b. Nommer les angles du triangle *MNP*, puis ceux du triangle *MNK*.
c. Quel est le côté opposé à l'angle $\widehat{NPK}$ dans le triangle *NPK* ?

a.

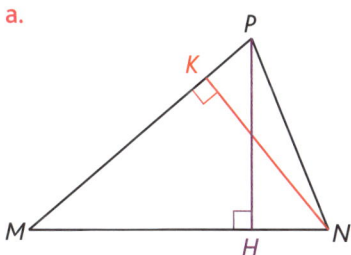

À savoir

Dès qu'il y a un doute, l'angle doit être nommé avec trois lettres.
Trois angles ont pour sommet *P* : $\widehat{MPN}$, $\widehat{MPH}$ et $\widehat{NPH}$.

b. $\widehat{MNP}$, $\widehat{NPM}$ et $\widehat{PMN}$ sont les angles du triangle *MNP*.
$\widehat{NKM}$, $\widehat{KMN}$ et $\widehat{MNK}$ sont les angles du triangle *MNK*.
c. Dans *NPK*, le côté opposé à l'angle $\widehat{NPK}$ est **[KN]**.

2 **a.** Construire un triangle *ABC* tel que *AB* = 3 cm, *BC* = 6 cm et *CA* = 5 cm. Tracer la médiane [*AM*] relative au côté [*BC*] et la hauteur [*AH*] relative au côté [*BC*].
b. Mesurer *AH*. Calculer une valeur approchée de l'aire des triangles *AMB* et *AMC*.
c. Prouver que ces triangles ont la même aire.

a. On place le point *M*, milieu de [*BC*], et on trace la médiane [*AM*] relative au côté [*BC*]. On trace la perpendiculaire à (*BC*) passant par le sommet *A* ; elle coupe (*BC*) en *H* ; [*AH*] est la hauteur issue de *A*.

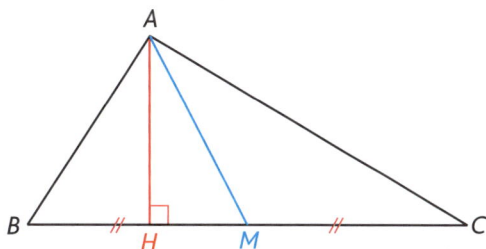

b. On mesure : **AH ≈ 2,5 cm**.
M est le milieu de [*BC*] et *BC* = 6 cm ; on en déduit : *BM* = *MC* = 3 cm.

Aire *AMB* = $\dfrac{BM \times AH}{2}$; **aire AMB ≈ 3,75 cm²** car $\dfrac{3 \times 2,5}{2}$ = 3,75.

Aire *AMC* = $\dfrac{CM \times AH}{2}$; **aire AMC ≈ 3,75 cm²** car $\dfrac{3 \times 2,5}{2}$ = 3,75.

c. Soit *h* la mesure de *AH*, on a : **aire AMB = aire AMC** = $\dfrac{3 \times h}{2}$.

Ceci est général. Chaque médiane d'un triangle partage le triangle en deux triangles de même aire.

Voir aussi fiches 73, 95, 98 et 99

191

Propriétés des triangles isocèles

▶ Un triangle qui a **deux côtés de même longueur** est un triangle **isocèle**.

Sur la figure, on voit que $AB = AC$.

Le triangle ABC est donc isocèle.
A est le sommet principal.

$\widehat{A}$ est l'angle principal.

$[BC]$ est la base.

$\widehat{ABC}$ et $\widehat{ACB}$ sont les angles à la base ; on a : $\widehat{ABC} = \widehat{ACB}$.

▶ Dans un triangle isocèle, les **angles à la base** sont **égaux**.

▶ Dans un triangle isocèle, **la médiatrice de la base passe par le sommet principal** ; c'est un axe de symétrie du triangle.
La médiatrice de la base est à la fois la hauteur relative à la base et la médiane relative à la base. C'est aussi le support de la bissectrice de l'angle principal.

Par pliage suivant l'axe de symétrie (AM), les triangles ABM et ACM se superposent.

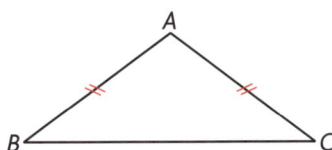

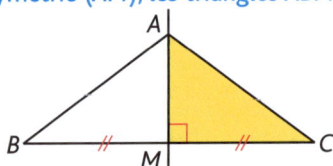

Comment reconnaître un triangle isocèle ?

▶ Si un triangle a **deux côtés de même longueur**, alors c'est un triangle **isocèle**.

▶ Si un triangle a **deux angles égaux**, alors c'est un triangle **isocèle**.

▶ Si **la médiatrice d'un côté** d'un triangle **passe par le sommet opposé**, alors c'est un triangle **isocèle**.

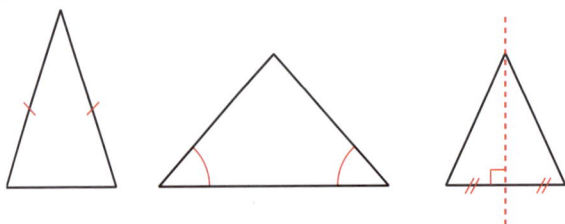

À savoir

Chacune de ces propriétés caractérise le triangle isocèle.

Autrement dit :

– si la propriété est vraie, le triangle est isocèle ;

– si la propriété n'est pas vraie, le triangle n'est pas isocèle.

Cela suffit pour affirmer que chacun de ces triangles est isocèle.

1 **a.** Construire un triangle isocèle *ABC* tel que *BC* = 4 cm et *AB* = *AC* = 3 cm.
b. Mesurer ses angles.

a. Dans l'ordre, on trace :
– la base [*BC*] de 4 cm ;
– un arc de cercle de centre *B* et de rayon 3 cm ;
– un arc de cercle de centre *C* et de rayon 3 cm
coupant le premier arc.
On a placé le point *A* à l'intersection des deux
arcs, puis tracé les segments [*AB*] et [*AC*].
b. $\widehat{B} \approx 48°$; $\widehat{C} \approx 48°$; $\widehat{A} \approx 84°$.

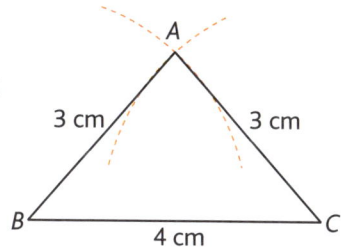

2 **ABC est un triangle tel que $\widehat{CBA} = \widehat{BCA} = 70°$.**
**La bissectrice de l'angle $\widehat{CBA}$ et la bissectrice
de l'angle $\widehat{BCA}$ se coupent en *I*.**

a. Le triangle *ABC* est isocèle. Pourquoi ?
b. Prouver que *BIC* est un triangle isocèle.

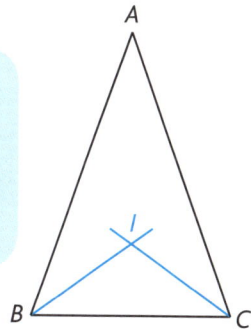

a. On sait que $\widehat{CBA} = \widehat{BCA}$.
Or : « Un triangle qui a deux angles égaux est un
triangle isocèle. »
Donc : **ABC est un triangle isocèle de base [*BC*].**
b. On sait que $\widehat{CBA} = 70°$. [*BI*) est la bissectrice de l'angle $\widehat{CBA}$.
$\widehat{CBI}$ est la moitié de $\widehat{CBA}$; $\widehat{CBI} = 70 \div 2 = 35°$.
De même que $\widehat{BCI} = 70 \div 2 = 35°$.
Le triangle *BIC* a deux angles égaux ($\widehat{CBI} = \widehat{BCI} = 35°$) ; il est donc isocèle.
BIC est un triangle isocèle de base [*BC*].

3 **PON est un triangle isocèle de sommet principal P. Soit M le milieu
de [ON]. Prouver que (PM) est perpendiculaire à (ON).**

PON est isocèle de sommet *P*, d'où : *PO* = *PN*.
M est le milieu de [*ON*] ; d'où : *MO* = *MN*.
Or : « Si un point est équidistant des extrémités
d'un segment, il est sur la médiatrice de ce segment. »
Donc *P* et *M* sont deux points distincts de la médiatrice
de [*ON*] ; (*PM*) est la médiatrice de [*ON*].
La médiatrice d'un segment est perpendiculaire
à ce segment, donc : (**PM**) ⊥ (**ON**).

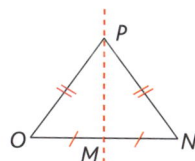

Voir aussi fiches 87, 88 et 120

Espace et géométrie

93 | Triangle équilatéral

Propriétés des triangles équilatéraux

▶ Un triangle qui a **trois côtés de même longueur** est un triangle **équilatéral**.

Sur la figure, on voit que $AB = AC = BC$.

Le triangle ABC est donc équilatéral.

▶ Un triangle équilatéral a **trois angles égaux** ; chacun vaut 60°.

ABC est équilatéral, on en déduit $\widehat{A} = \widehat{B} = \widehat{C} = 60°$.

▶ Un triangle équilatéral a **trois axes de symétrie** : les médiatrices des côtés du triangle. Chaque médiatrice est à la fois une hauteur et une médiane du triangle. C'est aussi le support d'une bissectrice d'un angle du triangle.

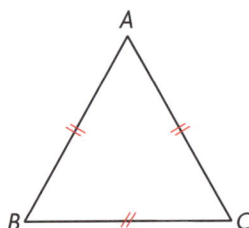

> **À savoir**
>
> Chaque médiatrice d'un triangle équilatéral peut se construire en joignant un sommet au milieu du côté opposé.

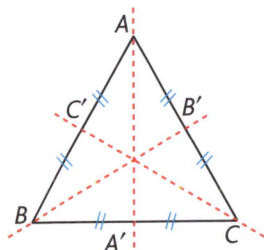

On sait que ABC est équilatéral.

On en déduit : (AA'), (BB') et (CC') sont les axes de symétrie du triangle.

Equi-quoi ?

Latéral !

Comment reconnaître un triangle équilatéral ?

▶ Si un triangle a **trois côtés de même longueur**, alors c'est un triangle **équilatéral**.

▶ Si un triangle a **trois angles de 60°**, alors c'est un triangle **équilatéral**.

▶ Si un triangle a **trois axes de symétrie**, alors c'est un triangle **équilatéral**.

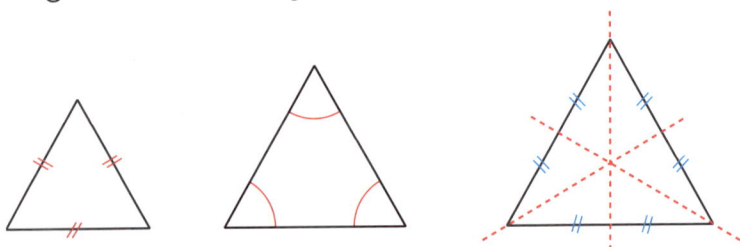

Cela suffit pour affirmer que chacun de ces triangles est équilatéral.

Exercices d'application

1 **Construire un triangle équilatéral de 3 cm de côté.**

Programme de construction :
– tracer [BC] tel que
BC = 3 cm ;
– tracer un arc de cercle
de centre B et de rayon
3 cm ;
– tracer un arc de cercle
de centre C et de rayon
3 cm, coupant le premier
arc ;
– appeler A l'intersection des arcs ;
– tracer [AB] et [AC].

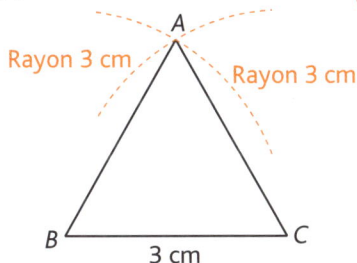

Rayon 3 cm — A — Rayon 3 cm

B — 3 cm — C

⚠ Un **programme de construction** donne dans l'ordre les actions à faire pour obtenir une figure.

2 **Un triangle isocèle a un angle de 60°.**
   Prouver que c'est un triangle équilatéral.

1er cas : **Le triangle isocèle a un angle à la base de 60°.**
Les angles à la base d'un triangle isocèle sont égaux.

Le triangle DEF est isocèle de base [DF], donc $\hat{F} = \hat{D} = 60°$.
La somme des angles d'un triangle est égale à 180°.
$\hat{E} + \hat{F} + \hat{D} = 180°$; $\hat{E} = 180° - (\hat{F} + \hat{D}) = 180° - 120° = 60°$.
On a donc : $\hat{D} = 60°$; $\hat{F} = 60°$ et $\hat{E} = 60°$.
Le triangle DEF a trois angles de 60° ;
DEF est donc équilatéral.

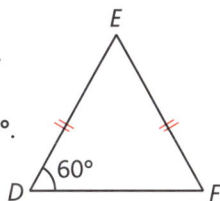

E

D — 60° — F

2nd cas : **Le triangle isocèle a un angle au sommet de 60°.**
La somme des angles d'un triangle est égale à 180°.
Les angles à la base d'un triangle isocèle sont égaux.
On a donc : $\hat{P} + \hat{M} + \hat{N} = 180°$ et $\hat{M} = \hat{N}$.
Par suite : $60° + 2\hat{M} = 180°$; $2\hat{M} = 180° - 60°$;
$2\hat{M} = 120°$; $\hat{M} = 120° \div 2$; $\hat{M} = 60°$.
D'où : $\hat{M} = \hat{N} = 60°$.
On a donc : $\hat{P} = 60°$; $\hat{M} = 60°$; $\hat{N} = 60°$.
Le triangle MNP a trois angles de 60° ; **MNP est donc équilatéral**.

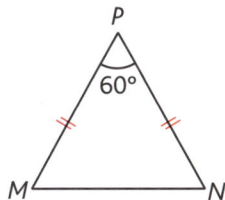

P — 60°

M — N

Cela est général.
Un triangle isocèle qui a un angle de 60° est équilatéral.
Cela est vrai lorsque l'angle de 60° est « à la base » (1er cas) ou lorsqu'il est « au sommet » (2nd cas).

Voir aussi fiches 92 et 94 ▶

Espace et géométrie

Somme des angles d'un triangle

Somme des angles d'un triangle

▶ Dans un triangle, la **somme des angles est égale à 180°**.

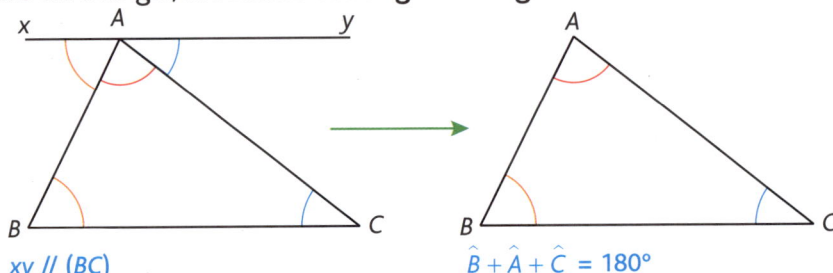

$xy \parallel (BC)$

$\widehat{ABC} = \widehat{xAB}$ (alternes-internes)

$\widehat{ACB} = \widehat{yAC}$ (alternes-internes)

$\widehat{xAB} + \widehat{BAC} + \widehat{yAC} = 180°$ (angle plat)

$\widehat{B} + \widehat{A} + \widehat{C} = 180°$

Cas particulier du triangle rectangle

▶ Les angles aigus d'un triangle rectangle sont **complémentaires**.

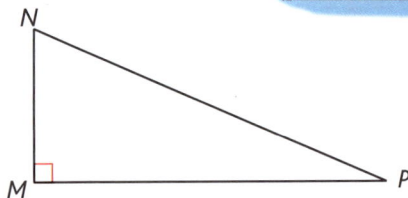

MNP est rectangle en *M*, donc $\widehat{N} + \widehat{P} = 90°$

On sait que $\widehat{P} = 23°$. On calcule : $\widehat{N} = 67°$ car $90 - 23 = 67$.

Somme des angles d'un quadrilatère

▶ La somme des angles d'un **quadrilatère convexe** est égale à **360°**.

EFGH a quatre côtés, c'est un quadrilatère.
La diagonale [*EG*] le partage en deux triangles : *EFG* et *EHG*.
Dans chaque triangle, la somme des angles est égale à 180°.

$\widehat{EFG} + \widehat{FGH} + \widehat{GHE} + \widehat{HEF} = 360°$.

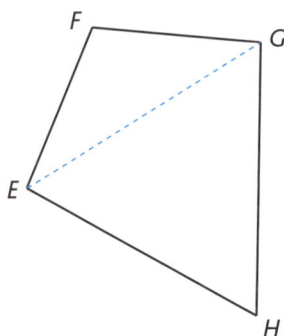

En savoir plus

Pour un polygone convexe de *n* côtés, la somme *S* des angles est telle que :

$$S = (n - 2) \times 180°.$$

Ainsi :
− 4 côtés : $2 \times 180° = 360°$;
− 5 côtés : $3 \times 180° = 540°$;
− 6 côtés : $4 \times 180° = 720°$.

Exercices d'application

① **Les angles $\widehat{M}$, $\widehat{N}$ et $\widehat{P}$ sont les trois angles d'un triangle. Compléter le tableau.**

$\widehat{M}$	$\widehat{N}$	$\widehat{P}$	Somme
48°	22°	...	...
50°	65°	...	...

La somme des trois angles est égale à 180°.
Première ligne : **110°** et **180°**.
Seconde ligne : **65°** et **180°**.

② **Un triangle EFG est tel que $\widehat{E} = 20°$ et $\widehat{F} = 70°$. Calculer l'angle $\widehat{G}$. Que peut-on en déduire pour le triangle ?**

La somme des angles d'un triangle est égale à 180°.
$\widehat{E} + \widehat{F} + \widehat{G} = 180°$; $20° + 70° + \widehat{G} = 180°$.
On en déduit : $90° + \widehat{G} = 180°$
et $\widehat{G} = 180° - 90°$; $\widehat{G} = 90°$.
Le triangle EFG est rectangle en G.

⚠️ Cela est général : **si** un triangle a deux angles complémentaires, **alors** le troisième angle est droit et le triangle est rectangle.

③ **A, B et C sont trois points d'un cercle de centre O.**
On sait que $\widehat{AOB} = \widehat{BOC} = \widehat{COA} = 120°$.

a. Calculer les angles à la base du triangle AOB.
b. Calculer les angles du triangle ABC. Que peut-on en déduire pour ce triangle ?

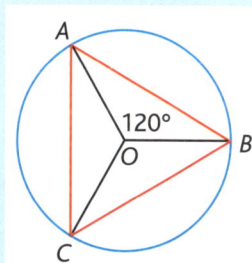

a. Le triangle AOB est isocèle car OA = OB ; ses angles à la base sont égaux et la somme des trois angles vaut 180°.

$\widehat{OAB} = \widehat{OBA} = 30°$ car $(180° - 120°) \div 2 = 30°$.

b. De même, dans le triangle BOC, on a : $\widehat{OBC} = \widehat{OCB} = 30°$;

et dans le triangle COA, on a : $\widehat{OCA} = \widehat{OAC} = 30°$.

L'angle de sommet A du triangle ABC est la somme de $\widehat{OAB}$ et de $\widehat{OAC}$; par suite : $\widehat{BAC} = 30° + 30° = 60°$. Il en est de même pour les angles de sommets B et C : $\widehat{ABC} = 60°$ et $\widehat{ACB} = 60°$.

ABC a trois angles de 60° ; c'est un triangle équilatéral.

Voir aussi fiches 79, 84 et 93 ▶

Constructions de triangles

On connaît les longueurs des trois côtés

▶ Le plus grand côté doit être inférieur à la somme des deux autres.

Construire ABC tel que AB = 3 cm, BC = 2,2 cm et AC = 2,7 cm.

On trace d'abord [AB] de 3 cm.

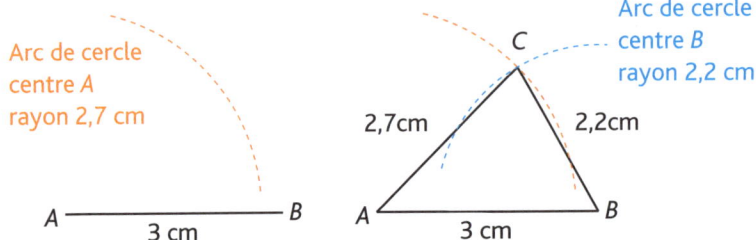

Arc de cercle
centre A
rayon 2,7 cm

Arc de cercle
centre B
rayon 2,2 cm

2,7cm   2,2cm

A ———— 3 cm ———— B   A ———— 3 cm ———— B

> **À savoir**
>
> Les **cas d'égalité des triangles** (*cf.* fiche 96) garantissent que tous les triangles construits avec les mêmes dimensions sont superposables.

On connaît les longueurs de deux côtés et l'angle compris entre ces côtés

▶ L'angle doit être inférieur à 180°.

Construire DEF tel que DE = 2,5 cm, DF = 3,1 cm et $\widehat{D}$ = 45°.

On trace d'abord [DE] de 2,5 cm.

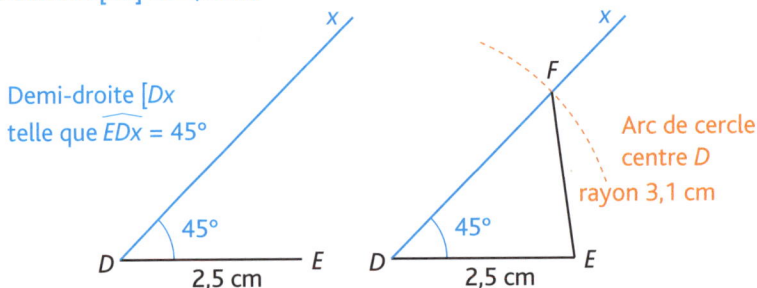

Demi-droite [Dx
telle que $\widehat{EDx}$ = 45°

45°
D ——— 2,5 cm ——— E

Arc de cercle
centre D
rayon 3,1 cm

45°
D ——— 2,5 cm ——— E

On connaît la longueur d'un côté et les deux angles qui lui sont adjacents

▶ La somme des deux angles doit être inférieure à 180°.

Construire GHJ tel que GH = 2,8 cm, $\widehat{G}$ = 45° et $\widehat{H}$ = 55°.

On trace d'abord [GH] de 2,8 cm.

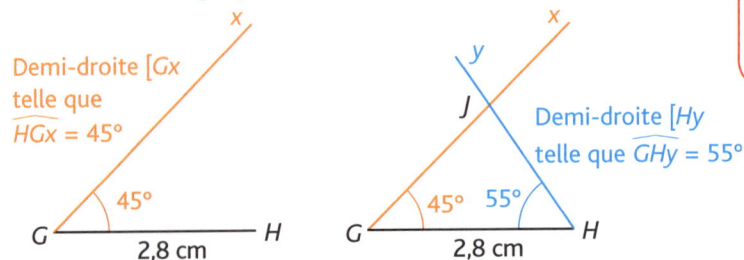

Demi-droite [Gx
telle que
$\widehat{HGx}$ = 45°

45°
G ——— 2,8 cm ——— H

Demi-droite [Hy
telle que $\widehat{GHy}$ = 55°

45° 55°
G ——— 2,8 cm ——— H

⚠ J est à l'intersection de [Gx et de [Hy.

1 a. Construire un triangle *ABC* tel que *AB* = 5 cm, *BC* = 4 cm et *CA* = 3 cm.
b. Mesurer les angles de ce triangle.

a. Un exemple de programme :
– tracer [*BC*] tel que *BC* = 4 cm ;
– tracer un arc de cercle de centre *B*
et de rayon 5 cm ;
– tracer un arc de cercle de centre *C*
et de rayon 3 cm ;
– appeler *A* le point d'intersection
des deux arcs ;
– tracer [*AB*] et [*AC*].
b. $\widehat{ABC} \approx 37°$; $\widehat{BCA} \approx 90°$ et $\widehat{CAB} \approx 53°$.
La propriété de Pythagore (*cf.* fiche 107) permettrait de prouver que $\widehat{BCA} = 90°$.

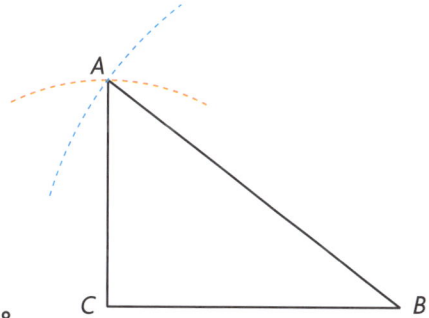

2 a. Construire un triangle *DEF* tel que *DE* = *DF* = 27 mm et $\widehat{D}$ = 50°,
puis tracer les hauteurs issues de *E* et de *F*.
b. Calculer les deux autres angles du triangle *DEF*.

a. Un exemple de programme de construction du triangle :
– construire un angle $\widehat{xDy}$ tel que $\widehat{xDy}$ = 50° ;
– tracer un arc de cercle de centre *D* et de rayon 27 mm ;
– appeler *E* l'intersection de l'arc avec [*Dx* ;
– appeler *F* l'intersection de l'arc avec [*Dy* ;
– tracer [*EF*].

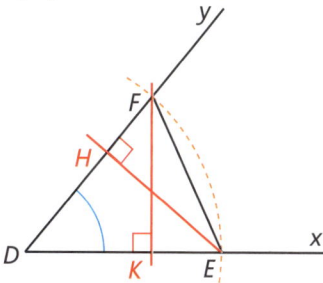

b. Le triangle *DEF* est isocèle ; ses angles à la base
sont donc égaux ; son angle au sommet vaut 50°.
La somme des trois angles du triangle est égale
à 180°.
$\widehat{D} + \widehat{E} + \widehat{F}$ = 180° ; 50° + 2 × $\widehat{E}$ = 180° ;
2 × $\widehat{E}$ = 180° − 50° ; 2 × $\widehat{E}$ = 130° ;
$\widehat{E}$ = 130° ÷ 2 ; $\widehat{E}$ = 65°. D'où : $\widehat{E} = \widehat{F}$ = 65°.

Ici, on peut calculer
(au lieu de mesurer)
car on sait que le
triangle est isocèle
(2 côtés égaux).

Espace et géométrie

Voir aussi fiches 82, 92, 94 et 98

199

Premier cas d'égalité

▶ Si deux triangles ont **un côté de même longueur adjacent à deux angles respectivement égaux**, alors ces triangles sont **superposables** (égaux).

> ⚠️ Quand il n'y a pas d'ambiguïté, on peut désigner un angle par son sommet.
>
> Dans un triangle, la somme des angles est égale à 180°.
>
> Dans un triangle ABC :
> $\hat{A} + \hat{B} + \hat{C}$ = 180°.

On a deux triangles : ABC et MNP.

On sait que : $AB = MN$; $\hat{A} = \hat{M}$ et $\hat{B} = \hat{N}$.

On en déduit que les deux triangles sont superposables.

Il en résulte que les côtés opposés à deux angles égaux sont égaux : $AC = MP$ et $BC = NP$.

On a aussi : $\hat{C} = \hat{P}$ (angles opposés aux côtés égaux).

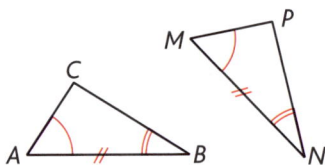

Deuxième cas d'égalité

▶ Si deux triangles ont **un angle égal compris entre deux côtés respectivement de même longueur**, alors ces triangles sont **superposables** (égaux).

On a deux triangles : ABC et MNP.

On sait que : $\hat{C} = \hat{P}$; $CA = PM$ et $CB = PN$.

On en déduit que les deux triangles sont superposables.

Il en résulte que les côtés opposés aux angles égaux sont égaux et que les angles opposés aux côtés égaux sont égaux : $AB = MN$; $\hat{A} = \hat{M}$ et $\hat{B} = \hat{N}$.

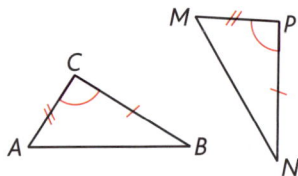

Troisième cas d'égalité

▶ Si deux triangles ont les **trois côtés respectivement de même longueur**, alors ces triangles sont **superposables** (égaux).

On sait que : $AB = MN$; $BC = NP$ et $CA = PM$.

On en déduit que les deux triangles sont superposables.

Il en résulte que les angles opposés à deux côtés égaux sont égaux. $\hat{C} = \hat{P}$; $\hat{A} = \hat{M}$ et $\hat{B} = \hat{N}$.

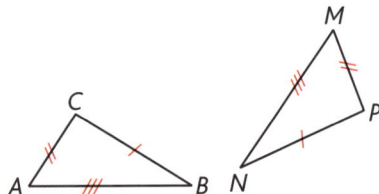

1 Le quadrilatère *ABCD* est tel que
$\widehat{ADB} = \widehat{CDB}$ et $\widehat{ABD} = \widehat{CBD}$.
Prouver que *BA = BC* et *DA = DC*.

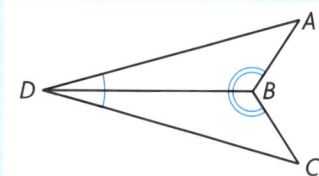

Les triangles *ABD* et *CBD* ont un côté commun : [*BD*].
Ce côté est compris entre deux paires d'angles égaux :
$\widehat{ADB} = \widehat{CDB}$ et $\widehat{ABD} = \widehat{CBD}$.
D'après le premier cas d'égalité, les triangles *ABD* et *CBD* sont égaux. Les côtés opposés aux angles égaux sont égaux ; d'où : **BA = BC** et **DA = DC**.

2 Le cercle (𝒞) de centre *O* et le cercle (𝒞') de centre *O'* ont le même rayon *r*. La corde [*AB*] du cercle (𝒞) et la corde [*CD*] du cercle (𝒞') sont telles que *AB = CD*. Prouver que les angles au centre $\widehat{AOB}$ et $\widehat{CO'D}$ sont égaux.

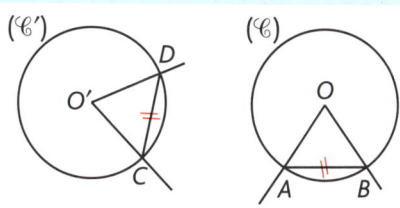

Les triangles *AOB* et *CO'D* sont tels que :
AB = CD ; *OA = O'C = r* ; *OB = O'D = r*.
D'après le troisième cas d'égalité, les triangles *AOB* et *CO'D* sont égaux. Les angles opposés aux côtés égaux sont égaux ; d'où : $\widehat{AOB} = \widehat{CO'D}$.

À savoir

Cela est général :
– deux cordes égales dans un même cercle (ou dans deux cercles de même rayon) sont interceptées par des angles au centre égaux ;
– deux angles au centre égaux dans un même cercle (ou dans deux cercles de même rayon) interceptent des cordes égales.

3 [*EF*] et [*GH*] sont deux cordes du cercle (𝒞) de centre *O* telles que les angles au centre $\widehat{EOF}$ et $\widehat{GOH}$ sont égaux.
Prouver que *EF = GH*.

Les triangles *EOF* et *GOH* sont tels que $\widehat{EOF} = \widehat{GOH}$;
OE = OG et *OF = OH* (rayons du cercle).
D'après le deuxième cas d'égalité, les triangles *EOF* et *GOH* sont égaux. Les côtés opposés aux angles égaux sont égaux ; d'où : **EF = GH** (les cordes sont égales).

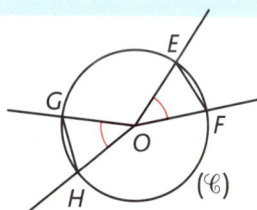

Espace et géométrie

Voir aussi fiches 79, 91 et 95

Qu'est-ce que le cercle circonscrit à un triangle ?

▶ La **médiatrice** d'un côté d'un triangle est la droite perpendiculaire au côté en son milieu.

▶ Les **médiatrices** des côtés d'un triangle se coupent en un même point (on dit qu'elles sont concourantes en ce point).
Ce point est équidistant des trois sommets
($OA = OB = OC$) ; c'est le centre du cercle **passant par les trois sommets** du triangle et que l'on appelle « **cercle circonscrit au triangle** ».

> ⚠ Le **cercle circonscrit** « fait le tour par l'extérieur ». Il passe par les trois sommets.

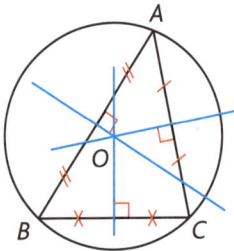

Trois angles aigus : le centre O est dans le triangle.

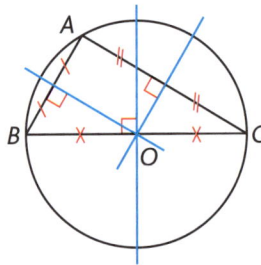

Un angle droit : le centre O est le milieu de l'hypoténuse.

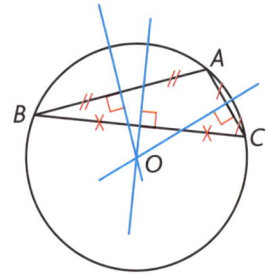

Un angle obtus : le centre O est à l'extérieur du triangle.

Qu'est-ce que le cercle inscrit dans un triangle ?

▶ La **bissectrice** d'un angle d'un triangle partage l'angle en deux angles adjacents égaux (*cf.* fiche 87).

▶ Les **bissectrices** des angles d'un triangle se coupent en un même point (on dit qu'elles sont concourantes en ce point).
Ce point est équidistant des trois côtés du triangle ($IH = IK = IL$) ; c'est le centre du cercle **tangent aux trois côtés** du triangle et que l'on appelle « **cercle inscrit dans le triangle** ».

> ⚠ Le **cercle inscrit** « est à l'intérieur du triangle ». Il est tangent aux trois côtés.

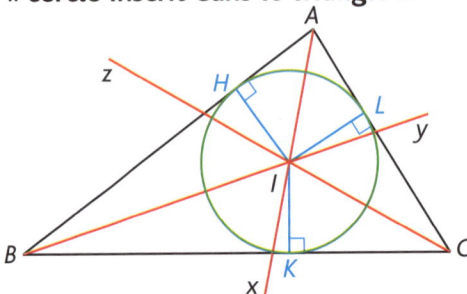

1 Construire un triangle *ABC* tel que
$BC = 4$ cm, $\widehat{B} = 50°$ et $\widehat{C} = 60°$,
puis son cercle circonscrit.

⚠ Deux médiatrices suffisent
pour déterminer le centre
du cercle circonscrit.

Pour la construction des triangles, *cf.* fiche 95.
On trace deux médiatrices : D_1, médiatrice de
[*BC*], et D_2, médiatrice de [*CA*].
Le point *O* est à l'intersection de D_1 et de D_2 ;
on a $OA = OB = OC$.
On trace le cercle de centre *O* et de rayon *OA*.

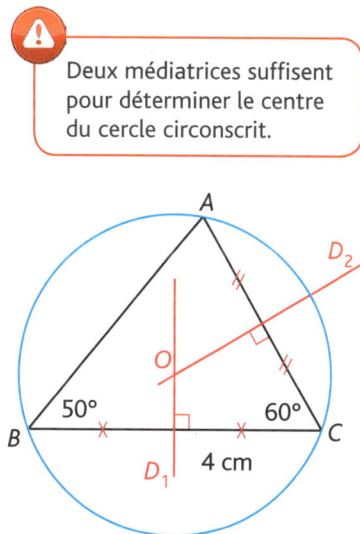

2 Construire un triangle *DEF* tel que $\widehat{E} = 120°$, *ED* = 1,5 cm et *EF* = 2 cm,
puis son cercle circonscrit.

On trace deux médiatrices : Δ_1, médiatrice de [*EF*],
et Δ_2, médiatrice de [*ED*].
Le point *O* est à l'intersection de Δ_1 et de Δ_2 ; on a
$OD = OE = OF$.
On trace le cercle de centre *O* et de rayon *OD*.

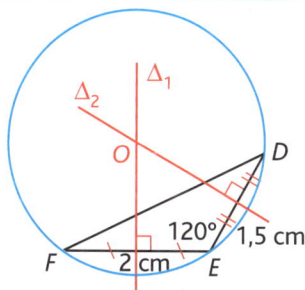

3 Construire un triangle équilatéral *GHJ* de 3 cm de côté.
Construire le cercle circonscrit au triangle *GHJ*.
Construire le cercle inscrit dans le triangle *GHJ*.

Pour un triangle équilatéral, la médiatrice d'un côté est
le support de la bissectrice de l'angle opposé.
M est le milieu de [*GH*] ; (*JM*) est la médiatrice de [*GH*]
et [*JM*) est la bissectrice de $\widehat{GJH}$.
Il en est de même pour (*GN*) et (*HP*).
Le point *O* est le point de concours des médiatrices,
mais aussi des bissectrices des angles de ce triangle.
**O est le centre du cercle circonscrit (rayon *OG*) et
du cercle inscrit (rayon *OM*).**

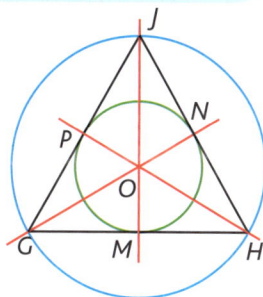

Voir aussi fiches 87, 88, 93 et 95

98 Hauteurs du triangle

Qu'est-ce qu'une hauteur d'un triangle ?

▶ Dans un triangle, toute droite passant par un sommet et perpendiculaire au côté opposé est une **hauteur** du triangle.

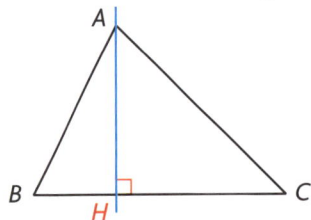

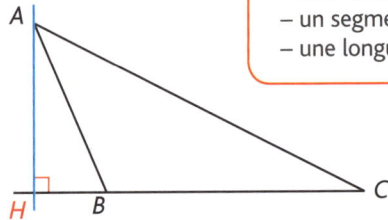

> **⚠** Suivant le contexte, le mot « hauteur » désigne :
> – une droite : (*AH*) ;
> – un segment : [*AH*] ;
> – une longueur : *AH*.

(*AH*) est la hauteur issue du sommet *A*. (*AH*) est la hauteur relative au côté (*BC*).
H est le pied de la hauteur [*AH*].

Qu'est-ce que l'orthocentre d'un triangle ?

▶ Les trois hauteurs d'un triangle se coupent en un même point (on dit qu'elles sont concourantes). Leur point commun est appelé « **orthocentre du triangle** ».

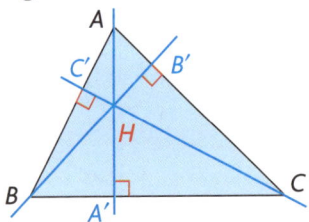

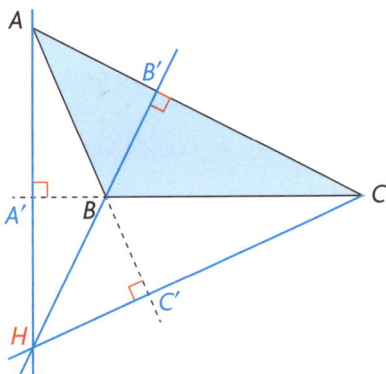

> **À savoir**
> Suivant le cas, l'orthocentre est :
> – à l'intérieur du triangle (3 angles aigus) ;
> – à l'extérieur du triangle (1 angle obtus).

(*AA'*) est la hauteur relative à (*BC*).
(*BB'*) est la hauteur relative à (*AC*).
(*CC'*) est la hauteur relative à (*AB*).
Les trois hauteurs se coupent en *H* ;
H est l'orthocentre du triangle *ABC*.

▶ Dans le cas particulier du triangle rectangle, l'orthocentre est le sommet de l'angle droit.

Exercices d'application

1 **Construire un triangle *ABC* tel que *AB* = 4 cm, $\widehat{A}$ = 45° et $\widehat{B}$ = 65°, puis construire l'orthocentre de ce triangle.**

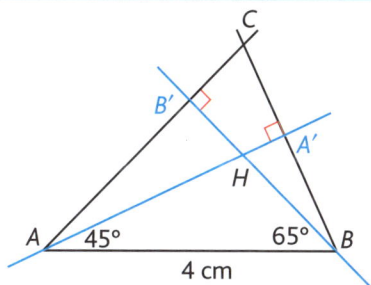

⚠️
• Pour la construction des triangles, *cf.* fiche 95.
• Deux hauteurs suffisent pour construire l'orthocentre d'un triangle.

La perpendiculaire à (*BC*) passant par *A* coupe (*BC*) en *A'*.
La perpendiculaire à (*AC*) passant par *B* coupe (*AC*) en *B'*.
Les droites (*AA'*) et (*BB'*) se coupent en *H*.
H est l'orthocentre de ABC.
On peut en déduire que la droite (CH) est la hauteur relative à (AB).

2 **On sait que le point *K* est l'orthocentre du triangle *MNP*. Quel est l'orthocentre du triangle *MNK* ?**

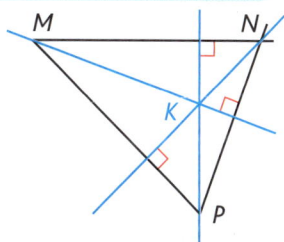

Pour le triangle *MNK* :
– la hauteur relative au côté (*MN*) est (*KP*) ;
– la hauteur relative au côté (*NK*) est (*MP*) ;
– la hauteur relative au côté (*KM*) est (*NP*).
Le point *P* est le point de concours des trois hauteurs.
P est l'orthocentre du triangle MNK.

3 **Construire un triangle *RST* rectangle en *R* et tel que *RS* = *RT* = 25 mm. La hauteur issue de *R* coupe le côté opposé en *H*. Quel est l'orthocentre de chacun des triangles *RST*, *RSH* et *RTH* ?**

Pour le triangle *RST* :
– la hauteur relative au côté (*RS*) est (*RT*) ;
– la hauteur relative au côté (*RT*) est (*RS*) ;
– la hauteur relative au côté [*ST*] est (*RH*).
Le point *R* est le point de concours des trois hauteurs ;
R est l'orthocentre du triangle RST.
Cela est général : l'orthocentre d'un triangle rectangle est le sommet de l'angle droit.
L'orthocentre de RSH est le point H. L'orthocentre de RTH est le point H.

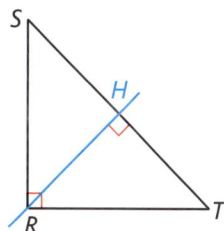

Voir aussi fiches 95 et 105

Espace et géométrie

L'étude du centre de gravité d'un triangle ne figure pas explicitement dans le programme du cycle 4. Cette notion aura une place importante dans la poursuite des études après la troisième.

Qu'est-ce qu'une médiane d'un triangle ?

▶ Dans un triangle, toute droite passant par un sommet et le milieu du côté opposé est une **médiane**.

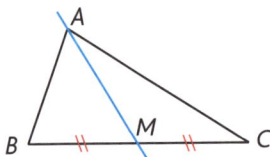

> ⚠ Suivant le contexte, le mot « médiane » désigne :
> – une droite : (AM) ;
> – un segment : $[AM]$;
> – une longueur : AM.

M est le milieu du côté $[BC]$.

(AM) est la médiane relative au côté $[BC]$.

Qu'est-ce que le centre de gravité d'un triangle ?

▶ Les médianes d'un triangle se coupent en un même point (on dit qu'elles sont concourantes) ; le point commun est appelé « **centre de gravité du triangle** ».

(AM) est la médiane relative au côté $[BC]$.

(BN) est la médiane relative au côté $[AC]$.

(CP) est la médiane relative au côté $[AB]$.

G est le point de concours des trois médianes.

G est le centre de gravité du triangle ABC.

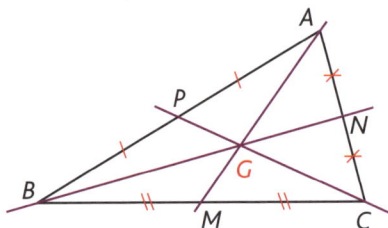

Position du centre de gravité sur chaque médiane

▶ Sur chaque médiane, le centre de gravité est situé **aux deux tiers** de sa longueur en partant du sommet (soit au tiers en partant du côté).

G est le centre de gravité du triangle ABC.

• Sur la médiane $[AM]$, on a :

$$AG = \frac{2}{3} \ AM \text{ et } GM = \frac{1}{3} \ AM.$$

• Sur la médiane $[CP]$, on a :

$$CG = \frac{2}{3} \ CP \text{ et } GP = \frac{1}{3} \ CP.$$

• Sur la médiane $[BN]$, on a :

$$BG = \frac{2}{3} \ BN \text{ et } GN = \frac{1}{3} \ BN.$$

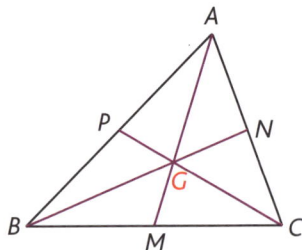

Exercices d'application

1 Construire un triangle *ABC* rectangle en *B* tel que *BA* = 1,9 cm et *BC* = 4,6 cm. Construire le centre de gravité de ce triangle.

⚠ Deux médianes suffisent pour déterminer le centre de gravité.

On construit :
– le point *M*, milieu de [*AC*] ;
– le segment [*BM*] ;
– le point *N*, milieu de [*AB*] ;
– le segment [*CN*].

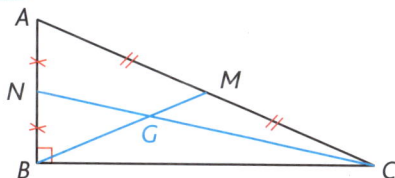

Le centre de gravité *G* est à l'intersection de [*BM*] et de [*CN*].

2 Le triangle *EDF* a pour centre de gravité le point *G*.

On sait que la médiane [*EE'*] est telle que *EE'* = 18 mm.

a. Que peut-on en déduire pour la longueur *EG* ? Placer le point *G*.

b. La droite (*DG*) coupe (*EF*) en *D'*.
Que peut-on en déduire pour le point *D'* ?

a. On sait que le centre de gravité est situé sur chaque médiane aux deux tiers en partant du sommet. D'où : ***EG* = 12 mm** car $\frac{2}{3} \times 18 = 12$.

On place *G* sur [*EE'*] tel que *EG* = 12 mm.
b. *G* est le centre de gravité du triangle *EDF* ; la droite (*DG*) est donc la médiane relative au côté [*EF*] ;
***D'* est le milieu du côté [*EF*].**

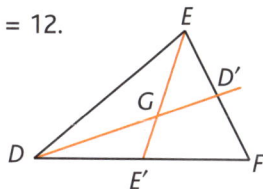

3 On sait que :
– *M* ∈ [*PN*], *PM* = *MN* et *PN* = 32 mm ;
– *H* ∈ [*PN*], (*OH*) ⊥ (*PN*) et *OH* = 13 mm.
Calculer l'aire de chacun des triangles *PON*, *POM* et *NOM*. Que peut-on remarquer ?

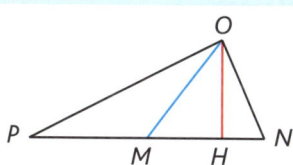

[*OH*] est une hauteur pour chacun des trois triangles car (*OH*) ⊥ (*PN*).

Aire *PON* $= \dfrac{PN \times OH}{2} = $ **208 mm²** car $\dfrac{32 \times 13}{2} = 208$.

Aire *POM* $= \dfrac{PM \times OH}{2} = $ **104 mm²** car $\dfrac{16 \times 13}{2} = 104$.

Aire *NOM* $= \dfrac{NM \times OH}{2} = $ **104 mm²** car $\dfrac{16 \times 13}{2} = 104$.

Aire *POM* = aire *NOM* = (aire *PON*) ÷ 2.

À savoir

De façon générale, chaque médiane partage le triangle en deux triangles de même aire.

Espace et géométrie

Voir aussi fiches 73 et 98 **207**

Trois théorèmes à ne pas confondre

▶ Dans un triangle, **si** une droite passe par les milieux de deux côtés, **alors** elle est parallèle au troisième côté.

On sait que :

– $M \in [AB]$ et $MA = MB$;

– $N \in [AC]$ et $NA = NC$.

On peut affirmer que :
(MN) // (BC).

La droite (MN) est souvent appelée « droite des milieux ».

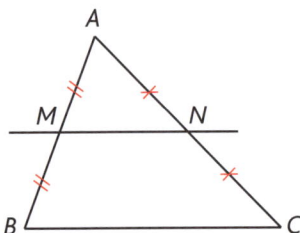

À savoir

C'est un cas particulier du théorème réciproque de Thalès (*cf.* fiche 103) avec

$$\frac{AM}{AB} = \frac{AN}{AC} = \frac{1}{2}.$$

▶ Dans un triangle, **si** une droite passe par le milieu d'un des côtés et est parallèle à un deuxième côté, **alors** elle coupe le troisième côté en son milieu.

On sait que :

– $M \in [AB]$ et $MA = MB$;

– (MN) // (BC).

On peut affirmer que :
$N \in [AC]$ et $NA = NC$.

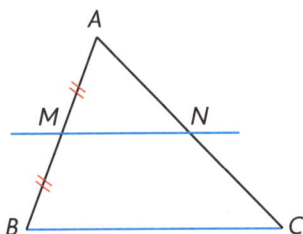

À savoir

C'est un cas particulier du théorème de Thalès (*cf.* fiche 101) avec

$$\frac{AM}{AB} = \frac{1}{2}.$$

▶ Dans un triangle, la longueur du segment joignant les milieux de deux côtés est égale à la moitié de celle du troisième côté.

On sait que :

– $M \in [AB]$ et $MA = MB$;

– $N \in [AC]$ et $NA = NC$.

On peut affirmer que : $MN = \frac{1}{2}\,BC$.

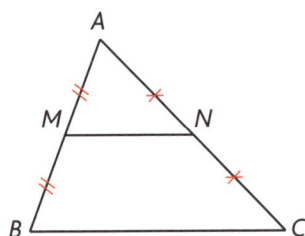

▶ Réduction et agrandissement

Les côtés de AMN sont proportionnels à ceux de ABC.

Les angles de AMN sont respectivement égaux à ceux de ABC.

On a : $\dfrac{AM}{AB} = \dfrac{AN}{AC} = \dfrac{MN}{BC}$;

$\widehat{MAN} = \widehat{BAC}$; $\widehat{AMN} = \widehat{ABC}$; $\widehat{ANM} = \widehat{ACB}$.

On dit que AMN et ABC sont des **triangles semblables** (*cf.* fiche 104).

AMN est une réduction de ABC à l'échelle 1/2.

ABC est un agrandissement de AMN à l'échelle 2/1.

1 **Soit *ABC* un triangle tel que *AB* = 28 mm,**
**   *BC* = 38 mm et *CA* = 36 mm. Soit *M* le milieu de [*AB*].**
**   La parallèle à (*BC*) passant par *M* coupe [*AC*] en *N*.**
**   La parallèle à (*AB*) passant par *N* coupe [*BC*] en *P*.**

a. Faire une figure.

b. Prouver que *N* est le milieu du côté [*AC*],
   puis que *P* est le milieu du côté [*BC*].

c. Prouver que (*MP*) // (*AC*).

d. Comparer le périmètre de *MNP* et celui de *ABC*.

> ⚠ Le raisonnement en trois points (*cf.* fiche 90) permet de bien mettre en évidence :
> • « ce qui est donné » ;
> • le théorème utilisé ;
> • « ce qui est trouvé ».

a.

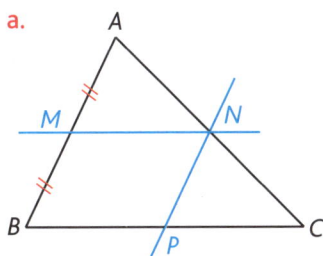

b. • On sait que *M* est le milieu de [*AB*] et que (*MN*) est parallèle à (*BC*).

• Or : « Dans un triangle, si une droite passe par le milieu d'un côté et est parallèle à un deuxième côté, alors elle passe par le milieu du troisième côté. »

• Donc **N est le milieu de [*AC*]**.

De même, avec *N* milieu de [*AC*] et (*NP*) // (*AB*), on déduit que **P est le milieu de [*BC*]**.

c. • On sait que *M* est le milieu de [*AB*] et que *P* est le milieu de [*BC*].

• Or : « Dans un triangle, si une droite passe par les milieux de deux côtés, alors elle est parallèle au troisième côté. »

• Donc **(MP) est parallèle à (*AC*)**.

d. • On sait que *M* est le milieu de [*AB*] et que *N* est le milieu de [*AC*].

• Or : « Dans un triangle, la longueur du segment qui joint les milieux de deux côtés est égale à la moitié de celle du troisième côté. »

• Donc $MN = BC \div 2$; $MN = 19$ mm car $38 \div 2 = 19$.

De même :

− *N* milieu de [*AC*] et *P* milieu de [*BC*] donnent $NP = AB \div 2 = 14$ mm ;

− *P* milieu de [*BC*] et *M* milieu de [*AB*] donnent $PM = AC \div 2 = 18$ mm.

Périmètre *MNP* = $MN + NP + PM = 51$ mm car $19 + 14 + 18 = 51$.

Périmètre *ABC* = $AB + BC + CA = 102$ mm car $28 + 38 + 36 = 102$.

Le périmètre de *MNP* est égal à la moitié de celui de *ABC*.

MNP est une réduction à l'échelle 1/2 de ABC.

On dit que MNP et ABC sont des triangles semblables (cf. fiche 104).

Voir aussi fiches 78, 80, 95 et 104 ▶

Théorème de Thalès

Qu'est-ce que le théorème de Thalès ?

▶ On a deux droites d et d' sécantes en P.
Une droite $x'x$ coupe la droite d en E et la droite d' en E'.
Une droite $y'y$ coupe la droite d en F et la droite d' en F'.

Si (EE') // (FF'), alors on a : $\dfrac{PE}{PF} = \dfrac{PE'}{PF'}$.

▶ Le **théorème de Thalès** permet de prouver que des quotients sont égaux et permet de calculer des longueurs.

• On sait que : $x'x$ // $y'y$; $PE = 8$ mm, $PF = 20$ mm et $PF' = 22$ mm.

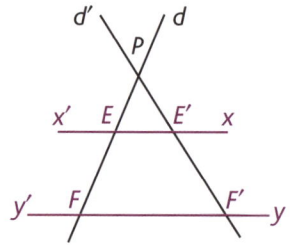

Le théorème de Thalès permet d'écrire : $\dfrac{PE}{PF} = \dfrac{PE'}{PF'}$.

D'où : $\dfrac{8}{20} = \dfrac{PE'}{22}$; $20 \times PE' = 8 \times 22$ (égalité des

produits en croix) ; $PE' = \dfrac{8 \times 22}{20} = \dfrac{176}{20}$;

$PE' = 8{,}8$ mm.

• On sait que : $x'x$ // $y'y$; $PE = 7$ mm, $PF = 16$ mm et $PE' = 10$ mm.

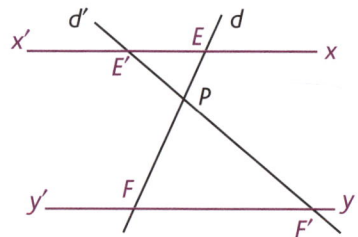

Le théorème de Thalès permet d'écrire : $\dfrac{PE}{PF} = \dfrac{PE'}{PF'}$.

D'où : $\dfrac{7}{16} = \dfrac{10}{PF'}$; $7 \times PF' = 16 \times 10$ (égalité des

produits en croix) ; $PF' = \dfrac{16 \times 10}{7} = \dfrac{160}{7}$;

$PF' \approx 23$ mm.

Triangles à côtés proportionnels

▶ Sachant que (EE') // (FF'), on dit que PEE' et PFF' sont des **triangles à côtés proportionnels** (cf. fiche 102).
On peut écrire :

Si (EE') // (FF'), alors on a : $\dfrac{PE}{PF} = \dfrac{PE'}{PF'} = \dfrac{EE'}{FF'}$ (aussi appelé « **théorème de Thalès** »).

1 **La figure ci-contre ne respecte pas les dimensions.**
En réalité, on a : (MN) // (BC) ; AM = 3 cm,
AB = 7 cm et AC = 6 cm.
Calculer AN, puis NC.

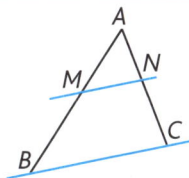

On sait que (MN) // (BC). D'après le théorème de Thalès, on a :

$$\frac{AM}{AB} = \frac{AN}{AC} \; ; \; \frac{3}{7} = \frac{AN}{6} \; ; \; 7 \times AN = 3 \times 6 \; ; \; AN = \frac{3 \times 6}{7} \; ; \; AN = \frac{18}{7}.$$

Par suite : $NC = 6 - \frac{18}{7} = \frac{42}{7} - \frac{18}{7} \; ; \; NC = \frac{24}{7}.$

2 **Partager un segment [AB] en trois parties égales sans mesurer AB.**

a. Faire la figure décrite par le programme suivant :
  – tracer une demi-droite [Ax ne contenant pas B ;
  – placer sur [Ax trois points M, N et P tels que AM = MN = NP ;
  – tracer la droite (PB) ;
  – tracer la parallèle à (PB) passant par M ; elle coupe (AB) en E ;
  – tracer la parallèle à (PB) passant par N ; elle coupe (AB) en F.
  Constater que l'on a AE = EF = FB.

b. Prouver que les points E et F sont tels que AE = EF = FB.

a.

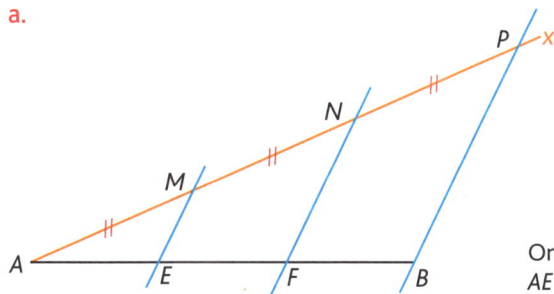

« Constater » fait appel au compas pour une simple vérification.

« Prouver » fait appel à un raisonnement.

On constate (au compas) que
AE = EF = FB.

b. On a (ME) // (PB) ; d'après le théorème de Thalès, on a : $\dfrac{AM}{AP} = \dfrac{AE}{AB}$.

On sait que $AP = 3 \times AM$; $\dfrac{AM}{AP} = \dfrac{1}{3}$; d'où : $\dfrac{AE}{AB} = \dfrac{1}{3}$; $AE = \dfrac{1}{3} AB$.

On sait que M est le milieu de [AN] et que (ME) // (NF).
On en déduit : E est le milieu de [AF] et AE = EF.

On a : $AE = \dfrac{1}{3} AB$ et $EF = \dfrac{1}{3} AB$; il reste donc $\dfrac{1}{3} AB$ pour FB.

E et F partagent [AB] en trois segments de même longueur.

Voir aussi fiches 78 et 80

Espace et géométrie

Qu'est-ce que des triangles à côtés proportionnels ?

▶ En coupant les côtés d'un triangle par une droite parallèle à un des côtés, il apparaît un nouveau triangle dont les côtés sont proportionnels à ceux du triangle initial.

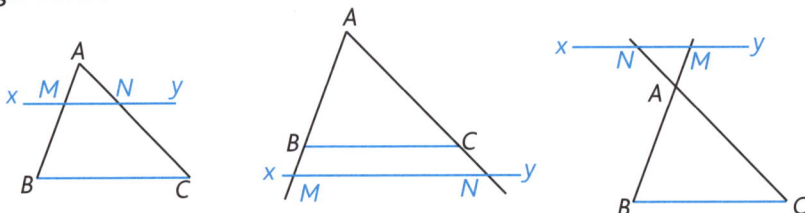

Dans les trois cas de figure :

• On sait que :

$xy \parallel (BC)$; $M \in xy$ et $M \in (AB)$; $N \in xy$ et $N \in (AC)$.

On déduit :

$$\frac{AM}{AB} = \frac{AN}{AC} = \frac{MN}{BC}.$$ ◀—— Côtés du triangle AMN
◀—— Côtés du triangle ABC

À savoir

C'est une extension du théorème de Thalès (*cf.* fiche 101).

• Si on appelle k la valeur commune des trois quotients, on a :

$AM = k \times AB$; $AN = k \times AC$; $MN = k \times BC$.

AMN et ABC sont des **triangles à côtés proportionnels**.

k est le coefficient de proportionnalité.

Si $k < 1$, alors AMN est une **réduction** de ABC.

Si $k > 1$, alors AMN est un **agrandissement** de ABC.

• On a : $\dfrac{\text{aire } AMN}{\text{aire } ABC} = k^2$.

Si le rapport des longueurs est k,
le rapport des aires est k^2.

Petit k, kolossal koefficient !

Triangles semblables

Les angles des triangles AMN et ABC sont deux à deux égaux :

– $\widehat{MAN} = \widehat{BAC}$ (angle commun aux deux triangles) ;

– $\widehat{AMN} = \widehat{ABC}$ (angles correspondants formés par les parallèles xy et (BC) coupées par la sécante (AB)) ;

– $\widehat{ANM} = \widehat{ACB}$ (angles correspondants formés par les parallèles xy et (BC) coupées par la sécante (AC)).

On dit que AMN et ABC sont des **triangles semblables** (*cf.* fiche 104).

On dit aussi que AMN est l'image de ABC dans une **homothétie de centre A**.

1 **ABC est un triangle tel que** $\widehat{A} = 90°$**, AB = 12 mm et AC = 40 mm.**
$E \in [AB]$ **et AE = 9 mm ;** $F \in [AC]$ **et** $(EF) \mathbin{/\!/} (BC)$**.**

a. Calculer AF.

b. Prouver que le triangle AEF est une réduction de ABC.

c. Vérifier que le rapport des aires est bien égal au carré du rapport des longueurs.

d. Soit M le milieu de $[BC]$. La médiane (AM) coupe $[EF]$ en N. Prouver que N est le milieu de $[EF]$.

a. On sait que : $(EF) \mathbin{/\!/} (BC)$.
On en déduit :

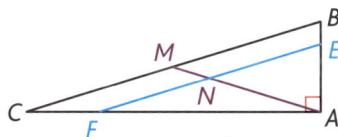

AEF et ABC sont des triangles à côtés proportionnels ;

$$\frac{AE}{AB} = \frac{AF}{AC} = \frac{EF}{BC}.$$

D'où : $\dfrac{9}{12} = \dfrac{AF}{40}$; $12\,AF = 360$; $AF = \dfrac{360}{12}$; **AF = 30 mm.**

b. On a : $k = \dfrac{AE}{AB} = \dfrac{9}{12} = \dfrac{3}{4}$ (après simplification par 3) et $\dfrac{3}{4} < 1$.

AEF est une réduction de ABC de rapport $\dfrac{3}{4}$ **ou 0,75.**

c. ABC est un triangle rectangle ; aire $ABC = \dfrac{AB \times AC}{2}$; aire $ABC = 240$ mm^2
car $(12 \times 40) \div 2 = 240$.
AEF est un triangle rectangle ; aire $AEF = \dfrac{AE \times AF}{2}$; aire $AEF = 135$ mm^2
car $(9 \times 30) \div 2 = 135$.

D'où : $\dfrac{\text{aire } AEF}{\text{aire } ABC} = \dfrac{135}{240} = \dfrac{15 \times 9}{15 \times 16} = \dfrac{9}{16} = \left(\dfrac{3}{4}\right)^2$.

Le rapport des aires est bien égal au carré du rapport des longueurs.

d. On sait que $(NE) \mathbin{/\!/} (MB)$; ANE et AMB sont des triangles à côtés

proportionnels ; on en déduit : $\dfrac{NE}{MB} = \dfrac{AE}{AB} = 0{,}75$, puis $NE = 0{,}75\,MB$.

On sait que $(NF) \mathbin{/\!/} (MC)$; ANF et AMC sont des triangles à côtés

proportionnels ; on en déduit : $\dfrac{NF}{MC} = \dfrac{AF}{AC} = 0{,}75$, puis $NF = 0{,}75\,MC$.

M est le milieu de $[BC]$, on a : $MB = MC$.
On en déduit $0{,}75\,MB = 0{,}75\,MC$ c'est-à-dire $NE = NF$.
N est le milieu de [EF].

Espace et géométrie

Voir aussi fiches 13 à 15, 50 et 73

Qu'est-ce que le théorème réciproque du théorème de Thalès ?

▶ On a deux droites d et d' sécantes en P.
Une droite $x'x$ coupe la droite d en E et la droite d' en E'.
Une droite $y'y$ coupe la droite d en F et la droite d' en F'.
Si les points P, E, F sur d et les points P, E', F' sur d' sont **dans le même ordre**

et si on a : $\dfrac{PE}{PF} = \dfrac{PE'}{PF'}$, alors $(EE') \mathbin{//} (FF')$.

> **À savoir**
>
> Il est important de s'assurer que l'ordre des points est le même sur les droites d et d'.

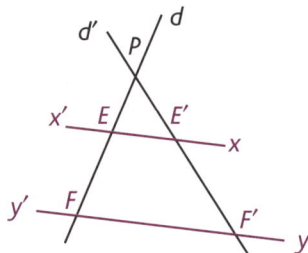

▶ Le **théorème réciproque** sert à prouver que des droites sont parallèles.

• On a : $PE = 8$ mm ; $PF = 20$ mm ; $PE' = 10$ mm et $PF' = 25$ mm.

On voit que P, E et F sont dans le même ordre que P, E' et F' (E entre P et F ; E' entre P et F').

On calcule :

$\dfrac{PE}{PF} = \dfrac{8}{20} = \dfrac{2}{5}$; $\dfrac{PE'}{PF'} = \dfrac{10}{25} = \dfrac{2}{5}$.

D'où l'égalité : $\dfrac{PE}{PF} = \dfrac{PE'}{PF'}$.

Le théorème réciproque du théorème de Thalès permet de conclure : $(EE') \mathbin{//} (FF')$.

> ⚠ L'égalité des quotients apparaît lorsqu'ils sont rendus irréductibles.

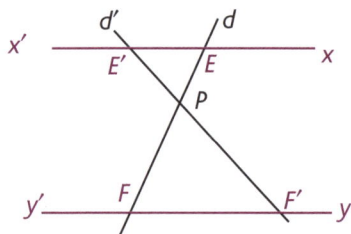

• On a : $PE = 8$ mm, $PF = 16$ mm ; $PE' = 10$ mm et $PF' = 20$ mm.

On voit que P, E' et F sont dans le même ordre que P, E' et F' (P entre E et F ; P entre E' et F').

On calcule :

$\dfrac{PE}{PF} = \dfrac{8}{16} = \dfrac{1}{2}$; $\dfrac{PE'}{PF'} = \dfrac{10}{20} = \dfrac{1}{2}$.

D'où l'égalité : $\dfrac{PE}{PF} = \dfrac{PE'}{PF'}$.

Le théorème réciproque du théorème de Thalès permet de conclure : $(EE') \mathbin{//} (FF')$.

1 Soit trois demi-droites de même origine O.
Les droites (PR) et (JK) sont parallèles.
Les droites (RS) et (KL) sont parallèles.

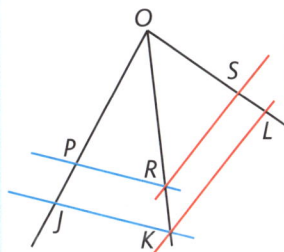

a. Prouver que l'on a : $\dfrac{OP}{OJ} = \dfrac{OS}{OL}$.

b. Prouver que les droites (PS) et (JL) sont parallèles.

a. On sait que $(PR) \,/\!/\, (JK)$.

D'après le théorème de Thalès, on a : $\dfrac{OP}{OJ} = \dfrac{OR}{OK}$.

On sait que $(RS) \,/\!/\, (KL)$.

> ⚠ On utilise le théorème direct (2 fois), puis le théorème réciproque.

D'après le théorème de Thalès, on a : $\dfrac{OR}{OK} = \dfrac{OS}{OL}$.

De $\dfrac{OP}{OJ} = \dfrac{OR}{OK}$ et $\dfrac{OR}{OK} = \dfrac{OS}{OL}$, on tire $\dfrac{OP}{OJ} = \dfrac{OS}{OL}$.

b. D'après la question précédente, on sait que $\dfrac{OP}{OJ} = \dfrac{OS}{OL}$.

Les points O, P et J sur la droite (OJ) sont dans le même ordre que les points O, S et L sur la droite (OL). D'après le théorème réciproque du théorème de Thalès, les droites **(PS) et (JL) sont parallèles**.

2 La figure ci-contre n'est pas aux dimensions.
Sur $[AB]$, on a : $AB = 3{,}2$ m ; $AF = 1{,}3$ m et $DB = 0{,}8$ m.
Sur $[AC]$, on a : $AC = 4$ m, $AG = 1{,}6$ m et $EC = 1$ m.

a. Les droites (FG) et (BC) sont-elles parallèles ?

b. Les droites (DE) et (BC) sont-elles parallèles ?

a. $\dfrac{AF}{AB} = \dfrac{1{,}3}{3{,}2} = 0{,}406\,25$; $\dfrac{AG}{AC} = \dfrac{1{,}6}{4} = 0{,}4$.

Les quotients ne sont pas égaux ;
les droites **(FG) et (BC) ne sont pas parallèles**.

b. $AD = AB - DB$; $AD = 2{,}4$ m car $3{,}2 - 0{,}8 = 2{,}4$.

$AE = AC - EC$; $AE = 3$ m car $4 - 1 = 3$.

$\dfrac{AD}{AB} = \dfrac{2{,}4}{3{,}2} = 0{,}75$; $\dfrac{AE}{AC} = \dfrac{3}{4} = 0{,}75$; $\dfrac{AD}{AB} = \dfrac{AE}{AC}$.

Les points A, D et B sur (AB) et A, E et C sur (AC) sont dans le même ordre.
D'après le théorème réciproque du théorème de Thalès, les droites **(DE) et (BC) sont parallèles**.

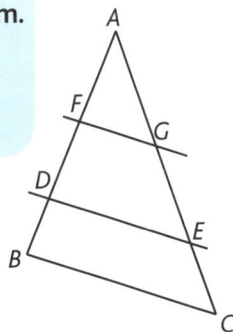

Espace et géométrie

Triangles semblables

Qu'est-ce que des triangles semblables ?

▶ On dit que deux triangles sont **semblables** si leurs angles sont respectivement égaux et si les côtés opposés aux angles égaux sont proportionnels.

On sait que $(MN) /\!/ (BC)$.

Les triangles AMN et ABC ont leurs côtés proportionnels et leurs angles deux à deux égaux (*cf.* fiche 103).

$$\frac{AM}{AB} = \frac{AN}{AC} = \frac{MN}{BC} \; ; \; \widehat{MAN} = \widehat{BAC} \; ; \; \widehat{AMN} = \widehat{ABC} \; ; \; \widehat{ANM} = \widehat{ACB}.$$

AMN et ABC sont des triangles semblables.

Les triangles AMN et EFG sont égaux ; EFG et ABC sont des triangles semblables.

De même, IJK et AMN sont égaux ; IJK et ABC sont des triangles semblables.

> **À savoir**
>
> Des **triangles égaux** ont leurs côtés deux à deux égaux et leurs angles deux à deux égaux (*cf.* fiche 96).

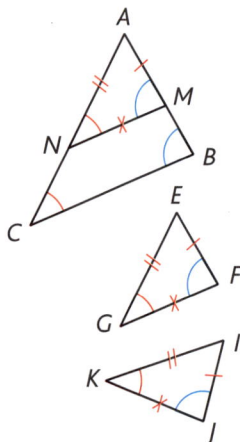

Comment reconnaître des triangles semblables ?

▶ Pour prouver que des triangles sont semblables, il n'est pas nécessaire d'établir les trois égalités d'angles et l'égalité des trois quotients. Il suffit que l'un des trois « cas de similitude » soit vérifié.

▶ **Premier cas** : deux triangles qui ont deux angles respectivement égaux sont semblables.

On sait que : $\hat{A} = \hat{R}$; $\hat{B} = \hat{T}$.

RST et ABC sont semblables.

D'où : $\hat{C} = \hat{S}$ et $\dfrac{AB}{RT} = \dfrac{BC}{TS} = \dfrac{CA}{SR}$.

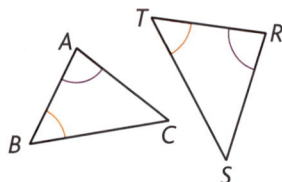

▶ **Deuxième cas** : deux triangles qui ont un angle égal compris entre deux côtés respectivement proportionnels sont semblables.

On sait que : $\hat{E} = \hat{P}$; $\dfrac{PO}{ED} = \dfrac{PT}{EF} = \dfrac{1}{2}$.

POT et EDF sont semblables.

D'où : $\hat{F} = \hat{T}$; $\hat{D} = \hat{O}$; $\dfrac{OT}{DF} = \dfrac{1}{2}$.

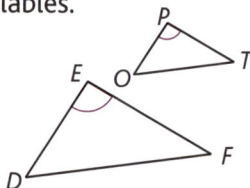

▶ **Troisième cas** : deux triangles qui ont leurs trois côtés respectivement proportionnels sont semblables (*cf.* exercice 1).

Exercices d'application

1 **a.** Prouver que les triangles *ABC* et *EDF* sont semblables.

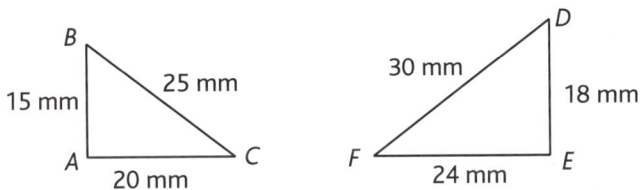

b. Quelles égalités d'angles peut-on en déduire ?

a. On a : $\dfrac{AB}{ED} = \dfrac{15}{18} = \dfrac{5}{6}$; $\dfrac{AC}{EF} = \dfrac{20}{24} = \dfrac{5}{6}$; $\dfrac{BC}{DF} = \dfrac{25}{30} = \dfrac{5}{6}$.

D'où : $\dfrac{AB}{ED} = \dfrac{AC}{EF} = \dfrac{BC}{DF}$ ⟵ Triangle *ABC* ⟵ Triangle *EDF*

Les côtés de *ABC* et ceux de *EDF* sont proportionnels.

Donc les triangles *EDF* et *ABC* sont semblables (3ᵉ cas).

> ⚠ *EDF* est un **agrandissement** de *ABC* (rapport 6/5).
> *ABC* est une **réduction** de *EDF* (rapport **5/6**).

b. On en déduit que leurs angles sont deux à deux égaux :
$\widehat{A} = \widehat{E}$; $\widehat{B} = \widehat{D}$ et $\widehat{C} = \widehat{F}$.

2 **Les figures ci-dessous donnent les dimensions des triangles *ABC* et *IJK*.**

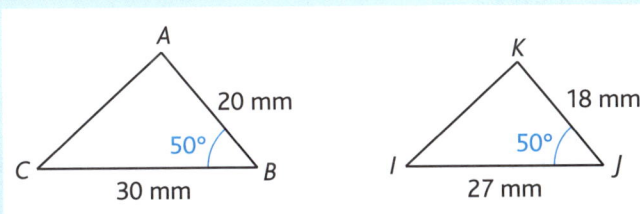

a. Démontrer que *JIK* est semblable à *BCA*.
b. Que peut-on en déduire pour les angles et les côtés ?

a. On a : $\widehat{B} = \widehat{J} = 50°$; $\dfrac{JI}{BC} = \dfrac{27}{30} = \dfrac{9}{10}$; $\dfrac{JK}{BA} = \dfrac{18}{20} = \dfrac{9}{10}$.

Soit : $\dfrac{JI}{BC} = \dfrac{JK}{BA}$. **JIK est semblable à BCA** (2ᵉ cas).

b. On a : $B \mapsto J$; $C \mapsto I$; $A \mapsto K$.

On en déduit : $\widehat{I} = \widehat{C}$; $\widehat{K} = \widehat{A}$ et $\dfrac{IK}{CA} = \dfrac{9}{10}$.

Voir aussi fiches 13 à 15 et 102

217

Définition et propriétés

▶ Un triangle dont l'**un des angles est droit** est un **triangle rectangle**.

ABC est un triangle rectangle en *A*.

$\hat{A}$ est l'angle droit ; $\hat{A}$ = 90°.

Le côté [*BC*] est l'hypoténuse.

▶ Dans un triangle rectangle, les **angles aigus** sont **complémentaires**.

Le mot « **hypoténuse** » désigne :
– un segment : [*BC*] ;
– une longueur : *BC*.

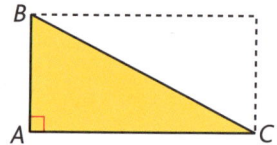

Les angles aigus $\hat{B}$ et $\hat{C}$ sont complémentaires : $\hat{B}$ + $\hat{C}$ = 90°.

▶ L'aire *S* d'un triangle rectangle est la moitié de celle d'un rectangle.

$S = \dfrac{AB \times AC}{2}$.

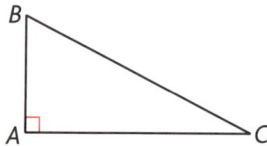

Cercle circonscrit à un triangle rectangle

▶ Le **cercle circonscrit** à un triangle rectangle a pour diamètre l'hypoténuse de ce triangle.

Le triangle *ABC* est rectangle en *A*.

O est le milieu de l'hypoténuse [*BC*].

Le cercle circonscrit au triangle *ABC* a pour centre le point *O* et pour rayon *R* tel que *OA* = *OB* = *OC* = *R*.

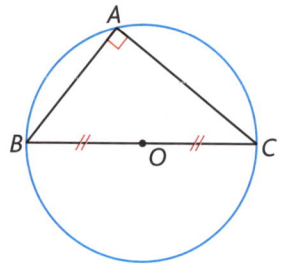

Comme hippo, t'es nul !

▶ Si un triangle est **rectangle**, alors la **médiane** relative à l'hypoténuse est **égale à la moitié de l'hypoténuse**.

Le triangle *ABC* est rectangle en *A*.

O est le milieu de l'hypoténuse [*BC*].

La médiane [*OA*] relative à l'hypoténuse est telle que $OA = OB = OC = \dfrac{BC}{2}$.

Ces deux théorèmes expriment la même réalité.

Si *O* est le milieu de l'hypoténuse [*BC*] d'un triangle rectangle en *A*, on a : *OA* = *OB* = *OC*.

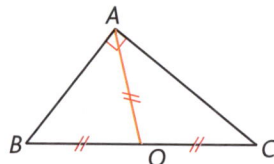

Exercices d'application

1 **a.** Rédiger un programme permettant de construire un triangle *ABC* rectangle en *B* et tel que *BA = BC* = 2,4 cm.
b. Calculer les angles aigus de ce triangle.
c. Calculer l'aire de ce triangle.

⚠ Le triangle *ABC* est à la fois rectangle et isocèle.
Un triangle rectangle isocèle est la moitié d'un carré.

a. Programme :
– tracer un angle droit $\widehat{xBy}$;
– placer *A* sur [*Bx* et *C* sur [*By* tels que *BA = BC* = 2,4 cm ;
– tracer [*AC*].
b. *ABC* est rectangle en *B* ; on a : $\widehat{A} + \widehat{C} = 90°$.
ABC est isocèle de sommet *B* ; on a : $\widehat{A} = \widehat{C}$.
D'où : $2 \times \widehat{A} = 90°$; $\widehat{A} = 90° \div 2$; $\widehat{A} = \widehat{C} = 45°$ car 90 ÷ 2 = 45.

c. Aire $ABC = \dfrac{BA \times BC}{2}$; **aire *ABC* = 2,88 cm²**
car $\dfrac{2,4 \times 2,4}{2} = 2,88$.

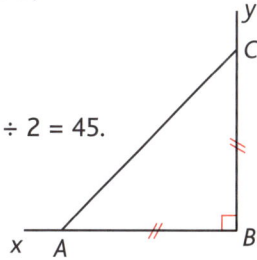

2 **a.** Rédiger un programme permettant de construire un triangle *DEF* tel que
$\widehat{D} = 90°$; $\widehat{E} = 30°$ et *DE* = 28 mm.
b. Que vaut l'angle $\widehat{F}$?

a. Programme :
– tracer un segment [*DE*] de 28 mm ;
– construire un angle $\widehat{EDx}$ de 90° ;
– construire un angle $\widehat{DEy}$ de 30° ;
– appeler *F* le point d'intersection de [*Dx* et de [*Ey*.
b. Les angles aigus du triangle rectangle *DEF*
sont complémentaires. D'où : $\widehat{F} = 90° - 30°$; $\widehat{F} = 60°$.

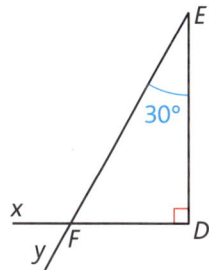

3 [*MH*] et [*NK*] sont deux hauteurs d'un triangle *MNP*.
Prouver que *M, N, H* et *K* sont sur un même cercle.

Le cercle circonscrit au triangle rectangle *MHN* a pour diamètre l'hypoténuse [*MN*].
Le cercle circonscrit au triangle rectangle *MKN* a pour diamètre l'hypoténuse [*MN*].
Les points *M, N, H* et *K* sont donc sur le cercle ayant pour centre le milieu *O* de [*MN*] et pour rayon *OM*.

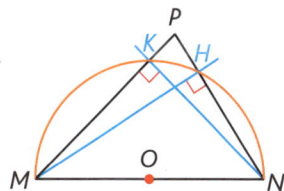

Espace et géométrie

Voir aussi fiches 91, 95 et 98 219

106 Théorème de Pythagore

Qu'est-ce que le théorème de Pythagore ?

▶ Dans un triangle rectangle, le carré de l'hypoténuse est égal à la somme des carrés des côtés de l'angle droit.

On sait que *ABC* est un triangle rectangle en *A*.

[*BC*] est l'hypoténuse.

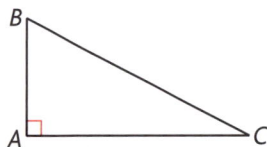

On en déduit l'égalité de Pythagore :

$$BC^2 = AB^2 + AC^2.$$

Carré de l'hypoténuse

Somme des carrés des deux autres côtés

▶ Lorsqu'on sait qu'un triangle est rectangle, l'égalité de Pythagore permet de calculer un côté connaissant les deux autres.

– On connaît les côtés de l'angle droit.

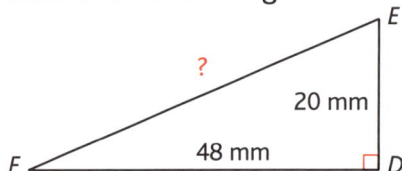

Les côtés doivent être exprimés avec la même unité.

Le triangle *EDF* est rectangle en *D* ; *DE* = 20 mm et *DF* = 48 mm.

On veut calculer l'hypoténuse.

On écrit l'égalité de Pythagore : $EF^2 = DE^2 + DF^2$.

$EF^2 = 20^2 + 48^2$; $EF^2 = 400 + 2\ 304$; $EF^2 = 2\ 704$.

$EF = \sqrt{2\ 704}$; $EF = 52$ mm.

– On connaît un côté de l'angle droit et l'hypoténuse.

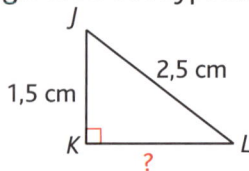

Le triangle *JKL* est rectangle en *K* ; *KJ* = 1,5 cm et *JL* = 2,5 cm.

On veut calculer le côté *KL*.

On écrit l'égalité de Pythagore : $JL^2 = KJ^2 + KL^2$.

$2,5^2 = 1,5^2 + KL^2$; $6,25 = 2,25 + KL^2$; $KL^2 = 6,25 - 2,25$; $KL^2 = 4$; $KL = 2$ cm.

1 Un terrain de tennis est un rectangle de 36 m de long et 18 m de large. Quelle est la longueur de sa diagonale ?

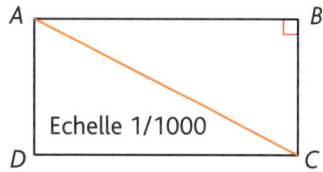

Echelle 1/1000

La diagonale [AC] est l'hypoténuse du triangle ABC rectangle en B.
On écrit l'égalité de Pythagore :
$AC^2 = BA^2 + BC^2$; $AC^2 = 36^2 + 18^2$; $AC^2 = 1\ 620$;
$AC = \sqrt{1\ 620}$ m ; $AC \approx 40{,}25$ m.

> ⚠ Pour $\sqrt{1\ 620}$, la calculatrice affiche $\boxed{40{,}2492236}$.
> On choisit l'arrondi au centième (à 1 cm près).

2 EFGH est un losange. Ses diagonales se coupent en O. On a : EG = 36 mm et HF = 24 mm. Calculer le périmètre p de ce losange.

• Les diagonales d'un losange se coupent en leur milieu et sont perpendiculaires (cf. fiche 112).
Le triangle EOF est rectangle en O.
OE = 18 mm car 36 ÷ 2 = 18 ; OF = 12 mm car 24 ÷ 2 = 12.
• On écrit l'égalité de Pythagore pour le triangle EOF rectangle en O :
$EF^2 = OE^2 + OF^2$; $EF^2 = 18^2 + 12^2$; $EF^2 = 468$; $EF = \sqrt{468}$.
Un losange a quatre côtés de même longueur ;
d'où : $p = 4 \times EF$; $p = 4 \times \sqrt{468}$; $p \approx 86{,}5$.
Le périmètre du losange est d'environ 87 mm.

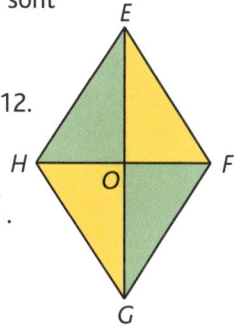

3 On appelle [PH] la hauteur relative au côté [MN] d'un triangle équilatéral PMN de 3 cm de côté. Calculer PH.

La hauteur [PH] est un côté de l'angle droit du triangle PMH rectangle en H.
On écrit l'égalité de Pythagore : $PM^2 = PH^2 + HM^2$.
Dans un triangle équilatéral, la hauteur est aussi médiane.
D'où : $MH = MN \div 2$; $MH = 1{,}5$ cm.
L'égalité de Pythagore s'écrit : $3^2 = PH^2 + 1{,}5^2$;
$PH^2 = 9 - 2{,}25$; $PH^2 = 6{,}75$; **$PH = \sqrt{6{,}75}$ cm ;**
$PH \approx 2{,}6$ cm.

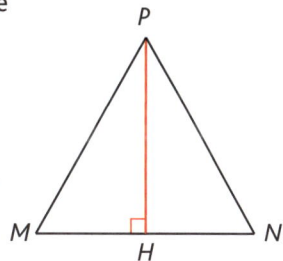

Espace et géométrie

Voir aussi fiches 93, 105, 111 et 112 ▶

Prouver qu'un triangle est rectangle

Comment prouver qu'un triangle est rectangle ?

▶ On connaît certains angles.

– Si un triangle a un angle droit, alors ce **triangle est rectangle**. (C'est la définition ; *cf.* fiche 105).

On sait : le triangle *ABC* est tel que $\hat{A}$ = 90°.

On peut affirmer : *ABC* est un triangle rectangle en *A*.

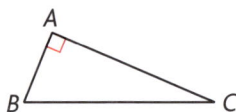

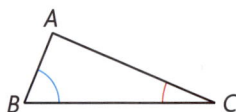

– Si un triangle a deux angles complémentaires, alors **ce triangle est rectangle**.

On sait : le triangle *ABC* est tel que $\hat{B}$ + $\hat{C}$ = 90°.

On peut affirmer : *ABC* est un triangle rectangle en *A*.

▶ On connaît certaines longueurs.

– Si, dans un triangle, le carré du plus grand côté est égal à la somme des carrés des deux autres côtés (l'égalité de Pythagore est vérifiée), alors **ce triangle est rectangle**.

⚠ C'est le théorème réciproque du théorème de Pythagore.

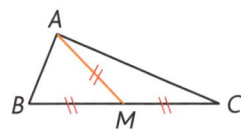

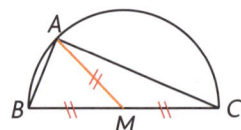

On sait : le triangle *ABC* est tel que *AB* = 10 mm, *AC* = 24 mm et *BC* = 26 mm.

On calcule le carré du plus grand côté : $BC^2 = 26^2 = 676$.

On calcule la somme des carrés des deux autres côtés : $AB^2 + AC^2 = 10^2 + 24^2 = 676$.

L'égalité de Pythagore est vérifiée : $BC^2 = AB^2 + AC^2$.

On peut affirmer : *ABC* est un triangle rectangle en *A*.

– Si, dans un triangle, une médiane est égale à la moitié du côté correspondant, alors **ce triangle est rectangle**.

On sait : la médiane [*AM*] du triangle *ABC* est telle que *MA* = *MB* = *MC*.

On peut affirmer : *ABC* est un triangle rectangle en *A*.

– Si le cercle circonscrit à un triangle a pour centre le milieu d'un côté du triangle, alors **ce triangle est rectangle**.

On sait : le cercle circonscrit au triangle *ABC* a pour centre le milieu *M* du côté [*BC*].

On peut affirmer : *ABC* est un triangle rectangle en *A*.

Chacun de ces théorèmes est la réciproque d'une propriété des triangles rectangles (*cf.* fiches 105 et 106).

1 **Les triangles *EFG* et *EHG* sont-ils rectangles ?**

• Pour *EFG*, *EG* est le plus grand côté.

$EG^2 = 65^2 = 4\ 225$.

$EF^2 + FG^2 = 25^2 + 60^2 = 4\ 225$.

L'égalité de Pythagore est vérifiée : $EG^2 = EF^2 + FG^2$.

EFG* est rectangle en *F (réciproque du théorème de Pythagore).

• Pour *EHG*, *EG* est le plus grand côté.

$EG^2 = 65^2 = 4\ 225$; $EH^2 + HG^2 = 50^2 + 42^2 = 4\ 264$.

L'égalité de Pythagore n'est pas vérifiée : $EG^2 \neq EH^2 + HG^2$.

***EFG* n'est pas rectangle** (s'il était rectangle, il y aurait égalité).

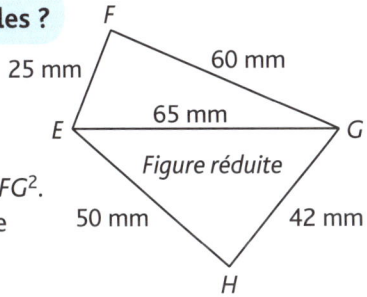

F

25 mm   60 mm

E   65 mm   G

Figure réduite

50 mm   42 mm

H

2 ***ABC* est tel que *AB* = 4 cm, *BC* = 3 cm et *CA* = 5 cm.**
Le cercle de diamètre [*AB*] coupe [*AC*] en *P*.

a. Prouver que *ABC* est rectangle en *B*.

b. Prouver que *APB* est rectangle en *P*.

c. Prouver que *ABC* et *APB* sont des triangles semblables, puis calculer *AP*.

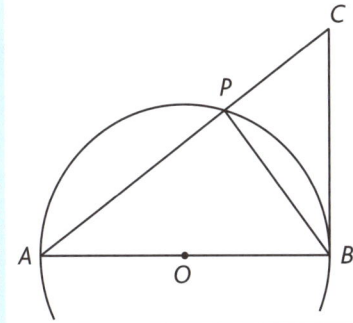

a. *AC* est le plus grand côté du triangle *ABC*.

$AC^2 = 5^2 = 25$; $AB^2 + BC^2 = 4^2 + 3^2 = 25$.

D'où : $AC^2 = AB^2 + BC^2$ (l'égalité de Pythagore est vérifiée).

Le triangle *ABC* est rectangle en *B* (réciproque du théorème de Pythagore).

b. Le point *O*, milieu de [*AB*], est tel que $OA = OB = OP$. Le cercle de diamètre [*AB*] est circonscrit au triangle *APB*. Or : « Si le cercle circonscrit à un triangle a pour centre le milieu d'un côté, alors ce triangle est rectangle. »

Donc **le triangle *APB* est rectangle en *P*.**

c. Les triangles *ABC* et *APB* sont tels que :

− $\widehat{BAC} = \widehat{BAP}$ (angle commun aux deux triangles) ;

− $\widehat{ABC} = \widehat{APB} = 90°$ (questions **a.** et **b.**).

Deux triangles qui ont deux angles respectivement égaux sont semblables.

***ABC* et *APB* sont des triangles semblables.**

D'où : $\dfrac{AB}{AP} = \dfrac{BC}{PB} = \dfrac{AC}{AB}$.

$AB^2 = AP \times AC$; $16 = AP \times 5$; $AP = 16 \div 5$; **$AP = 3,2$ cm.**

Voir aussi fiches 84, 104 et 106   **223**

Espace et géométrie

Cosinus d'un angle aigu d'un triangle rectangle

▶ Le **cosinus** d'un angle $\widehat{A}$ se note **cos** $\widehat{A}$.
Dans un triangle ABC rectangle en B, on a :

$$\cos \widehat{A} = \frac{\text{côté adjacent pour } \widehat{A}}{\text{hypoténuse}}.$$

ABC est tel que $\widehat{B} = 90°$; $AB = 13$ mm et $AC = 22$ mm.
On a :
$$\cos \widehat{A} = \frac{\text{côté adjacent pour } \widehat{A}}{\text{hypoténuse}} = \frac{AB}{AC} = \frac{13}{22}.$$
La séquence $\boxed{\cos^{-1}}$ 13 $\boxed{\div}$ 22 $\boxed{=}$ donne
$\widehat{A} \approx 54°$.

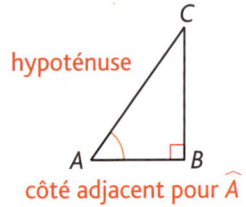

En savoir plus

• Le cosinus d'un angle aigu est un nombre compris entre 0 et 1.
• Le sinus d'un angle aigu est un nombre compris entre 0 et 1.

Sinus d'un angle aigu d'un triangle rectangle

▶ Le **sinus** d'un angle $\widehat{A}$ se note **sin** $\widehat{A}$.
Dans un triangle ABC rectangle en B, on a :

$$\sin \widehat{A} = \frac{\text{côté opposé pour } \widehat{A}}{\text{hypoténuse}}.$$

ABC est tel que $\widehat{B} = 90°$; $BC = 18$ mm et $AC = 24$ mm.

On a : $\sin \widehat{A} = \dfrac{\text{côté opposé pour } \widehat{A}}{\text{hypoténuse}} = \dfrac{BC}{AC} = \dfrac{18}{24}$.

La séquence $\boxed{\sin^{-1}}$ 18 $\boxed{\div}$ 24 $\boxed{=}$ donne $\widehat{A} \approx 49°$.

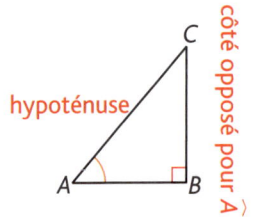

Tangente d'un angle aigu d'un triangle rectangle

▶ La **tangente** d'un angle $\widehat{A}$ se note **tan** $\widehat{A}$.
Dans un triangle ABC rectangle en B, on a :

$$\tan \widehat{A} = \frac{\text{côté opposé pour } \widehat{A}}{\text{côté adjacent pour } \widehat{A}}.$$

ABC est tel que $\widehat{B} = 90°$; $BC = 2,8$ cm et $AB = 1,4$ cm.

On a :
$$\tan \widehat{A} = \frac{\text{côté opposé pour } \widehat{A}}{\text{côté adjacent pour } \widehat{A}} = \frac{BC}{AB} = \frac{2,8}{1,4} = 2.$$
La séquence $\boxed{\tan^{-1}}$ 2,8 $\boxed{\div}$ 1,4 $\boxed{=}$ donne $\widehat{A} \approx 63°$.

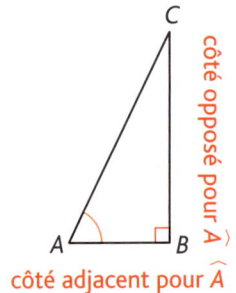

À savoir

• $\tan \widehat{A} = \dfrac{\sin \widehat{A}}{\cos \widehat{A}}$.
• $(\sin \widehat{A})^2 + (\cos \widehat{A})^2 = 1$.

1 *ABC* **est un triangle rectangle en *A*.**
Calculer l'angle *B* avec :

a. $AC = 10$ mm et $BC = 20$ mm ;

b. $AB = 12$ mm et $BC = 24$ mm ;

c. $AC = 14$ mm et $AB = 28$ mm.

> ⚠ Il est conseillé de faire une figure pour chaque cas.

a. On connaît le côté opposé à l'angle $\widehat{B}$ et l'hypoténuse ; $\sin \widehat{B} = \dfrac{10}{20} = 0{,}5$.
La calculatrice donne **$\widehat{B} = 30°$**.
b. On connaît le côté adjacent à l'angle $\widehat{B}$ et l'hypoténuse ; $\cos \widehat{B} = \dfrac{12}{24} = 0{,}5$.
La calculatrice donne **$\widehat{B} = 60°$**.
c. On connaît le côté opposé à $\widehat{B}$ et le côté adjacent à $\widehat{B}$; $\tan \widehat{B} = \dfrac{14}{28} = 0{,}5$.
La calculatrice donne **$\widehat{B} \approx 27°$**.

2 *MNP* **est un triangle tel que *MP* = 3 cm,**
***PN* = 1,8 cm et *NM* = 2,4 cm.**

a. Prouver que *MNP* est un triangle rectangle.

b. Calculer les angles de ce triangle.

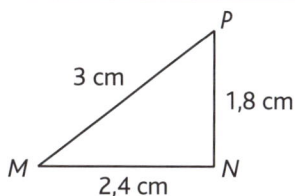

a. *MP* est le plus grand côté ; $MP^2 = 3^2 = 9$.
$PN^2 + MN^2 = 1{,}8^2 + 2{,}4^2 = 9$.
On en déduit : $MP^2 = PN^2 + MN^2$.
***MNP* est rectangle en *N*.**
b. *On connaît les trois côtés, on a le choix de la formule :*

> ⚠ On sait que, dans un triangle rectangle,
> $\widehat{M} + \widehat{P} = 90°$.
> Cela permet de calculer $\widehat{P}$ à partir de $\widehat{M}$.

$\sin \widehat{M} = \dfrac{1{,}8}{3} = 0{,}6$; **$\widehat{M} \approx 37°$** ; **$\widehat{P} \approx 53°$** car $90° - 37° = 53°$.

3 **On appelle *a*, *b* et *c* les longueurs respectives**
des côtés *BC*, *CA* et *AB* exprimées
avec la même unité.
Calculer cos $\widehat{A}$ et sin $\widehat{C}$; sin $\widehat{A}$ et cos $\widehat{C}$.

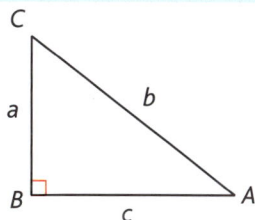

$\cos \widehat{A} = \dfrac{c}{b}$ et $\sin \widehat{C} = \dfrac{c}{b}$; $\sin \widehat{A} = \dfrac{a}{b}$ et $\cos \widehat{C} = \dfrac{a}{b}$.

Cela est général : pour deux angles aigus complémentaires, le cosinus de l'un est égal au sinus de l'autre.

Voir aussi fiches 105, 106 et 107 ▸

Espace et géométrie

Trigonométrie : calculs de longueurs

Calcul des côtés d'un triangle

ABC est un triangle rectangle en *A*.

▶ On sait que cos $\widehat{C}$ = $\dfrac{\text{côté adjacent pour } \widehat{C}}{\text{hypoténuse}}$;

cos $\widehat{C}$ = $\dfrac{CA}{CB}$.

Le **côté adjacent pour** $\widehat{C}$ est tel que
CA = *CB* × cos $\widehat{C}$.

L'**hypoténuse** est telle que *CB* = $\dfrac{CA}{\cos \widehat{C}}$.

▶ On sait que sin $\widehat{C}$ = $\dfrac{\text{côté opposé pour } \widehat{C}}{\text{hypoténuse}}$; sin $\widehat{C}$ = $\dfrac{BA}{BC}$.

Le **côté opposé pour** $\widehat{C}$ est tel que *BA* = *BC* × sin $\widehat{C}$.

L'**hypoténuse** est telle que *BC* = $\dfrac{BA}{\sin \widehat{C}}$.

▶ On sait que tan $\widehat{C}$ = $\dfrac{\text{côté opposé pour } \widehat{C}}{\text{côté adjacent pour } \widehat{C}}$;

tan $\widehat{C}$ = $\dfrac{AB}{AC}$.

Le **côté opposé pour** $\widehat{C}$ est tel que *AB* = *AC* × tan $\widehat{C}$.

Le **côté adjacent pour** $\widehat{C}$ est tel que *AC* = $\dfrac{AB}{\tan \widehat{C}}$.

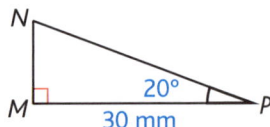

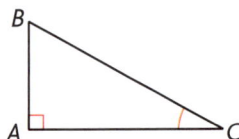

> ⚠ *BC* : hypoténuse.
> *CA* : côté adjacent pour $\widehat{C}$.
> *BA* : côté opposé pour $\widehat{C}$.

> **À savoir**
> Toute formule de la forme
> $a = \dfrac{b}{c}$ donne :
> $b = a \times c$ et $c = \dfrac{b}{a}$.

▶ Exemple 1 : on connaît un angle aigu et l'hypoténuse.

On sait que $\widehat{P}$ = 30° et *PN* = 25 mm.

PM = *PN* × cos 30° = 25 × cos 30° ; *PM* ≈ 22 mm.

MN = *PN* × sin 30° = 25 × sin 30° ; *MN* = 12,5 mm.

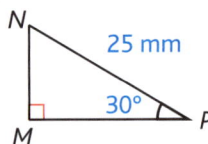

▶ Exemple 2 : on connaît un angle aigu et le côté adjacent pour cet angle.

On sait que $\widehat{P}$ = 20° et *PM* = 30 mm.

MN = *MP* × tan 20° = 30 × tan 20° ; *MN* ≈ 11 mm.

PN = $\dfrac{PM}{\cos 20°}$ = $\dfrac{30}{\cos 20°}$; *PN* ≈ 32 mm.

1 ABC est un triangle rectangle en A
tel que BC = 35 m et $\widehat{C}$ = 50°
(figure à l'échelle 1/1 000).
Calculer CA et BA.

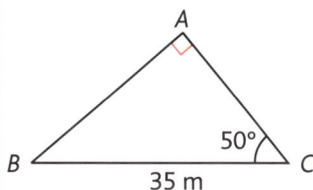

ABC est rectangle en A.

On a : cos $\widehat{C} = \dfrac{CA}{CB}$; $CA = CB \times \cos \widehat{C}$;

CA = 35 × cos 50° ; **CA ≈ 22,50 m.**

On a : sin $\widehat{C} = \dfrac{BA}{BC}$; $BA = BC \times \sin \widehat{C}$;

BA = 35 × sin 50° ; **BA ≈ 26,81 m.**

> ⚠ La réduction d'une figure agit sur les longueurs, mais ne modifie pas les angles.

2 [CH] est une hauteur
du triangle ACB. On veut
calculer l'aire du triangle ACB.

a. Dans le triangle ACH, calculer AH
et CH.

b. Dans le triangle BCH, calculer BH.

c. Calculer l'aire $\mathscr{A}$ du triangle ACB.

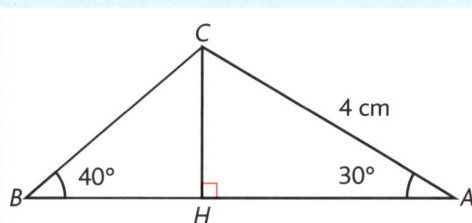

a. ACH est rectangle en H ; cos $\widehat{A} = \dfrac{AH}{AC}$; $AH = AC \times \cos \widehat{A}$;
AH = 4 × cos 30° ; **AH ≈ 3,46 cm.**

sin $\widehat{A} = \dfrac{CH}{CA}$; $CH = CA \times \sin 30°$; CH = 4 × sin 30° ; **CH = 2 cm.**

b. BCH est rectangle en H ; tan $\widehat{B} = \dfrac{CH}{BH}$; $BH = \dfrac{CH}{\tan \widehat{B}}$;

$BH = \dfrac{2}{\tan 40°}$; **BH ≈ 2,38 cm.**

c. L'aire $\mathscr{A}$ est telle que $\mathscr{A} = (BA \times CH) \div 2$.

$BA = BH + AH = 4 \times \cos 30° + \dfrac{2}{\tan 40°}$

(environ 5,85 cm).

$\mathscr{A}$ ≈ **5,85 cm²** car (5,85 × 2) ÷ 2 = 5,85.

Sin Â?

Espace et géométrie

110

Quadrilatère : vocabulaire

Qu'est-ce qu'un quadrilatère ?

▶ Un **quadrilatère** est une figure géométrique qui a :
– **4 sommets** ;
– **4 côtés** (segments joignant deux sommets consécutifs) ;
– **4 angles** ;
– **2 diagonales** (segments joignant deux sommets non consécutifs).

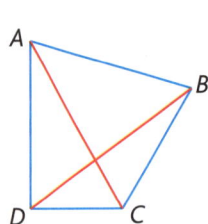

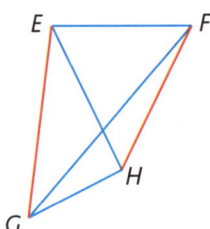

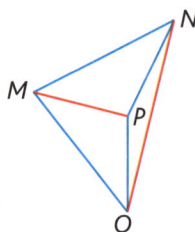

> **À savoir**
>
> Pour nommer un quadrilatère, on lit les sommets à partir de l'un d'eux, dans l'ordre où on les rencontre en suivant les côtés.

Dans le quadrilatère *ABCD* ci-dessus :

– *A* et *B* sont deux **sommets consécutifs** ;
– *A* et *C* sont deux **sommets opposés** ;
– [*AB*] et [*BC*] sont deux **côtés consécutifs** ;
– [*AB*] et [*DC*] sont deux **côtés opposés** ;
– [*AC*] et [*BD*] sont les **diagonales** ;
– $\hat{A}$ et $\hat{B}$ sont deux **angles consécutifs** ;
– $\hat{A}$ et $\hat{C}$ sont deux **angles opposés**.

Quadrilatère convexe

▶ Lorsque, pour chacun de ses côtés, un quadrilatère est tout entier **du même côté** de la droite support de ce côté, on dit qu'il est **convexe**.

ABCD (ci-dessus) est un quadrilatère convexe.

Le quadrilatère *EFGH* n'est pas convexe : *F* et *G* sont de part et d'autre de la droite (*EH*), support du côté [*EH*].

Le quadrilatère *MNPQ* n'est pas convexe : *M* et *Q* sont de part et d'autre de la droite (*NP*), support du côté [*NP*].

▶ La somme des angles d'un quadrilatère convexe est égale à **360°** (*cf.* fiche 94).

ABCD est un quadrilatère convexe : $\hat{A} + \hat{B} + \hat{C} + \hat{D} = 360°$.

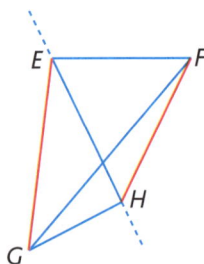

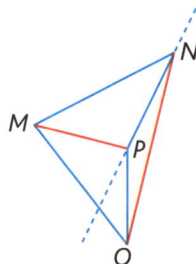

1 On a demandé à trois élèves de dessiner un quadrilatère convexe *ABCD*, puis de tracer les diagonales en pointillé rouge.
Voici les trois dessins : sont-ils exacts ?

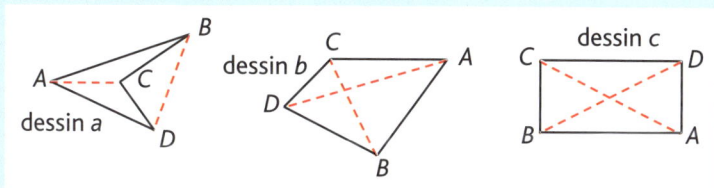

Dessin *a* : **faux**. *ABCD* n'est pas convexe (tracer la droite (*CD*) pour constater que *A* et *B* sont de part et d'autre de (*CD*)).
Dessin *b* : **faux**. Le quadrilatère est convexe, mais les sommets sont mal nommés (il suffirait d'échanger *C* et *D*).
Dessin *c* : **exact**. *(La figure semble être un rectangle ; cela peut être source d'erreur).*

2 Voici un quadrilatère *JKLM*.
Compléter :
– un côté consécutif à [*LK*] est .... ;
– le côté opposé à [*MJ*] est .... ;
– l'angle opposé à $\widehat{MLK}$ est .... ;
– les diagonales sont ....

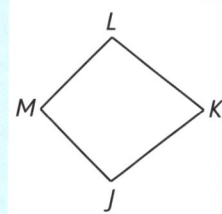

On écrit dans l'ordre : [*KJ*] ou [*ML*] ; [*LK*] ; $\widehat{MJK}$; [*LJ*] et [*MK*].

3 Soit *ABCD* un quadrilatère convexe tel que *BC* = 3 cm, *BA* = 2,3 cm, $\widehat{ABC} = \widehat{BCD} = 80°$ et $\widehat{DAB} = 110°$.
a. Rédiger un programme de construction et faire une figure.
b. Calculer l'angle de sommet *D*.

a. Programme :
– tracer un segment [*BC*] de 3 cm ;
– tracer [*Cx* telle que $\widehat{BCx} = 80°$;
– tracer [*By* telle que $\widehat{CBy} = 80°$;
– placer *A* sur [*By* tel que *BA* = 2,3 cm ;
– tracer [*Az* telle que $\widehat{BAz} = 110°$;
– appeler *D* le point d'intersection de [*Az* et de [*Cx*.

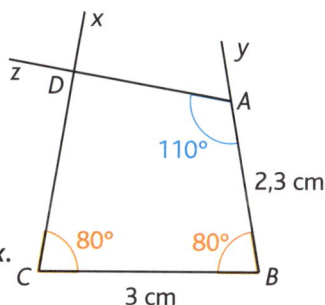

b. La somme des angles d'un quadrilatère convexe est égale à 360°.
$110° + 80° + 80° + \widehat{D} = 360°$; $270° + \widehat{D} = 360°$; $\widehat{D} = 90°$.

Voir aussi fiches 78, 82 et 83

Rectangle

Propriétés des rectangles

▶ Un **rectangle** a **quatre angles droits**.

▶ Dans un rectangle :
– les **côtés opposés** sont deux à deux **parallèles** ;
– les **côtés opposés** sont deux à deux de **même longueur** ;
– la **médiatrice** de chaque côté d'un rectangle est médiatrice du côté opposé, c'est un **axe de symétrie** du rectangle.

$ABCD$ est un rectangle.

$\hat{A} = \hat{B} = \hat{C} = \hat{D} = 90°$.

$(AB) // (CD)$ et $(AD) // (BC)$.

$AB = DC$ et $AD = BC$.

Δ_1 et Δ_2 sont les axes de symétrie.

▶ Dans un rectangle :
– les **diagonales se coupent en leur milieu** ;
– les **diagonales** ont la **même longueur** ;
– le point d'intersection des diagonales est **centre de symétrie** et **centre du cercle circonscrit** au rectangle.

$ABCD$ est un rectangle.

$AC = BD$; $OA = OB = OC = OD$.

O est centre de symétrie.

O est centre du cercle circonscrit.

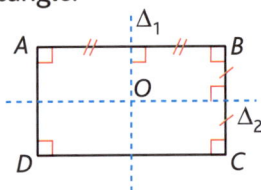

À savoir

• Dans la symétrie d'axe Δ_1, le point A a pour image le point B (cf. fiches 120 et 121).

• Dans la symétrie de centre O, le point A a pour image le point C (cf. fiches 122 et 123).

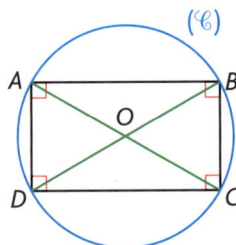

▶ Pour un rectangle de longueur L et de largeur l, le **périmètre** p et l'**aire** A sont tels que :

$$p = 2(L + l) \text{ et } A = L \times l.$$

Comment reconnaître un rectangle ?

▶ Si un quadrilatère a trois angles droits (le quatrième est alors droit), **alors** **c'est un rectangle**. (C'est la définition d'un rectangle.)

▶ Si un quadrilatère a ses côtés parallèles deux à deux et un angle droit, **alors** **c'est un rectangle** (cf. fiches 115, 116 et 119).

▶ Si un quadrilatère a ses diagonales de même longueur et qui se coupent en leur milieu, **alors** **c'est un rectangle**.

1 **a.** Rédiger un programme permettant de construire un rectangle *ABCD* à partir du triangle *ABC* rectangle en *B*.
b. Que se passe-t-il si *ABC* est rectangle isocèle ?

a. Programme :
– tracer [*Ax* telle que $\widehat{BAx}$ = 90° ;
– tracer [*Cy* telle que $\widehat{BCy}$ = 90° ;
– appeler *D* l'intersection de [*Ax* et de [*Cy*.
Le quadrilatère *ABCD* a trois angles droits ; cela suffit pour que le quatrième angle soit droit ; **ABCD est un rectangle**.
b. Si *ABC* est à la fois rectangle et isocèle, on a *BA* = *BC*. Les côtés opposés du rectangle sont égaux ; par suite, les quatre côtés sont égaux.
Le quadrilatère *ABCD* a quatre angles droits et quatre côtés de même longueur, c'est donc un **carré**.

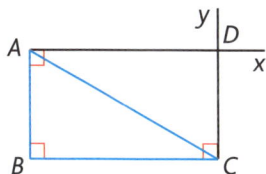

2 **a.** Une feuille de papier de format A4 a pour dimensions 21 cm et 29,7 cm.
Quelle est son aire ? Quel est son périmètre ?
b. Une feuille de format A3 a pour dimensions 29,7 cm et 42 cm.
Quelle est son aire ? Quel est son périmètre ?

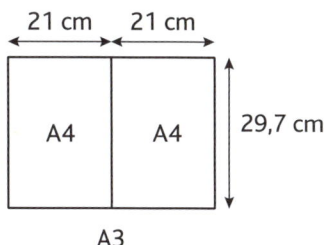

a. Aire : 623,7 cm² car 29,7 × 21 = 623,7.
Périmètre : 101,4 cm car 2 × (29,7 + 21) = 101,4.
b. Aire : 1 247,4 cm² car 623,7 × 2 = 1 247,4 (la surface est le double de celle de la feuille A4). **Périmètre : 143,4 cm** car 2 × (42 + 29,7) = 143,4.

3 **Soit *O* le point d'intersection des diagonales d'un rectangle *ABCD*.**
Faire une figure avec *OA* = 16 mm et $\widehat{AOB}$ = 60°.

O doit être le milieu de la diagonale [*AC*] et de la diagonale [*BD*].
Programme :
– tracer un angle $\widehat{xOy}$ de 60° ;
– placer *A* sur [*Ox* tel que *OA* = 16 mm ;
– placer *B* sur [*Oy* tel que *OB* = 16 mm ;
– placer *C* sur (*OA*) tel que *O* soit le milieu de [*AC*] ;
– placer *D* sur (*OB*) tel que *O* soit le milieu de [*BD*] ;
– tracer [*AB*], [*BC*], [*CD*] et [*DA*].
ABCD est un rectangle car ses diagonales ont la même longueur et se coupent en leur milieu.

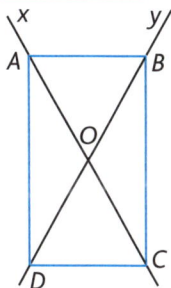

Voir aussi fiches 78, 92, 105 et 113

Espace et géométrie

Propriétés des losanges

▸ Un **losange** a **quatre côtés de même longueur**.
▸ Dans un losange :
– les **côtés opposés** sont deux à deux **parallèles** ;
– les **angles opposés** sont deux à deux **égaux**.

ABCD est un losange.

AB = BC = CD = DA.

(*AB*) // (*CD*) et (*AD*) // (*BC*).

$\hat{A} = \hat{C}$ et $\hat{B} = \hat{D}$.

▸ Dans un losange :
– les **diagonales se coupent en leur milieu** ;
– les **diagonales** sont **perpendiculaires** ;
– le support de chaque diagonale est un **axe de symétrie** du losange ;
– le point d'intersection des diagonales est **centre de symétrie** du losange.

ABCD est un losange.

(*AC*) ⊥ (*BD*).

O ∈ [*AC*] et *OA = OC* ; *O* ∈ [*BD*] et *OB = OD*.

(*AC*) et (*BD*) sont les axes de symétrie.

O est le centre de symétrie.

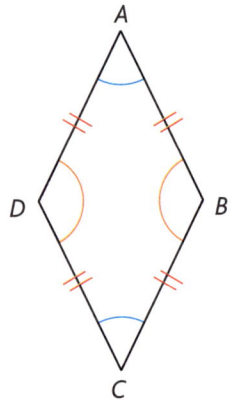

> **À savoir**
>
> Si on appelle *D* et *d* les longueurs des diagonales et *A* l'aire d'un losange, on a :
> $$A = \frac{D \times d}{2}.$$

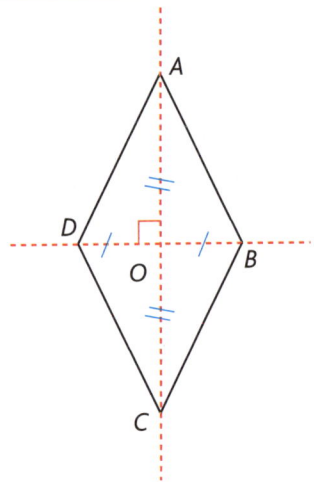

Comment reconnaître un losange ?

▸ **Si** un quadrilatère a quatre côtés de même longueur, **alors** **c'est un losange**. (C'est la définition d'un losange.)

▸ **Si** un quadrilatère a ses côtés parallèles deux à deux et deux côtés consécutifs de même longueur, **alors** **c'est un losange** (*cf.* fiches 117 et 119).

▸ **Si** un quadrilatère a ses diagonales perpendiculaires, qui se coupent en leur milieu, **alors** **c'est un losange**.

1 a. Rédiger un programme permettant de construire un losange *ABCD* à partir du triangle *ABC* isocèle de base [*AC*].

b. Que se passe-t-il si *ABC* est rectangle isocèle ?

a. **Programme** :

Dans le demi-plan de frontière (*AC*) ne contenant pas le point *B* :

– tracer un arc de cercle de centre *A* et de rayon *AB* ;

– tracer un arc de cercle de centre *C* et de rayon *CB* ;

– appeler *D* l'intersection des deux arcs.

On a : *BA* = *BC* (triangle isocèle) ; *BA* = *AD* (rayon) ;
BC = *CD* (rayon) ; le quadrilatère *ABCD* a quatre côtés
de même longueur ; ***ABCD* est un losange**.

b. Si *ABC* est à la fois rectangle et isocèle, on a $\hat{B}$ = 90° ;
par suite, $\hat{D}$ = 90° (les angles opposés du losange sont égaux).
La somme des angles d'un quadrilatère convexe est égale à 360° ;
$\hat{A} + \hat{B} + \hat{C} + \hat{D}$ = 360° ; on sait que $\hat{C} = \hat{A}$; d'où : $\hat{A}$ + 90° + $\hat{A}$ + 90° = 360° ;
$2 \times \hat{A}$ + 180° = 360° ; $2 \times \hat{A}$ = 360° − 180° ; $2 \times \hat{A}$ = 180° ;
$\hat{A}$ = 180° ÷ 2 ; $\hat{A}$ = 90°.
$\hat{A} = \hat{B} = \hat{C} = \hat{D}$ = 90°. Le quadrilatère *ABCD* a quatre côtés de même longueur
et quatre angles droits ; ***ABCD* est alors un carré**.

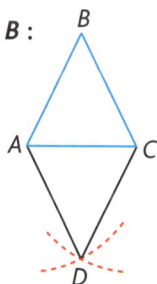

2 ***IJKL* est un losange de centre *O*.**

a. Nommer quatre triangles isocèles et quatre triangles rectangles.

b. Nommer un angle égal à $\widehat{IJK}$ et un angle égal à $\widehat{JKL}$.

   Calculer la somme de ces deux angles.

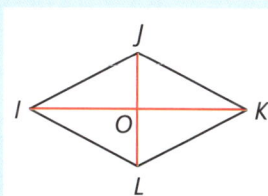

a. Un losange a quatre côtés de même longueur ; le triangle ***IJK* est isocèle** car
IJ = *JK* ; de même ***JKL*, *KLI* et *LIJ* sont isocèles**.
Les diagonales d'un losange sont perpendiculaires ; $\widehat{IOJ}$ = 90°, donc le triangle
***IOJ* est rectangle** en *O*. De même, ***JOK*, *KOL* et *LOI* sont rectangles** en *O*.

b. Les angles opposés d'un losange sont égaux ; par suite :
$\widehat{IJK} = \widehat{ILK}$ et $\widehat{JKL} = \widehat{JIL}$.
La somme des angles d'un quadrilatère convexe est égale à 360° :
$\widehat{IJK} + \widehat{ILK} + \widehat{JKL} + \widehat{JIL}$ = 360° ; $2 \times \widehat{IJK}$ + $2 \times \widehat{JKL}$ = 360° ; $2 \times (\widehat{IJK} + \widehat{JKL})$ = 360° ;
$\widehat{IJK} + \widehat{JKL}$ = 360° ÷ 2 ; $\widehat{IJK} + \widehat{JKL}$ = **180°**.
Cela est général : deux angles consécutifs d'un losange sont supplémentaires.

Voir aussi fiches 84, 92, 110 et 113

Espace et géométrie

113 Carré

Propriétés des carrés

▶ Un **carré** est un quadrilatère qui est **à la fois un rectangle et un losange**.
▶ Un carré a toutes les propriétés du rectangle et toutes celles du losange :

– les **quatre angles** sont **droits** :
$\hat{A} = \hat{B} = \hat{C} = \hat{D} = 90°$;
– les **quatre côtés** ont la **même longueur** :
$AB = BC = CD = DA$;
– les **côtés opposés** sont **parallèles** :
$(AB) // (DC)$ et $(AD) // (BC)$;
– les **diagonales se coupent en leur milieu** :
$O \in [AC]$ et $OA = OC$; $O \in [BD]$ et $OB = OD$;
– les **diagonales** ont la **même longueur** :
$AC = BD$; d'où : $OA = OB = OC = OD$;
– les **diagonales** sont **perpendiculaires** :
$(AC) \perp (BD)$;
– le carré a **quatre axes de symétrie** :
Δ_1, médiatrice de $[AB]$ et de $[DC]$;
Δ_2, médiatrice de $[BC]$ et de $[AD]$;
(AC) et (BD), supports des diagonales ;
– le carré a **un centre de symétrie** (le point
d'intersection des axes de symétrie) : le point O.
▶ Périmètre et aire d'un carré de côté c.
Périmètre : $p = 4 \times c$. Aire : $A = c \times c = c^2$.

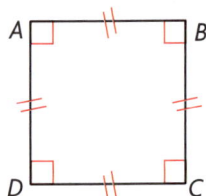

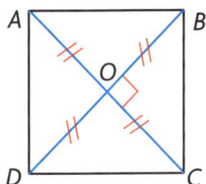

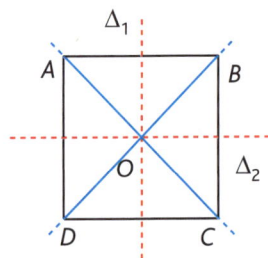

Comment reconnaître un carré ?

▶ Le **carré est un rectangle particulier**.
Si un rectangle a deux côtés
consécutifs de même longueur,
alors c'est un carré.
Si un rectangle a ses diagonales
perpendiculaires, **alors** c'est un carré.

▶ Le **carré** est un **losange particulier**.
Si un losange a un angle droit,
alors c'est un carré.
Si un losange a ses diagonales de
même longueur, **alors** c'est un carré.

Je leur dois tout !

1 Un jardin carré a un périmètre de 140 m. Quelle est son aire ?

Soit c la mesure (en mètres) du côté du carré.
On a : $4c = 140$; $c = 140 \div 4$; $c = 35$; le côté du carré est égal à 35 m.
L'aire du carré est 1 225 m² car 35² = 1 225.

2 **ABCD** est un carré de centre **O**.
Justifier les deux affirmations suivantes :
a. « Chaque diagonale le partage en deux triangles rectangles isocèles. »
b. « Les diagonales le partagent en quatre triangles rectangles isocèles. »

a. ABC est rectangle et isocèle car $\widehat{ABC}$ = 90° et $AB = BC$.
De même pour ADC ($\widehat{ADC}$ = 90° et $AD = DC$).
[AC] partage le carré en deux triangles rectangles isocèles
ABC et ADC.
De même, [BD] partage le carré en deux triangles rectangles
isocèles BAD et BCD.

b. Les diagonales du carré sont perpendiculaires, ont même longueur et se
coupent en leur milieu ; donc $\widehat{AOB}$ = 90° et $OA = OB$; **AOB est un triangle**
rectangle isocèle.
De même, **BOC, COD et DOA sont des triangles rectangles isocèles.**

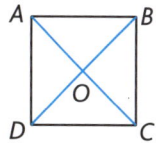

3 Deux diamètres perpendiculaires [MN] et [PR]
d'un cercle de rayon 1 cm se coupent en **O**.
a. Prouver que *MPNR* est un carré.
b. Calculer l'aire du triangle *MOP*, puis l'aire du carré *MPNR*.
Que peut-on en déduire pour le côté *c* de ce carré ?

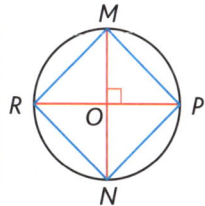

a. Les diagonales [MN] et [PR] sont perpendiculaires et se coupent en leur
milieu O car $OM = ON = OP = OR = 1$ cm ; *MPNR* est donc un losange.
Les diagonales [MN] et [PR] se coupent en leur milieu O et elles ont la même
longueur car $MN = PR = 2$ cm ; *MPNR* est donc un rectangle.
MPNR est à la fois un losange et un rectangle, c'est donc un carré.

b. Aire $MOP = \dfrac{OM \times OP}{2}$; aire $MOP = \dfrac{1 \times 1}{2}$; **aire MOP = 0,5 cm².**
Les diagonales partagent le carré en quatre triangles de même aire ; d'où :
aire $MPNR = 4 \times$ aire $MOP = 4 \times 0,5$ cm² ; **aire MPNR = 2 cm².**
Le carré a pour côté c ; son aire est c^2 ; on sait que $c^2 = 2$; par suite $c = \sqrt{2}$.
Le côté du carré MPNR a pour mesure le nombre $\sqrt{2}$ (environ 1,4 cm).

Voir aussi fiches 23, 40 et 105

Espace et géométrie

Parallélogramme : propriétés

Qu'est-ce qu'un parallélogramme ?

▶ Un **parallélogramme** est un **quadrilatère** dont les **côtés opposés** sont **parallèles**.

Propriétés des parallélogrammes

▶ Dans un parallélogramme :
– les **côtés opposés** sont **parallèles** ;
– les **côtés opposés** ont la **même longueur** ;
– les **angles opposés** sont **égaux** ;
– les **angles consécutifs** sont **supplémentaires**.

ABCD est un parallélogramme.

(AB) // *(DC)* et *(AD)* // *(BC)*.

AB = DC et *AD = BC*.

$\hat{A} = \hat{C}$ et $\hat{B} = \hat{D}$.

$\hat{A} + \hat{B} = \hat{B} + \hat{C} = \hat{C} + \hat{D} = \hat{D} + \hat{A} = 180°$.

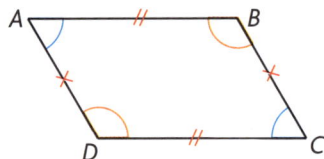

▶ Dans un parallélogramme :
– les **diagonales se coupent en leur milieu** ;
– le point d'intersection des diagonales est **centre de symétrie**.

ABCD est un parallélogramme.

$O \in [AC]$ et *OA = OC*.

$O \in [BD]$ et *OB = OD*.

O est centre de symétrie du parallélogramme.

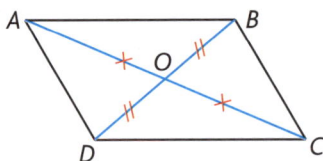

À savoir

Dans la symétrie de centre *O* :
– *A* a pour image *C* ;
– *B* a pour image *D* ;
– *C* a pour image *A* ;
– *D* a pour image *B* (*cf.* fiches 122 et 123).

▶ L'**aire** d'un parallélogramme est le **produit d'un côté par la hauteur associée à ce côté**.

h est la hauteur associée aux côtés [*AB*] et [*DC*] de longueur *a*.

h' est la hauteur associée aux côtés [*BC*] et [*AD*] de longueur *b*.

L'aire $\mathcal{A}$ est telle que : $\mathcal{A} = a \times h = b \times h'$.

Avec *a* = 24 mm et *h* = 13 mm,
$\mathcal{A}$ = 312 mm² car $24 \times 13 = 312$.

Connaissant l'aire $\mathcal{A}$ (312 mm²) et le côté *b* (15 mm), on peut calculer la hauteur *h'* :
h' = 20,8 mm car $312 \div 15 = 20,8$.

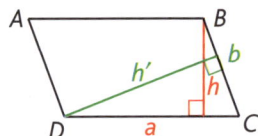

1 *ABCD* est un parallélogramme tel que *AB* = 2 cm, *BC* = 1,5 cm et $\widehat{A}$ = 100°.

a. Déterminer le périmètre *p* de *ABCD*.

b. Déterminer les angles $\widehat{B}$, $\widehat{C}$ et $\widehat{D}$.

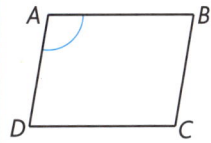

a. Les côtés opposés d'un parallélogramme ont la même longueur.

AB = *DC* = 2 cm ; *AD* = *BC* = 1,5 cm.

$p = 2 \times AB + 2 \times BC$; $p = 2 \times (AB + BC)$; $p = 2(2 + 1,5)$; $p = 7$.

Le périmètre de ce parallélogramme est 7 cm.

b. Dans un parallélogramme, les angles opposés sont égaux, et les angles consécutifs sont supplémentaires.

$\widehat{C} = \widehat{A} = 100°$; $\widehat{A} + \widehat{B} = 180°$; $\widehat{B} = 180° - 100°$; $\widehat{B} = \widehat{D} = 80°$.

2 Soit *EFG* un triangle et *J* le milieu de [*FG*]. La parallèle à (*EG*) passant par *F* coupe en *K* la parallèle à (*EF*) passant par *G*.

a. *EFKG* est un parallélogramme. Pourquoi ?

b. *J* est le milieu de [*EK*]. Pourquoi ?

c. Que devient *EFKG* quand *EFG* est un triangle isocèle de base [*FG*] ?

a. L'énoncé dit que (*EF*) // (*GK*) et (*EG*) // (*FK*).

EFKG a ses côtés opposés parallèles ;

EFKG est donc un parallélogramme.

b. Les diagonales d'un parallélogramme se coupent en leur milieu.

On sait que *J* est le milieu de la diagonale [*FG*] ; on en déduit que *J* est le milieu de l'autre diagonale ;

J est donc le milieu de [EK].

> Le losange est un parallélogramme particulier.
> Il en est de même pour le rectangle et le carré.

c. Si *EFG* est isocèle de base [*FG*], on a *EF* = *EG* ; comme les côtés opposés sont égaux, *EFKG* a quatre côtés de même longueur ; **EFKG est alors un losange**.

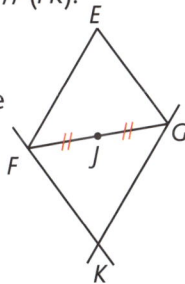

3 **Pour chaque affirmation, cocher la bonne réponse :**

a. « *ABCD* est un rectangle, donc *ABCD* est un parallélogramme. »

❏ VRAI   ❏ FAUX

b. « *ABCD* est un parallélogramme, donc *ABCD* est un rectangle. »

❏ VRAI   ❏ FAUX

a. **VRAI** car un rectangle a toujours ses côtés opposés parallèles.

b. **FAUX** car un parallélogramme n'a pas toujours des angles droits.

Espace et géométrie

Voir aussi fiches 84, 111 et 112 237

115 Parallélogramme : caractérisations

Comment reconnaître un parallélogramme ?

▶ **Si** un quadrilatère a ses **côtés opposés parallèles**, **alors** c'est un **parallélogramme**. (C'est la définition d'un parallélogramme.)

On sait : $(AB) /\!/ (CD)$ et $(AD) /\!/ (BC)$.

On déduit : $ABCD$ est un parallélogramme.

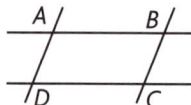

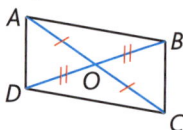

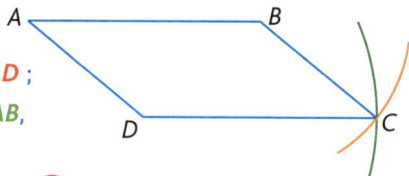

▶ **Si** un quadrilatère a ses **diagonales qui se coupent en leur milieu**, **alors** c'est un **parallélogramme**.

On sait : O milieu de $[AC]$ et de $[BD]$.

On déduit : $ABCD$ est un parallélogramme.

▶ **Si** un quadrilatère convexe a ses **côtés opposés de même longueur**, **alors** c'est un **parallélogramme**.

On a :

– tracé $[AB]$ et $[AD]$;

– tracé un **arc de cercle de centre B et de rayon AD** ;

– tracé un **arc de cercle de centre D et de rayon AB**, d'un même côté de la droite (AB) ;

– marqué le point C à l'intersection des arcs.

On sait :

– $ABCD$ est **convexe** ;

– par construction (arcs de cercles), $DC = AB$ et $BC = AD$.

On déduit : $ABCD$ est un parallélogramme.

> ⚠ Pour appliquer ces deux derniers théorèmes, il est important de vérifier que le quadrilatère est **convexe**.

▶ **Si** un quadrilatère convexe a **deux côtés parallèles et de même longueur**, **alors** c'est un **parallélogramme**.

Le quadrillage donne $(AB) /\!/ (CD)$;
on a tracé $[AB]$ et $[DC]$ tels que $AB = DC$
(8 carreaux chacun).

On sait : $ABCD$ est **convexe** ; $(AB) /\!/ (DC)$ et $AB = DC$.

On déduit : $ABCD$ est un parallélogramme.

Il est convenu que les lignes d'un quadrillage sont parallèles et forment des carreaux de même dimension.

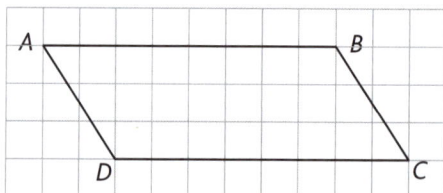

Exercices d'application

1 Soit *ABC* un triangle et *M* le milieu de [*BC*].
Placer sur la médiane (*AM*) le point *D* symétrique de *A* par rapport
au point *M* (symétrie centrale, *cf.* fiche 122).
Prouver que *ABDC* est un parallélogramme.

On sait que *M* est le milieu de [*BC*].
D est le symétrique de *A* par rapport à *M*,
donc **M est le milieu de [*AD*]**.
Le quadrilatère *ABDC* a ses diagonales qui
se coupent en leur milieu ; **ABDC est donc
un parallélogramme**.

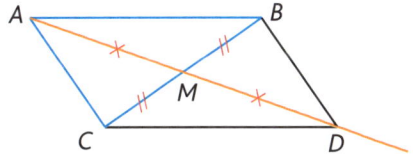

2 *EFG* est un triangle tel que *EF* = 3 cm, *EG* = 1,4 cm et $\widehat{FEG}$ = 45°.
a. Construire le cercle de centre *F* et de rayon 1,4 cm, puis le cercle de centre
G et de rayon 2 cm. Appeler *H* et *K* les points d'intersection.
b. Un des quadrilatères *EFHG* ou *EFKG* est un parallélogramme. Lequel ?

a.

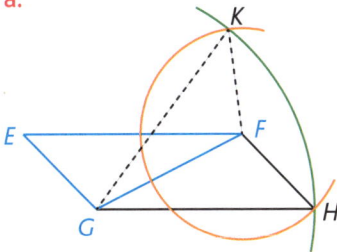

b. Sur la figure, *EFHG* est convexe.
Par construction, on a : *FH* = *EG* = 1,4 cm
et *GH* = *EF* = 3 cm.
Le quadrilatère convexe *EFHG* a ses côtés
opposés de même longueur ;
***EFHG* est donc un parallélogramme**.
EFKG a aussi ses côtés opposés de même
longueur (*EF* = *KG* et *EG* = *KF*) mais il n'est
pas convexe : ce ne peut pas être
un parallélogramme.

3 On a tracé sur un quadrillage
trois segments parallèles
de 5 carreaux de long.
a. Nommer trois parallélogrammes.
b. Prouver que *OR* = *PS*.
c. Prouver que (*MR*) // (*NS*).

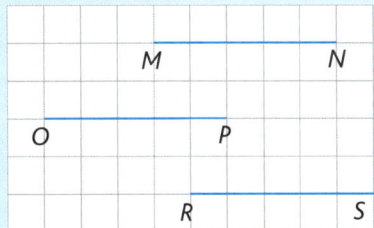

a. *MNPO*, *OPSR* et *MNSR* sont des quadrilatères **convexes** ayant deux côtés
parallèles de même longueur ; ce sont donc des **parallélogrammes**.
b. *OPSR* est un parallélogramme ; on en déduit que ses côtés opposés ont
la même longueur, donc **OR = PS**.
c. *MNSR* est un parallélogramme ; on en déduit que ses côtés opposés sont
parallèles, donc **(MR) // (NS)**.

Voir aussi fiches 110 et 122

Espace et géométrie

Reconnaître un rectangle

Comment savoir si un quadrilatère est un rectangle ?

▶ **Si** un quadrilatère a trois angles droits (il en résulte que le quatrième est droit),
alors c'est **un rectangle**.

▶ **Si** un quadrilatère a ses diagonales de même longueur et qui se coupent en leur milieu,
alors c'est **un rectangle**.

> ⚠ Les énoncés permettant de prouver que l'on a un rectangle se terminent par « **alors** c'est un **rectangle** ».

Comment savoir si un parallélogramme est un rectangle ?

Lorsqu'on sait déjà que l'on a un parallélogramme (cela a été donné, ou cela a été démontré), on peut prouver que ce parallélogramme est un rectangle en utilisant un des deux théorèmes suivants.

▶ **Si** un parallélogramme a un angle droit, **alors** c'est **un rectangle**.

On sait : *ABCD* est un parallélogramme et $\widehat{D}$ = 90°.

On en déduit : *ABCD* est un rectangle.

ABCD est un parallélogramme particulier ; il en a toutes les propriétés.

Il a des propriétés supplémentaires propres aux rectangles (diagonales de même longueur, deux axes de symétrie, un cercle circonscrit).

▶ **Si** un parallélogramme a ses diagonales de même longueur,
alors c'est **un rectangle**.

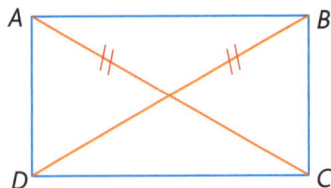

On sait : *ABCD* est un parallélogramme et *AC* = *BD*.

On en déduit : *ABCD* est un rectangle.

ABCD est un parallélogramme particulier ; il en a toutes les propriétés.

Il a des propriétés supplémentaires propres aux rectangles (quatre angles droits, deux axes de symétrie, un cercle circonscrit).

1 [*EF*] et [*GH*] sont deux diamètres, tels que
$\widehat{EOH}$ = 120°, d'un cercle (𝒞) de centre *O*
et de rayon *r*.
Démontrer que *EGFH* est un rectangle.

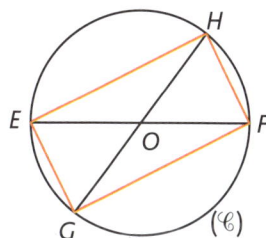

[*EF*] et [*GH*] sont deux diamètres du cercle (𝒞), donc
EF = *GH* = 2*r*. Le centre du cercle (𝒞) est le milieu des
diamètres [*EF*] et [*GH*] ; par suite, *O* est le milieu des
diagonales [*EF*] et [*GH*] du quadrilatère *EGFH*.
Or : « Si un quadrilatère a ses diagonales de même longueur et qui se coupent
en leur milieu, alors c'est un rectangle. »
Donc *EGFH* est un rectangle.

2 Soit *M* le milieu de l'hypoténuse d'un triangle *ABC*
rectangle en *A*.
On appelle *D* le symétrique de *A* par rapport à *M*.
a. Prouver que *ABDC* est un parallélogramme.
b. Prouver que *ABDC* est un rectangle.

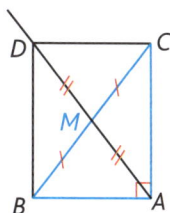

a. On sait que *M* est le milieu de [*BC*]. On sait que *D* est le symétrique de *A*
par rapport à *M* ; on en déduit que *M* est le milieu de [*AD*].
Le quadrilatère *ABDC* a ses diagonales qui se coupent en leur milieu *M*.
***ABDC* est donc un parallélogramme.**
b. On sait que l'angle $\hat{A}$ du parallélogramme *ABDC* est droit.
Or : « Si un parallélogramme a un angle droit, alors c'est un rectangle. »
Donc *ABDC* est un rectangle.

3 *KLMN* est un losange de centre *O*.
La droite *xy* est telle que *L* ∈ *xy* et *xy* // (*MK*).
La droite *zt* est telle que *K* ∈ *zt* et *zt* // (*LN*).
On appelle *S* l'intersection de *xy* et de *zt*.
Prouver que *LOKS* est un rectangle.

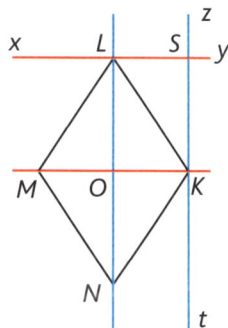

De *xy* // (*MK*), on tire (*LS*) // (*OK*).
De *zt* // (*LN*), on tire (*SK*) // (*LO*).
Le quadrilatère *LOKS* a ses côtés opposés parallèles ;
c'est un parallélogramme.

On sait que $\widehat{LOK}$ = 90° car les diagonales d'un losange sont perpendiculaires.
Or : « Si un parallélogramme a un angle droit, alors c'est un rectangle. »
Donc *LOKS* est un rectangle.

Espace et géométrie

Voir aussi fiches 79, 105, 111 et 112

117 Reconnaître un losange

Comment savoir si un quadrilatère est un losange ?

▶ **Si** un quadrilatère a quatre côtés de même longueur, **alors c'est un losange**.

▶ **Si** un quadrilatère a ses diagonales perpendiculaires, qui se coupent en leur milieu, **alors c'est un losange**.

> ⚠ Les énoncés permettant de prouver que l'on a un losange se terminent par « **alors** c'est un **losange** ».

Comment savoir si un parallélogramme est un losange ?

Lorsqu'on sait déjà que l'on a un parallélogramme (cela a été donné, ou cela a été démontré), on peut prouver que ce parallélogramme est un losange en utilisant un des deux théorèmes suivants.

▶ **Si** un parallélogramme a deux côtés consécutifs de même longueur, **alors c'est un losange**.

On sait : $ABCD$ est un parallélogramme et $AB = BC$.

On en déduit : $ABCD$ est un losange.

$ABCD$ est un parallélogramme particulier ; il en a toutes les propriétés.

Il a des propriétés supplémentaires propres aux losanges (diagonales perpendiculaires, axes de symétrie) :

– $(AC) \perp (BD)$;

– (AC) et (BD) sont axes de symétrie de $ABCD$.

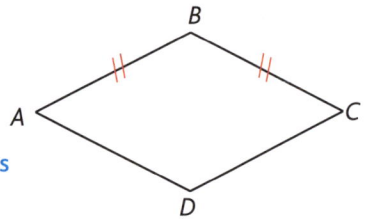

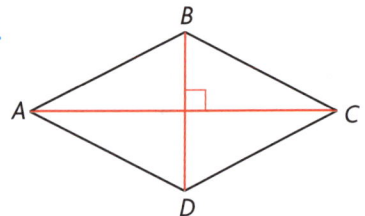

▶ **Si** un parallélogramme a ses diagonales perpendiculaires, **alors c'est un losange**.

On sait : $ABCD$ est un parallélogramme et $(AC) \perp (BD)$.

On en déduit : $ABCD$ est un losange.

$ABCD$ est un parallélogramme particulier ; il en a toutes les propriétés.

Il a des propriétés supplémentaires propres aux losanges (côtés égaux, axes de symétrie) :

– $AB = BC = CD = DA$;

– (AC) et (BD) sont axes de symétrie de $ABCD$.

Exercices d'application

1 *ABC* est un triangle isocèle de sommet principal *A*.
M est le milieu de [*BC*] ; *D* est le symétrique de *A*
par rapport à *M*.

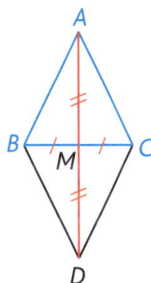

a. Prouver que *ABDC* est un parallélogramme.

b. Prouver que *ABDC* est un losange.

a. On sait que *M* est le milieu de [*BC*].
Le point *D* est le symétrique de *A* par rapport à *M*,
donc *M* est le milieu de [*AD*].
M est le milieu des deux diagonales [*BC*] et [*AD*] du quadilatère *ABDC* ;
ABDC est donc un parallélogramme.

b. Le triangle *ABC* est isocèle ; par suite, *AB = AC*.
Le parallélogramme *ABDC* a deux côtés consécutifs de même longueur ;
ABDC est donc un losange.

2 [*IJ*] est une corde du cercle ($\mathscr{C}$) de centre *O*.
La parallèle à (*OI*) passant par *J* coupe la
parallèle à (*OJ*) passant par *I* au point *K*.

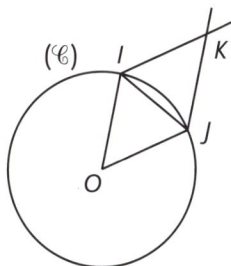

a. Prouver que *OIKJ* est un parallélogramme.

b. Prouver que *OIKJ* est un losange.

a. On sait que (*IK*) // (*OJ*) et (*JK*) // (*OI*).
OIKJ est un parallélogramme car ses côtés opposés sont parallèles.

b. On sait que *OI = OJ* (rayon du cercle).
Le parallélogramme *OIKJ* a deux côtés consécutifs de même longueur ;
OIKJ est donc un losange.

3 [*MN*] et [*PR*] sont deux diamètres
perpendiculaires du cercle ($\mathscr{C}$) de centre *O*.
Un cercle ($\mathscr{C}'$), de même centre *O*, coupe
(*MN*) en *S* et en *T*.
Prouver que *PSRT* est un losange.

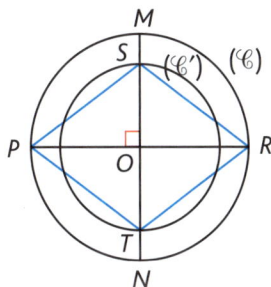

[*PR*] est un diamètre du cercle ($\mathscr{C}$) de centre *O*, donc
O est le milieu de [*PR*].
[*ST*] est un diamètre du cercle ($\mathscr{C}'$) de centre *O*, donc
O est le milieu de [*ST*].
PSRT a ses diagonales perpendiculaires et qui se coupent en leur milieu ;
PSRT est donc un losange.

*Deux cercles ayant le même centre sont appelés « **cercles concentriques** ».*

Espace et géométrie

Comment savoir si un quadrilatère est un carré ?

▶ **Si** un quadrilatère est à la fois un rectangle et un losange,
alors c'est un carré.

▶ **Si** un quadrilatère a quatre côtés de même longueur et un angle droit,
alors c'est un carré.

▶ **Si** un quadrilatère a trois angles droits et deux côtés consécutifs égaux,
alors c'est un carré.

▶ **Si** un quadrilatère a des diagonales qui se coupent en leur milieu, qui sont
perpendiculaires et de même longueur, **alors c'est un carré.**

Comment savoir si un rectangle est un carré ?

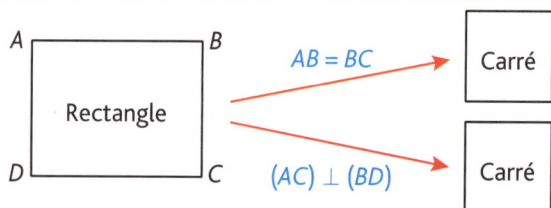

$AB = BC$ → Carré

$(AC) \perp (BD)$ → Carré

Pour savoir si c'est un rectangle, *cf.* fiche 116.

▶ **Si** un rectangle a deux côtés consécutifs de même longueur,
alors c'est un carré.

▶ **Si** un rectangle a ses diagonales perpendiculaires, **alors c'est un carré.**

Comment savoir si un losange est un carré ?

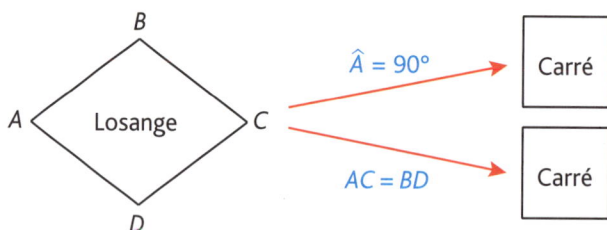

$\widehat{A} = 90°$ → Carré

$AC = BD$ → Carré

Pour savoir si c'est un losange, *cf.* fiche 117.

▶ **Si** un losange a un angle droit, **alors c'est un carré.**

▶ **Si** un losange a ses diagonales de même longueur, **alors c'est un carré.**

1 [AB] et [CD] sont deux diamètres perpendiculaires d'un cercle (𝒞) de centre O. Prouver que *ACBD* est un carré.

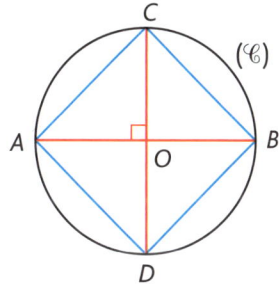

OA = OB (rayon), donc O est le milieu de [AB].
OC = OD (rayon), donc O est le milieu de [CD].
Les diagonales se coupent en leur milieu.
AB = CD (diamètre) ; *les diagonales ont la même longueur.*
(AB) ⊥ (CD) ; *les diagonales sont perpendiculaires.*
Or : « Si un quadrilatère a des diagonales qui se coupent en leur milieu, qui sont perpendiculaires et de même longueur, alors c'est un carré. »
Donc *ACBD* est un carré.

⚠ Le carré est **inscrit** dans le cercle. Le cercle est **circonscrit** au carré.

2 [AB] et [CD] sont deux diamètres perpendiculaires d'un cercle (𝒞) de centre O et de rayon r. Les droites (HE), (EF), (FG) et (GH) sont tangentes au cercle respectivement en A, C, B et D.
a. Démontrer que *OAEC* est un carré, puis nommer trois autres carrés ayant un sommet en O.
b. Démontrer que *EFGH* est un carré.

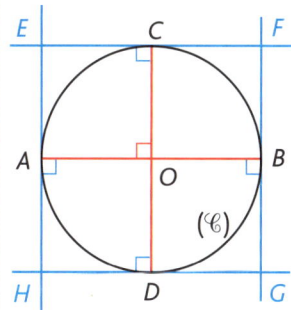

a. La droite (EH) est tangente en A au cercle (𝒞) ; elle est perpendiculaire en A au rayon [OA] ; de même, la tangente (EF) est perpendiculaire en C au rayon [OC].
OAEC a trois angles droits ($\widehat{O}$ = 90° ; $\widehat{A}$ = 90° ; $\widehat{C}$ = 90°) ; c'est un rectangle (on en déduit $\widehat{E}$ = 90°). On sait que OA = OC (rayon du cercle).
Or : « Si un rectangle a deux côtés consécutifs de même longueur, alors c'est un carré. »
Donc *OAEC* est un carré. (On en déduit que AE = EC = r.)
On démontre de même que ***OCFB*, *OBGD* et *ODHA* sont des carrés**.
b. $\widehat{E} = \widehat{F} = \widehat{G} = \widehat{H}$ = 90° (question précédente) ; donc *EFGH* est un rectangle ;
EC = OA = r ; CF = OB = r ; donc EF = 2r (diamètre).
De même, FG = 2r ; par suite, EF = FG.
Le rectangle *EFGH* a deux côtés consécutifs de même longueur ;
***EFGH* est donc un carré.**

⚠ Le cercle est **inscrit** dans le carré. Le carré est **circonscrit** au cercle.

Espace et géométrie

Parallélogramme : synthèse

Reconnaître un parallélogramme avec ses côtés

▶ Des quadrilatères de plus en plus particuliers !

⚠️ Le tableau se lit de haut en bas.

Il comporte 9 flèches qui se lisent avec des **Si...**, **alors...**

Par exemple :

• **Flèche 2**

Si un quadrilatère convexe a deux côtés parallèles et de même longueur, **alors** c'est un parallélogramme.

• **Flèche 5**

Si un quadrilatère a ses côtés de même longueur, **alors** c'est un losange.

• **Flèche 6**

Si un parallélogramme a deux côtés consécutifs perpendiculaires, **alors** c'est un rectangle.

• **Flèche 8**

Si un rectangle a deux côtés consécutifs de même longueur, **alors** c'est un carré.

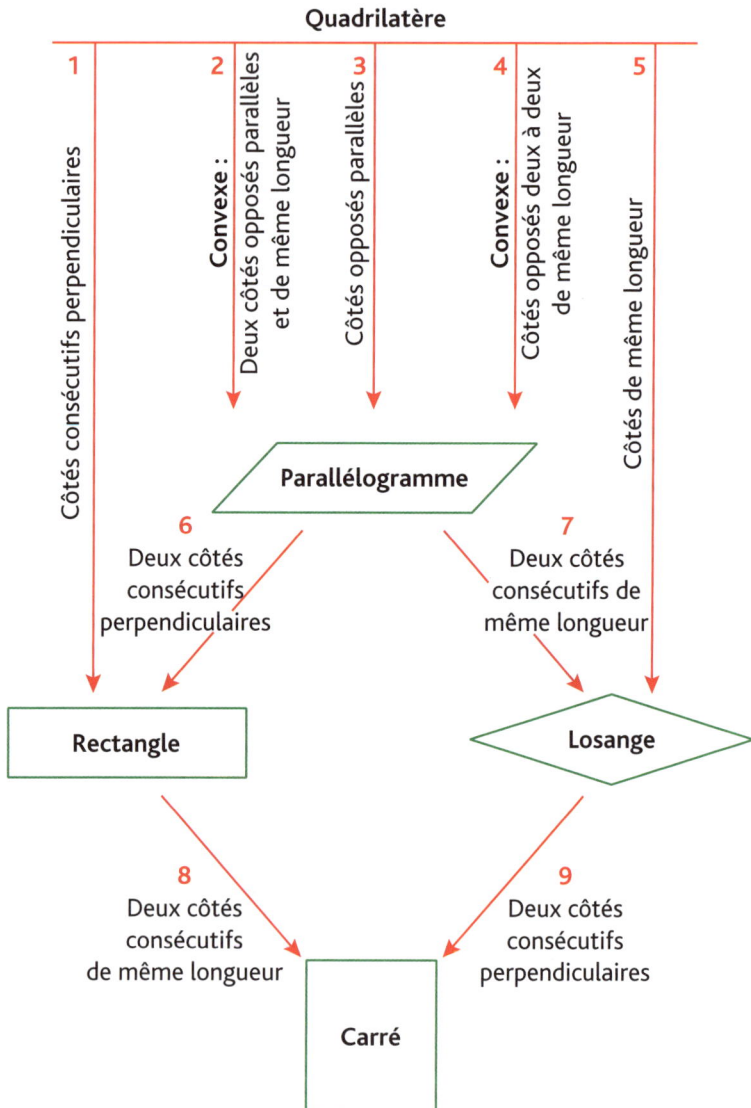

Quadrilatère

1	2	3	4	5
Côtés consécutifs perpendiculaires	Convexe : Deux côtés opposés parallèles et de même longueur	Côtés opposés parallèles	Convexe : Côtés opposés deux à deux de même longueur	Côtés de même longueur

Parallélogramme

6 — Deux côtés consécutifs perpendiculaires

7 — Deux côtés consécutifs de même longueur

Rectangle

Losange

8 — Deux côtés consécutifs de même longueur

9 — Deux côtés consécutifs perpendiculaires

Carré

Reconnaître un parallélogramme avec ses diagonales

▶ Des quadrilatères de plus en plus particuliers !

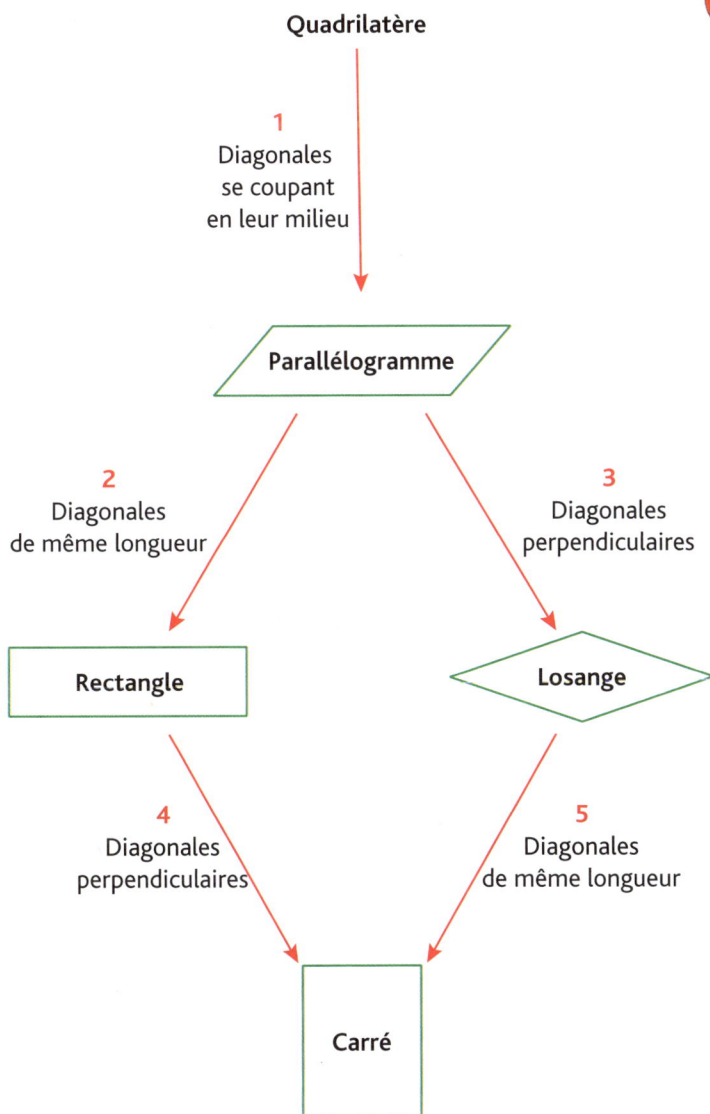

Quadrilatère

1
Diagonales
se coupant
en leur milieu

Parallélogramme

2
Diagonales
de même longueur

3
Diagonales
perpendiculaires

Rectangle

Losange

4
Diagonales
perpendiculaires

5
Diagonales
de même longueur

Carré

Le tableau se lit de haut en bas.

Il comporte des flèches qui se lisent avec des **Si**..., **alors**...

Par exemple :

• **Flèche 1**

Si un quadrilatère a ses diagonales se coupant en leur milieu, **alors** c'est un parallélogramme.

• **Flèche 3**

Si un parallélogramme a ses diagonales perpendiculaires, **alors** c'est un losange.

• **Flèche 5**

Si un losange a ses diagonales de même longueur, **alors** c'est un carré.

Axe de symétrie d'une figure

▶ On trace une diagonale d'un losange et on plie la figure suivant cette diagonale.

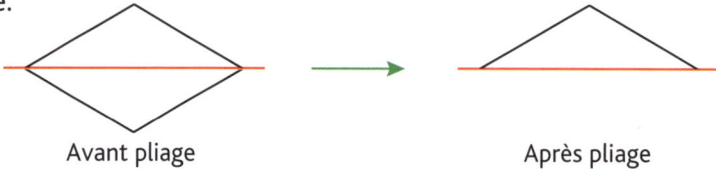

Avant pliage   Après pliage

La droite partage la figure en deux parties. Après pliage, les deux parties se superposent exactement. La droite est un **axe de symétrie** de la figure.

▶ Sur l'écran d'un ordinateur, on fait agir un « retournement vertical » sur ce losange.

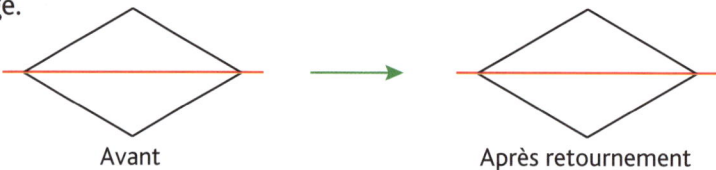

Avant   Après retournement

Après retournement, chaque partie a pris la place de l'autre (le triangle du bas a permuté avec celui du haut ; la droite n'a pas bougé). La droite est un **axe de symétrie** de la figure.

Figures ayant un (ou plusieurs) axe(s) de symétrie

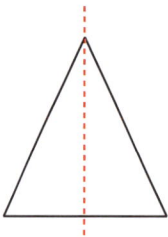

Triangle isocèle.
Un axe

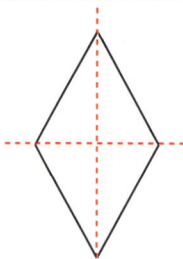

Losange.
Deux axes

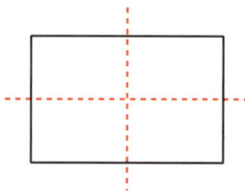

Rectangle.
Deux axes

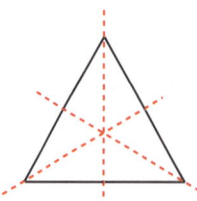

Triangle équilatéral.
Trois axes

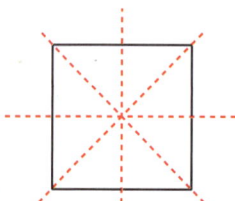

Carré.
Quatre axes

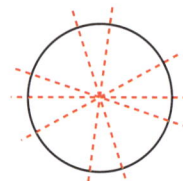

Cercle.
Une infinité d'axes

À savoir

• Un **segment** a un axe de symétrie : sa **médiatrice**.

• Un **angle** a un axe de symétrie : le **support de sa bissectrice**.

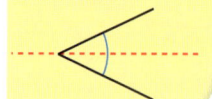

Exercices d'application

1 Observer la droite Δ et les segments [*EF*], [*GH*] et [*JK*].

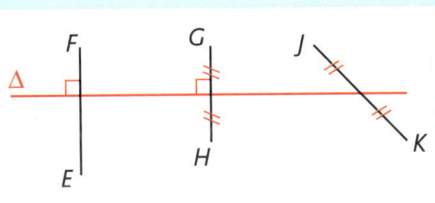

⚠ Certaines lettres majuscules ont un axe de symétrie.

Dire si la droite Δ est axe de symétrie du segment.

Δ n'est pas axe de symétrie de [*EF*] (elle ne passe pas par le milieu).
Δ n'est pas axe de symétrie de [*JK*] (elle n'est pas perpendiculaire à [*JK*]).
Δ est axe de symétrie de [*GH*] (elle passe par le milieu du segment et elle est perpendiculaire à ce segment).

2 Construire le point *A′* tel que le segment [*AA′*] admette la droite Δ comme axe de symétrie.

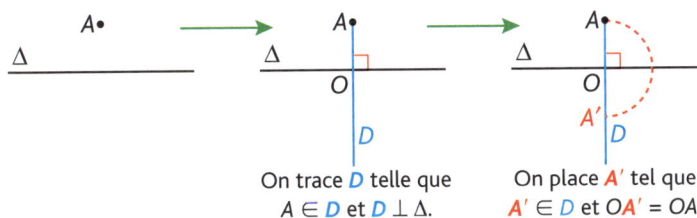

On trace **D** telle que
$A \in D$ et $D \perp \Delta$.

On place **A′** tel que
$A′ \in D$ et $OA′ = OA$.

3 Compléter la figure pour que la droite Δ soit un axe de symétrie de la figure.

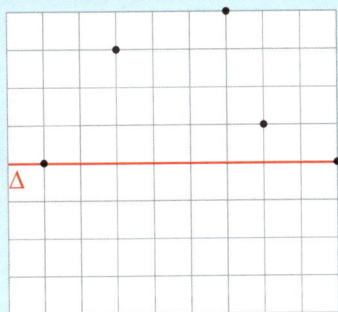

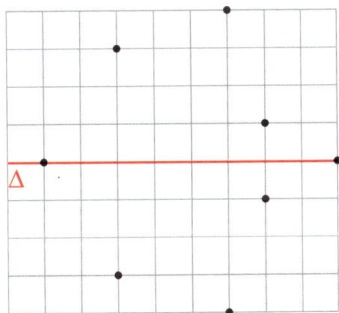

Espace et géométrie

Symétrie axiale

Symétrique d'un point

▶ Deux points sont **symétriques par rapport à une droite** lorsque cette droite est **médiatrice** du segment joignant les deux points.

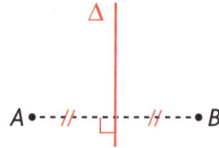

$$\Delta$$

$$A \bullet\text{---}/\!/\text{---}\!\!\mid\!\!\text{---}/\!/\text{---}\bullet B$$

Dire que A et B sont symétriques par rapport à la droite Δ, c'est dire que Δ est la **médiatrice** du segment $[AB]$.

B est le **symétrique de A par rapport à la droite Δ.**

A est le **symétrique de B par rapport à la droite Δ.**

À savoir

La symétrie axiale est aussi appelée « **symétrie orthogonale** ».

Symétrique d'une figure

▶ Si on part d'une figure F et que l'on envisage les symétriques de tous les points de F par rapport à une droite Δ, on obtient une figure F' qui est la symétrique de F dans la **symétrie axiale** par rapport à Δ.

▶ Propriétés de la symétrie axiale :
– une **figure** et sa symétrique sont **superposables** ;
– une **droite** a pour symétrique une **droite** ;
– un **segment** a pour symétrique un segment de **même longueur** ;
– un **angle** a pour symétrique un angle de **même mesure** ;
– un **cercle** a pour symétrique un cercle de **même rayon** ;
– un **polygone** a pour symétrique un polygone de **même aire**.

Pour la symétrie d'**axe Δ** :

– la droite xy a pour symétrique $x'y'$;

– le segment $[AB]$ a pour symétrique le segment $[A'B]$ tel que $A'B = AB$;

– l'angle $\widehat{xBy'}$ a pour symétrique $\widehat{x'By}$ tel que $\widehat{xBy'} = \widehat{x'By}$;

– le cercle $(\mathscr{C})$ de centre O et de rayon R a pour symétrique le cercle $(\mathscr{C}')$ de même rayon R, dont le centre O' est le symétrique de O.

– le triangle CDE a pour symétrique le triangle $C'D'E$ tel que : $CD = C'D'$; $CE = C'E$;

$DE = D'E$; $\widehat{DCE} = \widehat{D'C'E}$; $\widehat{CED} = \widehat{C'ED'}$;

$\widehat{EDC} = \widehat{E\,D'C'}$; aire CDE = aire $C'D'E$.

Les points B et E, situés sur Δ, sont confondus avec leurs images ; on dit qu'ils sont **invariants**.

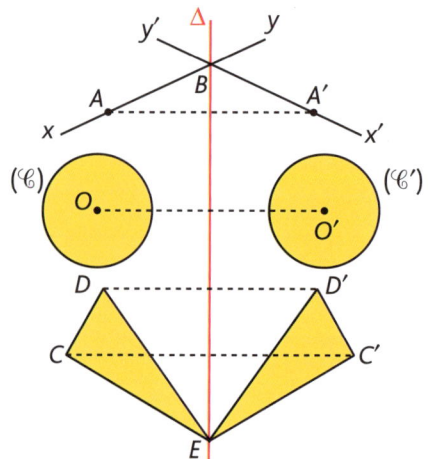

1 La figure ci-contre représente une droite Δ et un point A tel que A ∉ Δ. On a placé deux points I et J sur Δ. On a tracé un arc de cercle de centre I et de rayon IA et un arc de cercle de centre J et de rayon JA. Les deux arcs se recoupent en B. Démontrer que B est le symétrique de A par rapport à Δ.

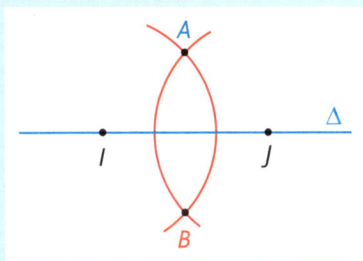

Par construction, on a IA = IB (rayon du premier cercle) ; I est donc sur la médiatrice de [AB].
Par construction, on a JA = JB (rayon du second cercle) ; J est donc sur la médiatrice de [AB].
La droite (IJ), c'est-à-dire Δ, est la médiatrice du segment [AB] ;
B est donc le symétrique de A par rapport à Δ.

⚠ Ce programme de construction donne la construction avec le compas du symétrique d'un point par rapport à une droite.

2 a. Construire un triangle FGH tel que FG = 15 mm ; GH = 20 mm et HF = 25 mm.
b. Construire le symétrique de ce triangle par rapport à une droite Δ coupant [FG] et parallèle à [FH].
c. Vérifier que les droites (FG) et (F'G') se coupent sur l'axe Δ.
d. Prouver que le triangle FGH est rectangle.
Que peut-on en déduire pour son symétrique ?

⚠ Sur la figure ci-dessous, on a (FH) // Δ. Dans ce cas, on a (F'H') // Δ.
Cela est général : pour une symétrie d'axe Δ, **si** une droite est parallèle à Δ, **alors** sa symétrique est aussi parallèle à Δ.

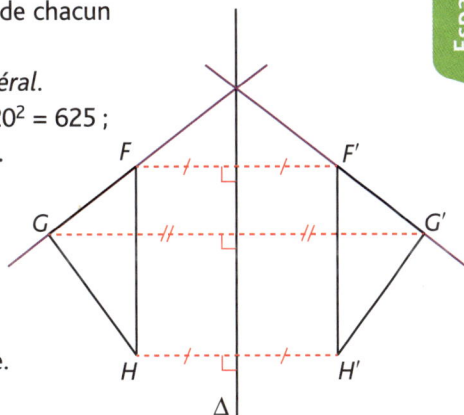

a. *Cf.* fiche 95.
b. On construit le symétrique par rapport à Δ de chacun des sommets du triangle FGH.
c. (FG) et (F'G') se coupent sur Δ. *Cela est général.*
d. On a : HF² = 25² = 625 ; FG² + GH² = 15² + 20² = 625 ;
d'où : HF² = FG² + GH² (égalité de Pythagore).
Le triangle FGH est donc rectangle en G.
F'G'H' est un triangle rectangle car le symétrique d'un angle droit est un angle droit, mais aussi car le triangle F'G'H' a les mêmes dimensions que FGH, donc l'égalité de Pythagore est encore vérifiée.

Symétrique d'un point

▶ Deux points sont **symétriques par rapport à un point** O lorsque le point O est le **milieu** du segment joignant les deux points.

Dire que A et B sont symétriques par rapport au point O, c'est dire que O est le **milieu** du segment [AB].

B est le symétrique de A **par rapport au point** O.

A est le symétrique de B **par rapport au point** O.

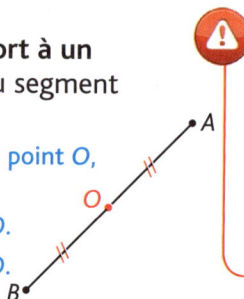

> ⚠ « Symétrique d'un point » nécessite une précision :
> – par rapport à une droite Δ ;
> – ou par rapport à un point O.

Symétrique d'une figure

▶ Si on part d'une figure F et que l'on envisage les symétriques de tous les points de F par rapport à un point O, on obtient une figure F′ qui est la symétrique de F dans la **symétrie centrale** de centre O.

▶ Propriétés de la symétrie centrale :

– une **figure** et sa symétrique sont **superposables** ;

– une **droite** a pour symétrique une droite **parallèle** ;

– un **segment** a pour symétrique un segment de **même longueur** ;

– un **angle** a pour symétrique un angle de **même mesure** ;

– un **cercle** a pour symétrique un cercle de **même rayon** ;

– un **polygone** a pour symétrique un polygone de **même aire**.

Pour la symétrie de centre O :

– la droite D a pour symétrique D′ telle que D **//** D′
(**si** le point O est sur la droite D, **alors** la symétrique de D est la droite D elle-même) ;

– le segment [AB] a pour symétrique le segment [A′B′] tel que $A'B' = AB$;

– le cercle de centre M et de rayon R a pour symétrique le cercle de même rayon R dont le centre M′ est le symétrique de M par rapport à O ;

– le triangle CDE a pour symétrique le triangle C′D′E′ tel que
$CD = C'D'$; $CE = C'E'$; $DE = D'E'$;
$\widehat{DCE} = \widehat{D'C'E}$; $\widehat{CED} = \widehat{C'ED'}$; $\widehat{EDC} = \widehat{E'D'C'}$;
aire CDE = aire $C'D'E'$.

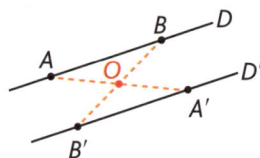

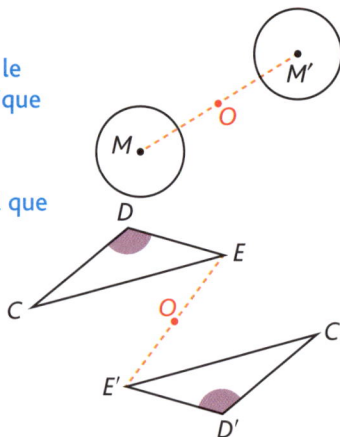

Bande de sardines à l'huile !

Exercices d'application

1 Soit *ABCD* un parallélogramme et *O* le milieu de [*AC*].
a. Faire une figure.
b. Quel est le symétrique de *ABCD* par rapport à *O* ?
c. Construire le symétrique de *ABCD* par rapport au point *C*.

a. *O* est à l'intersection des deux diagonales.
b. Pour la symétrie de centre *O* : *A* a pour symétrique *C* ; *B* a pour symétrique *D* ; *C* a pour symétrique *A* ; *D* a pour symétrique *B*.
ABCD a pour symétrique CDAB (parallélogramme confondu avec *ABCD*).

c. Le point *C* est le centre de la symétrie ; il est son propre symétrique (point invariant).
On construit *B'* tel que *C* soit le milieu de [*BB'*].
On construit *D'* tel que *C* soit le milieu de [*DD'*].
On construit *A'* tel que *C* soit le milieu de [*AA'*].
Le symétrique de ABCD par rapport au point C est parallélogramme A'B'CD'.

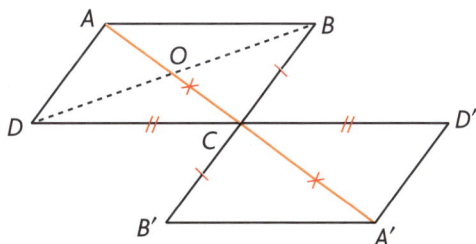

2 **ABCD est un parallélogramme de centre O. Une droite xy passant par O coupe [AB] en M et [DC] en P. Démontrer que M et P sont symétriques par rapport à O.**

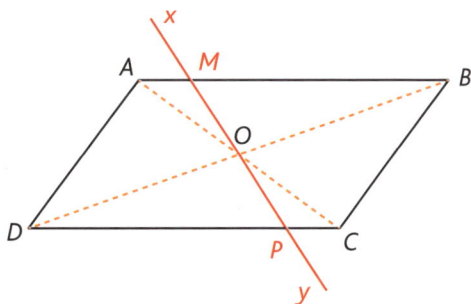

On voit apparaître deux nouveaux parallélogrammes : *AMCP* et *MBPD*.

Le point *M* appartient à la droite (*AB*) ; donc le symétrique de *M* par rapport à *O* appartient à la droite (*CD*), symétrique de (*AB*) par rapport à *O*.
Le point *M* appartient à la droite *xy* ; donc le symétrique de *M* par rapport à *O* appartient aussi à la droite *xy* (qui est sa propre symétrique par rapport à *O* puisque *O* ∈ *xy*).
Le symétrique de *M* appartient à la fois à la droite (*CD*) et à la droite *xy* ; le symétrique de *M* est donc le point *P*.
M et P sont symétriques par rapport à O.

Centre de symétrie

Centre de symétrie d'une figure

▶ Si on réunit une figure F et sa symétrique par rapport à un point O, ce point O devient le **centre de symétrie** de la nouvelle figure.

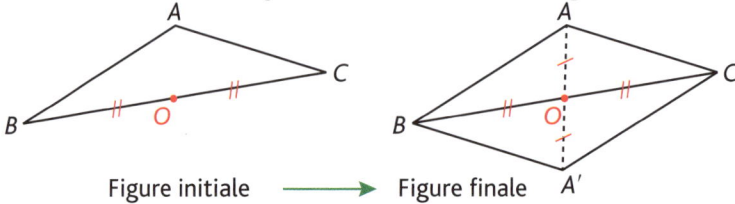

Figure initiale ⟶ Figure finale

La figure symétrique du triangle ABC par rapport au point O est le triangle $A'CB$.

La réunion de ces deux triangles est le parallélogramme $ABA'C$.

Le symétrique du parallélogramme $ABA'C$ par rapport à O est $A'CAB$, c'est-à-dire lui-même.

On dit que O est le **centre de symétrie** de $ABA'C$.

Figures ayant un centre de symétrie

▶ Certaines figures sont leurs propres symétriques par rapport à un point O ; O est leur **centre de symétrie**.

▶ Un **segment** a un centre de symétrie : son **milieu**.

▶ Un **cercle** a un centre de symétrie : son **centre**.

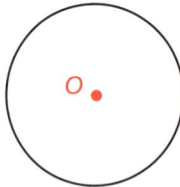

> ⚠ Le même mot « centre » est employé pour le cercle et le parallélogramme ; c'est un centre de symétrie.
>
> Pour un segment, il arrive que le milieu soit appelé, abusivement, « centre » ; c'est correct si on pense à la symétrie centrale.

▶ Un **parallélogramme** a un centre de symétrie : le **point de concours de ses diagonales**.

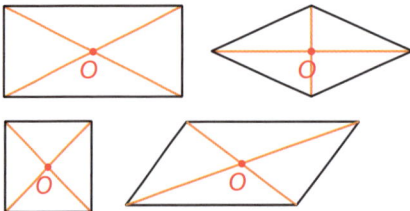

Ces parallélogrammes ont tous un centre de symétrie : le point d'intersection de leurs diagonales.

1 Compléter le nuage de points pour que le point *O* soit le centre de symétrie de l'ensemble des points.

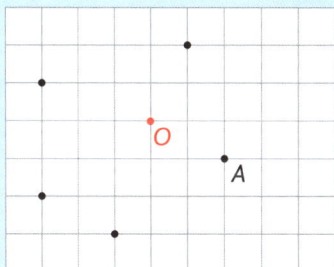

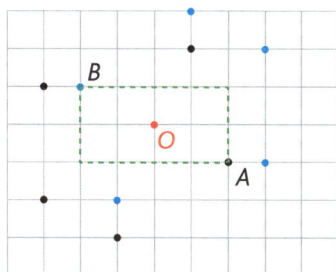

Chaque point noir a pour symétrique un point bleu.

Sur un quadrillage, deux points symétriques par rapport à *O* sont les sommets opposés d'un **rectangle** de centre *O*.

Le point *B* est le symétrique par rapport à *O* du point *A*.

Le point *A* est le symétrique par rapport à *O* du point *B*.

2 Compléter le nuage de points pour que le point *O* soit le centre de symétrie de la figure finale.

Chaque point noir a pour symétrique un point bleu tel que *O* soit le milieu du segment vert joignant les deux points.

3 [*AC*] et [*BD*] sont deux diamètres perpendiculaires d'un cercle de centre *O*.

a. Compléter les phrases :
– le symétrique par rapport à *O* du point *A* est le point ... ;
– le symétrique par rapport à *O* du point *O* est le point ... .
b. La figure a-t-elle un centre de symétrie ?

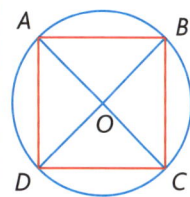

a. **Le symétrique de *A* est *C* ; le symétrique de *O* est *O*.**
b. Le point *O* est centre de symétrie du cercle.
ABCD a ses diagonales qui se coupent en leur milieu, qui ont même longueur et qui sont perpendiculaires ; *ABCD* est donc un carré dont le centre de symétrie est *O*.
Le point *O* est donc centre de symétrie de la figure globale.

Espace et géométrie

Voir aussi fiches 79, 113 et 122

Qu'est-ce qu'une translation ?

▶ Dans une frise, une partie de la figure se répète et on peut passer d'une partie à une autre par un **glissement le long d'une droite**. Ce glissement est un mouvement de **translation**.

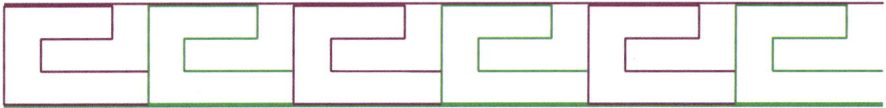

▶ Sur l'écran d'un ordinateur, avec un logiciel de géométrie, on a appliqué à la *Figure 1* un mouvement de **translation** qui a amené le point *A* sur le point *A'* et la *Figure 1* sur la *Figure 2*.

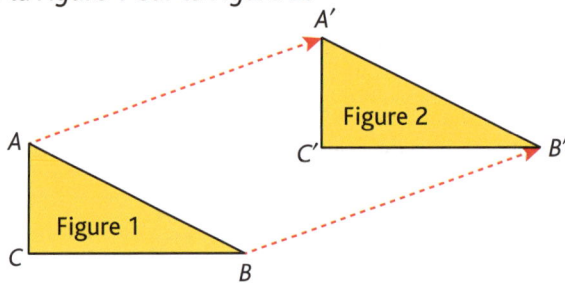

Le quadrilatère convexe *AA'B'B* est un parallélogramme.

On a : (*AA'*) // (*BB'*) ; *AA'* = *BB'* ; et on va de *A* vers *A'* dans le même sens que de *B* vers *B'*.

Il en est de même pour *AA'C'C* et *BB'C'C*.

Image d'une figure dans une translation

▶ Dans une translation, une **figure** a pour image une figure **superposable** :

– un **triangle** a pour image un triangle de **mêmes dimensions** ;

Le triangle *A'B'C'* est superposable au triangle *ABC* (figure ci-dessus).

D'où des égalités de longueur (*A'B'* = *AB* ; *A'C'* = *AC* ; *B'C'* = *BC*), d'angle ($\widehat{A'B'C'} = \widehat{ABC}$; $\widehat{B'A'C'} = \widehat{BAC}$; $\widehat{A'C'B'} = \widehat{ACB}$) et d'aire (aire *A'B'C'* = aire *ABC*).

– une **droite** a pour image une droite **parallèle** ;

(*A'B'*) // (*AB*) ; (*A'C'*) // (*AC*) et (*B'C'*) // (*BC*) (figure ci-dessus).

– un **cercle** a pour image un cercle de **même rayon**.

Le cercle ($\mathscr{C}$) de centre *O* et de rayon *R* a pour image le cercle ($\mathscr{C}'$) de centre *O'* et de rayon *R* dont le centre *O'* est l'image de *O* dans cette translation.

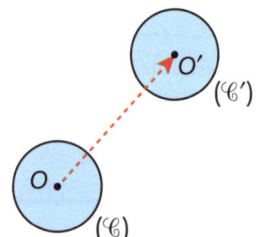

À savoir

• La connaissance de deux points suffit pour définir un mouvement de translation.

• Lorsqu'on va de *A* vers *A'*, le couple de points (*A* ; *A'*) est le **couple directeur** :
– *A* est l'**origine** ;
– *A'* est l'**extrémité**.

• On dit que le couple (*A* ; *A'*) est un représentant du **vecteur de la translation**. Le sens de déplacement est important.

Exercices d'application

1 Construire, en utilisant le quadrillage, l'image du nuage de 4 points dans la translation qui amène *A* sur *B*.

> ⚠️ On compte les carreaux :
> – 2 vers la droite ;
> – 3 vers le haut.

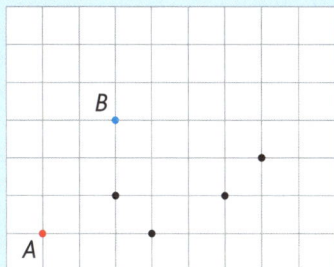

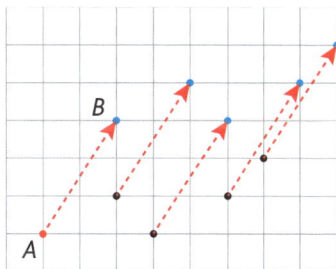

2 Construire l'image des points *A*, *B*, *C* et *D* dans la translation qui amène *A* sur *A'*.

> ⚠️ *ABB'A'* doit être un parallélogramme. On doit donc avoir (*AA'*) // (*BB'*) et *AA'* = *BB'* ; il ne faut pas oublier le sens.

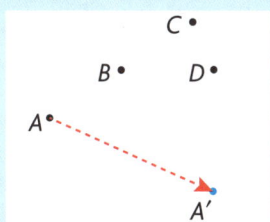

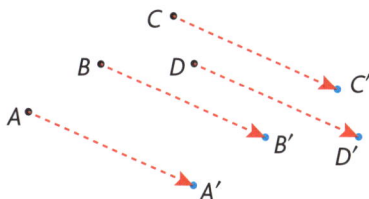

3 La figure ci-contre représente quatre parallélogrammes *MIOL*, *INJO*, *OJPK* et *LOKR* accolés. Quelle est l'image du parallélogramme *MIOL* :

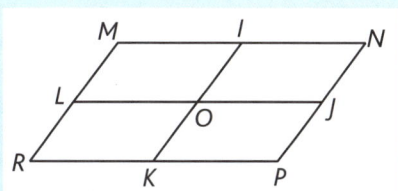

a. dans la translation qui amène *M* sur *I* ?
b. dans la translation qui amène *M* sur *L* ?
c. dans la translation qui amène *M* sur *O* ?

a. Dans la translation qui amène *M* sur *I*, **le parallélogramme *MIOL* a pour image *INJO*.** On a : $M \mapsto I$; $I \mapsto N$; $O \mapsto J$ et $L \mapsto O$.

b. Dans la translation qui amène *M* sur *L*, **le parallélogramme *MIOL* a pour image *LOKR*.** On a : $M \mapsto L$; $I \mapsto O$; $O \mapsto K$ et $L \mapsto R$.

c. Dans la translation qui amène *M* sur *O*, **le parallélogramme *MIOL* a pour image *OJPK*.** On a : $M \mapsto O$; $I \mapsto J$; $O \mapsto P$ et $L \mapsto K$.

Voir aussi fiches 114 et 115

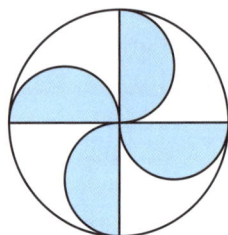

125 Rotation

Qu'est-ce qu'une rotation ?

▶ Dans une rosace, une partie de la figure se répète et on peut passer d'une première partie à une seconde partie dans un mouvement de **rotation** (dans un sens ou dans l'autre).

▶ Sur l'écran d'un ordinateur, avec un logiciel de géométrie, on a appliqué à la *Figure 1* un mouvement de **rotation** de centre *O* qui a amené le point *A* sur le point *A'* et la *Figure 1* sur la *Figure 2*.

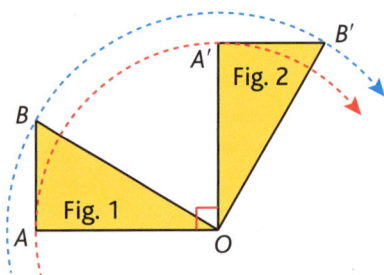

Pour définir un mouvement de rotation, il faut donner :
– le **centre** commun à tous les cercles ;
– l'**angle de la rotation** et le **sens de la rotation** (par rapport à celui des aiguilles d'une montre).

Les points *A* et *A'* sont sur un même cercle de centre *O* et de rayon *OA* ; les points *B* et *B'* sont sur un même cercle de centre *O* et de rayon *OB*.

On a : $\widehat{AOA'} = \widehat{BOB'} = 90°$ (quart de tour dans le sens des aiguilles d'une montre).

Image d'une figure dans une rotation

▶ Dans une rotation, une **figure** a pour image une figure **superposable** :
– un **triangle** a pour image un triangle de **mêmes dimensions** ;
Le triangle *OA'B'* est superposable au triangle *OAB* (figure ci-dessus).
D'où :
– des égalités de longueur (*OA'* = *OA* ; *OB'* = *OB* ; *A'B'* = *AB*) ;
– des égalités d'angle ($\widehat{OA'B'} = \widehat{OAB}$; $\widehat{A'B'O} = \widehat{ABO}$; $\widehat{A'OB'} = \widehat{AOB}$) ;
– une égalité d'aire (aire *OA'B'* = aire *OAB*).

– un **cercle** a pour image un cercle de **même rayon** ;
Le cercle de centre *M* et de rayon *R* a pour image le cercle de centre *M'* et de rayon *R*.

Pour construire *M'*, il faut connaître :
– le **centre de la rotation** (ici, le point *O*) ;
– l'**angle de la rotation** (ici, $\widehat{MOM'} = 60°$) ;
– le **sens de la rotation** (ici, le sens contraire des aiguilles d'une montre).

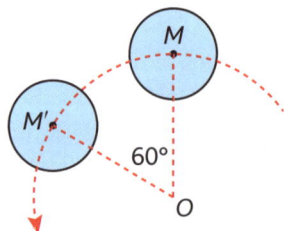

❶ Soit *ABC* un triangle équilatéral.

a. Construire le point *D*, image du point *B* dans la rotation de centre *A* et d'angle 60° qui amène *C* sur *B*.

Quelle est l'image du triangle *ABC* dans cette rotation ?

b. Construire le point *E*, image du point *C* dans la rotation de centre *A* et d'angle 60° qui amène *B* sur *C*.

Quelle est l'image du triangle *ABC* dans cette rotation ?

a. Le point *D* est sur le cercle de centre *A* et de rayon *AB*.

On a $\widehat{BAD}$ = 60°, dans le même sens que celui qui amène *C* sur *B* (sens des aiguilles d'une montre sur cette figure).

Pour cette rotation, *A* est invariant, *C* va sur *B* et *B* va sur *D* ; ***ABC* a pour image *ADB*.**

b. Le point *E* est sur le cercle de centre *A* et de rayon *AC*.

On a $\widehat{CAE}$ = 60°, dans le même sens que celui qui amène *B* sur *C* (sens contraire des aiguilles d'une montre sur cette figure).

Pour cette rotation, *A* est invariant, *B* va sur *C* et *C* va sur *E* ; ***ABC* a pour image *ACE*.**

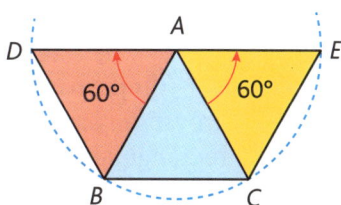

> **À savoir**
>
> Dans une rotation d'angle non nul, le seul point invariant est le centre de la rotation.

❷ *ABCD* est un carré de centre *O*. On étudie la rotation de centre *O* qui amène *A* sur *B*.

a. Quel est l'angle de cette rotation ? Quelle est l'image de chacun des sommets du carré ?

b. Quelle est l'image de *ABCD* dans la rotation de centre *O* qui amène *A* sur *C* ?

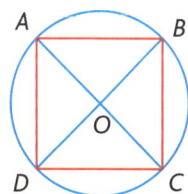

a. On sait que les diagonales d'un carré se coupent en leur milieu, ont la même longueur et sont perpendiculaires.

On a : *OA* = *OB* = *OC* = *OD* et
$\widehat{AOB} = \widehat{BOC} = \widehat{COD} = \widehat{DOA}$ = 90°.

La rotation de centre *O* qui amène *A* sur *B* a pour angle 90° car $\widehat{AOB}$ = 90°.

Dans cette rotation : $A \mapsto B$; $B \mapsto C$; $C \mapsto D$; $D \mapsto A$.

b. L'angle de la rotation de centre *O* qui amène *A* sur *C* est tel que $\widehat{AOC}$ = 180°.

On a : $A \mapsto C$; $B \mapsto D$; $C \mapsto A$; $D \mapsto B$.

***ABCD* a pour image *CDAB*,** carré confondu avec *ABCD*.

> **À savoir**
>
> $A \mapsto C$ se lit :
> *A* « **a pour image** » *C*, comme pour les fonctions.

Voir aussi fiches 93, 113

126 Parallélépipède rectangle

Qu'est-ce qu'un parallélépipède rectangle ?

▶ Un **parallélépipède rectangle** (ou **pavé droit**) comporte :
– **6 faces rectangulaires** (deux à deux parallèles [*cf.* fiche 136] et de mêmes dimensions) ;
– **12 arêtes** (quatre à quatre parallèles et de même longueur) ;
– **8 sommets**.

> ⚠ Si on place le pavé sur un plan, la face en contact prend le nom de « base ». Le mot « base » désigne aussi l'aire de cette face et de la face opposée.

Développement (ou patron)
L'aire du patron est la somme des aires des six faces rectangulaires.

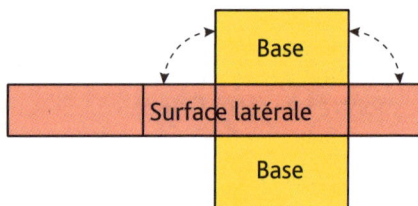

▶ Exemple de représentation en **perspective cavalière** :
– la face avant est représentée par un rectangle, en grandeur réelle ou à l'échelle ; elle n'est pas déformée ;

– on dessine ensuite les « fuyantes » visibles, parallèles, de même longueur, mais raccourcies ;

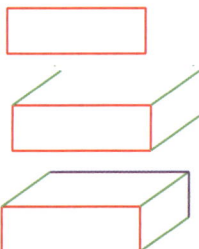

– on trace les deux arêtes visibles de la face arrière ;

– on complète enfin avec des pointillés afin que la face arrière soit un rectangle superposable à la face avant.

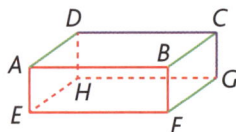

EF = 19 mm ; FG = 10 mm ; FB = 6 mm.
Face avant $ABFE$: 19 mm × 6 mm = 114 mm^2.
Base $EFGH$: 19 mm × 10 mm = 190 mm^2.
Face $BCGF$: 10 mm × 6 mm = 60 mm^2.
Aire totale : 728 mm^2 car 2 × (114 + 190 + 60) = 728.
Volume : 190 mm^2 × 6 mm = 1 140 mm^3.

> ⚠ Le parallélépipède rectangle comporte 12 arêtes telles que :
> $AB = EF = HG = DC$;
> $AE = BF = CG = DH$;
> $AD = BC = FG = EH$.

Qu'est-ce qu'un cube ?

▶ Un **cube** est un parallélépipède rectangle particulier :
– les 6 faces sont des **carrés** ;
– les 12 arêtes ont la même longueur.

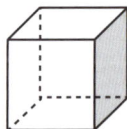

1 Un parallélépipède rectangle (pavé droit)
a pour dimensions L = 2,4 cm ; l = 1,5 cm
et h = 1,2 cm.
On choisit pour base le plus grand rectangle.

a. Dessiner un patron de ce pavé droit, puis calculer
l'aire de la base et l'aire de la surface latérale.

b. Faire une représentation en perspective cavalière,
puis calculer le volume de ce pavé droit.

> Périmètre de base : p.
> Hauteur : h.
> Aire latérale : $p \times h$.
> Aire de base : B.
> Volume : $B \times h$.

a. Un des patrons possibles.
Aire de base : 3,6 cm² car 2,4 × 1,5 = 3,6.
Périmètre de base : 7,8 cm car 2 × (2,4 + 1,5) = 7,8.
Aire de la surface latérale : 9,36 cm² car 7,8 × 1,2 = 9,36.

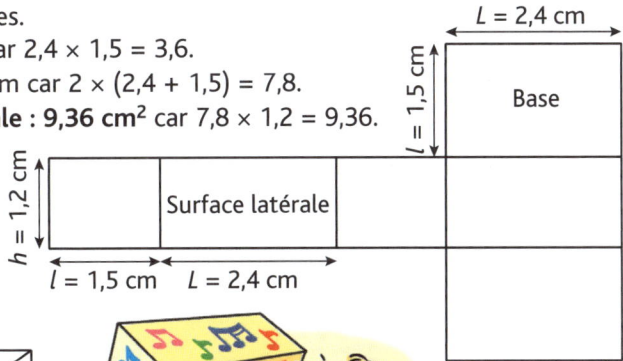

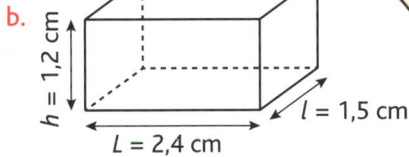

b.

Volume : 4,32 cm³ car 3,6 × 1,2 = 4,32.

2 Voici le patron d'un dé cubique d'arête
11 mm.

a. Calculer l'aire de ce patron.

b. Représenter ce dé en perspective cavalière
en mettant le « quatre » en face avant.

c. Calculer le volume de ce dé.

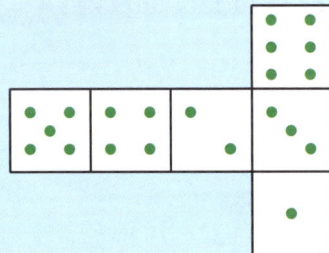

a. Le patron est constitué de 6 carrés de 1,1 cm de côté.
Aire du patron : 7,26 cm² car $1,1^2$ × 6 = 7,26.

b.

c. Volume du dé : 1,331 cm³ car $1,1^3$ = 1,331.

Qu'est-ce qu'un prisme droit ?

▶ Un **prisme droit** est un solide limité par :
– **deux bases** (polygones superposables dans des plans parallèles) ;
– des **faces latérales rectangulaires** (en nombre égal au nombre de côtés d'une base).
▶ Les arêtes latérales sont parallèles et ont même longueur ; cette longueur est la **hauteur du prisme**.
▶ Exemple de **patron** :

> **À savoir**
>
> Le **pavé droit** est un prisme droit à base rectangulaire.

Prisme droit dont la base est un triangle équilatéral.

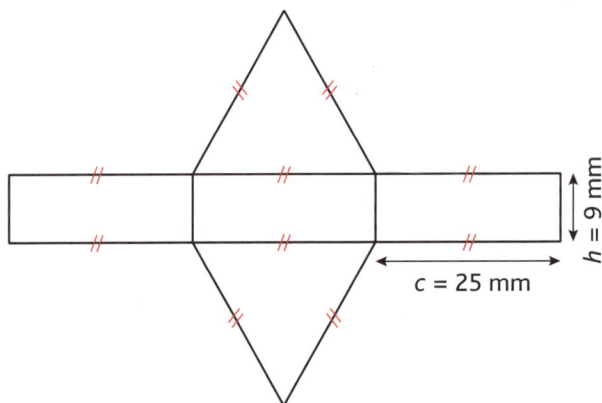

$h = 9$ mm

$c = 25$ mm

▶ Exemple de représentation en **perspective cavalière** :
Côté du triangle équilatéral : c ; hauteur : h.
Périmètre de base : $p = 3 \times c$.
Aire de la surface latérale : $A = p \times h$.
Aire d'une base : $B = c^2 \times \dfrac{\sqrt{3}}{4}$.

Volume : $V = B \times h$.

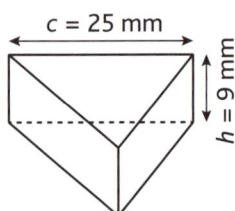

$c = 25$ mm

$h = 9$ mm

Côté du triangle : 25 mm.

Hauteur du prisme : 9 mm.

Périmètre de base : 75 mm car $3 \times 25 = 75$.

Aire de la surface latérale : 675 mm^2 car $75 \times 9 = 675$.

Aire d'une base : environ 270,6 mm^2 car

$25^2 \times \dfrac{\sqrt{3}}{4} \approx 270{,}6$.

Volume : environ 2 436 mm^3 car $\left(25^2 \times \dfrac{\sqrt{3}}{4}\right) \times 9 \approx 2\ 436$.

> **En savoir plus**
>
> La hauteur h d'un triangle équilatéral de côté c est telle que $h = c \times \dfrac{\sqrt{3}}{2}$ (cela se calcule avec le théorème de Pythagore).
>
> L'aire S est telle que $S = \dfrac{1}{2} \times c \times h = c^2 \times \dfrac{\sqrt{3}}{4}$.

Exercices d'application

1 **Le patron ci-contre est celui d'un prisme à base carrée.**

a. Calculer l'aire de la surface latérale.

b. Calculer le côté du carré de base, puis l'aire de la base.

c. Calculer le volume de ce prisme.

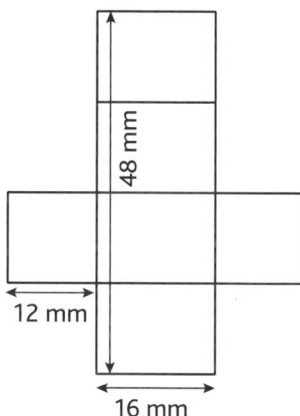

48 mm

12 mm

16 mm

a. La surface latérale est un rectangle de 48 mm de long et 16 mm de large.
A = 768 mm² car 48 × 16 = 768.

b. La longueur de la surface latérale est égale au périmètre du carré de base.
Le carré a pour côté 12 mm car 48 ÷ 4 = 12.
L'aire de base est **B = 144 mm²** car 12² = 144.

c. Volume : $V = B \times h$; **V = 2 034 mm³** car 144 × 16 = 2 304.

2 **En coupant un cube d'arête 2 cm, comme indiqué ci-contre, on obtient deux prismes droits ayant pour base un triangle rectangle isocèle.**

a. Faire un patron d'un de ces prismes, puis calculer l'aire de ce patron.

b. Calculer le volume de ce prisme.

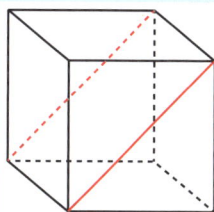

a. Le patron est constitué de deux carrés de 2 cm de côté (aire : 4 cm²), de deux moitiés d'un carré de 2 cm de côté (soit un carré de 4 cm²) et d'un rectangle de largeur 2 cm dont la longueur est égale à BC.
Le triangle ABC est rectangle en A, on a : $BC^2 = AB^2 + AC^2$ (égalité de Pythagore).
$BC^2 = 2^2 + 2^2$; $BC^2 = 8$; $BC = \sqrt{8}$ cm soit environ 2,8 cm.

b. Volume du cube : 8 cm³ car 2³ = 8.
Volume du prisme : 4 cm³ car 8 cm³ ÷ 2 = 4 cm³.

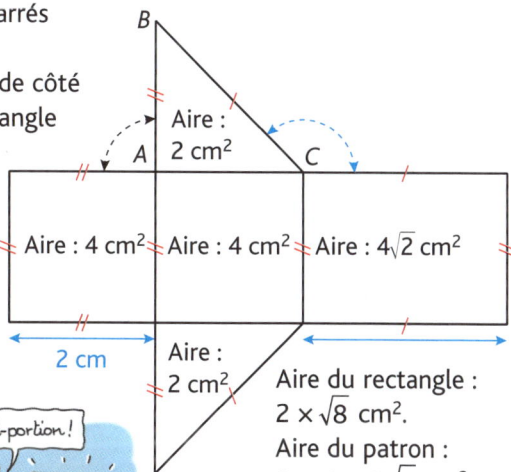

B

A   Aire : 2 cm²   C

Aire : 4 cm²   Aire : 4 cm²   Aire : $4\sqrt{2}$ cm²

2 cm   Aire : 2 cm²

Aire du rectangle : $2 \times \sqrt{8}$ cm².
Aire du patron : $3 \times 4 + 2\sqrt{8}$ cm²
Aire totale : 17,7 cm² environ.

Demi-portion !

Voir aussi fiches 73, 93 et 106 ▶

Cylindre de révolution

Qu'est-ce qu'un cylindre de révolution ?

▶ Un **cylindre de révolution** (ou cylindre droit à base circulaire) est un solide limité par :
– deux disques (**bases**) de même rayon et situés dans des plans parallèles ;
– une surface latérale appelée « **surface cylindrique** ».

Un tel cylindre est engendré par la « révolution » autour de l'axe (OO') du rectangle $OAA'O'$.

La droite (OO') joignant les centres des disques de base est l'**axe du cylindre**.

Les segments tels que $[AA']$ sont appelés « **génératrices du cylindre** » ; ils engendrent la **surface cylindrique**.

La longueur commune aux génératrices est la **hauteur du cylindre**.

Avec R = 11 mm et h = 25 mm, on a :
– aire de base : 121π mm^2 (environ 380 mm^2) ;
– périmètre de base : 22π mm (environ 69 mm) ;
– aire de la surface latérale : 550π mm^2 (environ 1 728 mm^2) ;
– volume : $3\,025\pi$ mm^3 (environ 9 503 mm^3).

« Révolution » signifie ici, comme en astronomie, « tour complet ».

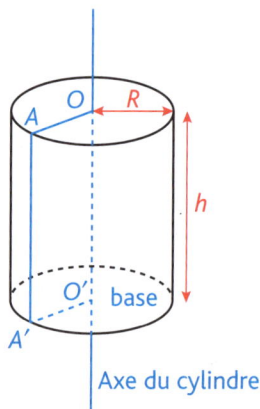

Axe du cylindre

À savoir

Disque de rayon R :
– périmètre : $p = 2\pi R$;
– aire : $B = \pi R^2$.
Volume du cylindre :
$V = B \times h$.

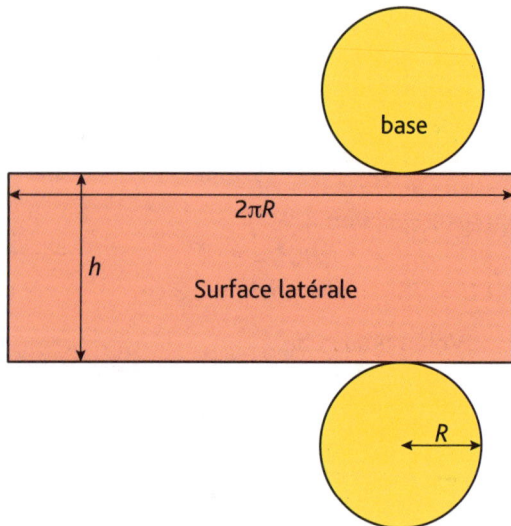

Patron d'un cylindre

▶ Le développement (mise à plat) de la surface cylindrique est un rectangle dont une dimension (ici, la longueur) est égale au périmètre du disque de base et l'autre dimension (ici, la largeur) est égale à la hauteur du cylindre.

Patron d'un cylindre de hauteur 25 mm et dont la base est un disque de rayon 11 mm.

base

$2\pi R$

h

Surface latérale

R

1 **Un bouchon en liège cylindrique a un rayon de 8 mm et une hauteur de 24 mm.**

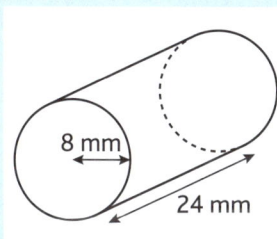

Lorsque le cylindre repose sur une génératrice, la hauteur est réduite par la perspective.

a. Faire une représentation du cylindre lorsqu'il repose sur une base.

b. Calculer l'aire de la base et le volume de ce bouchon.

c. Calculer le périmètre de base, puis dessiner un patron de ce cylindre.

d. Calculer l'aire de la surface latérale du bouchon.

a. Dans cette représentation, chaque disque de base est représenté par une **ellipse**. La hauteur est en vraie grandeur.

Pour le calcul du volume, on utilise la valeur exacte de l'aire de base, puis on arrondit à la fin des calculs.

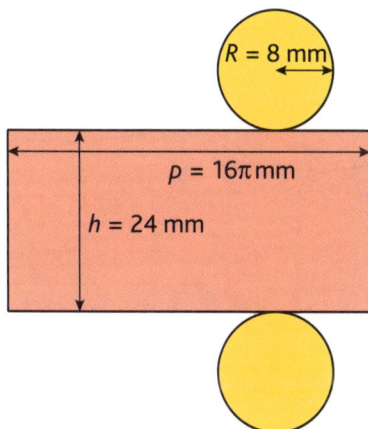

b. Aire de base : $B = \pi R^2$; $B = 64\pi$ **mm^2, soit environ 201 mm^2.**
Volume du cylindre : $V = B \times h$;
$V = (64\pi) \times 24$;
$V = 1\,536\pi$ **mm^3, soit environ 4 825 mm^3.**

c. Périmètre de base : $p = 2\pi R$; $p = 16\pi$ **mm, soit environ 50 mm.**

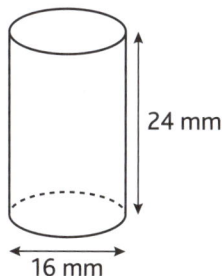

Et tu viens d'où, comme ça, mon p'tit bouchon ?

De Liège !

d. Aire de la surface latérale du bouchon : $A = p \times h$; $A = (16\pi) \times 24$;
$A = 384\pi$ **mm^2 soit environ 1 206 mm^2.**

Voir aussi fiches 72 et 75 265

Espace et géométrie

Section d'un parallélépipède rectangle par un plan

▶ Le plan est **parallèle à une face**.
L'intersection d'un parallélépipède rectangle et d'un plan parallèle à une face
est un **rectangle de même dimension**
que cette face.

Le plan est parallèle à la face avant *ABFE*.

L'intersection est le rectangle *LKNM* de mêmes
dimensions que le rectangle *ABFE*.

▶ Le plan est **parallèle à une arête**.
L'intersection d'un parallélépipède
rectangle et d'un plan parallèle à
une arête est un **rectangle**.

Le plan est parallèle à l'arête [FB].

L'intersection est le rectangle *LKNM*. On a :
LM = KN = BF.

On peut calculer *MN* si on connaît *MF* et *NF* (théorème de Pythagore).

Avec *MF* = 14 mm et *NF* = 12 mm, on a : $MN^2 = 14^2 + 12^2$;

$MN^2 = 340$; $MN = \sqrt{340}$; $MN \approx 18$ mm.

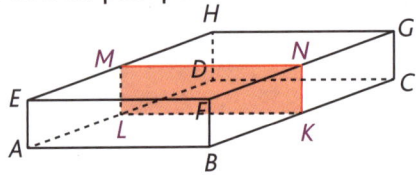

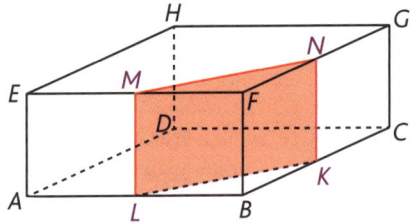

Section d'un cylindre de révolution par un plan

▶ Le plan est **perpendiculaire à l'axe** du cylindre.
L'intersection d'un cylindre de révolution et d'un plan
perpendiculaire à l'axe du cylindre est un **disque de même
rayon** que la base du cylindre.

L'intersection est un disque de centre *H* et de même rayon que
la base du cylindre.

▶ Le plan est **parallèle à l'axe** du cylindre.
L'intersection d'un cylindre de
révolution et d'un plan parallèle à
l'axe du cylindre est un **rectangle**
dont deux côtés sont des
génératrices du cylindre.

L'intersection est le rectangle *ABCD*.

On a : BC = AD = OO' = hauteur
du cylindre.

L'autre dimension est calculable si on connaît l'angle $\widehat{AOB}$
ou la distance de O à [AB].

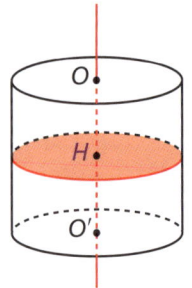

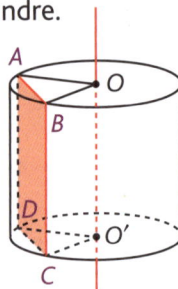

Si on a $\widehat{AOB} = 60°$,
le triangle *AOB* est
équilatéral ; dans ce
cas, *AB* = R (rayon de
base).

1 Le parallélépipède rectangle *ABCDEFGH* est tel que *BA* = 3 cm, *BC* = 2 cm et *BF* = 1 cm. Un plan parallèle à l'arête [*BF*] coupe [*AB*] en *I*, [*BC*] en *J*, [*FG*] en *K* et [*EF*] en *L*. On a : *FL* = 1,4 cm et *FK* = 0,8 cm.

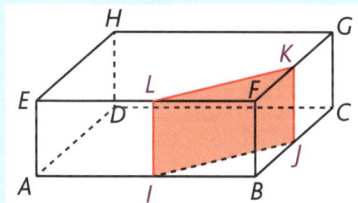

a. Que peut-on déduire pour *IJKL* ?

b. Calculer le périmètre et l'aire de *IJKL*.

a. Le plan est parallèle à une arête ; on en déduit que *IJKL* **est un rectangle**. On a : *IL* = *JK* = *FB* = **1 cm**.

b. Pour calculer le périmètre et l'aire, il faut connaître *LK*.

Le triangle *LFK* est rectangle en *F*.

On a : $LK^2 = LF^2 + FK^2$ (égalité de Pythagore).
$LK^2 = 1,4^2 + 0,8^2$; $LK^2 = 2,6$; $LK = \sqrt{2,6}$ cm, soit $LK \approx 1,6$ cm.
Périmètre : **p ≈ 5,2 cm** car $2 \times (1 + \sqrt{2,6}) \approx 5,2$.
Aire : **A ≈ 1,61 cm²** car $\sqrt{2,6} \times 1 \approx 1,61$.

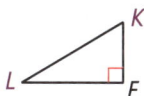

À savoir

Le théorème de Pythagore s'applique à des parties planes de figures de l'espace (*cf.* fiche 136).

2 Un cylindre droit a un rayon de base de 12 mm et une hauteur de 16 mm.

Un plan parallèle à l'axe (*OO'*) coupe le cercle de centre *O* en *A* et en *B* et le cercle de centre *O'* en *C* et en *D*. On a $\widehat{AOB}$ = 90°.

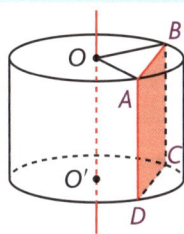

a. Que peut-on déduire pour *ABCD* ?

b. Calculer le périmètre et l'aire de *ABCD*.

a. Le plan est parallèle à l'axe (*OO'*) ; **la section est un rectangle** dont une dimension est égale à la hauteur du cylindre, soit 16 mm.

b. Pour calculer le périmètre et l'aire, il faut connaître *AB*.
Le triangle *AOB* est rectangle en *O*.

On a : $AB^2 = AO^2 + OB^2$ (égalité de Pythagore).
$AB^2 = 12^2 + 12^2$; $AB^2 = 288$; $AB = \sqrt{288}$ mm soit $AB \approx 17$ mm.
Périmètre : **p ≈ 65,9 mm** car $2 \times (16 + \sqrt{288}) \approx 65,9$.
Aire : **A ≈ 271,53 mm²** car $\sqrt{288} \times 16 \approx 271,53$.

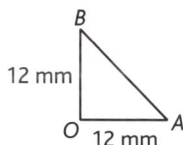

Espace et géométrie

130 Cône de révolution

Qu'est-ce qu'un cône de révolution ?

▶ Un **cône de révolution** est limité par un **disque** de base et une **surface conique**.

S est le **sommet** du cône.

Le **disque de base** a pour centre *O* et pour rayon *R*.

Le segment [*SO*] ainsi que sa longueur *SO* sont appelés « **hauteur du cône** » ; $SO = h$.

La droite (*SO*) est l'axe du disque de base ; c'est l'**axe du cône**.

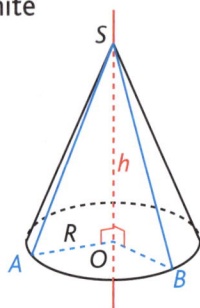

> **À savoir**
>
> La droite (*SO*) passe par le centre du disque de base. La droite (*SO*) est perpendiculaire à deux droites (*OA*) et (*OB*) de ce disque ; (*SO*) est donc perpendiculaire en *O* au plan du disque de base (*cf.* fiche 136).
>
> (*SO*) est l'**axe du disque** de base.

▶ Un cône peut être engendré par la **révolution** (tour complet) d'un **triangle rectangle** (ici : *SOA*) autour d'un axe (ici : (*SO*)). Pour cette raison, un segment tel que [*SA*] est appelé « **génératrice** » du cône. La longueur *g* d'une génératrice est telle que $g^2 = R^2 + h^2$.

Développement (ou patron) d'un cône de révolution

▶ Il se compose d'un disque et d'un secteur de disque.
▶ Le **disque** est la base du cône ; son rayon *R* est connu.
▶ Le **secteur de disque** donne la surface conique ; il a pour rayon la génératrice *g* ;

la longueur de l'arc $\overparen{MN}$ doit être égale à $2\pi R$;
si on appelle α l'angle au centre du secteur, on a :

$$\alpha = 360° \times \frac{R}{g} \ .$$

Patron d'un cône tel que $h = 2$ cm et $R = 1,5$ cm.
On a : $g = 2,5$ cm ; et $\alpha = 216°$.

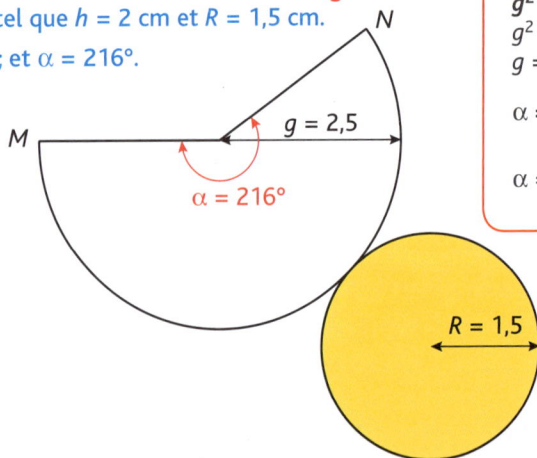

> ⚠
> $h = 2$ cm et $R = 1,5$ cm.
> $g^2 = R^2 + h^2$;
> $g^2 = 1,5^2 + 2^2 = 6,25$;
> $g = \sqrt{6,25}$; $g = 2,5$ cm.
>
> $\alpha = 360° \times \dfrac{R}{g}$;
>
> $\alpha = 360° \times \dfrac{1,5}{2,5} = 216°$.

$g = 2,5$

$\alpha = 216°$

$R = 1,5$

1 La figure ci-contre représente un cône de révolution.
Compléter :
– le point *A* est .... ;
– le point *I* est .... ;
– le segment [*AI*] est .... ;
– le segment [*IM*] est .... ;
– le segment [*AM*] est .... ;
– le triangle *AMI* est ....

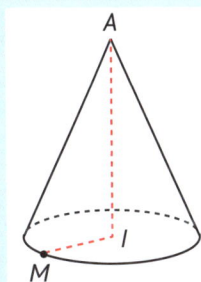

A est le **sommet** ; *I* est le **centre de la base** ; [*AI*] est la **hauteur** ; [*IM*] est un **rayon de la base** ; [*AM*] est une **génératrice** ; *AMI* est un **triangle rectangle** en *I*.

2 *R*, *h* et *g* désignent le rayon de base, la hauteur et la génératrice d'un cône de révolution.
Compléter le tableau :

R	3 cm	...	7,5 m
h	4 cm	12 mm	...
g	...	13 mm	12,5 m

Première colonne : *g* = **5 cm** car $3^2 + 4^2 = 25$ et $\sqrt{25} = 5$.
Deuxième colonne : *R* = **5 mm** car $x^2 + 12^2 = 13^2$; $x^2 + 144 = 169$;
$x^2 = 169 - 144$; $x^2 = 25$; $x = \sqrt{25} = 5$.
Troisième colonne : *h* = **10 m** car $7,5^2 + y^2 = 12,5^2$;
$56,25 + y^2 = 156,25$; $y^2 = 100$; $y = \sqrt{100}$; $y = 10$.

3 Un cône a un rayon de 4 cm et une hauteur de 6 cm.
Que devient le volume si on double la hauteur ou si on double le rayon ?

• Volume initial : V_1 = **32π cm³** car $\frac{1}{3} \times \pi \times 4^2 \times 6 = 32\pi$.

• Hauteur doublée : V_2 = **64π cm³** car $\frac{1}{3} \times \pi \times 4^2 \times 12 = 64\pi$.

Le volume a doublé car $64\pi = 2 \times 32\pi$.

• Rayon doublé : V_3 = **128π cm³** car $\frac{1}{3} \times \pi \times 8^2 \times 6 = 128\pi$.

Le volume a été multiplié par 4 car $128\pi = 4 \times 32\pi$.

Volume du cône :
$V = \frac{1}{3} \pi R^2 h$.

Espace et géométrie

Voir aussi fiches 23, 82 et 106

Sections planes des cônes

Section par un plan contenant l'axe du cône

▶ L'intersection d'un **cône de révolution** et d'un **plan contenant l'axe** du cône est un **triangle isocèle** ayant pour hauteur la hauteur h du cône et pour base le diamètre d du disque de base.

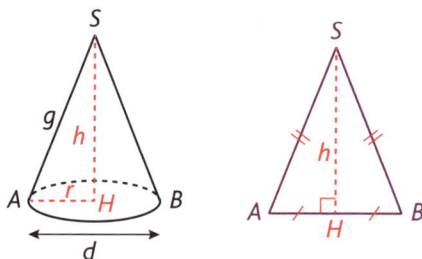

> ⚠ *SAH* est rectangle en *H* ; $SA^2 = SH^2 + HA^2$ (égalité de Pythagore) ; d'où : $g^2 = r^2 + h^2$.

• Cône :

– hauteur : $h = 22$ mm ;

– rayon de base : $r = 9$ mm ;

– diamètre de base : $d = 18$ mm ;

– génératrice : $g = \sqrt{565}$ mm.

• Triangle isocèle *SAB* :

– hauteur : $h = SH = 22$ mm ;

– base : $AB = d = 18$ mm.

– côtés : $SA = SB = \sqrt{565}$ mm.

Section par un plan parallèle à la base du cône

▶ L'intersection d'un **cône de révolution** et d'un **plan parallèle à la base** du cône est un **disque**, réduction du disque de base.

• Cône initial (sommet *S* ; disque de base $\mathscr{D}$) :

– hauteur : $h = SH = 3,2$ cm ;

– rayon de base : $r = HA = 2,4$ cm ;

– génératrice : $g = SA = 4$ cm.

Le plan du disque de centre H' est **parallèle au plan du disque** de centre *H*.

• Cône réduit (sommet *S* ; disque de base $\mathscr{D}'$) :

On a : $\dfrac{SH'}{SH} = \dfrac{SA'}{SA} = \dfrac{H'A'}{HA} = k$ (**rapport de réduction**).

– hauteur : $h' = SH' = k \times SH$;

– rayon de base : $r' = H'A' = k \times HA$;

– génératrice : $g' = SA' = k \times SA$.

Avec $k = 0,6$, on a : $h' = 1,92$ cm ; $r' = 1,44$ cm ; $g' = 2,4$ cm.

Soit $\mathscr{A}$ l'aire du disque de base (centre *H*, rayon r) et $\mathscr{A}'$ l'aire du disque de la section (centre H', rayon $r' = 0,6r$).

On a : $\dfrac{\mathscr{A}'}{\mathscr{A}} = k^2 = 0,6^2$.

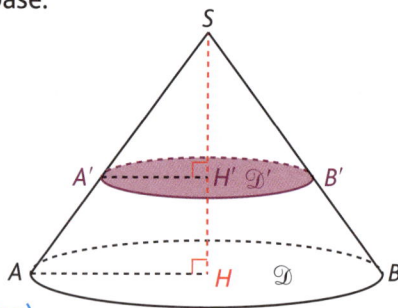

À savoir

Soit *V* le volume du cône (hauteur : h, rayon : r) et V' le volume du cône réduit (hauteur : h' ; rayon r').

On a : $\dfrac{V'}{V} = k^3$.

Rapport des longueurs : k.

Rapport des aires : k^2.

Rapport des volumes : k^3.

1 La figure ci-contre représente un cône de révolution de sommet S, de hauteur SH et de rayon de base HA.

On a : SH = 30 mm ; AH = 15 mm.

Un plan parallèle au plan du disque de base coupe [SH] en H' tel que SH' = 22,5 mm.

On appelle $\mathscr{C}$ le cône de sommet S ayant pour base le disque $\mathscr{D}$ de centre H.

On appelle $\mathscr{C}'$ le cône de sommet S ayant pour base le disque $\mathscr{D}'$ de centre H'.

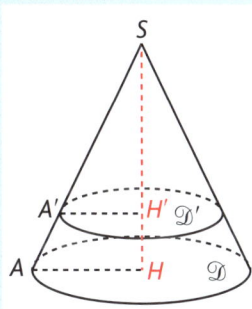

a. Calculer la génératrice g du cône $\mathscr{C}$, puis la génératrice g' du cône $\mathscr{C}'$.

b. Calculer l'aire de base B du cône $\mathscr{C}$, puis l'aire de base B' du cône $\mathscr{C}'$.

c. Calculer le volume V du cône $\mathscr{C}$, puis le volume V' du cône $\mathscr{C}'$.

a. Le théorème de Pythagore appliqué au triangle SHA, rectangle en H, donne :

$SA^2 = SH^2 + HA^2$; $SA^2 = 30^2 + 15^2 = 1\ 125$;

$g = SA = \sqrt{1\ 125}$ **mm** (environ 34 mm).

Le théorème de Thalès appliqué au triangle SHA avec $(H'A') // (HA)$ donne :

$$\frac{SA'}{SA} = \frac{SH'}{SH} = \frac{A'H'}{AH} = \frac{22,5}{30} = \frac{3}{4}.$$

$SA' = SA \times \dfrac{3}{4}$; $g' = g \times \dfrac{3}{4}$; $g' = \dfrac{3\sqrt{1\ 125}}{4}$ **mm**

(environ 25 mm).

> **À savoir**
>
> Le triangle $SH'A'$ et SHA sont **homothétiques** ; le rapport d'homothétie k est tel que
>
> $k = \dfrac{3}{4}$.

b. Aire de base : $B = \pi R^2$; $B = \pi \times 15^2$; $B = \pi \times \mathbf{225}$ **mm²** (environ 707 mm²).

Rapport des longueurs : $\dfrac{3}{4}$; rapport des aires : $\left(\dfrac{3}{4}\right)^2 = \dfrac{9}{16}$.

$B' = B \times \dfrac{9}{16}$; $B' = (\pi \times 225) \times \dfrac{9}{16}$; $B' = \pi \times \mathbf{126{,}562\ 5}$ **mm²** (environ 398 mm²).

c. Volume du cône $\mathscr{C}$: $V = \dfrac{1}{3} \pi R^2 h$; $V = \dfrac{1}{3} \pi \times 15^2 \times 30$.

$V = \pi \times \mathbf{2\ 250}$ **mm³** (environ 7 069 mm³).

Rapport des longueurs : $\dfrac{3}{4}$; rapport des volumes : $\left(\dfrac{3}{4}\right)^3 = \dfrac{27}{64}$.

$V' = V \times \dfrac{27}{64}$; $V' = (\pi \times 2\ 250) \times \dfrac{27}{64}$; $V' = \pi \times \mathbf{949{,}218\ 75}$ **mm³** (environ 2 982 mm³).

Polygones réguliers

▸ Un **polygone régulier** a ses **côtés de même longueur** et ses **angles égaux**. Il est inscriptible dans un cercle. La droite passant par le centre de ce cercle et perpendiculaire au plan du cercle est l'**axe du polygone régulier**.

▸ Le carré et le triangle équilatéral sont des polygones réguliers.

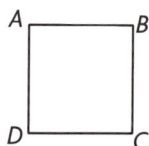

$AB = BC = CD = DA$;
$\widehat{A} = \widehat{B} = \widehat{C} = \widehat{D} = 90°$.

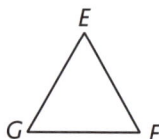

$EF = FG = GE$;
$\widehat{E} = \widehat{F} = \widehat{G} = 60°$.

Qu'est-ce qu'une pyramide ?

▸ Une **pyramide** est un solide limité par une **base polygonale** et des **faces latérales triangulaires** ayant un **sommet commun**, le sommet de la pyramide.

▸ Une **pyramide régulière** a pour base un **polygone régulier** (triangle équilatéral, carré, hexagone régulier, etc.) et **son sommet est sur l'axe du polygone** de base.

$ABCD$ est un carré de côté 2,8 cm.

$ABCD$ est la **base** de la pyramide.

S est le **sommet** de la pyramide.

(SH) est l'**axe** du carré de base.

La pyramide $SABCD$ est régulière.

$[SH]$ est la **hauteur** de la pyramide.

$SH = h = 2,1$ cm.

Aire de base : 7,84 cm^2 car $2,8^2 = 7,84$.

Volume : 5,488 cm^3 car $\frac{1}{3} \times 7,84 \times 2,1 = 5,488$.

À savoir

La droite (SH) est perpendiculaire en H à (AC) et à (BD) ; elle est donc perpendiculaire au plan $ABCD$ (cf. fiche 136).
La droite (SH) est l'axe du polygone de base.

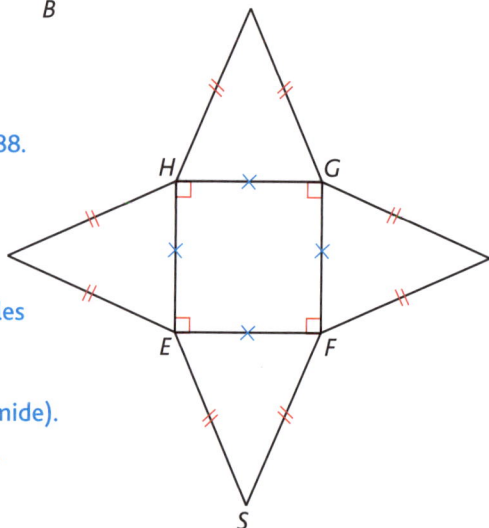

▸ Exemple de **patron** d'une pyramide régulière à base carrée :

La base est un carré $EFGH$ de côté 2 cm.

Les faces latérales sont quatre triangles isocèles de mêmes dimensions.

Chaque triangle a une base de 2 cm et deux côtés égaux de 2,5 cm (arête de la pyramide).

$EF = FG = GH = HE = 2$ cm ; $SE = SF = 2,5$ cm.

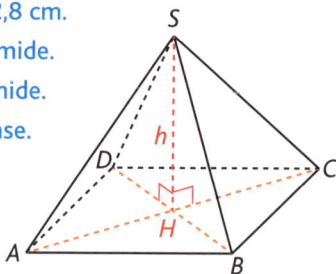

1 Un carré *ABCD* de centre *H* et de côté 22 mm est la base d'une pyramide régulière dont la hauteur [*SH*] est telle que *SH* = 18 mm.

a. Calculer *AC*, puis *AH* (valeur exacte, puis arrondi au dixième).

b. Calculer le côté d'un des triangles isocèles qui constitue une face de la pyramide *SABCD*.

c. Dessiner un patron de cette pyramide.

a. Le triangle *ABC* est rectangle en *B*.

On a : $AC^2 = AB^2 + BC^2$ (égalité de Pythagore).

$AC^2 = 22^2 + 22^2 = 968$; $AC = \sqrt{968}$ **mm** (environ 31,1 mm).

Les diagonales du carré se coupent en leur milieu.

D'où : $AH = \dfrac{\sqrt{968}}{2}$ **mm** (environ 15,6 mm).

b. Le triangle *SHA* est rectangle en *H*.

On a : $SA^2 = SH^2 + AH^2$;

$SA^2 = 18^2 + \left(\dfrac{\sqrt{968}}{2}\right)^2 = 324 + \dfrac{968}{4} = 566.$

$SA = \sqrt{566}$ **mm** soit environ 24 mm.

On a : $SA = SB = SC = SD$.

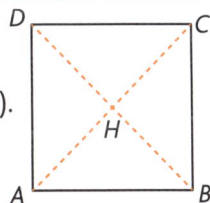

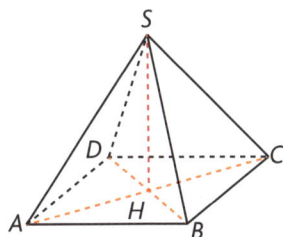

⚠ Lorsqu'un résultat est repris dans un calcul, on utilise la valeur exacte et non une approximation.

c.

Arc de cercle de centre *D'* et de rayon 24 mm.

Arc de cercle de centre *C'* et de rayon 24 mm.

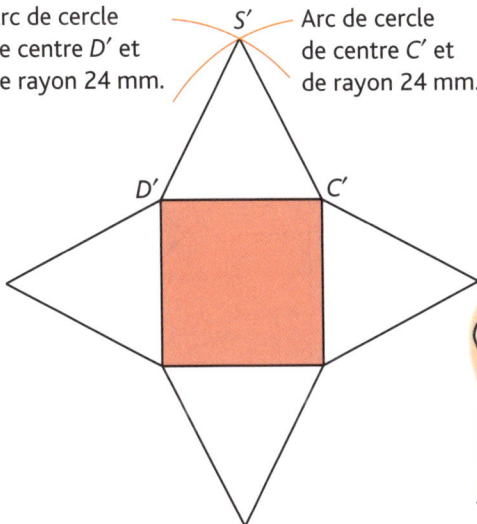

Voir aussi fiches 76, 106 et 136 ▶

Espace et géométrie

Sections planes des pyramides

Section par un plan parallèle au plan de la base

▶ **Si** deux plans sont parallèles, **alors** tout plan qui coupe l'un coupe l'autre et les intersections sont deux droites parallèles.

▶ La section d'une **pyramide** par un **plan parallèle au plan de la base** est un **polygone**, réduction du polygone de base.

▶ Exemple 1 : section d'une **pyramide régulière**

La pyramide *SABC* a pour base un triangle équilatéral.

Le sommet *S* est sur l'axe du triangle *ABC* ; la pyramide est régulière.

• On a coupé la pyramide par un plan parallèle à la base.

La **section** est un **triangle équilatéral**, réduction de la base.

Dans la face avant, on a : $(A'B') \,/\!/\, (AB)$ et $\dfrac{SA'}{SA} = \dfrac{SB'}{SB} = \dfrac{A'B'}{AB}$.

Ceci est vrai pour toutes les faces.

• Si on appelle *k* le rapport des longueurs (ici, *k* = 0,6), le rapport des aires est k^2 ;
d'où : aire $A'B'C' = 0,36 \times$ aire *ABC*.

Le rapport des volumes est k^3. La **pyramide** *SA'B'C'* est une **réduction de** *SABC* ; le rapport de réduction est $0,6^3$ soit 0,216.

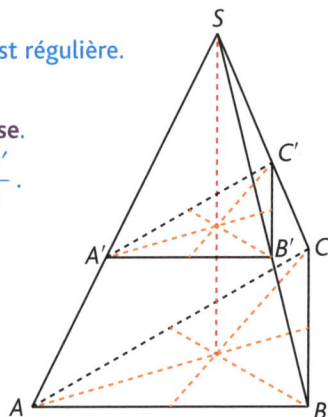

▶ Exemple 2 : section d'une pyramide dont la **hauteur** est **confondue avec une arête**

La pyramide *SABCD* a pour base un carré ; le sommet *S* n'est pas sur l'axe du carré ; la pyramide n'est pas régulière.

L'arête [*SA*] est perpendiculaire au plan de base ; c'est la hauteur de la pyramide.

• On a coupé la pyramide par un plan parallèle à la base.

La **section** est un **carré**, réduction du carré de base.
Dans la face avant, on a :

$(A'B') \,/\!/\, (AB)$ et $\dfrac{SA'}{SA} = \dfrac{SB'}{SB} = \dfrac{A'B'}{AB}$.

Ceci est vrai pour toutes les faces.

• Si on appelle *k* le rapport des longueurs (ici, *k* = 0,5), le rapport des aires est k^2 ; d'où : aire $A'B'C'D' = 0,25 \times$ aire *ABCD* car $0,5^2 = 0,25$.

Le rapport des volumes est k^3. La **pyramide** *SA'B'C'D'* est une **réduction de** *SABCD* ; le rapport de réduction est 0,125 car $0,5^3 = 0,125$.

⚠ Dans tous les cas, si *k* est le rapport des longueurs, le rapport des aires est k^2 et le rapport des volumes est k^3.

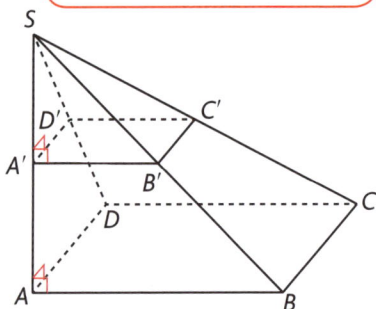

1 La figure ci-contre représente une pyramide de sommet *S* dans laquelle la base *ABCD* est un rectangle et la hauteur [*SA*] une des arêtes latérales.
On a : *SA* = 4 cm ; *AB* = 2,5 cm ; *AD* = 4,5 cm.
Le point *E* est tel que : *E* ∈ [*SA*] et *SE* = 2,5 cm.
Le plan passant par *E* et parallèle au plan de base coupe les arêtes [*SB*], [*SC*] et [*SD*] respectivement en *F*, *G* et *H*.

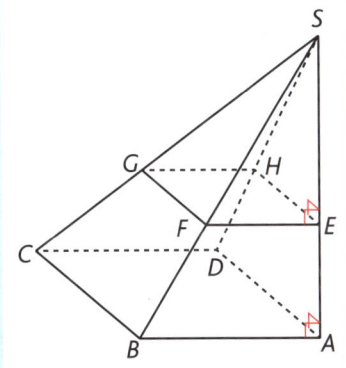

a. Calculer le périmètre et l'aire du rectangle *ABCD*.
b. Calculer le volume de la pyramide *SABCD*.
c. Calculer le périmètre et l'aire du rectangle *EFGH*.
d. Calculer le volume de la pyramide *SEFGH*.
e. Calculer le volume du tronc de pyramide, ayant pour bases les rectangles *ABCD* et *EFGH*, obtenu en séparant la pyramide *SEFGH* de la pyramide *SABCD*.

a. **Périmètre *ABCD* : 14 cm** car $2 \times (2,5 + 4,5) = 14$.
Aire *ABCD* : 11,25 cm² car $2,5 \times 4,5 = 11,25$.
b. Le volume *V* d'une pyramide est tel que

$$V = \frac{1}{3} \times B \times h.$$

Volume de *SABCD* : 15 cm³ car $\frac{1}{3} \times 11,25 \times 4 = 15$.

c. On a : $\dfrac{SE}{SA} = \dfrac{2,5}{4} = 0,625$.
Le rapport des longueurs est 0,625.
Quand on passe du rectangle *ABCD* au rectangle *EFGH*, le périmètre est multiplié par 0,625 et l'aire par $0,625^2$.
Périmètre *EFGH* : 8,75 cm car $14 \times 0,625 = 8,75$.
Aire *EFGH* : 4,39 cm² (à 1 mm² près) car $11,25 \times 0,625^2 \approx 4,394\,5...$

d. Quand on passe de la pyramide *SABCD* à la pyramide *SEFGH*, le volume est multiplié par $0,625^3$.
Volume *SEFGH* : 3,662 cm³ (à 1 mm³ près) car $15 \times 0,625^3 = 3,662\,1...$

e. Le volume du tronc de pyramide est la différence entre le volume de la pyramide *SABCD* et celui de la pyramide *SEFGH*.
Volume du tronc de pyramide : 11,338 cm³ (à 1 mm³ près) car $15 - (15 \times 0,625^3) \approx 11,337\,8...$

⚠ On peut aussi calculer toutes les longueurs réduites, puis le périmètre, l'aire et le volume.

Espace et géométrie

Voir aussi fiches 76, 111 et 136

134

Boule et sphère

Qu'est-ce qu'une boule ?

▶ Une **boule** de centre O et de rayon R est un solide constitué de tous les points de l'espace situés à une **distance inférieure ou égale à R du point O**.

Le poids de 7,26 kg lancé par un athlète lors des Jeux olympiques est une boule de diamètre 12 cm.

▶ L'intersection d'une boule et d'un plan dépend de la distance d du centre O de la boule au plan $\mathscr{P}$:

– si $d > R$, le plan ne coupe pas la boule ;

– si $d = R$, le plan et la boule ont **un seul point** commun ; le plan est tangent à la boule ;

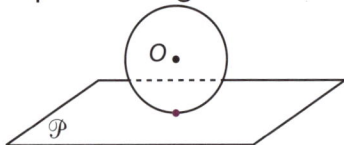

– si $d < R$, le plan coupe la boule ; la section est un **disque de rayon r** tel que $r^2 + d^2 = R^2$;

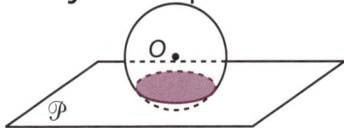

– si $d = 0$, le plan coupe la boule ; la section est un **disque de rayon R**.

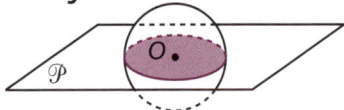

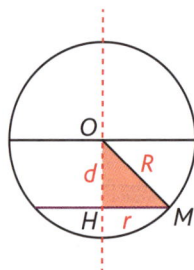

OM : rayon R de la boule ;
OH : distance de O
au plan $\mathscr{P}$;
HM : rayon r du disque.
Le rayon r de la section
est tel que $r^2 + d^2 = R^2$.

Qu'est-ce qu'une sphère ?

▶ Une **sphère** de centre O et de rayon R est constituée de tous les points de l'espace situés à une **distance égale à R du point O**.
La sphère est la **surface d'une boule**.

▶ L'intersection d'une sphère et d'un plan dépend de la distance d du centre de la sphère au plan :

– si $d > R$, le plan ne coupe pas la sphère ;

– si $d = R$, le plan est **tangent** à la sphère ;

– si $d < R$, le plan coupe la sphère selon un **cercle** ;

– si $d = 0$, le plan coupe la sphère selon un **cercle de rayon R** (appelé « grand cercle »).

En fait, si $d < R$, c'est le terrain qui coupe le ballon !

1 En effectuant un tour complet (révolution) autour de *xy*, le demi-disque de diamètre [*AB*] engendre une boule.

On sait que : *AB* = 24 mm ; *O* est le milieu de [*AB*] ; *E*, *F*, *G* et *H* sont quatre points de l'espace tels que : *OE* = 9 mm, *OF* = 12 mm ; *OG* = 21 mm et *OH* = 15 mm.

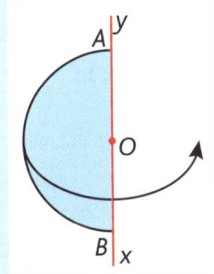

a. Préciser le centre et le rayon de la boule.

b. Pour chacun des points *E*, *F*, *G* et *H*, préciser sa position par rapport à la boule.

a. Centre de la boule : *O* (milieu du diamètre [*AB*]).

Rayon de la boule : 12 mm car $OA = OB = \dfrac{AB}{2}$ = 12 mm.

b. On a *R* = 12 mm.
OE = 9 mm ; *OE* < *R* ; **E est à l'intérieur de la boule.**
OF = 12 mm ; *OF* = *R* ; **F est sur la sphère.**
OG = 21 mm ; *OG* > *R* ; **G est à l'extérieur de la boule.**
OH = 15 mm ; *OH* > *R* ; **H est à l'extérieur de la boule.**

2 Une boule a un rayon de 15 mm. On la coupe par un plan perpendiculaire au rayon [*OR*] en son milieu *M*.

a. Calculer le rayon du disque d'intersection.

b. Calculer le périmètre et l'aire de ce disque.

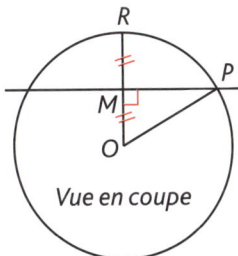

Vue en coupe

OP : rayon de la boule
OM : distance du centre de la boule au plan de coupe
MP : rayon du disque de section

a. Le triangle *OMP* est rectangle en *M* ; *OP* = 15 mm ; *OM* = 7,5 mm.
$OP^2 = OM^2 + MP^2$ (égalité de Pythagore).
$15^2 = 7,5^2 + MP^2$; $MP^2 = 225 - 56,25$; $MP^2 = 168,75$.
$MP = \sqrt{168,75}$ mm, soit environ 13 mm.

b. Périmètre : environ 82 mm car
$2 \times \pi \times \sqrt{168,75} \approx 81,6...$
Aire : environ 530 mm²
car $\pi \times (\sqrt{168,75})^2 \approx 530,14...$

⚠ Si *a* est positif, $(\sqrt{a})^2 = a$.
D'où : $(\sqrt{168,75})^2 = 168,75$.

135

La sphère terrestre

La sphère terrestre

La surface de la **Terre** est approximativement une **sphère** de rayon 6 370 km.

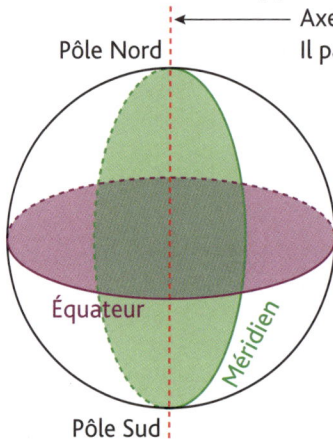

Axe de rotation de la Terre.
Il passe près de l'étoile polaire.

Pôle Nord

Équateur

Méridien

Pôle Sud

■ Plan méridien
Il contient l'axe de rotation de la Terre.
Il coupe la sphère suivant **un grand cercle**.
Un **méridien** est un demi grand cercle
joignant le pôle Nord au pôle Sud.

■ Plan équatorial
Il est perpendiculaire à l'axe de rotation
et passe par le centre de la Terre.
Il coupe la sphère suivant un grand cercle
appelé **équateur**.

À savoir

La planète Terre est
une boule aplatie aux
pôles dont la masse est
d'environ 6×10^{24} kg.

Coordonnées géographiques

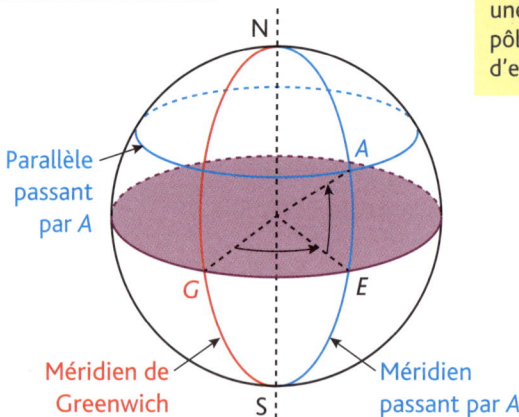

N

Parallèle
passant
par *A*

A

G

E

Méridien de
Greenwich

Méridien
passant par *A*

S

▶ L'arc d'équateur $\overset{\frown}{GE}$ compris entre le méridien de Greenwich (méridien origine) et le méridien passant par la ville *A* détermine la **longitude de *A***. La longitude de *A* est comptée de 0° à 180° Est ou de 0° à 180° Ouest selon que la ville *A* est à l'est ou à l'ouest du méridien origine (Greenwich).

▶ L'arc de méridien $\overset{\frown}{EA}$ compris entre l'équateur et le parallèle passant par la ville *A* détermine la **latitude de *A***. La latitude est comptée de 0° à 90° Nord ou de 0° à 90° Sud selon que la ville se situe dans l'hémisphère Nord ou Sud.

▶ Chaque point de la Terre est repéré par sa longitude et sa latitude ; ce sont les **coordonnées géographiques** de ce point.

Pour Aix-en-Provence : 5° 26′ Est ; 43° 31′ Nord.

1 Que peut-on dire en termes de longitude ou de latitude des points du globe :
– appartenant à l'équateur ?
– appartenant à un même parallèle ?
– appartenant au méridien de Greenwich ?
– appartenant à un même méridien ?

En observant le globe terrestre, on voit que :
– les points appartenant à l'équateur ont pour **latitude 0°** ;
– les points appartenant à un même parallèle ont la **même latitude** ;
– les points appartenant au méridien de Greenwich ont pour **longitude 0°** ;
– les points appartenant à un même méridien ont la **même longitude**.

2 Paris a pour longitude 2,2° Est et pour latitude 48,5° Nord.

La ville de Saint-Denis de La Réunion a pour coordonnées géographiques 55,5° Est et 21° Sud.
Que peut-on dire des points du globe qui ont :
– la même latitude que Paris ?
– la même longitude que Paris ?
– la même latitude que Saint-Denis de La Réunion ?
– la même longitude que Saint-Denis de La Réunion ?

> **À savoir**
>
> Les marins utilisent pour unité de distance le « mille marin » ; c'est la longueur d'un arc de méridien de 1 minute d'arc, soit environ 1,852 km.

Les points qui ont la même latitude que Paris sont **sur le parallèle 48,5° Nord** (hémisphère boréal). Les points qui ont la même longitude que Paris sont **sur le méridien 2,2° Est** (à l'est du méridien de Greenwich).
Les points qui ont la même latitude que Saint-Denis de La Réunion sont **sur le parallèle 21° Sud** (hémisphère austral). Les points qui ont la même longitude que Saint-Denis de La Réunion sont **sur le méridien 55,5° Est**.

3 La surface du globe est divisée en 24 fuseaux horaires délimités par des méridiens.
Quelle est la mesure de l'arc d'équateur contenu dans un fuseau horaire ?

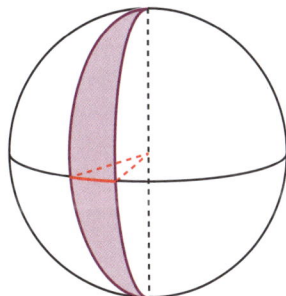

Longueur de l'équateur :
40 000 km car $2 \times \pi \times 6\,370 \approx 40\,000$.
L'arc d'équateur contenu dans un fuseau horaire a pour longueur **environ 1 668 km** car $2 \times \pi \times 6\,370 \div 24 \approx 1\,668$.

Droite perpendiculaire en *O* à un plan $\mathscr{P}$

▶ **Si** une droite Δ est perpendiculaire en *O* à deux droites sécantes en *O* d'un plan $\mathscr{P}$, **alors** Δ est perpendiculaire à toutes les droites de ce plan qui passent par le point *O*.

On dit que la droite Δ est **perpendiculaire en *O* au plan** $\mathscr{P}$.

On sait : $O \in \mathscr{P}$; $O \in D$ et $O \in D'$; $O \in \Delta$; $\Delta \perp D$ et $\Delta \perp D'$.

On déduit : la droite Δ est perpendiculaire en *O* au plan $\mathscr{P}$.

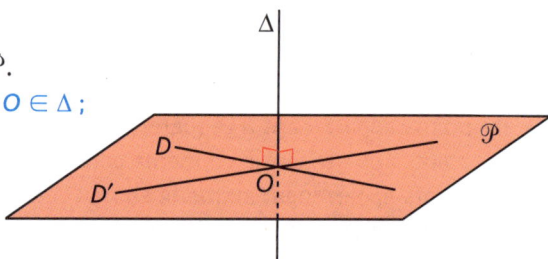

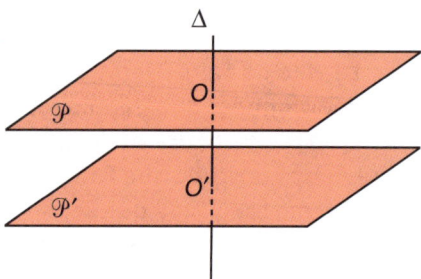

Plans parallèles

▶ **Si** une droite est perpendiculaire à deux plans, **alors** ces deux plans sont **parallèles**.

On sait que Δ est perpendiculaire en *O* au plan $\mathscr{P}$ et que Δ est perpendiculaire en *O'* au plan $\mathscr{P}'$.

On déduit : $\mathscr{P}$ et $\mathscr{P}'$ sont parallèles.

▶ **Si** deux plans sont **parallèles**, **alors** toute **droite perpendiculaire à l'un** est **perpendiculaire à l'autre**.

On sait que les plans $\mathscr{P}$ et $\mathscr{P}'$ sont parallèles et que la droite Δ est perpendiculaire en *O* au plan $\mathscr{P}$.

On déduit : Δ est perpendiculaire en *O'* au plan $\mathscr{P}'$.

▶ **Si** deux plans sont **parallèles**, **alors** tout plan qui coupe l'un coupe l'autre et les **droites d'intersection** sont **parallèles**.

On sait : $\mathscr{P}$ et $\mathscr{P}'$ sont parallèles.

Un plan $\mathscr{S}$ coupe le plan $\mathscr{P}$ suivant la droite *d*.

On déduit : le plan $\mathscr{S}$ coupe le plan $\mathscr{P}'$ suivant la droite *d'* et on a *d'* // *d*.

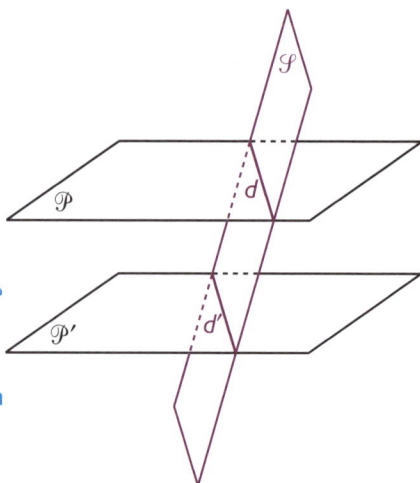

Les symboles habituels pour indiquer que des droites du plan sont perpendiculaires ou parallèles ne s'utilisent pas pour des plans de l'espace.

Exercices d'application

1 *ABCDEFGH* **est un parallélépipède rectangle. On a :** *AB* = 2,5 cm ; *AD* = 3 cm et *AE* = 1 cm.

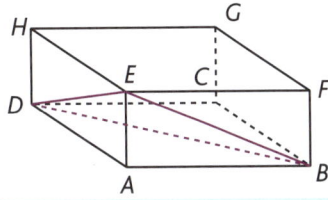

a. Nommer (en justifiant) :
– une droite perpendiculaire au plan *ABCD* ;
– un plan parallèle au plan *ADHE*.

b. Calculer *EB*, *ED* et *DB*. Le triangle *EDB* est-il rectangle ?

a. • On sait que (*AE*) ⊥ (*AB*) et (*AE*) ⊥ (*AD*) ; (*AE*) est perpendiculaire à deux droites passant par *A* du plan *ABCD*. Donc : **(*AE*) est perpendiculaire au plan *ABCD*.**
• La droite (*AB*) est perpendiculaire en *B* au plan *BCGF* ; la droite (*AB*) est perpendiculaire en *A* au plan *ADHE* ; les plans *BCGF* et *ADHE* sont donc perpendiculaires à une même droite.
Or : « Si deux plans sont perpendiculaires à une même droite, alors ces plans sont parallèles. » **Donc les plans *ADHE* et *BCGF* sont parallèles.**

b. Dans *EAB* rectangle en *A* : $EB^2 = EA^2 + AB^2$; $EB^2 = 1^2 + 2,5^2$; $EB^2 = 7,25$; **$EB = \sqrt{7,25}$ cm.**
Dans *EAD*, rectangle en *A* : $ED^2 = EA^2 + AD^2 = 1^2 + 3^2$; $ED^2 = 10$; **$ED = \sqrt{10}$ cm.**
Dans *DAB*, rectangle en *A* : $DB^2 = DA^2 + AB^2 = 3^2 + 2,5^2$; $DB^2 = 15,25$; **$DB = \sqrt{15,25}$ cm.**
Dans *EDB*, $DB^2 = 15,25$; $EB^2 + ED^2 = 17,25$ (l'égalité de Pythagore n'est pas vérifiée) ; **le triangle *EDB* n'est pas rectangle.**

2 **(*OP*) est perpendiculaire en *O* au plan du carré *IJKL* de centre *O*. Prouver que *P* est équidistant des quatre sommets du carré.**

Le centre du carré est le point d'intersection des diagonales ; les diagonales d'un carré se coupent en leur milieu et ont la même longueur ; d'où : *OI* = *OJ* = *OK* = *OL*.
(*PO*) est perpendiculaire en *O* au plan du carré *IJKL* ; (*PO*) est donc perpendiculaire à toutes les droites passant par *O* dans ce plan ; par suite, (*PO*) est perpendiculaire aux droites (*IK*) et (*JL*).
Le triangle *POL* est rectangle en *O* ; on en déduit : $PL^2 = PO^2 + OL^2$.
De même, $PI^2 = PO^2 + OI^2$; $PJ^2 = PO^2 + OJ^2$; $PK^2 = PO^2 + OK^2$.
On sait que $OL^2 = OI^2 = OJ^2 = OK^2$; d'où : $PL^2 = PI^2 = PJ^2 = PK^2$.
On en déduit *PL* = *PI* = *PJ* = *PK*.
Le point *P* est donc équidistant des quatre sommets du carré.

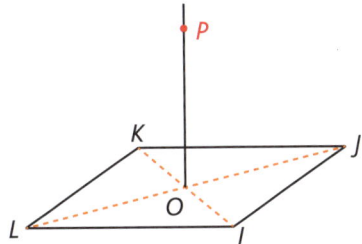

Espace et géométrie

Voir aussi fiches 106, 113, 126 et 132

Index

Les nombres en caractères gras bleus sont des **numéros de fiches**, ceux en caractères gras rouges sont des **numéros de pages**.

A

Abscisse d'un point 25 – 26
Addition (décimaux) 8
Addition (fractions) 9
Addition (quotients) 17
Addition (relatifs) 28
Addition (sommes algébriques) 34
Adjacents (angles) 84
Affine (fonction) 59 – 60
Agrandissement 53 – 102 – 104 – 131 – 133
Aire (carré) 113
Aire (cylindre) 75
Aire (disque) 72
Aire (losange) 112
Aire (parallélogramme) 73 - 114
Aire (rectangle) 111
Aire (sphère) 77
Aire (triangle) 73
Aires (conversions) 9
Alignés : des points sont alignés lorsqu'ils sont sur une même droite.
Algorithme 39
Algorithme d'Euclide 15
Angle aigu 82
Angle au centre 79
Angle droit 82 – 83
Angle inscrit 84
Angle obtus 82 – 83
Angle plat 82 – 83
Angle plein 82
Angle rentrant 82 – 83
Angle saillant 82 – 83

Angles (mesure) 83
Angles (vocabulaire) 82 – 83 – 84
Angles adjacents 84
Angles alternes-internes 85 – 86
Angles complémentaires 84
Angles correspondants 85 – 86
Angles (parallélogramme) 114
Angles (triangle) 94
Angles (triangle rectangle) 94 – 105
Angles opposés par le sommet 84
Angles supplémentaires 84
Antécédent (fonction) 56 – 61
Appliquer un pourcentage 49 – 54
Appliquer une échelle 53
Approximations décimales 6
Arc de cercle 79
Arête (solide) 126 – 127 – 132
Arrondi 7
Axe (cylindre) 128
Axe (cône) 130
Axe de symétrie 120 – 121
Axe des abscisses 26
Axe des ordonnées 26

B

Base (solide) 126 – 127 – 130 – 132
Base (triangle isocèle) 92
Bissectrice (angle) 87
Bissectrices (triangle) 97
Boule 77 – 134

C

Calculatrice 21
Calculer un pourcentage 54 – 55
Calculer une échelle 53
Calculs avec parenthèses 20 – 32 – 35
Capacité (unités) 9
Capital et intérêt 57

Caractère statistique 63
Carré 113 – 118 – 119
Carré d'un nombre 30
Cas d'égalité (triangles) 96
Centre (cercle) 79
Centre de gravité (triangle) 99
Centre de symétrie 123
Cercle 79
Cercle circonscrit 97 – 105 – 111
Cercle inscrit (triangle) 97
Circulaire (diagramme) 64
Coefficient (fonction affine) 59
Coefficient (fonction linéaire) 57
Coefficient (proportionnalité) 50 – 51
Comparaison (décimaux) 5
Comparaison (quotients) 16
Comparaison (relatifs) 27
Compas 79
Complémentaires (angles) 84
Cône de révolution 76 – 130 – 131
Consécutifs : qui se suivent sans intermédiaires (E et F sont des lettres consécutives de l'alphabet ; 19 et 20 sont des entiers consécutifs).
Consécutifs (angles) 110
Consécutifs (côtés) 110
Construction (bissectrice) 87
Construction (droites parallèles) 80
Construction (droites perpendiculaires) 80
Construction (figures symétriques) 121 – 122
Construction (médiatrice) 88
Construction (tangente) 81
Construction (triangles) 95
Côtés consécutifs (quadrilatère) 110
Côtés opposés (quadrilatère) 110
Convertir (aire) 9
Convertir (durée) 9
Convertir (longueur) 9
Convexe (quadrilatère) 110

Coordonnées géographiques 135
Coordonnées (point) 26
Couronne circulaire 79
Corde (cercle) 79
Correspondants (angles) 85
Cosinus (angle) 108 – 109
Critères (divisibilité) 13
Croissant (ordre) 5
Cube (solide) 126
Cube d'un nombre 30
Cylindre de révolution 128

D

Débit 71
Décimal (arrondi) 7
Décimal (lecture) 1
Décimale (écriture) 3
Décimale (fraction) 3
Décimales (approximations) 6
Décimaux (comparaison) 5
Décimaux (opérations) 8 – 9 – 11
Décroissant (ordre) 5
Degré Celsius – Fahrenheit 59
Degré d'angle 82 – 83
Demi-droites opposées : un point A sur une droite xy détermine deux demi-droites d'origine A : [Ax et [Ay ; ces demi-droites sont opposées.
Démonstration 90
Densité de population 71
Dénominateur 3 – 9
Développement (solide) 126 – 127 – 128 – 130 – 132
Développer 36 – 37
Diagonale (carré) 113
Diagonale (losange) 112
Diagonale (parallélogramme) 114
Diagonale (quadrilatère) 110
Diagonale (rectangle) 111
Diagramme circulaire 64
Diagramme en bâtons 63

Diagramme semi-circulaire 64
Diamètre (cercle) 79
Différence (décimaux) 8
Différence (fractions) 9
Différence (quotients) 17
Différence (relatifs) 28
Dispersion 67
Disque 79
Distance 78 – 81
Distance (droite graduée) 25 – 28
Distributivité 20 – 35 – 37
Dividende 3 – 10 – 11
Diviser par 0,1 ; 0,01 ; 0,001...
Diviser par 10 ; 100 ; 1 000...
Diviseur 3 – 10 – 11 – 13
Diviseurs 13
Divisibilité (critères) 13
Divisible 13
Division (décimaux) 11
Division (quotients) 18
Division euclidienne 10
Droit (angle) 82
Droite des milieux 100
Droite graduée 25
Droites parallèles 80
Droites perpendiculaires 80
Droites sécantes : deux droites
    sécantes ont un seul point
    commun.
Droite perpendiculaire à un plan 136

E

Échelle 53
Écriture (décimaux) 1 – 3
Écriture (fractionnaire) 3
Écriture (puissances) 4 – 30
Effectifs (statistique) 63
Effectifs cumulés 67
Égalité (triangles) 96
Équateur terrestre 77 – 134 – 135
Équation 24 – 40 à 43
Équerre 80

Équidistant 78 – 97
Équilatéral (triangle) 93
Équiprobabilité 68
Étendue (statistique) 67
Évaluer : donner une valeur d'une
    grandeur.
Éventualité (probabilité) 68 – 69
Événement (probabilité) 69
Événement certain 69
Événement contraire 69
Événement impossible 69
Expression littérale 33
Exposant (puissance) 4 – 30

F

Face (solide) 126 – 127 – 132
Facteur (produit) 8 – 29 – 38
Factoriser 38
Figure à main levée : figure
    effectuée approximativement sans
    instrument de mesure.
Fonction 56 à 62
Fonction affine 59 – 60
Fonction constante 59
Fonction linéaire 57 – 58 – 59
Formule (tableur) 22
Fraction 3 – 15
Fraction décimale 3 – 9
Fraction irréductible 14 – 15
Fraction (simplification) 14 – 15
Fréquence (statistique) 65 – 68
Fréquences cumulées 65
Fuyante (perspective) 126

G H

Génératrice (cône) 130
Génératrice (cylindre) 128
Graduée (droite) 25
Grand cercle (sphère) 134 – 135
Grandeur composée 71
Grandeur quotient 71
Graphique 52 – 56 – 58 – 60 – 62

Gravité (centre de) 99
Hauteur (cône) 76 – 130
Hauteur (cylindre) 75 – 128
Hauteur (parallélogramme) 73
Hauteur (prisme) 74 – 127
Hauteur (pyramide) 76 – 132
Hauteur (triangle) 73 – 91 – 98
Histogramme 63
Hypoténuse 105 – 106 – 107

I

Identités remarquables 36 – 38
Image (fonction) 56 à 62
Impossible (événement) 69
Inégalité 5 – 16 – 27
Inégalité triangulaire 89
Inéquation 44 – 45 – 47
Inscrit (angle) 84
Inscrit (cercle) 97
Intérêt 57
Intersection (cône) 131
Intersection (cylindre) 129
Intersection (pavé) 129
Intersection (pyramide) 133
Intersection (sphère) 134
Invariant (point) 129
Inverse 18 - 29
Irréductible (fraction) 13 – 14 – 15
Isocèle (triangle) 92
Issue (probabilité) 68

J L

Justifier : donner des preuves.
Latitude 135
Linéaire (fonction) 57
Linéarité (propriétés) 57
Longitude 135
Longueur 78
Longueur (cercle) 72
Longueur (conversions) 9
Losange 112 – 117 – 119

M

Masse volumique 71
Médiane (statistique) 67
Médiane (triangle) 91 – 99
Médiane (triangle rectangle) 105
Médiatrice (segment) 88
Médiatrices (triangle) 97
Méridien terrestre 134 – 135
Mesurer (angle) 83
Mesurer (longueur) 78
Milieu (segment) 78
Milieux (théorèmes des) 100
Mise en équation 46 – 47
Moitié 78
Moyenne (statistique) 66
Moyenne pondérée 66
Multiples 13
Multiplication (radicaux) 24
Multiplication (décimaux) 8 – 9
Multiplication (fractions) 9 – 18
Multiplication (quotients) 18
Multiplication (relatifs) 29
Multiplication (sommes algébriques) 35
Multiplication par a/b 48
Multiplier par 0,1 ; 0,01 ; 0,001... 2
Multiplier par 10 ; 100 ; 1 000... 2

N

Nombres décimaux 1
Nombres entiers 1
Nombres inverses 18 - 29
Nombres négatifs 25
Nombres opposés 25
Nombres positifs 25
Nombres premiers 14
Nombres premiers entre eux 14
Nombres relatifs 25
Notation scientifique 4
Numérateur 3 – 31
Numération décimale 1

O

Obtus (angle) **82**
Opposé (relatif) **25**
Opposé (somme algébrique) **34**
Ordonnée **26**
Ordonnée à l'origine **60**
Ordre croissant **5** – **16**
Ordre de grandeur **6**
Ordre décroissant **5** – **16**
Origine **25** – **26**
Orthocentre **98**
Orthogonal (repère) **26**
Orthonormé (repère) **26**

P

Parallélépipède rectangle **74** – **126**
Parallèles (droites) **80** – **86**
Parallèles (plans) **136**
Parallèles (sécante et angles) **85** – **86**
Parallèle terrestre **134** – **135**
Parallélisme (reconnaître le) **86**
Parallélogramme **114** – **115** – **119**
Parenthèses **32**
Partie entière (décimal) **1**
Partie décimale **1**
Patron (solide) **126** – **127** – **128** – **130** – **132**
Pavé droit **74** – **126**
Périmètre (carré) **113**
Périmètre (disque) **72**
Périmètre (rectangle) **111**
Périmètre : pour un polygone, c'est la somme des mesures des côtés.
Perpendiculaire (droites) **80**
Perspective cavalière **126**
PGCD **14** – **15**
Pied (de la hauteur) **98**
Plan tangent (boule) **134**
Plans parallèles **136**
Plat (angle) **82**
Plein (angle) **82**

Points symétriques **120** à **123**
Polygone régulier **132**
Population (statistique) **63**
Pourcentage **49** – **54** – **55**
PPCM **16**
Premier (nombre) **14**
Premiers entre eux **14**
Priorités (calculs) **19** – **32**
Prisme droit **74** – **127**
Probabilité **68** – **69**
Produit (décimaux) **8** – **48**
Produit (puissances) **30**
Produit (quotients) **18**
Produit (racines carrées) **24**
Produit (relatifs) **29**
Produit (sommes algébriques) **35**
Produits en croix **51**
Programme de calcul **20** – **39**
Proportion **51**
Proportionnalité **50** – **51** – **52**
Puissances **30**
Puissances de dix **4**
Pyramide **76** - **132** – **133**
Pythagore (réciproque) **107**
Pythagore (théorème) **106** – **107**

Q

Quadrilatère **110**
Quartiles (statistique) **67**
Quatrième proportionnelle **50**
Quotient **10** – **11** – **18** – **31**
Quotient (décimaux) **12** – **16**
Quotient (égalité) **16** – **31**
Quotient (opérations) **17** – **18**
Quotient (puissances) **30**
Quotient (racines) **24**
Quotient (relatifs) **31**
Quotient (simplification) **14** – **15**
Quotient euclidien **10**

R

Racine carré 23 – 24

Radical 23

Radicaux (calculs avec) 24

Rangement : voir *ordre croissant – ordre décroissant.*

Rapporteur 83

Rayon (cercle) 79

Réciproque (Pythagore) 107

Réciproque (Thalès) 103

Rectangle 111 – 116 – 119

Rectangle (triangle) 105 à 107

Réduction (échelle) 53

Réduction (cône) 131

Réduction (pyramide) 133

Réduction (triangle) 102

Réduction (somme algébrique) 33 – 38

Règle des signes 29 – 35

Règle graduée 78

Régulier (polygone) 132

Régulière (pyramide) 132

Relatifs (nombres) 25

Rentrant (angle) 82 – 83

Repérage (droite) 25

Repérage (plan) 26

Repère cartésien 26 – 56

Repère (orthogonal) 26

Repère (orthonormé) 26

Représentation graphique 52 – 56 – 58 – 60 – 62

Résolution algébrique 46 – 47

Résoudre (équation) 40 à 43

Résoudre (inéquation) 44 – 45

Résoudre (système) 43

Rotation 125

S

Saillant 82 – 83

Sécantes (droites) 81 – 85

Secteur (disque) 79

Sections planes (solides) 129 – 131 – 133 – 135

Semblables (triangles) 100 – 102 – 104

Séquence de calcul 21 – 22

Série statistique 63

Simplifier (fraction) 14 – 15 – 16

Simplifier (quotient) 16

Sinus 108 – 109

Somme (décimaux) 8

Somme (quotients) 17

Somme (relatifs) 28

Somme des angles (quadrilatère) 94 – 110

Somme des angles (triangle) 94

Sommes algébriques 33 – 34 – 35

Sommets consécutifs 110

Sommets opposés 110

Soustraction (décimaux) 8

Soustraction (fractions) 9

Soustraction (quotients) 17

Soustraction (relatifs) 28

Soustraction (sommes algébriques) 34

Sphère 77 – 134 – 135

Sphère terrestre 135

Supplémentaires (angles) 84

Surface conique 130

Surface cylindrique 128

Symétrie axiale 120 – 121

Symétrie centrale 122 – 123

Symétrie orthogonale 121

Symétrique d'une figure 121 – 123

Symétriques (points) 121 – 122

Système d'équations 43

T

Tableau de proportionnalité 50 – 51 – 52

Tableau des effectifs 63

Tableau des unités 8

Tableur 22

Tangente (cercle) 81
Tangente (trigonométrie) 108 – 109
Taux de placement 57
Thalès (réciproque) 103
Thalès (théorèmes) 101 – 102 – 103
Théorème de Pythagore 106 – 107
Théorème de Thalès 101 - 102
Translation 124
Triangle 91
Triangle (angles) 94
Triangles à côtés proportionnels 102 – 104
Triangles (constructions) 95
Triangle équilatéral 93
Triangle isocèle 92
Triangle rectangle 105 – 107
Triangles semblables 102 – 104
Triangles superposables 96
Triangulaire (inégalité) 89
Trigonométrie 108 – 109

U – V

Unités : 8
Unités (aires) 72 – 73
Unités (angles) 82
Unités (débit) 71
Unités (distance) 71 – 72
Unités (durée) 71
Unités (masse volumique) 71
Unités (vitesse) 71
Unités (volume) 73 - 74 – 76 – 77
Valeurs du caractère (statistique) 63
Variation (pourcentage) 55
Virgule 1
Vitesse moyenne 70 – 71
Volume (boule) 77
Volume (cône) 76
Volume (cylindre) 75
Volume (pavé) 74
Volume (prisme) 74
Volume (pyramide) 76
Volume (unités) 9

Achevé d'imprimer en Espagne par Unigraf
Dépôt légal : juin 2019- Édition 01
41/5434/3

Formulaire numérique

Puissances

• a est un nombre relatif non nul et n un entier naturel.

$$a^n = a \times ... \times a \quad (n \text{ facteurs si } n \geqslant 2) \qquad a^1 = a \qquad a^0 = 1$$

L'inverse de a^n se note $\dfrac{1}{a^n}$ ou a^{-n}.

• a étant un nombre relatif non nul et m et n des entiers relatifs, on a :

$$a^m \times a^n = a^{m+n} \qquad (a^m)^n = a^{m \times n} \qquad \dfrac{a^m}{a^n} = a^{m-n}$$

• a et b étant des nombres relatifs non nuls et m un entier relatif, on a :

$$(ab)^m = a^m \times b^m \qquad \left(\dfrac{a}{b}\right)^m = \dfrac{a^m}{b^m}$$

Quotients

• L'écriture fractionnaire $\dfrac{a}{b}$ désigne le quotient de a par b ; le dénominateur b est différent de 0.

• Quels que soient b et k différents de zéro, on a :

$$\dfrac{a}{b} = \dfrac{a \times k}{b \times k}$$

• Quels que soient b et d différents de zéro, on a :

$$\dfrac{a}{b} + \dfrac{a'}{b} = \dfrac{a+a'}{b} \qquad \dfrac{a}{b} - \dfrac{c}{b} = \dfrac{a-c}{b} \qquad \dfrac{a}{b} \times \dfrac{c}{d} = \dfrac{a \times c}{b \times d}$$

• Quels que soient b, c et d différents de zéro, on a :

$$\dfrac{a}{b} : \dfrac{c}{d} = \dfrac{a}{b} \times \dfrac{d}{c} = \dfrac{a \times d}{b \times c}$$

• Si $\dfrac{a}{b} = \dfrac{c}{d}$, alors $ad = bc$ et réciproquement.

Racines carrées

• Le nombre a étant positif, l'écriture $\sqrt{a}$ désigne le nombre positif dont le carré est a.
Donc : $(\sqrt{a})^2 = a$.

• Si a est positif, alors : $\sqrt{a^2} = a$.

• $\sqrt{a} \times \sqrt{b} = \sqrt{a \times b}$ $(a \geqslant 0$ et $b \geqslant 0)$.

• $\dfrac{\sqrt{a}}{\sqrt{b}} = \sqrt{\dfrac{a}{b}}$ $(a \geqslant 0$ et $b > 0)$.

Identités remarquables

$$(A + B)^2 = A^2 + B^2 + 2AB \qquad (A - B)^2 = A^2 + B^2 - 2AB \qquad (A + B)(A - B) = A^2 - B^2$$

De gauche à droite, ces identités permettent de **développer**.

De droite à gauche, ces identités permettent de **factoriser**.

Trigonométrie – Polygones

Trigonométrie

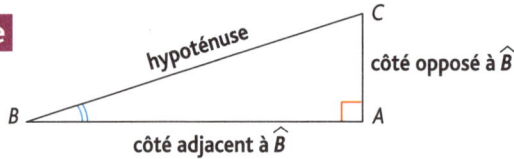

hypoténuse

côté opposé à $\widehat{B}$

côté adjacent à $\widehat{B}$

- **Le cosinus** de l'angle $\widehat{B}$ se note $\cos \widehat{B}$.

$$\cos \widehat{B} = \frac{\text{côté adjacent à } \widehat{B}}{\text{hypoténuse}} = \frac{BA}{BC}$$

On en déduit : $BA = BC \times \cos \widehat{B}$ et $BC = \dfrac{BA}{\cos \widehat{B}}$.

- **Le sinus** de l'angle $\widehat{B}$ se note $\sin \widehat{B}$.

$$\sin \widehat{B} = \frac{\text{côté opposé à } \widehat{B}}{\text{hypoténuse}} = \frac{CA}{BC}$$

On en déduit : $CA = BC \times \sin \widehat{B}$ et $BC = \dfrac{CA}{\sin \widehat{B}}$.

- **La tangente** de l'angle $\widehat{B}$ se note $\tan \widehat{B}$.

$$\tan \widehat{B} = \frac{\text{côté opposé à } \widehat{B}}{\text{côté adjacent à } \widehat{B}} = \frac{AC}{AB}$$

On en déduit : $AC = AB \times \tan \widehat{B}$ et $AB = \dfrac{AC}{\tan \widehat{B}}$.

- Quel que soit l'angle aigu $\widehat{B}$, on a :

$$\cos^2 \widehat{B} + \sin^2 \widehat{B} = 1$$

et

$$\tan \widehat{B} = \frac{\sin \widehat{B}}{\cos \widehat{B}}$$

Polygones réguliers

- Un polygone est régulier s'il a ses angles égaux et ses côtés de même longueur. Il a toujours un cercle circonscrit.

- Le triangle équilatéral, le carré, l'hexagone régulier sont des exemples de polygones réguliers.

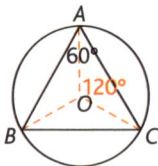

Triangle équilatéral
3 côtés égaux
3 angles de 60°
3 angles au centre de **120°**

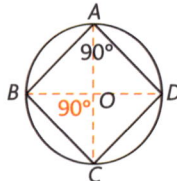

Carré
4 côtés égaux
4 angles de 90°
4 angles au centre de **90°**

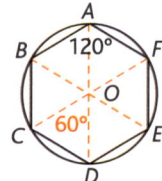

Hexagone régulier
6 côtés égaux
6 angles de 120°
6 angles au centre de **60°**